*toeic.
토익 단기공략
650⁺

LC **RC**

정답과 해설

PART 1　LC

Unit 01　인물 등장 사진

① 1인 사진

● 실전 도움닫기　　　　본책 p.021

1 (C)　**2** (A)　**3** (B)　**4** (B)

1

(A) A man is <u>sitting</u> under a tree.
(B) A man is <u>planting</u> some bushes.
(C) A man is <u>operating</u> a machine.
(D) A man is <u>sorting</u> some tools.

(A) 남자가 나무 밑에 앉아 있다.
(B) 남자가 관목을 심고 있다.
(C) 남자가 기계를 작동하고 있다.
(D) 남자가 공구를 정리하고 있다.

해설 | 1인 등장 사진 - 야외 작업
(A) **위치 묘사 오답:** 남자는 나무 밑(under a tree)이 아니라 기계 안에(in a machine) 앉아 있다.
(B) **동작 묘사 오답:** 사진에 관목은 보이지만 남자가 관목을 심고(is planting) 있지는 않다.
(C) **정답:** 기계(machine)를 작동 중이라고 잘 묘사하고 있어 정답이다.
(D) **사진에 없는 명사 사용 오답:** 공구(tools)가 보이지 않는다.

어휘 | plant 심다　bush 관목　operate 작동하다　sort 정리[분류]하다

2

(A) She's <u>stacking</u> some books.
(B) She's <u>reaching</u> for a door handle.
(C) She's <u>folding</u> a piece of paper.
(D) She's <u>dusting</u> some shelves.

(A) 여자가 책들을 쌓고 있다.
(B) 여자가 문 손잡이를 향해 손을 뻗고 있다.
(C) 여자가 종이를 접고 있다.
(D) 여자가 선반의 먼지를 털고 있다.

해설 | 1인 등장 사진 - 선반
(A) **정답:** 여자가 책들을 쌓고 있는(is stacking) 모습이므로 정답이다.
(B) **동작 묘사 오답:** 여자가 문 손잡이를 향해 손을 뻗고(is reaching for) 있지 않다.
(C) **사진에 없는 명사 사용 오답:** 사진에 종이(paper)는 보이지 않는다.
(D) **동작 묘사 오답:** 사진에 선반은 보이지만 여자가 선반의 먼지를 털고(is dusting) 있지는 않다.

어휘 | stack 쌓다　reach (잡으려고) 손을 뻗다　dust 먼지를 털다; 먼지

3

(A) He's <u>looking at</u> a computer screen.
(B) He's <u>talking on</u> the phone.
(C) He's <u>turning on</u> a lamp.
(D) He's <u>wearing</u> a hat.

(A) 남자가 컴퓨터 화면을 보고 있다.
(B) 남자가 통화하고 있다.
(C) 남자가 램프를 켜고 있다.
(D) 남자가 모자를 쓰고 있다.

해설 | 1인 등장 사진 - 사무실
(A) **동작 묘사 오답:** 사진에 컴퓨터 화면은 보이지만 남자가 컴퓨터 화면을 보고 있는(is looking at) 것은 아니다.
(B) **정답:** 남자가 전화 통화를 하고(is talking on the phone) 있으므로 정답이다.
(C) **동작 묘사 오답:** 사진에 램프는 보이지만 남자가 램프를 켜는(is turning on) 것은 아니다.
(D) **상태 묘사 오답:** 남자가 모자를 쓰고(is wearing) 있는 상태가 아니다.

어휘 | turn on 켜다

4

(A) A woman is <u>opening a cabinet</u>.
(B) A woman is <u>standing at a sink</u>.
(C) A woman is <u>drying some dishes</u>.
(D) A woman is <u>emptying a trash can</u>.

(A) 여자가 캐비닛을 열고 있다.
(B) 여자가 싱크대에 서 있다.
(C) 여자가 접시의 물기를 닦고 있다.
(D) 여자가 쓰레기통을 비우고 있다.

해설 | 1인 등장 사진 - 싱크대
(A) **동작 묘사 오답:** 사진에 캐비닛은 보이지만 여자가 캐비닛을 열고(is opening) 있는 모습은 아니다.

(B) **정답:** 여자가 싱크대에 서 있는(is standing) 모습이므로
  정답이다.
(C) **사진에 없는 명사 사용 오답:** 사진에 접시(dishes)는 보이지
  않는다.
(D) **동작 묘사 오답:** 사진에 쓰레기통은 보이지만 여자가 쓰레기통을
  비우고(is emptying) 있는 모습은 아니다.

어휘 | empty 비우다 trash can 쓰레기통

② 2인 이상 사진

● 실전 도움닫기

본책 p.023

1 (B) **2** (D) **3** (D) **4** (A)

1

(A) They're using a photocopier.
(B) They're working on laptop computers.
(C) They're handing out some documents.
(D) They're putting on their jackets.

(A) 사람들이 복사기를 사용하고 있다.
(B) 사람들이 노트북 컴퓨터로 일하고 있다.
(C) 사람들이 서류를 나눠 주고 있다.
(D) 사람들이 재킷을 입고 있다.

해설 | 2인 등장 사진 - 실내 업무 장소
(A) **사진에 없는 명사 사용 오답:** 복사기(photocopier)는 보이지
  않는다.
(B) **정답:** 두 사람이 노트북 컴퓨터로 일을 하고(are working on)
  있으므로 정답이다.
(C) **동작 묘사 오답:** 서류는 보이지만 서류를 나눠 주고 있는(are
  handing out) 사람은 없다.
(D) **동작 묘사 오답:** 재킷을 입는(are putting on their jackets)
  동작을 하는 사람은 없다.

어휘 | photocopier 복사기 hand out 나눠 주다 put on 입다

2

(A) Two men are painting a wall.
(B) A man is plugging in a cord.
(C) A man is handing tools to his coworker.
(D) Both of the men are using tools.

(A) 두 남자가 벽을 칠하고 있다.
(B) 남자가 코드를 꽂고 있다.
(C) 남자가 동료에게 공구를 건네고 있다.
(D) 두 남자 모두 공구를 사용하고 있다.

해설 | 2인 등장 사진 - 실외 작업
(A) **동작 묘사 오답:** 두 남자가 벽을 칠하고 있는(are painting)
  모습이 아니다.
(B) **동작 묘사 오답:** 사진에 코드(cord)가 보이지만 두 남자 모두
  코드를 꽂고 있는(is plugging) 모습이 아니다.
(C) **동작 묘사 오답:** 사진에 공구(tools)가 보이지만 동료에게
  공구를 건네고 있는(is handing) 사람은 없다.
(D) **정답:** 사진에서 두 사람이 공구를 사용하고 있으므로(are using
  tools) 정답이다.

어휘 | hand 건네다 tool 공구 coworker 동료

3

(A) Some people are having a meal outside.
(B) Some people are painting a boat.
(C) Some people are fishing from a pier.
(D) Some people are gathered by the water.

(A) 몇 명이 밖에서 식사하고 있다.
(B) 몇 명이 배에 페인트를 칠하고 있다.
(C) 몇 명이 부두에서 낚시하고 있다.
(D) 몇 명이 물가에 모여 있다.

해설 | 3인 이상 등장 사진 - 물가
(A) **동작 묘사 오답:** 밖에서 식사를 하고 있는(are having a meal)
  사람은 없다.
(B) **동작 묘사 오답:** 사진에 배는 있지만 배에 페인트를 칠하고
  있는(are painting a boat) 사람은 없다.
(C) **동작 묘사 오답:** 부두에서 낚시를 하고 있는(are fishing)
  사람은 없다.
(D) **정답:** 물가에 모여 있는(are gathered by the water)
  사람들이 있으므로 정답이다.

어휘 | pier 부두

4

(A) They're waiting in a line.
(B) They're removing items from their bags.
(C) They're turning on the lights.
(D) They're looking at each other.

(A) 사람들이 한 줄로 서서 기다리고 있다.
(B) 사람들이 가방에서 물건을 꺼내고 있다.
(C) 사람들이 전등을 켜고 있다.
(D) 사람들이 서로 쳐다보고 있다.

해설 | 3인 이상 등장 사진 - 매표소
(A) **정답:** 사람들이 한 줄로 서서 기다리고 있으므로 정답이다.
(B) **동작 묘사 오답:** 가방을 메고 있는 사람들이 있지만 가방에서
  물건을 꺼내고 있는(are removing items) 것은 아니다.

(C) **동작 묘사 오답:** 사람들이 전등을 켜고 있는(are turning on) 것이 아니라 전등이 이미 켜져 있는 상태이다.

(D) **동작 묘사 오답:** 사람들은 서로 쳐다보고 있지(are looking at each other) 않고 전부 앞쪽을 보고 있다.

어휘 | in a line 한 줄로 remove 꺼내다 item 물품, 품목 turn on (전등 따위를) 켜다

● ETS 실전문제
본책 p.024

1 (B)	2 (B)	3 (B)	4 (B)	5 (C)	6 (B)
7 (A)	8 (B)	9 (A)	10 (B)	11 (C)	12 (D)

1

(A) The woman is returning a book to a librarian.
(B) The woman has a handbag over her shoulder.
(C) The woman has a stack of books in her arms.
(D) The woman is organizing books on a library cart.

(A) 여자가 사서에게 책을 반납하고 있다.
(B) 여자가 어깨에 핸드백을 메고 있다.
(C) 여자가 책 몇 권을 품에 안고 있다.
(D) 여자가 도서관 카트 위에 책을 정리하고 있다.

해설 | 1인 등장 사진 - 도서관

(A) **사진에 없는 명사 사용 오답:** 사진에는 사서(librarian)가 보이지 않는다.

(B) **정답:** 여자가 어깨에 핸드백을 메고 있는(has a handbag over her shoulder) 상태이므로 정답이다.

(C) **상태 묘사 오답:** 여자가 책을 한 권 들고 있는 상태이지 책들을 품에 안고 있는(has a stack of books) 상태는 아니다.

(D) **사진에 없는 명사 사용 오답:** 사진에는 도서관 카트(library cart)가 보이지 않는다.

어휘 | librarian 사서 organize 정리하다

2

(A) The men are taking off their jackets.
(B) One of the men is holding a cane.
(C) The men are drinking from cups.
(D) One of the men is closing his bag.

(A) 남자들이 재킷을 벗고 있다.
(B) 남자들 중 한 명이 지팡이를 들고 있다.
(C) 남자들이 컵으로 마시고 있다.
(D) 남자들 중 한 명이 가방을 닫고 있다.

해설 | 2인 등장 사진 - 실외

(A) **동작 묘사 오답:** 두 남자 모두 재킷을 벗고(are taking off) 있지 않다.

(B) **정답:** 한 남자가 지팡이를 들고(is holding a cane) 있으므로 정답이다.

(C) **사진에 없는 명사 사용 오답:** 사진에 컵들(cups)은 보이지 않는다.

(D) **동작 묘사 오답:** 한 남자가 가방을 가지고 있는 상태이지 가방을 닫고 있는(is closing) 모습은 아니다.

어휘 | take off 벗다 cane 지팡이

3

(A) Some people are seated in a lobby.
(B) Some people are riding an escalator.
(C) Some people are standing on a balcony.
(D) Some people are walking down a staircase.

(A) 몇 명이 로비에 앉아 있다.
(B) 몇 명이 에스컬레이터를 타고 있다.
(C) 몇 명이 발코니 위에 서 있다.
(D) 몇 명이 계단을 걸어 내려오고 있다.

해설 | 3인 이상 등장 사진 - 에스컬레이터

(A) **상태 묘사 오답:** 서 있거나 에스컬레이터에 타고 있는 사람들이 대부분이고 로비에 앉아 있는(are seated in a lobby) 사람은 보이지 않는다.

(B) **정답:** 에스컬레이터(escalator)에 사람들이 타고 있으므로 정답이다.

(C) **상태 묘사 오답:** 사진에 발코니는 보이지만 발코니 위에 서 있는(are standing) 사람은 보이지 않는다.

(D) **사진에 없는 명사 사용 오답:** 사진에 계단(staircase)은 보이지 않는다.

어휘 | staircase 계단

4

(A) A tourist is boarding a bus.
(B) A tourist has stopped to look at a document.
(C) A tourist is paying a bus fare.
(D) A tourist is crossing at an intersection.

(A) 관광객이 버스에 탑승하고 있다.
(B) 관광객이 멈춰서 문서를 보고 있다.
(C) 관광객이 버스 요금을 내고 있다.
(D) 관광객이 교차로를 건너고 있다.

해설 | 1인 등장 사진 - 거리

(A) **동작 묘사 오답:** 관광객이 버스에 탑승하고 있는(is boarding) 모습이 아니다.

(B) **정답**: 관광객이 멈춰서 문서를 보고 있는(has stopped to look at a document) 상태이므로 정답이다.

(C) **동작 묘사 오답**: 관광객이 버스 요금을 내고 있는(is paying) 모습이 아니다.

(D) **사진에 없는 명사 사용 오답**: 사진에는 교차로(intersection)가 없다.

어휘 | board 탑승하다 pay 돈을 내다 fare 요금

5

(A) A man is hanging up a map.
(B) A woman is packing a bag.
(C) Some people are standing near a notice board.
(D) Some people are photographing the scenery.

(A) 남자가 지도를 걸고 있다.
(B) 여자가 가방을 싸고 있다.
(C) **몇 명이 게시판 근처에 서 있다.**
(D) 몇 명이 경치를 촬영하고 있다.

해설 | 2인 등장 사진 - 야외

(A) **동작 묘사 오답**: 사진에 지도는 보이지만 남자가 지도를 걸고 있는(is hanging up) 모습은 아니다.

(B) **상태 묘사 오답**: 여자가 가방을 메고 있는 상태이지 가방을 싸고 있는(is packing) 모습이 아니다.

(C) **정답**: 두 사람이 게시판 근처에 서 있는(are standing) 모습이므로 정답이다.

(D) **동작 묘사 오답**: 사람들이 경치를 촬영하고 있는(are photographing) 모습이 아니다.

어휘 | hang up 걸다 pack 싸다 notice board 게시판 scenery 경치

6

(A) The women are entering an office.
(B) The women are sitting side by side.
(C) One of the women is drinking from a glass.
(D) One of the women is plugging a cable into an outlet.

(A) 여자들이 사무실에 들어가고 있다.
(B) **여자들이 나란히 앉아 있다.**
(C) 여자들 중 한 명이 잔으로 마시고 있다.
(D) 여자들 중 한 명이 콘센트에 케이블을 꽂고 있다.

해설 | 3인 이상 등장 사진 - 사무실

(A) **동작 묘사 오답**: 여자들이 이미 사무실에 앉아 있는 상태이지 들어가고(are entering) 있는 모습이 아니다.

(B) **정답**: 여자들이 나란히 앉아(are sitting side by side) 있으므로 정답이다.

(C) **동작 묘사 오답**: 사진에 잔(glass)이 보이지만 세 여자 모두 잔으로 마시고 있는(is drinking) 모습이 아니다.

(D) **상태 묘사 오답**: 콘센트에 케이블이 이미 꽂혀 있는 상태이지 여자들 중 한 명이 콘센트에 케이블을 꽂고 있는(is plugging) 모습이 아니다.

어휘 | side by side 나란히 outlet 콘센트

7

(A) She's preparing some food.
(B) She's washing some mixing bowls.
(C) She's selecting some fruit at a market.
(D) She's taking some cakes out of a refrigerator.

(A) **여자가 음식을 준비하고 있다.**
(B) 여자가 믹싱볼들을 씻고 있다.
(C) 여자가 시장에서 과일을 고르고 있다.
(D) 여자가 냉장고에서 케이크를 꺼내고 있다.

해설 | 1인 등장 사진 - 주방

(A) **정답**: 여자가 음식을 준비하는(is preparing) 모습이므로 정답이다.

(B) **동작 묘사 오답**: 여자가 믹싱볼들(mixing bowls)을 들고 있기는 하지만 씻고 있는(is washing) 모습은 아니다.

(C) **사진에 없는 명사 사용 오답**: 사진에는 과일(fruit)이 보이지 않는다.

(D) **동작 묘사 오답**: 여자가 냉장고에서 케이크 몇 개를 꺼내고 있는(is taking some cakes out of) 모습이 아니다.

어휘 | prepare 준비하다 refrigerator 냉장고

8

(A) A woman is opening an umbrella.
(B) Customers are shopping in an open-air market.
(C) A vendor is reaching into a display case.
(D) Some people are bicycling through a market.

(A) 한 여자가 우산을 펴고 있다.
(B) **손님들이 노천 시장에서 쇼핑을 하고 있다.**
(C) 노점상이 진열장 안으로 손을 뻗고 있다.
(D) 몇몇 사람들이 자전거를 타고 시장을 지나가고 있다.

해설 | 3인 이상 등장 사진 - 노천 시장

(A) **동작 묘사 오답**: 여자가 지금 우산을 펴고 있는(is opening) 모습은 아니다.

(B) **정답**: 노천 시장(open-air market)에서 손님들이 쇼핑을 하는(are shopping) 모습이므로 정답이다.

(C) **동작 묘사 오답**: 노점상이 손님에게 물건 값을 계산하는 모습이지 진열장 안으로 손을 뻗고 있는(is reaching into a display case) 모습은 아니다.

(D) **동작 묘사 오답**: 사진에는 자전거를 타고(are bicycling) 시장을 지나가는 사람들은 보이지 않는다.

어휘 | open-air market 노천 시장 vendor 행상인, 노점상 reach into ~ 안으로 손을 뻗다 display case 진열장

9

(A) A man is watering a plant.
(B) A man is sliding a chair under a desk.
(C) A man is using a computer.
(D) A man is drawing curtains across a window.

(A) **남자가 식물에 물을 주고 있다.**
(B) 남자가 책상 밑으로 의자를 밀어 넣고 있다.
(C) 남자가 컴퓨터를 사용하고 있다.
(D) 남자가 창문에 커튼을 치고 있다.

해설 | 1인 등장 사진 - 사무실
(A) **정답**: 남자가 식물에 물을 주는(is watering) 모습이므로 정답이다.
(B) **동작 묘사 오답**: 사진에 의자가 보이지만 남자가 책상 밑으로 의자를 밀어 넣고(is sliding) 있지는 않다.
(C) **동작 묘사 오답**: 남자가 컴퓨터를 사용하고 있는(is using a computer) 모습은 아니다.
(D) **상태 묘사 오답**: 커튼이 젖혀져 있는 상태이지 남자가 창문에 커튼을 치고 있는(is drawing curtains across a window) 모습이 아니다.

어휘 | water 물을 주다 draw a curtain 커튼을 치다

10

(A) One of the women is disposing of her gloves.
(B) One of the women is extending her arm.
(C) A health-care worker is adjusting her uniform.
(D) A doctor is examining a patient's eyes.

(A) 여자들 중 한 명이 장갑을 폐기하고 있다.
(B) **여자들 중 한 명이 팔을 뻗고 있다.**
(C) 보건의료 종사자가 유니폼 매무새를 정돈하고 있다.
(D) 의사가 환자의 눈을 진찰하고 있다.

해설 | 2인 등장 사진 - 검사실
(A) **동작 묘사 오답**: 장갑은 보이지만 장갑을 폐기하는(is disposing) 사람이 없다.
(B) **정답**: 한 여자가 팔을 뻗고(is extending) 있으므로 정답이다.
(C) **동작 묘사 오답**: 두 여자 모두 매무새를 정돈하고(is adjusting) 있지 않다.
(D) **사진에 없는 명사 사용 오답**: 환자의 눈을 진찰하는(is examining) 의사(doctor)의 모습은 보이지 않는다.

어휘 | dispose of ~을 폐기하다 extend 뻗다 health-care 보건의료 adjust (매무새 따위를) 정돈하다 examine 진찰하다 patient 환자

11

(A) The woman is folding a newspaper in half.
(B) The woman is reading a sign on the wall.
(C) The man is raising a cup to his mouth.
(D) The man is leaning on a counter.

(A) 여자가 신문을 반으로 접고 있다.
(B) 여자가 벽에 걸린 표지판을 읽고 있다.
(C) **남자가 컵을 입으로 올리고 있다.**
(D) 남자가 카운터에 기대어 있다.

해설 | 2인 등장 사진 - 실내
(A) **동작 묘사 오답**: 여자는 신문을 반으로 접고 있지(is folding) 않고 신문을 읽고 있다.
(B) **사진에 없는 명사 사용 오답**: 사진에는 표지판(sign)이 없다.
(C) **정답**: 남자가 컵을 입으로 올리는 중(is raising)이라고 잘 묘사하고 있어 정답이다.
(D) **상태 묘사 오답**: 사진에 카운터(counter)가 보이긴 하지만 남자가 기대어 있는(is leaning) 모습은 아니다.

어휘 | fold 접다 raise 올리다 lean 기대다

12

(A) Some people are reading a menu in front of a restaurant.
(B) A worker is scooping some food onto a plate.
(C) A customer is paying at a register.
(D) A server is handing a customer a dish.

(A) 몇 명이 식당 앞에서 메뉴를 읽고 있다.
(B) 직원이 음식을 퍼 접시에 담고 있다.
(C) 고객이 계산대에서 지불하고 있다.
(D) **종업원이 손님에게 접시를 건네고 있다.**

해설 | 3인 이상 등장 사진 - 식당
(A) **동작 묘사 오답**: 사람들이 식당 앞에서 메뉴를 읽고 있는(are reading) 모습이 아니다.
(B) **동작 묘사 오답**: 직원이 이미 접시에 음식을 담은 상태이지 음식을 퍼 접시에 담고 있는(is scooping) 모습이 아니다.
(C) **동작 묘사 오답**: 고객이 계산대에서 지불하고 있는(is paying) 모습이 아니다.
(D) **정답**: 종업원이 손님에게 접시를 건네고 있는(is handing) 모습이므로 정답이다.

어휘 | scoop 푸다 register 계산대 hand 건네다

Unit 02 사물·배경 사진 / 인물·사물 혼합 사진

① 사물·배경 사진 / ② 사물·배경 + 인물 혼합 사진

● 실전 도움닫기
본책 p.027

1 (B) **2** (C) **3** (D) **4** (C)

1

(A) Windows are being washed.
(B) A dining area has been set up outdoors.
(C) Chairs have been stacked on a cart.
(D) Food is being served at a café.

(A) 창문을 닦고 있다.
(B) 식사 공간이 야외에 마련되어 있다.
(C) 의자가 카트 위에 쌓여 있다.
(D) 카페에서 음식을 제공하고 있다.

해설 | 배경 사진 - 가게
(A) **진행 묘사 오답**: 사진에는 창문을 닦는 행위의 주체인 사람이 없다.
(B) **정답**: 식사 공간이 야외에 마련되어 있는 모습을 잘 묘사하고 있다.
(C) **사진에 없는 명사 사용 오답**: 사진에 수레(cart)는 보이지 않는다.
(D) **진행 묘사 오답**: 사진에는 카페에서 음식을 제공하는 행위의 주체인 사람이 없다.

어휘 | set up 마련하다 stack 쌓다

2

(A) A mirror is above a bed.
(B) A drawer has been opened.
(C) A lamp has been turned on next to a bed.
(D) A flower bouquet is being laid on a dresser.

(A) 거울이 침대 위에 있다.
(B) 서랍이 열려 있다.
(C) 램프가 침대 옆에 켜져 있다.
(D) 꽃다발을 화장대 위에 놓고 있다.

해설 | 사물 사진 - 실내 공간
(A) **위치 묘사 오답**: 거울은 침대 위에(above a bed) 있지 않다. 사진에 보이는 mirror만 듣고 정답으로 착각하지 않도록 유의해야 한다.
(B) **상태 묘사 오답**: 사진에 서랍(drawer)이 보이기는 하지만, 서랍이 열려 있지(has been opened) 않고 닫혀 있다.
(C) **정답**: 침대 옆에 있는 램프가 켜져 있으므로 정답이다.

(D) **진행 묘사 오답**: 사진에는 꽃다발을 화장대 위에 놓는 행위의 주체인 사람이 나오지 않는다.

어휘 | drawer 서랍 lay 놓다 dresser 화장대

3

(A) Notebooks are being distributed at a meeting.
(B) A screen is being repositioned on a wall.
(C) Some men are removing their suit jackets.
(D) Some men are greeting each other.

(A) 회의에서 노트를 배포하고 있다.
(B) 벽에 있는 스크린의 위치를 옮기고 있다.
(C) 남자들이 정장 재킷을 벗고 있다.
(D) **남자들이 인사를 나누고 있다.**

해설 | 인물·사물 혼합 사진 - 사무실
(A) **진행 묘사 오답**: 사람에 의해 회의에서 노트가 배포되고 있는(are being distributed) 상황이 아니다.
(B) **진행 묘사 오답**: 사람에 의해 벽에 있는 스크린의 위치가 옮겨지고 있는(is being repositioned) 상황이 아니다.
(C) **동작 묘사 오답**: 사진에 정장 재킷을 벗고 있는(are removing) 사람은 한 명도 없다.
(D) **정답**: 사무실에서 남자들이 인사를 나누고(are greeting) 있으므로 정답이다.

어휘 | distribute 배포하다 reposition 위치를 옮기다

4

(A) A man has climbed to the top of a ladder.
(B) A row of fishing boats is docked at a pier.
(C) Some workers are carrying cargo up a ramp.
(D) A crowd has formed beside a ship.

(A) 남자가 사다리 꼭대기에 올랐다.
(B) 한 줄로 늘어선 고깃배들이 부두에 정박해 있다.
(C) **몇몇 근로자가 화물을 경사로 위로 나르고 있다.**
(D) 군중이 배 옆에 모여 있다.

해설 | 인물·사물 혼합 사진 - 경사로
(A) **상태 묘사 오답**: 사다리 꼭대기에 올라 있는(has climbed to the top of a ladder) 모습이 아니다.
(B) **사진에 없는 명사 사용 오답**: 사진에는 한 줄로 늘어선 고깃배들(a row of fishing boats)이 보이지 않는다.
(C) **정답**: 몇 사람이 화물을 경사로(ramp) 위로 나르고(are carrying) 있으므로 정답이다.
(D) **사진에 없는 명사 사용 오답**: 배(ship) 옆에 모여 있는 군중(crowd)은 없다.

어휘 | a row of 한 줄로 늘어선 dock 정박시키다 pier 부두 cargo 화물 ramp 경사로 form 모이다

● ETS 실전문제

본책 p.028

1 (D)	2 (C)	3 (C)	4 (D)	5 (B)	6 (C)
7 (C)	8 (A)	9 (D)	10 (A)	11 (C)	12 (A)

1

(A) A bench is being replaced.
(B) A lamppost is being repaired.
(C) Some bricks are stacked in a pile.
(D) Some boats are floating in the water.

(A) 벤치를 교체하고 있다.
(B) 가로등 기둥을 수리하고 있다.
(C) 벽돌들이 더미로 쌓여 있다.
(D) 배 몇 척이 물에 떠 있다.

해설 | 배경 사진 - 부둣가
(A) **진행 묘사 오답:** <사물+be+being+p.p.>는 '사물이 ~되고 있다'는 뜻으로 사람이 사물에 해당 동작을 가할 때 쓸 수 있는 표현이다. 그런데 사진에는 벤치를 교체하는 행위의 주체인 사람이 없다.
(B) **진행 묘사 오답:** 사진에는 가로등 기둥을 수리하는 행위의 주체인 사람이 없다.
(C) **상태 묘사 오답:** 벽돌들은 더미로 쌓여 있지(are stacked) 않다.
(D) **정답:** 배들이 물에 떠 있는(are floating) 모습이므로 정답이다.

어휘 | replace 교체하다 repair 수리하다 stack 쌓다 pile (수북이 쌓아 놓은) 더미 float 뜨다

2

(A) They're waiting in line outside a theater.
(B) The man is repairing a computer.
(C) Books are on display in a library.
(D) The woman is carrying a lamp out of the room.

(A) 사람들이 극장 밖에서 줄을 서서 기다리고 있다.
(B) 남자가 컴퓨터를 수리하고 있다.
(C) 책이 도서관에 진열되어 있다.
(D) 여자가 램프를 들고 방에서 나오고 있다.

해설 | 인물·사물 혼합 사진 - 도서관
(A) **장소 묘사 오답:** 사진에 사람들이 보이긴 하지만 극장(theater) 밖에서 줄을 서서 기다리고 있는 것은 아니다.
(B) **동작 묘사 오답:** 남자가 컴퓨터를 사용하는 모습이지 컴퓨터를 수리하는(is repairing) 모습은 아니다.

(C) **정답:** 책이 도서관에 진열되어 있으므로(are on display) 정답이다.
(D) **동작 묘사 오답:** 여자가 램프를 들고 방에서 나오고 있는(is carrying a lamp out of the room) 모습이 아니다.

어휘 | theater 극장 repair 수리하다

3

(A) The keyboards on the desks are being replaced.
(B) The carpet is being vacuumed.
(C) None of the workstations are occupied.
(D) Some chairs have been stacked.

(A) 책상 위의 키보드를 교체하고 있다.
(B) 카펫을 진공청소기로 청소하고 있다.
(C) 모든 작업대에 사용하는 사람이 없다.
(D) 의자 몇 개가 쌓여 있다.

해설 | 사물 사진 - 작업대
(A) **진행 묘사 오답:** 사진에는 책상 위의 키보드를 교체하는 행위의 주체인 사람이 없다.
(B) **진행 묘사 오답:** 사진에는 카펫을 진공청소기로 청소하는 행위의 주체인 사람이 없다.
(C) **정답:** 모든 작업대(workstations)에 사용하는 사람이 없으므로 정답이다.
(D) **상태 묘사 오답:** 사진에 의자가 보이기는 하지만, 쌓여 있는(have been stacked) 상태는 아니다.

어휘 | replace 교체하다 vacuum 진공청소기로 청소하다 workstation 작업대 occupy 사용하다 stack 쌓다

4

(A) A man is pushing a cart through an entrance.
(B) A woman is hanging a jacket on a rack.
(C) Some luggage is being unloaded from a car.
(D) Some cases have been stacked on top of each other.

(A) 남자가 카트를 밀고 입구를 통과하고 있다.
(B) 여자가 옷걸이에 재킷을 걸고 있다.
(C) 짐을 차에서 내리고 있다.
(D) 케이스들이 차곡차곡 쌓여 있다.

해설 | 인물·사물 혼합 사진 - 케이스
(A) **동작 묘사 오답:** 사진에 카트(cart)가 보이지만 남자가 카트를 밀고(is pushing) 입구를 통과하고 있지는 않다.
(B) **동작 묘사 오답:** 여자가 재킷을 입고 있는 상태이지 재킷을 옷걸이에 걸고 있는(is hanging) 모습은 아니다.
(C) **사진에 없는 명사 사용 오답:** 사진에는 차(car)가 없다.

(D) 정답: 사진 중앙에 케이스들(cases)이 차곡차곡 쌓여(have been stacked) 있으므로 정답이다.

어휘 | entrance 입구 rack 걸이, 선반 unload 짐을 내리다 on top of each other 차곡차곡

5

(A) Pedestrians are crossing at an intersection.
(B) Trees are planted on both sides of a street.
(C) People are waiting to board a bus.
(D) Lines are being painted on a road.

(A) 보행자들이 교차로를 건너고 있다.
(B) **나무들이 도로 양쪽에 심어져 있다.**
(C) 사람들이 버스에 타려고 기다리고 있다.
(D) 도로에 선을 칠하고 있다.

해설 | 배경 사진 - 도로
(A) **사진에 없는 명사 사용 오답**: 사진에는 보행자들 (pedestrians)이 없다.
(B) **정답**: 나무들이 도로 양쪽에(on both sides) 심어져 있으므로 정답이다.
(C) **사진에 없는 명사 사용 오답**: 사진에는 버스에 타려고 기다리는 (are waiting) 사람들이 없다.
(D) **진행 묘사 오답**: 사람에 의해 선이 도로에 칠해지고 있는(are being painted) 상황이 아니다.

어휘 | pedestrian 보행자

6

(A) Some customers are sitting at a counter.
(B) Beverages are being removed from shelves.
(C) A worker is taking measurements of a floor.
(D) Some workers are getting out of a vehicle.

(A) 몇몇 고객이 카운터에 앉아 있다.
(B) 음료를 선반에서 치우고 있다.
(C) **작업자가 바닥 치수를 재고 있다.**
(D) 몇몇 작업자가 차량에서 내리고 있다.

해설 | 인물·사물 혼합 사진 - 실외 작업
(A) **사진에 없는 명사 사용 오답**: 사진에는 카운터에 앉아 있는 고객들(customers)이 보이지 않는다.
(B) **진행 묘사 오답**: 현재 음료를 선반에서 치우고 있는(are being removed) 상황이 아니다.
(C) **정답**: 바닥 치수를 재는(is taking measurements) 남자의 동작을 잘 묘사하고 있다.
(D) **동작 묘사 오답**: 사진에 차량에서 내리고 있는(are getting out of a vehicle) 사람은 한 명도 없다.

어휘 | beverage 음료 remove 치우다 shelf 선반 take a measurement 치수를 재다 vehicle 차량

7

(A) An umbrella has been opened on a terrace.
(B) Lamps have been placed next to a door.
(C) Tables have been covered with tablecloths.
(D) A boat is sailing on a lake.

(A) 파라솔이 테라스 위에 펼쳐져 있다.
(B) 램프들이 문 옆에 놓여 있다.
(C) **탁자에 식탁보가 덮여 있다.**
(D) 배가 호수 위를 운항하고 있다.

해설 | 배경 사진 - 해변가의 발코니
(A) **상태 묘사 오답**: 사진에 파라솔이 보이지만, 펼쳐져 있지는(has been opened) 않다.
(B) **사진에 없는 명사 사용 오답**: 사진에는 문(door)이 보이지 않는다.
(C) **정답**: 탁자에 식탁보가 덮여 있는 모습을 묘사하고 있으므로 정답이다.
(D) **사진에 없는 명사 사용 오답**: 사진에는 배(boat)가 없다.

어휘 | umbrella 파라솔 sail 운항하다

8

(A) Some cyclists are viewing a city from a distance.
(B) The city's skyline is obscured by clouds.
(C) Several people are leaning against a low wall.
(D) A woman is setting her helmet on a ledge.

(A) **자전거 탄 사람들이 멀리서 도시를 바라보고 있다.**
(B) 도시의 스카이라인이 구름에 가려져 있다.
(C) 몇 사람이 낮은 벽에 기대어 있다.
(D) 여자가 헬멧을 선반 위에 놓고 있다.

해설 | 인물·사물 혼합 사진 - 자전거 하이킹
(A) **정답**: 자전거 탄 사람들이 멀리서 도시를 바라보고 있으므로(are viewing) 정답이다.
(B) **상태 묘사 오답**: 도시의 스카이라인이 구름에 가려져 있지(is obscured) 않다.
(C) **상태 묘사 오답**: 사람들이 낮은 벽에 기대어 있는(are leaning) 상태가 아니다.
(D) **동작 묘사 오답**: 여자가 헬멧을 선반 위에 놓고 있는(is setting) 모습이 아니다.

어휘 | cyclist 자전거 탄 사람 distance 먼 곳 obscure 가리다, 흐리게 하다 lean 기대다 ledge 선반

9

(A) Cakes are being removed from a refrigerator.
(B) Pastry dough is being rolled out on a counter.
(C) Kitchen staff are washing pots and pans.
(D) A chef is decorating a cake.

(A) 케이크를 냉장고에서 꺼내고 있다.
(B) 페이스트리 반죽을 조리대 위에서 굴리고 있다.
(C) 주방 직원들이 냄비와 팬을 씻고 있다.
(D) 요리사가 케이크를 장식하고 있다.

해설 | 인물·사물 혼합 사진 - 주방
(A) **진행 묘사 오답:** 현재 케이크를 냉장고에서 꺼내고 있는(are being removed) 상황이 아니다.
(B) **진행 묘사 오답:** 현재 페이스트리 반죽을 조리대 위에서 굴리고 있는(is being rolled out) 상황이 아니다.
(C) **사진에 없는 명사 사용 오답:** 사진에는 냄비(pots)나 팬(pans)이 없다.
(D) **정답:** 요리사(chef)로 보이는 남자가 케이크를 장식하고 있는(is decorating) 모습이므로 정답이다.

어휘 | refrigerator 냉장고 **dough** 반죽 **pot** 냄비 **decorate** 장식하다

11

(A) A vehicle is parked in the shade.
(B) Road signs are being removed from a truck.
(C) Shadows are being cast on a patio.
(D) The roof of a building is being fixed.

(A) 차가 그늘에 주차되어 있다.
(B) 트럭에서 도로 표지판을 치우고 있다.
(C) 그림자가 테라스에 드리워져 있다.
(D) 건물 지붕을 수리하고 있다.

해설 | 사물 사진 - 테라스
(A) **상태 묘사 오답:** 차가 그늘에(in the shade) 주차되어 있지 않고 햇빛 아래에 주차되어 있다.
(B) **진행 묘사 오답:** 사진에는 트럭에서 도로 표지판을 치우는 행위의 주체인 사람이 나오지 않는다.
(C) **정답:** 그림자가 테라스에 드리워져 있는 상태(are being cast)를 묘사하므로 정답이다.
(D) **진행 묘사 오답:** 사진에는 건물 지붕을 수리하는 행위의 주체인 사람이 나오지 않는다.

어휘 | shade 그늘 **remove** 치우다 **cast** (그림자를) 던지다 **patio** 테라스 **fix** 수리하다

10

(A) Some gardening equipment has been left outside.
(B) The wheel has been removed from a wheelbarrow.
(C) There's a rake leaning against a wall.
(D) There's a pile of wood under an archway.

(A) 원예 장비들이 밖에 방치되어 있다.
(B) 손수레에서 바퀴가 분리되어 있다.
(C) 갈퀴가 벽에 기대어 있다.
(D) 나무 더미가 아치 아래에 있다.

해설 | 사물 사진 - 정원
(A) **정답:** 원예 장비들이 밖에 방치되어(left outside) 있는 모습이므로 정답이다.
(B) **상태 묘사 오답:** 바퀴가 손수레에서 분리되어 있지(has been removed) 않다.
(C) **위치 묘사 오답:** 벽(wall)은 사진에 보이지 않으며, 갈퀴는 손수레 위에 있다.
(D) **사진에 없는 명사 사용 오답:** 사진에는 아치 아래에 있는 나무 더미(a pile of wood)가 보이지 않는다.

어휘 | gardening 원예 **equipment** 장비 **wheelbarrow** 손수레 **rake** 갈퀴 **lean** 기대다 **a pile of** 더미

12

(A) Bicycles are lined up along the roadside.
(B) Cyclists are crossing at an intersection.
(C) Some passengers are getting into a vehicle.
(D) Vehicles are exiting a parking garage.

(A) 자전거가 길가에 늘어서 있다.
(B) 자전거 탄 사람들이 교차로를 건너고 있다.
(C) 승객 몇 명이 차량에 탑승하고 있다.
(D) 차들이 주차장에서 나오고 있다.

해설 | 인물·사물 혼합 사진 - 자전거
(A) **정답:** 자전거가 길가에 늘어서 있는(lined up) 상태이므로 정답이다.
(B) **사진에 없는 명사 사용 오답:** 사진에 자전거를 탄 사람들(Cyclists)은 보이지 않는다.
(C) **사진에 없는 명사 사용 오답:** 승객들(passengers)로 보이는 사람들은 없다.
(D) **상태 묘사 오답:** 차들이 주차되어 있는 상태이지 차들이 주차장을 나가고 있는(are exiting) 모습이 아니다.

어휘 | intersection 교차로 **passenger** 승객 **vehicle** 차량 **exit** 나가다 **parking garage** 주차장

PART 2 LC

Unit 03 Who / What / Which 의문문

① Who 의문문

ETS 유형 연습

본책 p. 038

| **1** (B) | **2** (B) | **3** (C) | **4** (B) | **5** (C) |

1 Who's ordering supplies for the laboratory?
(A) If we run out.
(B) I think Sarah is.
(C) Yes, seven boxes.

실험실 용품은 누가 주문하나요?
(A) 다 떨어지면요.
(B) 사라일 거예요.
(C) 네, 일곱 상자요.

해설 | 주문자를 묻는 Who 의문문
(A) **연상 작용 오답**: 의미상 연결이 가능한 두 표현 ordering과 run out을 이용한 오답이다.
(B) **정답**: 주문한 사람을 묻는 질문에 구체적으로 Sarah라는 사람 이름을 언급하므로 정답이다.
(C) **Yes / No 대답 불가 오답**: 의문사 의문문에 Yes / No로 대답할 수 없다.

어휘 | laboratory 실험실 **run out** 떨어지다

2 Who's getting the lunch order today?
(A) Sometime after three.
(B) Adam offered to go.
(C) On the top shelf.

오늘 주문한 점심은 누가 갖고 오죠?
(A) 3시 이후예요.
(B) 아담이 가겠다고 했어요.
(C) 맨 위 선반에요.

해설 | 특정 주체를 묻는 Who 의문문
(A) **관련 없는 오답**: Who 의문문이 아닌 When 의문문에 어울리는 대답이다.
(B) **정답**: Who 의문문에 구체적인 이름(Adam)으로 답하고 있으므로 정답이다.
(C) **관련 없는 오답**: Who 의문문이 아닌 Where 의문문에 어울리는 대답이다.

어휘 | shelf 선반

3 Who came up with our new slogan?
(A) It went pretty well.
(B) This escalator goes down.
(C) Someone on the marketing team.

누가 우리 새 슬로건을 생각해 냈나요?
(A) 꽤 순조로웠어요.
(B) 이 에스컬레이터는 내려가요.
(C) 마케팅팀 팀원이에요.

해설 | 특정 주체를 묻는 Who 의문문
(A) **연상 작용 오답**: 질문의 came에서 연상 가능한 went를 이용한 오답이다.
(B) **연상 작용 오답**: 질문의 came과 up에서 연상 가능한 goes와 down을 이용한 오답이다.
(C) **정답**: 새 슬로건을 생각해 낸 사람을 묻는 질문에 마케팅팀 팀원(Someone on the marketing team.)이라고 특정 소속을 언급하고 있으므로 정답이다.

어휘 | come up with 생각해 내다

4 Who's in this photo with you?
(A) Let's take one together.
(B) My colleague, Ms. Silvestro.
(C) Jeffrey said so.

사진에 당신과 같이 있는 사람은 누구니까?
(A) 같이 한 장 찍어요.
(B) 제 동료인 실베스트로 씨예요.
(C) 제프리가 그렇게 말했어요.

해설 | 특정 주체를 묻는 Who 의문문
(A) **연상 작용 오답**: photo에서 연상 가능한 take one(한 장 찍다)을 사용한 오답이다.
(B) **정답**: 사진에 같이 있는 사람을 묻는 질문에 구체적으로 Silvestro라는 사람 이름을 언급하므로 정답이다.
(C) **연상 작용 오답**: 질문을 이해하지 못한 채 의문사 Who만 들었을 경우 연상 가능한 이름으로 Jeffrey를 제시한 오답이다.

어휘 | photo 사진 **colleague** 동료

5 Who's managing the bookstore tomorrow?
(A) Mostly history and art books.
(B) At ten A.M.
(C) I just posted the staff schedule.

내일 서점 운영은 누가 하나요?
(A) 대부분 역사와 미술 서적이에요.
(B) 오전 10시예요.
(C) 방금 제가 직원 일정표를 올렸어요.

해설 | 서점 운영자를 묻는 Who 의문문
(A) **유사 발음 오답**: 질문의 bookstore와 부분적으로 발음이 유사한 books를 이용한 오답이다.
(B) **관련 없는 오답**: 시간을 묻는 When 의문문에 적합한 대답이다.
(C) **정답**: 내일 서점 운영은 누가 하느냐는 질문에 '방금 직원 일정표를 올렸다'라고 우회적으로 답변한 정답이다.

어휘 | post 올리다, 게시하다

② What / Which 의문문

ETS 유형 연습

본책 p. 039

| **1** (B) | **2** (B) | **3** (A) | **4** (B) | **5** (B) |

1 What happens at the weekly meetings?
(A) In the conference room.
(B) We get project updates.
(C) I was sitting near the front.

주간 회의에선 뭘 하죠?
(A) 회의실에서요.
(B) 프로젝트 관련 새 소식을 얻어요.
(C) 저는 앞쪽 가까이에 앉아 있었어요.

해설 | **회의에서 무엇을 하는지 묻는 What 의문문**
(A) **연상 작용 오답:** 질문의 meetings에서 연상 가능한 conference를 이용한 오답이다.
(B) **정답:** 회의에서 뭘 하는지 묻는 질문에 프로젝트 관련 새 소식(project updates)을 얻는다고 알려 주고 있으므로 정답이다.
(C) **관련 없는 오답:** 질문과 상관없는 답변을 제시하고 있다.

어휘 | front 앞쪽

2 Which of these notebooks is yours?
(A) At the library.
(B) The black one's mine.
(C) Thanks, it is.

이 공책들 중에서 어떤 게 당신 거죠?
(A) 도서관에서요.
(B) 검은색이 제 겁니다.
(C) 고마워요. 맞아요.

해설 | **공책 선택을 묻는 Which 의문문**
(A) **연상 작용 오답:** 의미상 연결이 가능한 두 단어 notebooks와 library를 이용한 오답이다.
(B) **정답:** 어떤 것이 당신 공책인지를 묻는 질문에 구체적인 색깔(The black one)로 응답하고 있으므로 정답이다.
(C) **관련 없는 오답:** 상대방의 공책이 어떤 것인지를 묻는 질문에 Thanks로 대답할 수 없다.

3 What time does the restaurant close?
(A) At eleven o'clock.
(B) It's close to the library.
(C) No, it doesn't.

레스토랑이 몇 시에 영업을 끝내나요?
(A) 11시에요.
(B) 도서관 근처에 있어요.
(C) 아니요, 그렇지 않아요.

해설 | **폐점 시간을 묻는 What 의문문**
(A) **정답:** 폐점 시간을 묻는 질문에 11시(eleven o'clock)라는 구체적인 시간을 언급하고 있으므로 정답이다.
(B) **단어 반복·다의어 오답:** 질문의 close를 반복 이용한 오답으로, 질문의 close는 '닫다', 보기의 close는 '가까운'을 뜻한다.
(C) **Yes/No 불가 오답:** What 의문문은 Yes/No 응답이 불가능하다.

어휘 | close 문을 닫다; 가까운

4 Which company developed this software?
(A) No, it's too difficult.
(B) I'll look it up.
(C) Quite recently.

어떤 회사가 이 소프트웨어를 개발했죠?
(A) 아니요, 그건 너무 어려워요.
(B) 제가 찾아볼게요.
(C) 꽤 최근에요.

해설 | **소프트웨어 개발 회사를 묻는 Which 의문문**
(A) **Yes/No 대답 불가 오답:** Which 의문문을 포함한 대부분의 의문사 의문문은 Yes/No로 응답할 수 없다.
(B) **정답:** 어떤 회사가 소프트웨어를 개발했는지 묻는 질문에 그 회사를 찾아보겠다(I'll look it up.)라고 우회적 응답을 하고 있으므로 정답이다.
(C) **관련 없는 오답:** When 의문문에 대한 응답으로, 질문 후반부의 developed this software만 들으면 고를 수 있는 오답이다.

어휘 | develop 개발하다 look up (자료·컴퓨터 등에서 정보를) 찾아보다

5 What do you think of this month's budget?
(A) Yes, this month.
(B) Looks like we need money.
(C) Thanks, it was a gift.

이번 달 예산에 대해 어떻게 생각하십니까?
(A) 네, 이번 달이요.
(B) 돈이 필요할 것 같아요.
(C) 감사해요, 그건 선물이었어요.

해설 | **의견을 묻는 What 의문문**
(A) **단어 반복 오답:** 질문의 this month를 반복 이용한 오답이다.
(B) **정답:** 예산에 대해 어떻게 생각하는지 묻는 질문에 대한 의견, 즉 사실상 예산이 부족하다는 의미를 간접적으로 전달한 자연스러운 답이다.
(C) **관련 없는 오답:** 질문의 내용과 논리적으로 맞지 않다.

어휘 | budget 예산

● **실전 도움닫기** 본책 p.040

1 (C) **2** (A) **3** (C) **4** (B) **5** (B)

1 Who designed the floor plan?
(A) They're affordable.
(B) Only three floors.
(C) Mr. Bryson did.

누가 평면도를 설계했나요?
(A) 그것들은 가격이 적당해요.
(B) 단지 3개 층입니다.
(C) 브라이슨 씨가 했습니다.

해설 | **사람 이름을 묻는 Who 의문문**
(A) **관련 없는 오답:** Who 의문문인데, 가격에 대한 답을 하고 있으므로 논리적으로 맞지 않다.

(B) **단어 반복 오답**: 질문의 floor를 반복한 오답이다.

(C) **정답**: 누가 평면도를 설계했는지 묻는 질문에 대해 구체적인 이름(Mr. Bryson)으로 대답하고 있다.

어휘 | floor plan (건물의) 평면도 affordable (가격이) 알맞은, 적당한

2 What's included in the rent?
(A) Electricity and water.
(B) On Atlantic Avenue.
(C) She lent me her bicycle.

임대료에 뭐가 포함되나요?
(A) 전기와 물이요.
(B) 애틀랜틱 애비뉴예요.
(C) 그녀는 제게 자전거를 빌려줬어요.

해설 | 임대료에 포함된 것을 묻는 What 의문문
(A) **정답**: 임대료에 뭐가 포함되는지 묻는 질문에 전기와 수도(Electricity and water)라고 구체적으로 잘 답변한 정답이다.
(B) **관련 없는 오답**: 장소를 묻는 Where 의문문에 가능한 답변이다.
(C) **유사 발음 오답**: 질문의 rent와 발음이 유사한 lent를 이용한 오답이다.

어휘 | include 포함하다 electricity 전기

3 Which orders still need to be processed?
(A) Order a new one.
(B) He wasn't.
(C) Those over there.

아직 처리해야 할 주문들이 어떤 거죠?
(A) 새것을 주문하세요.
(B) 그는 아니었어요.
(C) 저쪽에 있는 거요.

해설 | 주문 선택을 묻는 Which 의문문
(A) **단어 반복 오답**: 질문에 쓰인 명사 orders와 품사를 달리해 동사 order를 반복 이용한 오답이다.
(B) **인칭 오류 오답**: 질문에 He를 가리킬 만한 대상이 없으므로 오답이다.
(C) **정답**: 처리해야 할 주문들이 어떤 것인지를 묻는 질문에 저쪽에 있는 것들(Those over there.)이라며 장소를 지칭해 구체적으로 응답하고 있으므로 정답이다.

어휘 | order 주문; 주문하다 still 아직도, 여전히 process 처리하다 over there 저쪽에

4 What's the topic of today's seminar?
(A) In an hour.
(B) I'm not sure.
(C) No, on the bottom.

오늘 세미나의 주제는 무엇입니까?
(A) 한 시간 뒤에요.
(B) 잘 모르겠어요.
(C) 아니요, 바닥에요.

해설 | 세미나 주제를 묻는 What 의문문
(A) **관련 없는 오답**: 시간을 묻는 When 의문문에 가능한 답변이다.
(B) **정답**: 세미나의 주제를 묻는 질문에 나올 수 있는 답변이다.
(C) **Yes/No 대답 불가 오답**: 의문사 의문문은 Yes/No로 대답할 수 없다.

어휘 | on the bottom 바닥에

5 Who will oversee the sales promotion?
(A) A new breakfast cereal.
(B) Lisa has the most experience.
(C) At the end of the month.

누가 판촉을 관리하게 되나요?
(A) 새로운 아침용 시리얼이에요.
(B) 리사가 가장 경험이 많아요.
(C) 월말에요.

해설 | 관리자를 묻는 Who 의문문
(A) **연상 작용 오답**: 질문의 sales promotion에서 연상 가능한 제품 cereal을 이용한 오답이다.
(B) **정답**: 누가 판촉 관리를 하는지 묻는 질문에 구체적인 이름(Lisa)으로 답하고 있으므로 정답이다.
(C) **관련 없는 오답**: 시점을 묻는 When 의문문에 어울리는 대답이다.

어휘 | oversee 관리[감독]하다 sales promotion 판촉 experience 경험

● **ETS 실전문제**　　　　본책 p.041

1 (A)	2 (B)	3 (B)	4 (A)	5 (B)
6 (B)	7 (A)	8 (A)	9 (B)	10 (C)
11 (B)	12 (B)	13 (B)	14 (C)	15 (C)
16 (B)	17 (C)	18 (B)	19 (A)	20 (A)
21 (B)	22 (A)	23 (B)	24 (C)	25 (A)

1 Who's that man over there talking with Greg?
(A) I've never seen him before.
(B) It's right over there.
(C) Yes, he'll be there.

저기서 그레그 씨와 이야기하고 있는 남자가 누구죠?
(A) 저는 전에 그를 본 적이 없어요.
(B) 그것은 바로 저쪽에 있어요.
(C) 네, 그는 그곳에 있을 거예요.

해설 | 특정 인물을 묻는 Who 의문문
(A) **정답**: 간접 응답 '본 적이 없는 사람이다'로 잘 답변한 정답이다.
(B) **관련 없는 오답**: 장소를 묻는 Where 의문문에 가능한 답변이므로 오답이다.
(C) **단어 반복·Yes/No 대답 불가 오답**: 질문의 there를 그대로 반복해 혼동을 유발하고, 의문사 의문문에 Yes/No로 답변한 오답이다.

어휘 | over there 저쪽에, 저기에서 talk with ~와 대화하다 be there 그곳에 있다, 거기로 가다(= get there, go there)

2 What was the conference about?
(A) Yes, I'm planning to.
(B) New trends in technology.
(C) It started at about three.

무엇에 관한 회의였나요?
(A) 네, 그럴 생각이에요.
(B) 새로운 기술 동향이에요.
(C) 3시쯤에 시작했어요.

해설 | **회의 주제를 묻는 What 의문문**
(A) **Yes/No 대답 불가 오답:** 의문사 의문문은 Yes/No로 대답할 수 없다.
(B) **정답:** 회의의 주제를 묻는 질문에 나올 수 있는 답변이다.
(C) **단어 반복 오답:** 질문의 about을 반복한 오답이다.

어휘 | conference 회의 trend 동향, 추세

3 Which path do I take to get to the lake?
(A) Here, I'll take it.
(B) The one on the left.
(C) Swimming and boating.

호수에 가려면 어느 길로 가야 하나요?
(A) 자, 제가 받을게요.
(B) 왼쪽 길이요.
(C) 수영과 뱃놀이에요.

해설 | **호수로 가는 길을 묻는 Which 의문문**
(A) **단어 반복 오답:** 질문의 take를 반복 이용한 오답이다.
(B) **정답:** 호수에 가려면 어느 길로 가야 하는지 묻는 질문에 왼쪽에 있는 것(The one on the left.)이라며 장소를 지칭해 구체적으로 응답하고 있으므로 정답이다.
(C) **연상 작용 오답:** 질문의 lake(호수)와 의미상 연결이 가능한 단어들 swimming(수영하기), boating(뱃놀이)을 이용한 오답이다.

어휘 | path 길 lake 호수 boating 뱃놀이

4 What's the best way to reach you?
(A) I prefer e-mail.
(B) It's up ahead on the right.
(C) That's a good option.

당신에게 연락할 가장 좋은 방법이 뭐죠?
(A) 전 이메일을 선호해요.
(B) 그건 우측 바로 앞에 있어요.
(C) 좋은 선택 사항이에요.

해설 | **연락 방법을 묻는 What 의문문**
(A) **정답:** 연락 방법을 묻자 연락 방식 중 하나인 e-mail을 들어 구체적으로 잘 답변한 정답이다.
(B) **연상 작용 오답:** 의미상 연결이 가능한 두 표현 reach(손이 닿다)와 up ahead on the right(우측 바로 앞에)을 이용해서 혼동을 유발하는 오답이다.
(C) **연상 작용 오답:** 의미상 연결이 가능한 두 단어 best(가장 좋은)와 good(좋은)을 사용해서 혼동을 유발하는 오답이다.

어휘 | reach 연락하다 prefer 선호하다 up ahead 저 앞쪽에, 바로 앞쪽에 option 선택권, 선택 사항

5 Who's the target audience for this advertisement?
(A) On the radio.
(B) Country music fans.
(C) From Mr. Stewart.

이 광고가 타깃으로 삼는 대상은 누구인가요?
(A) 라디오에서요.
(B) 컨트리 음악 팬들이요.
(C) 스튜어트 씨한테서요.

해설 | **타깃 대상을 묻는 Who 의문문**
(A) **연상 작용 오답:** 질문의 advertisement에서 연상 가능한 radio를 이용한 오답이다.
(B) **정답:** 광고가 타깃으로 삼는 대상이 누구인지 묻는 질문에, 특정 장르(Country music)의 팬을 언급하고 있으므로 정답이다.
(C) **관련 없는 오답:** 질문과 상관없는 답변을 제시하고 있다.

어휘 | target audience 광고 타깃[대상] advertisement 광고

6 What are your store's hours of operation?
(A) That's a great opportunity!
(B) We're open weekdays from nine to five.
(C) We don't have any more in stock.

여기 상점의 영업 시간이 어떻게 되나요?
(A) 아주 좋은 기회네요!
(B) 평일 9시부터 5시까지 엽니다.
(C) 더 이상 재고가 없어요.

해설 | **영업 시간을 묻는 What 의문문**
(A) **관련 없는 오답:** 질문 내용과 관련 없는 대답이다.
(B) **정답:** 영업 시간을 묻는 질문에 구체적인 시간 표현인 weekdays from nine to five라고 대답하고 있다.
(C) **연상 작용 오답:** store(상점)에서 연상 가능한 stock(재고)을 사용한 오답이다.

어휘 | hours of operation 영업 시간 opportunity 기회 weekdays 주중에, 평일에 in stock 재고로

7 Who do you think we should offer the position to?
(A) I'm having a hard time deciding.
(B) Yes, I think we should.
(C) Leave it in the "off" position.

우리가 그 자리를 누구에게 제안해야 한다고 생각하세요?
(A) 전 결정하기 힘드네요.
(B) 네, 그래야 할 것 같아요.
(C) 그것을 "꺼짐" 위치에 두세요.

해설 | **적임자를 묻는 Who 의문문**
(A) **정답:** 누구에게 자리를 제안할지 묻는 질문에 결정하기 힘들다(I'm having a hard time deciding.)는 불확실성 표현으로 응답하고 있으므로 정답이다.
(B) **단어 반복·Yes/No 대답 불가 오답:** 질문의 think와 should를 그대로 반복해 혼동을 유발하고, 의문사 의문문에 Yes/No로 답변한 오답이다.
(C) **단어 반복·유사 발음 오답:** 질문의 단어(position)를 반복하고 offer와 부분적으로 발음이 유사한 off를 사용한 오답이다.

어휘 | position 자리, 직위 have a hard time -ing ~하느라 힘든 시간을 보내다 decide 결정하다

8 What time does the train arrive?
(A) It should be here soon.
(B) Yes, I think it might rain.
(C) No, I won't have time.

기차가 몇 시에 도착하나요?
(A) 곧 올 거예요.
(B) 네, 비가 올 것 같아요.
(C) 아니요, 전 시간이 없을 거예요.

해설 | **기차 도착 시간을 묻는 What 의문문**
(A) **정답:** 기차 도착 시각을 묻는 질문에 곧 올 것이라고 했으므로 자연스럽다.
(B) **유사 발음 오답:** 질문의 train과 부분적으로 발음이 유사한 rain을 이용한 오답이다.
(C) **단어 반복 오답:** 질문의 time을 반복 이용한 오답이다.

9 Who else will participate in the conference call tomorrow?
(A) The largest conference room.
(B) The accountants in New York.
(C) It's expected to last two hours.

내일 전화 회의에는 또 누가 참석하나요?
(A) 가장 큰 회의실이에요.
(B) 뉴욕 회계사들이요.
(C) 2시간 걸릴 거라 예상해요.

해설 | **전화 회의 참석자를 묻는 Who 의문문**
(A) **단어 반복 오답:** 질문의 conference를 그대로 반복 이용한 오답이다.
(B) **정답:** 전화 회의 참석자를 묻는 질문에 구체적인 직업명(accountants)을 알려 주고 있으므로 정답이다.
(C) **관련 없는 오답:** Who 의문문이 아닌 소요 시간을 묻는 How long 의문문에 어울리는 대답이다.

어휘 | participate in ~에 참석하다 conference call 전화 회의 accountant 회계사 be expected to ~하리라 예상되다 last (시간이) 걸리다, 지속되다

10 Which design was chosen for the company letterhead?
(A) The design team.
(B) Earlier this morning.
(C) We haven't decided yet.

회사 레터헤드에 어떤 디자인이 선정되었나요?
(A) 디자인팀이요.
(B) 오늘 아침 일찍요.
(C) 아직 결정하지 못했어요.

해설 | **선정된 디자인을 묻는 Which 의문문**
(A) **단어 반복 오답:** 질문의 design을 그대로 반복 이용한 오답이다.
(B) **관련 없는 오답:** 시간을 묻는 When 의문문에 가능한 답변이다.

(C) **정답:** 선정된 디자인을 묻는 질문에 아직 결정하지 않았다(We haven't decided yet.)는 불확실성 표현으로 응답하고 있으므로 정답이다.

어휘 | letterhead 레터헤드(편지지 맨 위에 인쇄한 회사명과 주소) decide 결정하다

11 Who'll be in charge of finalizing the contract with Parker Associates?
(A) Not until next month.
(B) That's Jin Hee's project.
(C) Just your signature.

파커 어소시에이츠와의 계약 마무리 작업은 누가 맡나요?
(A) 다음 달은 돼야 해요.
(B) 그건 진희의 프로젝트예요.
(C) 서명만 하세요.

해설 | **담당 주체를 묻는 Who 의문문**
(A) **관련 없는 오답:** 시간을 묻는 When 의문문에 가능한 답변이다.
(B) **정답:** 담당자를 묻는 Who의문문에 구체적인 이름(Jin Hee)으로 잘 답변한 정답이다.
(C) **연상 작용 오답:** 질문의 contract에서 연상 가능한 signature를 이용한 오답이다.

어휘 | in charge of ~을 맡다 finalize 마무리하다 contract 계약 not until ~이 돼야 비로소 signature 서명

12 What's the phone number for the pharmacy?
(A) A new medication.
(B) It's posted on the bulletin board.
(C) About ten.

약국 전화번호가 어떻게 되나요?
(A) 신약이에요.
(B) 게시판에 붙어 있어요.
(C) 열 개 정도요.

해설 | **전화번호를 묻는 What 의문문**
(A) **연상 작용 오답:** 질문의 pharmacy에서 연상 가능한 medication을 이용한 오답이다.
(B) **정답:** 약국의 전화번호를 묻는 질문에 게시판에 게시되어 있다(It's posted on the bulletin board.)라고 우회적 응답을 하고 있으므로 정답이다.
(C) **연상 작용 오답:** 질문의 number에서 연상 가능한 ten을 이용한 오답이다.

어휘 | pharmacy 약국 medication 약 bulletin board 게시판

13 Which of you approved this loan application?
(A) I can lend you some.
(B) John okayed it.
(C) It was hard to prove.

여러분 중에 누가 이 대출 신청을 승인하셨죠?
(A) 제가 좀 빌려 드릴 수 있습니다.
(B) 존이 승인했어요.
(C) 그건 입증하기 어려웠어요.

해설 | 인물 선택을 묻는 Which 의문문

(A) **연상 작용 오답:** 질문의 loan에서 연상 가능한 lend를 이용한 오답이다.

(B) **정답:** 누가 했는지 묻는 Which 의문문에 John이라는 구체적인 인물로 응답하고 있으므로 정답이다.

(C) **유사 발음 오답:** 질문의 approved와 부분적으로 발음이 유사한 prove를 이용한 오답이다.

어휘 | approve 승인하다 **loan** 대출 **application** 신청 **lend** 빌려주다 **okay** 승인하다, 허락하다 **prove** 입증하다, 증명하다

14 Who was selected to work on the advertising project?
(A) A great success.
(B) It's a popular brand.
(C) I haven't heard.

누가 광고 프로젝트 일에 선정되었나요?
(A) 대성공이에요.
(B) 인기 있는 브랜드예요.
(C) 못 들었는데요.

해설 | 선정된 사람을 묻는 Who 의문문

(A) **관련 없는 오답:** 성공 정도를 묻는 How 의문문에 적합한 대답이다.

(B) **연상 작용 오답:** 질문의 advertising에서 연상 가능한 brand를 이용한 오답이다.

(C) **정답:** 선정된 사람이 누구인지 묻는 질문에, 아직 못 들었다(I haven't heard.)는 우회적인 대답으로 불확실함을 표현하고 있으므로 정답이다.

어휘 | select 선정하다 **advertising** 광고

15 Which branch should we ship this package to?
(A) A copy of the shipping label.
(B) It should arrive next week.
(C) Our New York headquarters.

이 소포를 어느 지점으로 발송해야 하나요?
(A) 배송 라벨 한 부요.
(B) 다음 주에 도착할 겁니다.
(C) 우리 뉴욕 본사요.

해설 | 지점 선택을 묻는 Which 의문문

(A) **다의어 오답:** 질문의 ship의 파생어인 shipping을 사용한 오답으로, 질문의 ship은 '발송하다'를 뜻하지만 보기의 shipping은 '배송'을 뜻한다.

(B) **단어 반복 오답:** 질문에 사용된 단어 should를 그대로 반복 이용한 오답이다.

(C) **정답:** 어느 지점으로 소포를 발송할지 묻는 질문에 구체적인 지역(Our New York headquarters.)으로 응답하고 있으므로 정답이다.

어휘 | package 소포 **headquarters** 본사

16 What's the dress code in this office?
(A) Every day except Friday.
(B) We require business attire.
(C) It doesn't come in that size.

이 사무실은 복장 규정이 어떻게 되나요?
(A) 금요일을 제외하고 매일이요.
(B) 정장을 요구해요.
(C) 그 사이즈는 안 나와요.

해설 | 복장 규정을 묻는 What 의문문

(A) **관련 없는 오답:** 질문과 상관없는 답변을 제시하고 있다.

(B) **정답:** 사무실에서의 복장 규정이 무엇인지 묻는 질문에 구체적인 복장 종류(business attire)를 제시하고 있다.

(C) **연상 작용 오답:** 질문의 dress에서 연상 가능한 size를 이용한 오답이다.

어휘 | dress code 복장 규정 **except** ~을 제외한 **attire** 의상

17 Who's going to introduce the speaker?
(A) About starting a business.
(B) In the auditorium.
(C) Isn't Mr. Sato doing it?

연사는 누가 소개하죠?
(A) 창업에 관해서요.
(B) 강당에서요.
(C) 사토 씨가 하는 거 아닌가요?

해설 | 사람 이름을 묻는 Who 의문문

(A) **연상 작용 오답:** 질문의 speaker에서 연상 가능한 연설 주제(About starting a business.)를 이용한 오답이다.

(B) **연상 작용 오답:** 질문의 speaker에서 연상 가능한 auditorium을 이용한 오답이다.

(C) **정답:** 누가 연사를 소개할지 묻는 질문에 대해 구체적인 이름(Mr. Sato)을 대며 되묻고 있으므로 정답이다.

어휘 | start a business 사업을 시작하다 **auditorium** 강당

18 Which training course did you register for?
(A) Register by the twentieth.
(B) The one about budgeting.
(C) That's a good career choice.

어떤 교육 과정에 등록했어요?
(A) 20일까지 등록하세요.
(B) 예산 수립에 관한 과정이오.
(C) 직업 선택을 참 잘하셨네요.

해설 | 선택 사항을 묻는 Which 의문문

(A) **단어 반복 오답:** 질문에 나온 register를 반복 이용한 오답으로 등록 마감일을 묻는 질문에 적합한 대답이다.

(B) **정답:** 등록한 교육 과정을 묻는 질문에 예산 수립에 관한 과정 (The one about budgeting.)이라는 구체적인 내용으로 대답하고 있으므로 정답이다.

(C) **관련 없는 오답:** 상대방이 어떤 직업을 새로 선택했을 때 격려하는 말이므로 어떤 교육 과정에 등록했는지를 묻는 질문에는 적합하지 않다.

어휘 | training course 교육 과정 **register for** ~에 등록하다 **budget** 예산을 세우다 **career choice** 직업[진로] 선택

19 What happened to those files we worked on?
(A) John is reviewing them.
(B) Wednesday would work for me.
(C) Yes, they'll do it.

우리가 작업한 파일들은 어떻게 됐나요?
(A) 존이 검토하고 있어요.
(B) 전 수요일 괜찮아요.
(C) 네, 그들이 할 거예요.

해설 | 파일이 어떻게 됐는지 묻는 What 의문문
(A) **정답**: 작업한 파일들이 어떻게 됐는지 묻는 질문에 '존이 검토하고 있다'고 우회적으로 답변한 정답이다.
(B) **단어 반복 오답**: 질문의 work를 반복 이용한 오답이다.
(C) **Yes/No 대답 불가 오답**: 의문사 의문문에 Yes/No로 대답할 수 없다.

어휘 | review 검토하다

20 Who should I tell if I need to leave early?
(A) Let your supervisor know.
(B) For a dentist appointment.
(C) About two o'clock.

일찍 퇴근하려면 누구에게 말해야 하나요?
(A) 당신 상사에게 알리세요.
(B) 치과 예약 때문에요.
(C) 2시쯤이요.

해설 | 대상을 묻는 Who 의문문
(A) **정답**: 누구에게 말해야 하는지 묻는 질문에 구체적인 인물(your supervisor)을 알려 주고 있으므로 정답이다.
(B) **연상 작용 오답**: 질문의 leave에서 연상 가능한 appointment를 이용한 오답이다.
(C) **관련 없는 오답**: 시간을 묻는 When 의문문에 가능한 답변이다.

어휘 | let A know A에게 알리다 **supervisor** 상사, 감독관 **appointment** (진료) 예약

21 What kind of decoration would you like on the tables?
(A) No, there's no assembly required.
(B) Just some fresh flowers.
(C) Anywhere on the counter, please.

테이블에 어떤 장식을 원하시나요?
(A) 아니요, 조립은 필요 없어요.
(B) 그냥 싱싱한 꽃 몇 송이만요.
(C) 카운터 위 아무데나요.

해설 | 장식 종류를 묻는 What 의문문
(A) **Yes/No 대답 불가 오답**: 의문사 의문문에 Yes/No로 대답할 수 없다.
(B) **정답**: 테이블에 할 장식의 종류를 묻는 질문에 구체적인 품목인 fresh flowers라고 대답하고 있다.
(C) **관련 없는 오답**: 장소를 묻는 Where 의문문에 가능한 답변이다.

어휘 | decoration 장식 **assembly** 조립 **required** 필요한

22 Who's going to lead the training session today?
(A) One of the department coordinators.
(B) The train leaves in about an hour.
(C) Yes, it was quite entertaining.

오늘 교육은 누가 진행하나요?
(A) 부서 코디네이터 중 한 명이요.
(B) 기차가 약 한 시간 후에 출발해요.
(C) 네, 아주 재미있었어요.

해설 | 특정 주체를 묻는 Who 의문문
(A) **정답**: 누가 교육을 진행하는지 묻는 질문에 부서 코디네이터 중 한 명(One of the department coordinators.)이라고 특정 신분을 언급하고 있으므로 정답이다.
(B) **파생어 오답**: 질문의 training과 파생어 관계인 train을 이용한 오답이다.
(C) **Yes/No 대답 불가 오답**: 의문사 의문문에 Yes/No로 대답할 수 없다.

어휘 | department 부서 **coordinator** 코디네이터 **entertaining** 재미있는

23 What are the delivery options for mailing this package?
(A) In the conference room.
(B) Overnight or three-day delivery.
(C) Let's shut the window.

이 소포를 부칠 때 배송 선택 사항이 어떻게 되나요?
(A) 회의실에서요.
(B) 익일 또는 3일 배송이에요.
(C) 창문을 닫읍시다.

해설 | 배송 방법을 묻는 What 의문문
(A) **관련 없는 오답**: 장소를 묻는 Where 의문문에 가능한 답변이다.
(B) **정답**: 소포의 배송 방법을 묻는 질문에 두 가지 선택 사항(Overnight or three-day delivery.)을 제시하고 있다.
(C) **관련 없는 오답**: 질문과 상관없는 답변이다.

어휘 | delivery 배송 **mail** 부치다 **overnight** 익일 (배송)의

24 Who can bring the clients upstairs?
(A) They're available online.
(B) No, I'm afraid not.
(C) The receptionist is planning to.

누가 고객들을 위층으로 데려올 수 있죠?
(A) 그것들은 온라인에서 이용할 수 있어요.
(B) 아니요, 아니에요.
(C) 접수원이 할 예정이에요.

해설 | 특정 주체를 묻는 Who 의문문
(A) **관련 없는 오답**: 질문과 상관없는 답변을 제시하고 있다.
(B) **Yes/No 대답 불가 오답**: 의문사 의문문에 Yes/No로 답변한 오답이다.
(C) **정답**: 누가 고객들을 위층으로 데려올지 묻는 질문에 구체적인 직책(receptionist)으로 답하고 있으므로 정답이다.

어휘 | upstairs 위층으로 **available** 이용할 수 있는 **receptionist** 접수원 **plan to** ~할 예정이다

25 Which of your dairy products are produced locally?
(A) All of them, I believe.
(B) That's too far away.
(C) The Glenside Grocery Store.

유제품 중 어떤 게 이 지역에서 생산되는 건가요?

(A) 전부 다일 거예요.

(B) 그건 너무 멀어요.

(C) 글렌사이드 식료품점요.

해설 | 여럿 중 하나를 고르는 Which 의문문

(A) **정답:** 어떤 유제품이 이 지역에서 생산되는지를 묻는 질문에 전부 다(All of them)일 것이라고 대답하고 있으므로 정답이다.

(B) **관련 없는 오답:** 유제품의 종류에 대한 질문과는 의미상 어울리지 않는다.

(C) **연상 작용 오답:** 질문의 dairy products(유제품)에서 연상 가능한 Grocery Store(식료품점)를 이용한 오답이다.

어휘 | dairy product 유제품 produce 생산하다 locally 지역에서, 지방에서

Unit 04 When / Where 의문문

① When 의문문

ETS 유형 연습
본책 p.042

1 (C)	**2** (A)	**3** (C)	**4** (A)	**5** (C)

1 When does the grocery store close?

(A) He bought fruit.

(B) Close the door, please.

(C) Soon, I think.

식료품점은 언제 문을 닫나요?

(A) 그는 과일을 샀어요.

(B) 문을 닫아 주세요.

(C) 곧 닫을 겁니다.

해설 | 폐점 시간을 묻는 When 의문문

(A) **연상 작용 오답:** 질문의 grocery store에서 연상 가능한 fruit을 사용한 오답이다.

(B) **단어 반복 오답:** 질문의 close를 반복 사용한 오답이다.

(C) **정답:** 식료품점(grocery store) 폐점 시간을 묻는 질문에 미래 부사 Soon을 사용해 대답하고 있다.

어휘 | grocery store 식료품점 close (상점 등의) 문을 닫다, (문·커튼 등을) 닫다 soon 곧, 머지 않아

2 When is someone coming to repair the roof?

(A) Tomorrow at ten.

(B) They only need a couple.

(C) His fees are reasonable.

지붕 수리하는 사람은 언제 오나요?

(A) 내일 10시요.

(B) 그들은 두 개만 있으면 돼요.

(C) 그의 수수료는 비싸지 않아요.

해설 | 시점을 묻는 When 의문문

(A) **정답:** 수리하는 사람이 언제 오는지를 묻는 질문에 내일 10시라며 구체적인 시점을 말하고 있으므로 정답이다.

(B) **연상 작용 오답:** 질문의 repair를 듣고 pair를 떠올린 후 연상 가능한 couple을 이용한 오답이다.

(C) **관련 없는 오답:** 시점을 묻는 질문과는 의미상 어울리지 않는다.

어휘 | repair 수리하다 fee 수수료, 보수 reasonable 비싸지 않은, 합당한

3 When will the construction begin?

(A) On the south side of the building.

(B) Some new offices.

(C) After the budget is approved.

공사가 언제 시작되나요?

(A) 건물 남쪽요.

(B) 새 사무실 몇 군데요.

(C) 예산이 승인된 후에요.

해설 | 공사 시작 시점을 묻는 When 의문문

(A) **연상 작용 오답:** 질문의 construction에서 연상 가능한 building을 사용한 오답으로, 장소를 묻는 Where 의문문에 어울리는 대답이다.

(B) **연상 작용 오답:** 질문의 construction에서 연상 가능한 new offices를 사용한 오답이다.

(C) **정답:** 공사가 언제 시작될지를 묻는 질문에 예산이 승인된 후(After the budget is approved.)라는 우회적 표현으로 시점을 제시하고 있으므로 정답이다.

어휘 | construction 공사 budget 예산 approve 승인하다

4 When will the camera be fixed?

(A) Let's call the shop and ask.

(B) Because the lens was broken.

(C) Yes, I bought a pair of them.

카메라가 언제 수리될까요?

(A) 가게에 전화해서 물어보죠.

(B) 렌즈가 깨졌기 때문이에요.

(C) 네, 전 한 벌 샀어요.

해설 | 수리 시점을 묻는 When 의문문

(A) **정답:** 언제 수리될지를 묻는 질문에 가게에 전화해서 물어보자(Let's call the shop and ask.)라고 우회적 응답을 하고 있으므로 정답이다.

(B) **연상 작용 오답:** camera와 fixed에서 연상 가능한 lens와 broken을 사용한 오답이다.

(C) **Yes/No 대답 불가 오답:** 의문사 의문문에 Yes/No로 대답할 수 없다.

어휘 | fix 수리하다, 고치다 a pair of 한 벌

5 When will you have the results of the customer survey?

(A) Around twenty-five questions.

(B) He's our best customer.

(C) We just sent it out today.

고객 설문조사 결과는 언제 받으시나요?

(A) 약 25개 문항이에요.

(B) 그는 우리의 최고 고객이에요.

(C) 오늘 막 발송했어요.

(A) **연상 작용 오답**: 의미상 연결이 가능한 두 단어 survey와 questions를 이용한 오답이다.

(B) **단어 반복 오답**: 질문에 사용된 단어 customer를 그대로 반복 이용한 오답이다.

(C) **정답**: 고객 설문조사 결과는 언제 받는지에 대해 We just sent it out today.라는 구체적인 시점을 언급하고 있다.

어휘 | survey (설문)조사 send out 보내다

② Where 의문문

ETS 유형 연습

본책 p.043

1 (C)	**2** (A)	**3** (C)	**4** (C)	**5** (A)

1 Where's the closest pharmacy?
(A) With a prescription.
(B) We're open twenty-four hours.
(C) On the corner of Union Street and Second Avenue.

가장 가까운 약국이 어딘가요?
(A) 처방전과 함께요.
(B) 저희는 24시간 영업해요.
(C) 유니언 스트리트와 2번 가 모퉁이요.

해설 | **위치를 묻는 Where 의문문**
(A) **연상 작용 오답**: 의미상 연결이 가능한 두 단어 pharmacy(약국)와 prescription(처방전)을 이용해서 혼동을 유발하는 오답이다.
(B) **관련 없는 오답**: 위치가 아닌 영업 시간을 묻는 How long 의문문에 가능한 답변이다.
(C) **정답**: 위치를 묻는 Where 의문문에 전치사구로 구체적인 장소를 언급하고 있다.

어휘 | pharmacy 약국 prescription 처방전

2 Where can I get a pencil?
(A) From the supply cabinet.
(B) It's in ink.
(C) Twenty-five cents each.

연필을 어디서 얻을 수 있나요?
(A) 비품 캐비닛에서요.
(B) 잉크로 쓴 거예요.
(C) 개당 25센트예요.

해설 | **장소를 묻는 Where 의문문**
(A) **정답**: 어디에서 연필(pencil)을 얻을 수 있는지에 대해 supply cabinet이라는 구체적인 장소를 언급하고 있다.
(B) **연상 작용 오답**: 질문의 pencil에서 연상 가능한 ink를 사용한 오답이다.
(C) **관련 없는 오답**: 비용을 묻는 How much 의문문에 어울리는 대답이다.

어휘 | supply cabinet 비품 캐비닛

3 Where was Mr. Wagner yesterday?
(A) The whole department.
(B) No, that's tomorrow.
(C) With a client.

와그너 씨가 어제 어디에 있었습니까?
(A) 부서 전체요.
(B) 아니요, 내일이에요.
(C) 고객과 함께 있었어요.

해설 | **장소를 묻는 Where 의문문**
(A) **관련 없는 오답**: 질문의 내용과 답변이 논리적으로 맞지 않는다.
(B) **Yes / No 대답 불가 오답**: Where 의문문에는 Yes / No 답변이 불가능하다.
(C) **정답**: 와그너 씨가 어제 어디에 있었는지를 묻는 질문에 고객과 함께 있었다고 하므로 정답이다.

어휘 | whole 전체의, 전부의 department 부서 client 고객

4 Where can I attend an evening course?
(A) Yes, attendance is required.
(B) It's a four-course meal.
(C) The university has some night classes.

어디에서 야간 과정을 들을 수 있죠?
(A) 네, 출석은 필수입니다.
(B) 그건 4코스 식사예요.
(C) 대학에 야간 수업이 좀 있어요.

해설 | **장소를 묻는 Where 의문문**
(A) **파생어 오답**: 질문의 attend와 파생어 관계인 attendance를 이용한 오답이다.
(B) **단어 반복 오답**: 질문의 course를 반복 이용한 오답이다.
(C) **정답**: 야간 과정을 들을 수 있는 곳을 묻는 질문에 대학교(university)라는 구체적인 장소를 언급하고 있으므로 정답이다.

어휘 | attend 참석하다 evening course 야간 과정 attendance 참석, 출석 course (식사의 개별) 코스 meal 식사

5 Where's the library branch going to be built?
(A) It hasn't been decided yet.
(B) The bill's been sent.
(C) Much larger than the old one.

도서관 분관을 어디에 지을 예정이죠?
(A) 아직 결정되지 않았어요.
(B) 청구서가 발송되었습니다.
(C) 예전 것보다 훨씬 더 큽니다.

해설 | **건립 장소를 묻는 Where 의문문**
(A) **정답**: 도서관 분관의 건립 장소를 묻는 질문에 아직 결정되지 않았다(It hasn't been decided yet.)는 불확실성 표현으로 응답하고 있으므로 정답이다.
(B) **유사 발음 오답**: 질문의 built와 유사한 발음인 bill을 이용한 오답이다.
(C) **연상 작용 오답**: 질문의 library branch와 built에서 연상할 수 있는 Much larger를 이용한 오답이다.

어휘 | branch 분점, 지점 bill 청구서 much (비교급 강조어) 훨씬

● 실전 도움닫기

본책 p.044

1 (A)　**2** (A)　**3** (B)　**4** (A)　**5** (A)

1 When will the renovations be done?
(A) They haven't given us a date.
(B) A new heating system.
(C) Through the side entrance.

개조 공사는 언제 끝날까요?
(A) 저희에게 날짜를 알려 주지 않았어요.
(B) 새로운 난방 장치요.
(C) 측면 출입구를 통해서요.

해설 | 공사 종료 시점을 묻는 When 의문문
(A) **정답:** 공사 종료 시점을 묻는 질문에 우리에게 날짜(date)를 알려 주지 않았다는 불확실성 표현으로 대답하고 있다.
(B) **연상 작용 오답:** renovations에서 연상 가능한 new와 heating system을 사용한 오답이다.
(C) **관련 없는 오답:** 질문 내용과 관련 없는 대답이다.

어휘 | renovation 개조 공사 be done 끝나다(= be over) give A a date A에게 날짜를 알려 주다 side entrance 측면 출입구

2 Where's the manager's office?
(A) Right across the hall.
(B) Turn it off when you leave.
(C) I can manage.

매니저의 사무실이 어디인가요?
(A) 복도 바로 맞은편요.
(B) 나갈 때 꺼 주세요.
(C) 제가 할 수 있어요.

해설 | 장소를 묻는 Where 의문문
(A) **정답:** 사무실 위치를 묻는 질문에 복도 바로 맞은편(Right across the hall.)이라는 구체적인 장소로 대답하고 있다.
(B) **유사 발음 오답:** office와 부분적으로 발음이 유사한 off를 사용한 오답이다.
(C) **파생어 오답:** manager와 파생어 관계인 manage를 사용한 오답이다.

어휘 | turn off (전기나 불을) 끄다 manage 해내다, 처리하다

3 When did you get back from your trip?
(A) I'll give it back to you later.
(B) Yesterday evening.
(C) To San Francisco.

여행에서 언제 돌아오셨죠?
(A) 나중에 돌려 드릴게요.
(B) 어제 저녁요.
(C) 샌프란시스코로 가요.

해설 | 돌아온 시점을 묻는 When 의문문
(A) **단어 반복 오답:** 질문의 back을 반복 이용한 오답이다.
(B) **정답:** 여행에서 언제 돌아왔는지 묻는 질문에 구체적인 시점(Yesterday evening.)을 언급하고 있다.

(C) **연상 작용 오답:** 질문의 trip에서 연상 가능한 지명(San Francisco)을 이용한 오답이다.

어휘 | get back 돌아오다

4 When will the manager's seminar be held?
(A) During the second week of July.
(B) The conference room, downstairs.
(C) Yes, it's being organized now.

매니저 세미나는 언제 열립니까?
(A) 7월 두 번째 주 동안에요.
(B) 아래층 회의실요.
(C) 네, 지금 준비 중입니다.

해설 | 시점을 묻는 When 의문문
(A) **정답:** 매니저 세미나가 언제 열리는지에 대해 7월 두 번째 주 동안(During the second week of July.)이라는 구체적인 시간을 언급하고 있다.
(B) **관련 없는 오답:** 장소를 묻는 Where 의문문에 어울리는 대답이다.
(C) **Yes/No 대답 불가 오답:** When 의문문에 Yes/No로 대답할 수 없다.

5 Where did you find this article?
(A) In yesterday's business section.
(B) It's about international trade.
(C) Yes, I have a newspaper subscription.

이 기사 어디서 보셨어요?
(A) 어제자 경제면에서요.
(B) 국제 무역에 관한 거예요.
(C) 네, 전 신문을 구독하고 있어요.

해설 | 기사의 출처를 묻는 Where 의문문
(A) **정답:** 어디에서 기사를 보았는지 묻는 질문에 어제자 경제면(yesterday's business section)이라는 구체적인 정보를 제공하고 있으므로 정답이다.
(B) **관련 없는 오답:** What 의문문에 어울리는 대답이다.
(C) **연상 작용·Yes/No 대답 불가 오답:** 질문의 article에서 연상 가능한 newspaper를 이용해 혼동을 유발하고, 의문사 의문문에 Yes/No로 답변한 오답이다.

어휘 | article 기사 business section (신문) 경제면 international trade 국제 무역 subscription 구독

● ETS 실전문제

본책 p.045

1 (B)	**2** (A)	**3** (B)	**4** (B)	**5** (B)
6 (B)	**7** (B)	**8** (C)	**9** (C)	**10** (C)
11 (B)	**12** (A)	**13** (C)	**14** (B)	**15** (B)
16 (C)	**17** (C)	**18** (C)	**19** (A)	**20** (B)
21 (A)	**22** (B)	**23** (C)	**24** (C)	**25** (A)

1 When should we discuss the sales figures?
(A) I've never shopped there before.
(B) What time are you available?
(C) It was a productive discussion.

언제 판매 수치에 대해 논의하는 것이 좋을까요?
(A) 거기서 한 번도 쇼핑해 본 적이 없어요.
(B) 언제 시간이 되나요?
(C) 그것은 생산적인 논의였어요.

해설 | 시점을 묻는 When 의문문
(A) **연상 작용 오답**: 질문의 sales(판매)에서 연상 가능한 shop(쇼핑하다)를 이용한 오답이다.
(B) **정답**: 적당한 회의 시간을 묻는 When 의문문에 시간 표현으로 답하는 대신, 상대에게 편한 시간을 되묻은 정답이다.
(C) **파생어 오답**: 질문에 언급된 discuss(논의하다)의 파생어인 discussion(논의)을 이용한 오답이다.

어휘 | sales figures 판매 수치 available 시간 여유가 있는, 이용 가능한 productive 생산적인 discussion 논의

2 Where's the nearest print shop?
(A) Next to the bakery.
(B) This afternoon.
(C) Ten color copies.

가장 가까운 인쇄소가 어디죠?
(A) 빵집 옆이요.
(B) 오늘 오후요.
(C) 컬러 10부요.

해설 | 위치를 묻는 Where 의문문
(A) **정답**: 인쇄소의 위치(Next to the bakery.)를 언급하고 있다.
(B) **관련 없는 오답**: 시점을 묻는 When 의문문에 어울리는 대답이다.
(C) **연상 작용 오답**: 질문의 print에서 연상 가능한 copies를 이용한 오답이다.

어휘 | print shop 인쇄소

3 When will you start interviewing job candidates?
(A) In the newspaper.
(B) Sometime next month.
(C) It was a thorough review.

입사 지원자 면접을 언제 시작할 건가요?
(A) 신문에서요.
(B) 다음 달쯤요.
(C) 철저한 검토였어요.

해설 | 면접 시점을 묻는 When 의문문
(A) **관련 없는 오답**: 면접 시점이 아닌 출처를 묻는 Where 의문문에 가능한 답변이다.
(B) **정답**: 면접 시점을 묻는 질문에 다음 달 언젠가(Sometime next month.)라는 구체적인 시점으로 응답하고 있으므로 정답이다.
(C) **유사 발음 오답**: 질문의 interview와 발음이 일부 유사한 review를 이용한 오답이다.

어휘 | job candidate 입사 지원자 sometime 언젠가 thorough 철저한 review 검토

4 Where can I leave my completed questionnaire?
(A) Yes, you can.
(B) On my desk, thank you.
(C) Ten questions.

적성한 설문지는 어디에 두면 되나요?
(A) 네, 그러세요.
(B) 제 책상 위에요, 고마워요.
(C) 10문항이에요.

해설 | 장소를 묻는 Where 의문문
(A) **단어 반복·Yes/No 대답 불가 오답**: 질문의 can을 그대로 반복해 혼동을 유발하고, 의문사 의문문에 Yes/No로 답변한 오답이다.
(B) **정답**: 작성한 질문지를 놔둘 곳을 묻는 질문에 책상(On my desk)이라는 구체적인 위치를 언급하고 있으므로 정답이다.
(C) **파생어 오답**: 질문의 questionnaire와 파생어 관계인 questions를 이용한 오답이다.

어휘 | complete 작성하다 questionnaire 설문지

5 When are you planning to put your house up for sale?
(A) Down the hill.
(B) Within the next few months.
(C) It wasn't too expensive.

언제 집을 내놓으실 계획인가요?
(A) 언덕 아래에요.
(B) 앞으로 몇 달 안에요.
(C) 너무 비싸지는 않았어요.

해설 | 시점을 묻는 When 의문문
(A) **연상 작용 오답**: 질문의 up에서 연상 가능한 Down을 이용한 오답이다.
(B) **정답**: 언제 집을 내놓을지 묻는 When 의문문에 시간 전치사(Within)를 써서 구체적인 시간을 언급하고 있다.
(C) **연상 작용 오답**: 질문의 sale에서 연상 가능한 expensive를 이용한 오답이다.

어휘 | put ~ up for sale ~을 팔려고 내놓다 expensive 비싼

6 Where did you store the extra name tags?
(A) Just last week.
(B) They're in the closet.
(C) The store was closed.

여분의 명찰은 어디에 보관하셨죠?
(A) 바로 지난주예요.
(B) 벽장 안에 있어요.
(C) 가게가 문을 닫았어요.

해설 | 보관 장소를 묻는 Where 의문문
(A) **관련 없는 오답**: 시간을 묻는 When 의문문에 적합한 대답이다.
(B) **정답**: 명찰의 보관 장소를 묻는 질문에 벽장(closet)이라는 구체적인 장소를 언급하고 있다.
(C) **다의어 오답**: 서로 다른 의미의 store를 반복 이용한 오답이다. 질문의 store는 '보관하다'라는 뜻의 동사이고, 보기의 store는 '가게'라는 뜻의 명사이다.

어휘 | store 보관하다; 가게, 상점 closet 벽장

7 When will Mr. Stein's book be available?
(A) Two tickets, please.
(B) It'll be published this fall.
(C) He's not here.

스타인 씨의 책은 언제 구할 수 있을까요?
(A) 표 두 장 주세요.
(B) 올가을에 출판될 겁니다.
(C) 그는 여기 없어요.

해설 | 시점을 묻는 When 의문문
(A) **관련 없는 오답:** 개수를 묻는 How many 의문문에 적합한 대답이다.
(B) **정답:** 언제 책을 구할 수 있을지에 대해 올가을(this fall)이라는 구체적인 시점으로 대답하고 있다.
(C) **인칭 오류 오답:** 질문과 관련 없는 제3자 He로 답변하고 있다.

어휘 | available (시중에서) 구할 수 있는 publish 출판하다

8 Where can I get a copy of the weekly newsletter?
(A) Every other week.
(B) I read that, too.
(C) On our Web site.

어디에서 주간 소식지를 한 부 받을 수 있죠?
(A) 격주로요.
(B) 저도 그거 읽었어요.
(C) 저희 웹사이트에서요.

해설 | 소식지를 받을 수 있는 곳을 묻는 Where 의문문
(A) **파생어 오답:** 질문의 weekly와 파생어 관계인 week를 이용한 오답이다.
(B) **연상 작용 오답:** 질문의 newsletter에서 연상할 수 있는 read를 이용한 오답이다.
(C) **정답:** 소식지를 받을 수 있는 곳을 묻는 질문에 대해 우리 웹사이트(On our Web site.)라는 구체적인 정보를 제공하고 있으므로 정답이다.

어휘 | a copy of ~ 한 부 weekly 매주의 newsletter 소식지, 회보 every other day[week, month] 격일[주, 월]로

9 When was the last time you updated the company Web site?
(A) Use a different password.
(B) A more modern design.
(C) It's been quite a while.

당신이 회사 웹사이트를 마지막으로 업데이트한 게 언제였죠?
(A) 다른 암호를 사용하세요.
(B) 좀 더 현대적인 디자인이에요.
(C) 꽤 오래됐어요.

해설 | 업데이트 시점을 묻는 When 의문문
(A) **연상 작용 오답:** 의미상 연결이 가능한 두 단어 Web site와 password를 이용한 오답이다.
(B) **연상 작용 오답:** 의미상 연결이 가능한 두 단어 updated와 modern을 이용한 오답이다.
(C) **정답:** 마지막으로 업데이트한 시점을 묻는 When 의문문에 나올 수 있는 답변이다.

10 Where is the conference room on this floor?
(A) Yes, there are.
(B) The annual board meeting.
(C) It's the third door on the left.

이 층에 회의실이 어디에 있나요?
(A) 네, 있어요.
(B) 연례 이사회예요.
(C) 왼쪽 세 번째 문이에요.

해설 | 위치를 묻는 Where 의문문
(A) **Yes/No 대답 불가 오답:** 의문사 의문문에 Yes/No로 대답할 수 없다.
(B) **연상 작용 오답:** 질문의 conference에서 연상할 수 있는 meeting을 이용한 오답이다.
(C) **정답:** 회의실이 어디에 있는지 묻는 질문에 the third door on the left라는 구체적인 위치를 언급하고 있으므로 정답이다.

어휘 | annual 연례의 board meeting 이사회

11 When is your connecting flight to Newark?
(A) In different cities.
(B) Not until nine fifteen.
(C) I'm checking two bags.

뉴어크행 연결편이 언젠가요?
(A) 다른 도시예요.
(B) 9시 15분이 돼야 해요.
(C) 전 가방 두 개를 부칠 거예요.

해설 | 시점을 묻는 When 의문문
(A) **연상 작용 오답:** 의미상 연결이 가능한 두 단어 Newark(뉴어크)와 cities(도시들)를 이용한 오답이다.
(B) **정답:** 연결편이 언제인지 묻는 질문에 Not until nine fifteen.이라는 구체적인 시간을 언급하고 있다.
(C) **연상 작용 오답:** 의미상 연결이 가능한 두 표현 connecting flight(연결편)과 checking two bags(가방 두 개를 부치다)를 이용해서 혼동을 유발하는 오답이다.

어휘 | connecting flight 연결편 check (비행기 탑승 시 수하물로) 부치다

12 Where are the best available seats for tonight's performance?
(A) There're some in the third row.
(B) It's a comedy.
(C) Yes, they are the best.

남은 자리 중에 오늘 밤 공연을 보기에 가장 좋은 좌석이 어디죠?
(A) 세 번째 줄에 몇 개 있어요.
(B) 희극이에요.
(C) 맞아요, 그들은 최고예요.

해설 | 좌석 위치를 묻는 Where 의문문
(A) **정답:** 공연을 위한 최고의 좌석 위치를 묻는 질문에 세 번째 줄(in the third row)이라는 구체적인 위치를 제시하고 있다.
(B) **연상 작용 오답:** 질문의 performance에서 연상 가능한 comedy를 이용한 오답이다.
(C) **단어 반복·Yes/No 대답 불가 오답:** 질문의 best를 그대로 반복해 혼동을 유발하고, 의문사 의문문에 Yes/No로 답변한 오답이다.

어휘 | available 이용할 수 있는 performance 공연 row 줄

13 When should we expect to receive payment?

(A) Because of the price.

(B) With a credit card.

(C) By the end of the week.

우리는 언제 대금을 받을 수 있을까요?

(A) 가격 때문에요.

(B) 신용 카드로요.

(C) 금요일까지요.

해설 | 시점을 묻는 When 의문문

(A) **연상 작용 오답:** payment에서 연상 가능한 price를 사용한 오답이다.

(B) **연상 작용 오답:** payment에서 연상 가능한 credit card를 사용한 오답이다.

(C) **정답:** 언제 대금을 받을 수 있는지에 대해 금요일까지(By the end of the week.)라는 구체적인 시점을 언급하고 있다.

어휘 | payment 대금, 지불 (금액) the end of the week 금요일

14 Where can I find Li's e-mail address?

(A) Today at five is good.

(B) Try the company directory.

(C) I'll pick up the mail.

리의 이메일 주소는 어디에 있나요?

(A) 오늘 5시가 좋아요.

(B) 회사 인명록을 보세요.

(C) 제가 우편물을 가져올게요.

해설 | 주소가 있는 곳을 묻는 Where 의문문

(A) **관련 없는 오답:** 시간을 묻는 When 의문문에 가능한 답변이다.

(B) **정답:** 이메일 주소가 어디에 있는지 묻는 질문에 회사 인명록(company directory)이라는 구체적인 정보를 제시하고 있으므로 정답이다.

(C) **단어 반복 오답:** 질문의 mail을 반복 이용한 오답이다.

어휘 | directory (이름·연락처 등을 적은) 인명록

15 Where would you like me to leave this report?

(A) An environmental study.

(B) On the table, please.

(C) At five P.M.

이 보고서를 어디에 둘까요?

(A) 환경 연구예요.

(B) 탁자 위에 두세요.

(C) 오후 5시예요.

해설 | 위치를 묻는 Where 의문문

(A) **연상 작용 오답:** 질문의 report에서 연상 가능한 주제(An environmental study.)를 이용한 오답이다.

(B) **정답:** 보고서를 어디에 둘지 묻는 질문에 On the table이라는 구체적인 위치를 언급하고 있으므로 정답이다.

(C) **관련 없는 오답:** 시간을 묻는 When 의문문에 적합한 대답이다.

어휘 | environmental 환경의

16 When will the board meeting be over?

(A) I'm sure it will.

(B) No, it didn't change.

(C) By four at the latest.

이사회는 언제 끝나죠?

(A) 틀림없이 그럴 거예요.

(B) 아니요, 바뀌지 않았어요.

(C) 늦어도 4시예요.

해설 | 시간을 묻는 When 의문문

(A) **단어 반복 오답:** 질문의 will을 반복 이용한 오답이다.

(B) **Yes/No 대답 불가 오답:** 의문사 의문문에 Yes/No로 대답할 수 없다.

(C) **정답:** 시간을 묻는 When 의문문에 늦어도 4시까지(By four at the latest.)라는 시간 표현으로 대답하고 있다.

어휘 | at the latest 늦어도

17 Where can I rent commercial space downtown?

(A) The cost is reasonable.

(B) You can borrow it today.

(C) Try the Burnside building.

시내에서 상업공간을 빌릴 수 있는 곳이 어딘가요?

(A) 비용은 적당해요.

(B) 오늘 빌릴 수 있어요.

(C) 번사이드 빌딩을 알아보세요.

해설 | 임대 장소를 묻는 Where 의문문

(A) **연상 작용 오답:** 의미상 연결이 가능한 두 표현 rent(임대하다)와 The cost is reasonable.(비용이 적당하다)을 이용해서 혼동을 유발하는 오답이다.

(B) **단어 반복 오답:** 질문의 can을 반복 이용한 오답이다.

(C) **정답:** 상업공간을 빌릴 수 있는 곳을 묻는 Where 의문문에 Burnside building이라는 구체적인 장소를 언급하고 있다.

어휘 | commercial 상업의 reasonable 적당한 borrow 빌리다

18 When should we submit the project proposal?

(A) Electronically is fine.

(B) To reduce expenses.

(C) As soon as possible.

프로젝트 제안서를 언제 제출해야 하나요?

(A) 컴퓨터로 해도 괜찮아요.

(B) 비용을 줄이려고요.

(C) 가능한 한 빨리요.

해설 | 제출 시점을 묻는 When 의문문

(A) **관련 없는 오답:** 제출 시점에 대한 질문과는 의미상 어울리지 않는다.

(B) **관련 없는 오답:** 이유를 묻는 Why 의문문에 적합한 대답이다.

(C) **정답:** 프로젝트 제안서 제출 시점을 묻는 질문에 '가능한 한 빨리'라는 대답은 자연스러운 연결이므로 정답이다.

어휘 | submit 제출하다 reduce 줄이다 expense 비용

19 Where will the training session be held?

(A) I'll check the e-mail Erika sent us.

(B) Safety procedures.

(C) Because of a schedule change.

교육 과정이 어디에서 진행되나요?

(A) 에리카가 우리에게 보낸 이메일을 확인해 볼게요.

(B) 안전 절차요.

(C) 일정 변경 때문이에요.

해설 | 장소를 묻는 Where 의문문

(A) 정답: 교육 과정이 어디에서 진행되는지를 묻는 질문에 자신도 잘 모르니 이메일을 한번 확인하겠다며 우회적으로 답하므로 정답이다.

(B) 연상 작용 오답: 질문의 training session에서 연상 가능한 Safety procedures를 이용한 오답이다.

(C) 관련 없는 오답: 이유를 묻는 Why 의문문에 가능한 답변이다.

어휘 | training session 교육 과정 be held (수업 따위가) 진행되다, (모임 따위가) 열리다 safety procedures 안전 절차

20 When does Mr. Cho want to pick up his cake?
 (A) I'll carry it to the car for you.
 (B) He said he'd be in around three o'clock.
 (C) For his colleagues.

조 씨는 언제 케이크를 찾아갈까요?
(A) 제가 그걸 차에 실어 드릴게요.
(B) 그는 3시쯤 오겠다고 했어요.
(C) 동료들을 위해서요.

해설 | 회수 시점을 묻는 When 의문문

(A) 연상 작용 오답: 질문의 pick up his cake에서 연상 가능한 carry it을 이용한 오답이다.

(B) 정답: 언제 찾을지를 묻는 질문에 3시쯤(around three o'clock)이라는 구체적인 시점을 언급하고 있으므로 정답이다.

(C) 관련 없는 오답: 케이크를 사는 목적을 묻는 Why 의문문에 적합한 대답이다.

어휘 | pick up 찾으러[가지러] 가다 colleague 동료

21 Where should we leave the cleaning supplies?
 (A) Take them to the storeroom.
 (B) No, she hasn't left yet.
 (C) Tomorrow is fine.

청소용품은 어디에 두어야 하나요?
(A) 창고로 가져가세요.
(B) 아니요, 그녀는 아직 떠나지 않았어요.
(C) 내일은 괜찮아요.

해설 | 보관 장소를 묻는 Where 의문문

(A) 정답: 청소용품 두는 곳을 묻는 질문에 storeroom이라는 구체적인 장소를 제시하고 있으므로 정답이다.

(B) 다의어·Yes/No 대답 불가 오답: 질문의 leave를 과거동사로 바꿔서 반복 사용한 오답이다. 질문의 leave는 '두다, 놓다', 대답의 leave는 '떠나다'라는 뜻이다. 또 의문사 의문문에는 Yes/No로 대답할 수 없다.

(C) 관련 없는 오답: 질문과 상관없는 답변이다.

어휘 | supplies 용품, 비품 storeroom 창고

22 When will the employee telephone directory be ready?
 (A) Three hundred forty-six employees.
 (B) I just have to update a few more phone numbers.
 (C) The director's office.

직원 전화번호부는 언제 준비되나요?
(A) 직원 346명이에요.
(B) 제가 전화번호 몇 개만 더 업데이트하면 돼요.
(C) 이사실이요.

해설 | 준비 시점을 묻는 When 의문문

(A) 단어 반복 오답: 질문의 employee를 반복 사용한 오답이다.

(B) 정답: 언제 직원 전화번호부가 준비될지에 대해 전화번호 몇 개만 업데이트하면 된다며 곧 준비될 것을 우회적으로 전달하고 있다.

(C) 유사 발음 오답: 질문의 directory와 부분적으로 발음이 유사한 director를 이용한 오답이다.

어휘 | telephone directory 전화번호부 director 이사

23 Where can I get a key for the hotel gym?
 (A) Sometimes after work.
 (B) A six-month membership.
 (C) Oscar can give you one.

호텔 체육관 열쇠는 어디서 받을 수 있나요?
(A) 퇴근 후 가끔요.
(B) 6개월 회원제예요.
(C) 오스카가 줄 거예요.

해설 | 열쇠 받는 곳을 묻는 Where 의문문

(A) 연상 작용 오답: 질문의 gym에서 연상 가능한 운동 시간 after work를 이용한 오답이다.

(B) 연상 작용 오답: 질문의 gym에서 연상 가능한 membership을 이용한 오답이다.

(C) 정답: 열쇠는 어디서 받을 수 있는지 묻는 질문에 오스카가 하나 줄 수 있다며 구체적인 정보를 제공하고 있으므로 정답이다.

24 When do you think we'll hear if we've won the Jones account?
 (A) I lost my accounting manual.
 (B) One of our biggest clients.
 (C) Ms. Watson might already know.

우리가 존스 거래 계약을 따냈는지 여부에 관해 언제 듣게 될 것 같아요?
(A) 회계 편람을 잃어버렸어요.
(B) 우리 회사의 제일 큰 고객 중 한 분이에요.
(C) 왓슨 씨가 벌써 알고 있을지도 몰라요.

해설 | 정보 확인 시점을 묻는 When 의문문

(A) 파생어 오답: 질문에 언급된 account의 파생어인 accounting을 이용한 오답이다.

(B) 연상 작용 오답: 질문의 account에서 연상 가능한 clients를 이용한 오답이다.

(C) 정답: 소식을 언제 듣게 될지 묻는 질문에 왓슨 씨가 알고 있을지도 모른다(Ms. Watson might already know.)는 우회적인 응답으로 불확실함을 나타내고 있으므로 정답이다.

어휘 | win the account 거래 계약을 따내다 accounting manual 회계 편람

25 Where can I find an employee-referral form?
 (A) I think they're in Jan's office.
 (B) Seven job candidates.
 (C) Thanks for letting me know.

024

직원 추천서는 어디에 있나요?
(A) 잰의 사무실에 있을 거예요.
(B) 입사 지원자 7명이에요.
(C) 알려 줘서 고마워요.

해설 | 추천서가 있는 곳을 묻는 Where 의문문
(A) **정답:** 직원 추천서가 있는 곳을 묻는 질문에 잰의 사무실(Jan's office)이라는 구체적인 장소를 언급하고 있으므로 정답이다.
(B) **연상 작용 오답:** 의미상 연결이 가능한 두 표현 employee와 job candidates를 이용한 오답이다.
(C) **관련 없는 오답:** 상대방이 알려 준 것에 감사하는 말이므로 추천서가 있는 곳을 묻는 질문에는 적합하지 않다.

어휘 | referral 추천서 **job candidate** 입사 지원자, 구직자

Unit 05 Why / How 의문문

① Why 의문문

ETS 유형 연습

본책 p.046

1 (A)	**2** (C)	**3** (C)	**4** (A)	**5** (C)

1 Why was the schedule changed?
  (A) Because Mr. Wayne couldn't be here then.
  (B) I'll schedule an appointment.
  (C) Sorry, I don't have any.

왜 일정이 변경되었습니까?
(A) 웨인 씨가 그때 여기 올 수 없었기 때문이에요.
(B) 제가 약속 일정을 잡을게요.
(C) 미안합니다, 저는 하나도 없어요.

해설 | 이유를 묻는 Why 의문문
(A) **정답:** Why 의문문에 이유의 접속사 Because로 구체적인 이유를 답하고 있으므로 정답이다.
(B) **단어 반복 오답:** 질문의 schedule을 반복한 오답으로, 질문 내용과 상관 없다.
(C) **관련 없는 오답:** 질문과 상관없는 답변이다.

어휘 | schedule 일정; 일정을 잡다 **appointment** 약속

2 Why do we need three copies of the contract?
  (A) During Wednesday's budget meeting.
  (B) Yes, I gave them to Mr. Kim.
  (C) Luisa and Diego also have to read it.

계약서가 왜 3부 필요한가요?
(A) 수요일 예산안 회의 때요.
(B) 네, 제가 김 씨에게 줬어요.
(C) 루이사와 디에고도 읽어야 해요.

해설 | 이유를 묻는 Why 의문문
(A) **관련 없는 오답:** 시점을 묻는 When 의문문에 적합한 대답이다.
(B) **Yes / No 대답 불가 오답:** 의문사 의문문에 Yes / No로 대답할 수 없다.
(C) **정답:** 계약서 3부가 필요한 이유를 묻는 질문에 루이사와 디에고도 읽어야 한다(Luisa and Diego also have to read it.)라는 구체적인 이유를 언급하고 있으므로 정답이다.

어휘 | contract 계약(서)

3 Why are the technicians here?
  (A) They should be here soon.
  (B) No, at the escalator.
  (C) To set up a new computer lab.

기술자들이 왜 여기에 와 있죠?
(A) 그들은 곧 여기 올 거예요.
(B) 아니요, 에스컬레이터에서요.
(C) 컴퓨터실을 새로 만들기 위해서요.

해설 | 이유를 묻는 Why 의문문
(A) **단어 반복 오답:** 질문의 here를 반복 이용한 오답이다.
(B) **Yes / No 대답 불가 오답:** 의문사 의문문에는 Yes나 No로 대답을 할 수 없다.
(C) **정답:** 기술자들이 여기에 있는 이유를 묻는 질문에 컴퓨터실을 새로 만들기 위해서(To set up a new computer lab.)라는 구체적인 이유를 언급하고 있으므로 정답이다.

어휘 | technician 기술자 **set up** 마련하다 **lab** 실험실, 연구실

4 Why are the clients coming so early?
  (A) You'll have to ask Ms. Park.
  (B) Yes, please come in.
  (C) In the next building.

고객들이 왜 이렇게 일찍 오나요?
(A) 박 씨에게 물어보셔야 해요.
(B) 네, 들어오세요.
(C) 옆 건물에서요.

해설 | 고객들이 일찍 오는 이유를 묻는 Why 의문문
(A) **정답:** 고객들이 일찍 오는 이유를 묻는 질문에 박 씨에게 물어봐야 한다는 우회적 답변을 하고 있으므로 정답이다.
(B) **단어 반복 · Yes / No 대답 불가 오답:** 질문의 come을 반복해 혼동을 유발하고, 의문사 의문문에 Yes / No로 답변한 오답이다.
(C) **관련 없는 오답:** 장소를 묻는 Where 의문문에 가능한 답변이다.

5 Why aren't these scarves included in the clearance sale?
  (A) Through Sunday.
  (B) Thirty percent off.
  (C) Because we just got them in.

이 스카프들은 왜 재고정리 할인에 포함되지 않나요?
(A) 일요일까지예요.
(B) 30퍼센트 할인이에요.
(C) 방금 입고되었거든요.

해설 | 이유를 묻는 Why 의문문
(A) **관련 없는 오답:** 기간을 묻는 질문에 가능한 답변이다.
(B) **연상 작용 오답:** 의미상 연결이 가능한 두 표현 clearance sale과 Thirty percent off.를 이용한 오답이다.
(C) **정답:** Why 의문문에 이유의 접속사 Because로 구체적인 이유를 답하고 있으므로 정답이다.

어휘 | clearance sale 재고정리 할인

② How 의문문

ETS 유형 연습

본책 p.047

1 (A)	**2** (C)	**3** (B)	**4** (B)	**5** (C)

1 How do I get to the doctor's office?
(A) It's at the end of the street.
(B) Because Mr. Hong has just arrived.
(C) I'm not feeling very well.

병원에는 어떻게 가나요?
(A) 도로 끝에 있어요.
(B) 홍 씨가 방금 도착했거든요.
(C) 몸이 좀 안 좋네요.

해설 | 방법을 묻는 How 의문문
(A) **정답:** 병원에 어떻게 가는지에 대해 도로 끝(end of the street)에 있다는 구체적인 위치를 언급하고 있다.
(B) **관련 없는 오답:** 이유를 묻는 Why 의문문에 적합한 대답이다.
(C) **연상 작용 오답:** 의미상 연결이 가능한 두 표현 doctor's office와 not feeling very well을 이용한 오답이다.

2 How was your stay at the hotel?
(A) I'm sorry, I can't.
(B) Near Fourth Avenue.
(C) I enjoyed it.

호텔에서 머무시는 동안 어떠셨나요?
(A) 죄송합니다만 저는 할 수 없어요.
(B) 4번 가 근처예요.
(C) 좋았습니다.

해설 | 의견을 묻는 How 의문문
(A) **관련 없는 오답:** 질문의 내용과 논리적으로 맞지 않는다.
(B) **관련 없는 오답:** 장소를 묻는 Where 의문문에 가능한 답변이다.
(C) **정답:** 호텔이 어땠는지 묻는 질문에 긍정의 내용으로 답하므로 정답이다.

어휘 | stay 머무르다

3 How long can you park here?
(A) I walk there every day.
(B) Only for an hour.
(C) In the park.

여기에 얼마나 오래 주차하실 수 있나요?
(A) 저는 매일 거기 걸어가요.
(B) 한 시간밖에 안 돼요.
(C) 공원에서요.

해설 | 기간을 묻는 How long 의문문
(A) **연상 작용 오답:** 질문의 here에서 연상 가능한 there를 사용한 오답이다.
(B) **정답:** 얼마 동안 이곳에 주차할 수 있는지를 묻는 질문에 한 시간(for an hour)이라는 구체적인 기간으로 대답하고 있다.
(C) **단어 반복 오답:** 질문의 park를 반복 사용한 오답이다.

4 How much is this umbrella?
(A) It's going to rain.
(B) Fifteen euros.
(C) It won't take long.

이 우산은 얼마인가요?
(A) 비가 올 거예요.
(B) 15유로입니다.
(C) 오래 걸리지 않을 거예요.

해설 | 가격을 묻는 How much 의문문
(A) **연상 작용 오답:** 질문의 umbrella에서 연상 가능한 rain을 이용한 오답이다.
(B) **정답:** 우산 가격을 묻는 질문에 구체적인 가격(Fifteen euros.)을 제시하고 있다.
(C) **관련 없는 오답:** How long does it take ~?로 묻는 의문문에 어울리는 대답이다.

5 How often do you visit your family?
(A) My brother does.
(B) Not too far from here.
(C) Twice a year.

얼마나 자주 가족을 방문하나요?
(A) 제 형은 그래요.
(B) 이곳에서 그다지 멀지 않아요.
(C) 1년에 두 번요.

해설 | 빈도를 묻는 How often 의문문
(A) **연상 작용 오답:** family에서 연상 가능한 brother를 사용한 오답이다.
(B) **관련 없는 오답:** 거리를 묻는 How far 의문문에 어울리는 대답이다.
(C) **정답:** 빈도를 묻는 질문에 1년에 두 번(Twice a year.)이라는 구체적인 빈도를 언급하고 있다.

어휘 | visit 방문하다 **far from** ~에서 먼 **twice** 두 번

● 실전 도움닫기

본책 p.048

1 (A)	**2** (B)	**3** (B)	**4** (C)	**5** (B)

1 Why were you late for the meeting?
(A) My car broke down.
(B) It was nice to meet you too.
(C) Yes, she asked him yesterday.

회의에 왜 늦었죠?
(A) 제 차가 고장났어요.
(B) 저도 만나서 반가웠어요.
(C) 네, 어제 그녀가 그에게 물어봤어요.

해설 | 지각 이유를 묻는 Why 의문문
(A) **정답:** 회의에 왜 늦었는지 묻는 질문에 대해 차가 고장났다(broke down)는 이유를 제시하고 있다.
(B) **파생어 오답:** meeting과 파생어 관계인 동사 meet을 사용한 오답이다.

(C) **Yes / No 대답 불가 오답**: 이유를 묻는 Why 의문문에 Yes / No
로 대답할 수 없다.

어휘 | be late for ~에 늦다 break (down) 고장 나다

2 How do I register for the conference?
(A) To demonstrate our new model.
(B) Just fill out this form.
(C) I'd prefer the elevator.

회의에 어떻게 등록하나요?
(A) 우리 새 모델을 시연하려고요.
(B) 이 양식만 작성하세요.
(C) 저는 엘리베이터가 좋아요.

해설 | **등록 방법을 묻는 How 의문문**
(A) **관련 없는 오답**: 이유를 묻는 Why 의문문에 적합한 대답이다.
(B) **정답**: 회의 등록 방법을 묻는 질문에 대해 양식을 작성하라(fill
out this form)는 구체적인 방법을 언급하고 있다.
(C) **유사 발음 오답**: 질문의 for와 부분적으로 발음이 유사한
prefer를 이용한 오답이다.

어휘 | register for ~에 등록하다 demonstrate 시연하다 fill out
작성하다 prefer 선호하다

3 How many copies of the document do you need?
(A) That really wasn't necessary.
(B) Twelve should be enough.
(C) No coffee for me, thanks.

그 서류가 몇 부나 필요하시죠?
(A) 그건 정말 필요 없었어요.
(B) 12부면 충분하겠어요.
(C) 저는 커피 안 주셔도 됩니다, 고마워요.

해설 | **수량을 묻는 How many 의문문**
(A) **파생어 오답**: 질문에 언급된 need의 파생어인 necessary를
이용한 오답이다.
(B) **정답**: 서류가 몇 부나 필요한지 묻는 질문에 Twelve(12부)라는
구체적인 숫자를 제시하고 있으므로 정답이다.
(C) **유사 발음 오답**: 질문의 copies와 발음이 비슷한 coffee를
이용한 오답이다.

어휘 | copy (책·신문 등의) 한 부, 사본 document 서류
necessary 필요한 enough 충분한

4 Why is the store closed so early today?
(A) No, it isn't very close.
(B) Yes, I got up at six today.
(C) It's a national holiday.

오늘 가게가 왜 이렇게 일찍 문을 닫았죠?
(A) 아니요, 별로 가깝지 않아요.
(B) 네, 저는 오늘 6시에 일어났어요.
(C) 오늘은 국경일이에요.

해설 | **이유를 묻는 Why 의문문**
(A) **유사 발음 오답**: 질문의 closed와 발음이 유사한 close를
사용한 오답이다.
(B) **단어 반복·Yes / No 대답 불가 오답**: 질문의 today를 반복
사용해 혼동을 유발하고, 이유를 묻는 Why 의문문에는
Yes / No로 대답할 수 없다.

(C) **정답**: 왜 가게가 일찍 문을 닫았는지에 대해 국경일(national
holiday)이라는 이유를 제시하고 있다.

어휘 | closed 문을 닫은 close 가까운 national holiday 국경일

5 How much does this tea kettle cost?
(A) With milk and sugar, please.
(B) Oh, you should ask a sales associate.
(C) I lost my key.

이 찻주전자 얼마예요?
(A) 우유와 설탕을 넣어 주세요.
(B) 아, 영업사원에게 물어보세요.
(C) 열쇠를 잃어버렸어요.

해설 | **가격을 묻는 How much 의문문**
(A) **연상 작용 오답**: 질문의 tea에서 연상 가능한 milk and
sugar를 이용한 오답이다.
(B) **정답**: 찻주전자 가격을 묻는 질문에 판매원에게 물어보라는
우회적 답변을 하고 있으므로 정답이다.
(C) **유사 발음 오답**: 질문의 tea와 발음이 유사한 key를 이용한
오답이다.

어휘 | kettle 주전자 sales associate 영업사원

● **ETS 실전문제**   본책 p.049

1 (A)	2 (B)	3 (B)	4 (A)	5 (A)
6 (C)	7 (A)	8 (C)	9 (B)	10 (A)
11 (A)	12 (B)	13 (B)	14 (B)	15 (B)
16 (C)	17 (A)	18 (A)	19 (C)	20 (A)
21 (A)	22 (B)	23 (C)	24 (A)	25 (B)

1 Why did you order so many file folders?
(A) We need them for a big project.
(B) No, he arrived yesterday morning.
(C) In the stockroom.

왜 이렇게 파일 폴더를 많이 주문하셨죠?
(A) 대형 프로젝트를 위해서 필요해요.
(B) 아니요, 그는 어제 아침에 도착했어요.
(C) 창고예요.

해설 | **대량 주문 이유를 묻는 Why 의문문**
(A) **정답**: 파일 폴더를 왜 많이 주문했는지 묻는 질문에 대해 대형
프로젝트에 필요하다는 이유를 제시하고 있으므로 정답이다.
(B) **Yes / No 대답 불가 오답**: 의문사 의문문에는 Yes나 No로
대답을 할 수 없다.
(C) **연상 작용 오답**: 질문의 file folders에서 연상 가능한
stockroom을 사용한 오답으로, 장소를 묻는 Where
의문문에 어울리는 대답이다.

어휘 | stockroom 창고

2 How do I renew my membership?
(A) A teachers association.
(B) There's a form online.
(C) No, it's not new.

회원권을 어떻게 갱신하나요?
(A) 교사 협회요.
(B) 온라인에 양식이 있어요.
(C) 아니요, 그건 새것이 아니에요.

해설 | 갱신 방법을 묻는 How 의문문
(A) **연상 작용 오답**: 질문의 membership에서 연상할 수 있는 teachers association을 이용한 오답이다.
(B) **정답**: 회원권 갱신 방법을 묻는 질문에 대해 온라인에 신청서가 있다는 우회적 답변을 하고 있으므로 정답이다.
(C) **유사 발음·Yes/No 대답 불가 오답**: 질문의 renew와 부분적으로 발음이 동일한 new를 이용한 오답으로, 의문사 의문문에는 Yes/No로 대답할 수 없다.
어휘 | renew 갱신하다 **membership** 회원권, 회원 자격 **association** 협회

3 Why was the company picnic rescheduled?
(A) Has it been catered before?
(B) Because rain was predicted.
(C) At the community park.

회사 야유회 일정이 왜 변경되었나요?
(A) 전에 음식이 제공된 적이 있나요?
(B) 비가 예보되었기 때문이에요.
(C) 도시 공원에서요.

해설 | 일정 변경 이유를 묻는 Why 의문문
(A) **연상 작용 오답**: 질문의 picnic에서 연상할 수 있는 catered를 이용한 오답이다.
(B) **정답**: Why 의문문에 이유의 접속사 Because로 구체적인 이유를 답하고 있으므로 정답이다.
(C) **연상 작용 오답**: 질문의 picnic에서 연상할 수 있는 소풍 장소 park를 이용한 오답이다.
어휘 | reschedule 일정을 변경하다 **cater** 음식을 제공하다 **predict** 예보하다

4 How's the construction of the new office building coming along?
(A) It's almost finished.
(B) He's coming in a few days.
(C) Luke designed it.

새 사무실 빌딩 건축은 어떻게 진행되고 있나요?
(A) 거의 다 끝났어요.
(B) 그는 며칠 후에 와요.
(C) 루크가 설계했어요.

해설 | 건축 진행 상황을 묻는 How 의문문
(A) **정답**: 건축이 어떻게 진행되고 있는지 묻는 질문에 '거의 다 끝났다'라는 대답은 자연스러운 연결이므로 정답이다.
(B) **단어 반복 오답**: 질문의 coming을 그대로 반복 이용한 오답이다.
(C) **연상 작용 오답**: 질문의 construction에서 연상 가능한 designed를 이용한 오답이다.
어휘 | construction 건축 **come along** 진행되다

5 Why was the office furniture we ordered returned to the warehouse?
(A) It was the wrong style.
(B) Order them next week, please.
(C) From the supervisor's office.

우리가 주문한 사무가구가 왜 창고로 반송되었죠?
(A) 엉뚱한 스타일이었어요.
(B) 다음 주에 주문하세요.
(C) 관리자 사무실에서요.

해설 | 반송 이유를 묻는 Why 의문문
(A) **정답**: 왜 주문한 사무가구가 반송되었는지에 대해 엉뚱한 스타일이었다는 이유를 제시하고 있다.
(B) **단어 반복 오답**: 질문의 order를 반복 이용한 오답이다.
(C) **단어 반복 오답**: 질문의 office를 그대로 반복 이용한 오답이다.
어휘 | warehouse 창고 **supervisor** 관리자

6 How soon can we announce the staff promotions?
(A) There's enough room.
(B) Oh, that's wonderful news.
(C) At the next meeting.

직원 승진을 얼마나 빨리 발표할 수 있을까요?
(A) 충분한 공간이 있어요.
(B) 오, 그거 좋은 소식이군요.
(C) 다음 회의에서요.

해설 | 시점을 묻는 How soon 의문문
(A) **관련 없는 오답**: 질문의 내용과 논리적으로 맞지 않는다.
(B) **연상 작용 오답**: 질문의 staff promotions(직원 승진)에서 연상 가능한 wonderful news(좋은 소식)를 이용한 오답이다.
(C) **정답**: 진급자 명단 발표 시점을 묻는 질문에 next meeting이라는 구체적인 시점으로 응답하고 있으므로 정답이다.
어휘 | announce 발표하다 **promotion** 승진 **room** 공간, 자리; 방

7 Why isn't Matt's contact information in the company directory?
(A) He just started working here.
(B) We went there directly.
(C) Yes, I saved it.

맷의 연락처 정보가 왜 회사 인명록에 없죠?
(A) 그는 이제 막 여기서 일을 시작했어요.
(B) 우리는 곧장 거기로 갔어요.
(C) 네, 제가 저장했어요.

해설 | 정보가 없는 이유를 묻는 Why 의문문
(A) **정답**: 맷의 연락처 정보가 왜 없는지 묻는 질문에 이제 막 근무를 시작했다(just started working)는 이유를 제시하고 있다.
(B) **유사 발음 오답**: 질문의 directory와 부분적으로 발음이 유사한 directly를 이용한 오답이다.
(C) **Yes/No 대답 불가 오답**: 의문사 의문문에 Yes/No로 대답할 수 없다.
어휘 | contact information 연락처 정보 **directly** 곧장

8 How many times have you relocated for work?

(A) Yes, I live in Madrid now.

(B) You should make twenty-five signs.

(C) This is my second move.

이사 때문에 몇 번이나 이사하셨나요?

(A) 네, 저는 지금 마드리드에 살고 있어요.

(B) 표지판 스물다섯 개를 만들어야 해요.

(C) 이번이 두 번째 이사예요.

해설 | 이사 횟수를 묻는 **How many** 의문문

(A) **Yes/No 대답 불가 오답:** 의문사 의문문에 Yes/No로 대답할 수 없다.

(B) **연상 작용 오답:** 질문의 How many times에서 연상 가능한 twenty-five를 이용한 오답이다.

(C) **정답:** 횟수를 묻는 질문에 이번이 두 번째 이사(second move)라는 구체적인 횟수를 언급하고 있다.

어휘 | relocate 이사하다

9 Why did Doctor Warner post the study results online?

(A) On the Internet.

(B) To help other researchers.

(C) By using the computer lab.

워너 박사는 왜 연구 결과를 온라인에 올렸나요?

(A) 인터넷에요.

(B) 다른 연구자를 도우려고요.

(C) 컴퓨터실을 이용해서요.

해설 | 온라인 게시 이유를 묻는 **Why** 의문문

(A) **연상 작용 오답:** 질문의 online에서 연상 가능한 Internet을 이용한 오답이다.

(B) **정답:** 연구 결과를 온라인에 올린 이유를 묻는 질문에 구체적인 이유(help other researchers)를 말하고 있다.

(C) **연상 작용 오답:** 질문의 online에서 연상 가능한 computer를 사용한 오답으로, 수단을 묻는 How 의문문에 어울리는 대답이다.

어휘 | result 결과 researcher 연구자

10 How do I log in to my e-mail account?

(A) We'll have to assign you a password.

(B) He doesn't work in accounting.

(C) No, it's only temporary.

제 이메일 계정으로 어떻게 로그인하죠?

(A) 저희가 비밀번호를 할당해 드려야 해요.

(B) 그는 회계부에서 근무하지 않아요.

(C) 아니요, 그것은 단지 임시예요.

해설 | 로그인 방법을 묻는 **How** 의문문

(A) **정답:** 로그인하는 방법을 묻는 질문에 비밀번호를 할당할 것(assign you a password)이라는 우회적인 대답을 하고 있다.

(B) **파생어 오답:** 질문의 account와 파생어 관계인 accounting을 사용한 오답이다.

(C) **Yes/No 대답 불가 오답:** 방법을 묻는 How 의문문에는 Yes/No로 대답할 수 없다.

어휘 | account 계정 assign 배정하다 accounting 회계(과) temporary 임시의

11 Why was the finance department's meeting postponed?

(A) Oh, I didn't realize it was.

(B) The funds are for charity.

(C) Let's meet in the lobby.

경리부 회의가 왜 연기되었나요?

(A) 아, 그런 줄 몰랐어요.

(B) 자선을 위한 기금이에요.

(C) 로비에서 만나요.

해설 | 회의 연기 이유를 묻는 **Why** 의문문

(A) **정답:** 회의가 연기된 이유를 묻는 질문에 나올 수 있는 우회적인 답변이다.

(B) **연상 작용 오답:** 의미상 연결이 가능한 두 단어 finance(재정)와 funds(기금)를 이용해서 혼동을 유발하는 오답이다.

(C) **파생어 오답:** 질문의 meeting과 파생어 관계인 meet을 이용한 오답이다.

어휘 | finance department 경리부 postpone 연기하다 realize 알다 charity 자선

12 How can we increase our sales?

(A) Your total is fifty-seven dollars.

(B) Let's ask the marketing department.

(C) No, that's not included.

어떻게 우리 매출을 늘릴 수 있을까요?

(A) 총 57달러입니다.

(B) 마케팅부에 물어봅시다.

(C) 아니요, 그건 포함되어 있지 않아요.

해설 | 매출 증대 방법을 묻는 **How** 의문문

(A) **연상 작용 오답:** sales에서 연상할 수 있는 total과 fifty-seven dollars를 이용한 오답이다.

(B) **정답:** 매출 증대 방법을 묻는 질문에, 마케팅부에 물어보자는 우회적 답변을 하고 있으므로 정답이다.

(C) **Yes/No 대답 불가 오답:** 제안 의문문을 제외하고 의문사 의문문에는 Yes/No로 답할 수 없다.

어휘 | increase 늘리다, 증가시키다 sales 매출, 영업 include 포함하다

13 How many market surveys were conducted last year?

(A) Head of the marketing team.

(B) More than we expected.

(C) Yes, after next year.

작년에 시장조사가 몇 번이나 실시되었나요?

(A) 마케팅팀 팀장이에요.

(B) 우리가 예상했던 것보다 더 많았어요.

(C) 네, 내년 이후예요.

해설 | 시장조사 건수를 묻는 **How many** 의문문

(A) **파생어 오답:** 질문의 market과 파생어 관계인 marketing을 이용한 오답이다.

(B) **정답**: 시장조사가 몇 번이나 실시되었는지를 묻는 질문에 나올 수 있는 답변이다.

(C) **단어 반복·Yes/No 대답 불가 오답**: 질문의 year를 그대로 반복해 혼동을 유발하고, 의문사 의문문에 Yes/No로 답변한 오답이다.

어휘 | market survey 시장조사 conduct 실시하다

14 Why were our expenses over budget last month?

(A) Maybe a less expensive brand.

(B) We had unexpected maintenance costs.

(C) Probably the one from December.

지난달에 지출이 예산을 초과한 이유는 뭔가요?

(A) 아마 덜 비싼 브랜드일 거예요.

(B) **예상치 못한 유지비가 있었어요.**

(C) 아마 12월에서 나온 것 같아요.

해설 | 예산 초과 이유를 묻는 Why 의문문

(A) **파생어 오답**: 질문의 expenses와 파생어 관계인 expensive를 사용한 오답이다.

(B) **정답**: 왜 지출이 예산을 초과했는지에 대해 예상치 못한 유지비(unexpected maintenance costs)가 있었다는 이유를 제시하고 있다.

(C) **연상 작용 오답**: 질문의 month에서 연상 가능한 December를 이용한 오답이다.

어휘 | expense 지출 budget 예산 expensive 비싼 unexpected 예상치 못한 maintenance cost 유지비

15 How can I place a catering order for an event?

(A) Yes, you can.

(B) Just fill out this order form.

(C) Fifty to a hundred people.

행사 음식 주문은 어떻게 하나요?

(A) 네, 할 수 있어요.

(B) **이 주문서만 작성하세요.**

(C) 50~100명이에요.

해설 | 주문 방법을 묻는 How 의문문

(A) **단어 반복·Yes/No 대답 불가 오답**: 질문의 can을 그대로 반복해 혼동을 유발하고, 의문사 의문문에 Yes/No로 답변한 오답이다.

(B) **정답**: 행사 음식 주문을 어떻게 하는지 묻는 질문에 이 주문서를 작성하라(fill out this order form)는 구체적인 방법을 언급하고 있다.

(C) **연상 작용 오답**: 질문의 event에서 연상 가능한 참석 인원 수(Fifty to a hundred people.)를 이용한 오답으로, 인원 수를 묻는 How many 의문문에 어울리는 대답이다.

어휘 | catering 음식 (공급) fill out 작성하다 order form 주문서

16 Why did Louisa decide to retire this year?

(A) Because she needs new tires.

(B) These are very good reasons.

(C) I have no idea.

루이자는 왜 올해 은퇴하기로 결정했죠?

(A) 그녀는 새 타이어들이 필요하기 때문이에요.

(B) 이것들은 매우 좋은 이유들이네요.

(C) **모르겠어요.**

해설 | 은퇴 이유를 묻는 Why 의문문

(A) **유사 발음 오답**: retire와 발음이 일부 유사한 new tires를 이용한 오답이다.

(B) **연상 작용 오답**: 질문의 Why에서 연상 가능한 reasons를 이용한 오답이다.

(C) **정답**: 은퇴 이유를 묻는 질문에 '모르겠다'로 잘 답변한 정답이다.

어휘 | retire 은퇴하다 reason 이유

17 Why's everybody waiting in front of the building?

(A) There was a safety drill.

(B) Twenty minutes or more.

(C) No, I'm pretty sure they're all there.

왜 다들 건물 앞에서 기다리고 있죠?

(A) **안전 훈련이 있었어요.**

(B) 20분 이상이요.

(C) 아니요, 분명 그들 모두 거기 있을 거예요.

해설 | 건물 앞에서 기다리는 이유를 묻는 Why 의문문

(A) **정답**: 왜 다들 건물 앞에서 기다리고 있는지에 대해 안전 훈련(safety drill)이라는 이유를 제시하고 있다.

(B) **연상 작용 오답**: 질문의 waiting에서 연상 가능한 Twenty minutes를 이용한 오답이다.

(C) **Yes/No 대답 불가 오답**: 의문사 의문문에 Yes/No로 대답할 수 없다.

어휘 | in front of ~ 앞에 safety 안전 drill 훈련

18 How often does the coffee machine need to be cleaned?

(A) Once a week, I think.

(B) At the coffee shop.

(C) No, I didn't clean it.

커피 머신은 얼마나 자주 청소해야 하나요?

(A) **일주일에 한 번이요.**

(B) 커피숍에서요.

(C) 아니요, 전 청소하지 않았어요.

해설 | 빈도를 묻는 How often 의문문

(A) **정답**: 빈도를 묻는 질문에 일주일에 한 번(Once a week)이라는 구체적인 빈도를 언급하고 있다.

(B) **단어 반복 오답**: 질문의 coffee를 그대로 반복 이용한 오답이다.

(C) **단어 반복·Yes/No 대답 불가 오답**: 질문의 clean을 반복해 혼동을 유발하고, 의문사 의문문에 Yes/No로 답변한 오답이다.

19 Why does the office look so empty this afternoon?

(A) I'll see you in the morning.

(B) Because her office is next to mine.

(C) A lot of people left early.

오늘 오후에는 사무실이 왜 이렇게 비어 보이죠?

(A) 아침에 봐요.

(B) 그녀의 사무실이 내 사무실 옆이라서요.

(C) **많이들 일찍 퇴근했어요.**

해설 | 사무실이 비어 보이는 이유를 묻는 Why 의문문
(A) **연상 작용 오답:** 질문의 afternoon에서 연상 가능한 morning을 이용한 오답이다.
(B) **단어 반복·연상 작용 오답:** 질문의 단어 office를 반복하고 Why에서 연상 가능한 Because를 이용한 오답이다.
(C) **정답:** 사무실이 비어 보이는 이유를 묻는 질문에 많은 사람들이 일찍 퇴근했다는 이유로 대답하고 있다.

어휘 | empty 빈

20 How can I create a new user account on this computer?
(A) It's easy—I'll show you.
(B) She's not in accounting.
(C) I'm already signed in.

이 컴퓨터에서 새 사용자 계정을 만들려면 어떻게 해야 하나요?
(A) 쉬워요—제가 보여 드릴게요.
(B) 그녀는 회계팀에 없어요.
(C) 전 이미 로그인했어요.

해설 | 새 계정을 만드는 방법을 묻는 How 의문문
(A) **정답:** 새 사용자 계정을 어떻게 만드는지 묻는 질문에 '직접 보여 주겠다'라는 대답은 자연스러운 연결이므로 정답이다.
(B) **파생어 오답:** 질문의 account와 파생어 관계인 accounting을 이용한 오답이다.
(C) **관련 없는 오답:** 방법을 묻는 질문과는 의미상 어울리지 않는다.

어휘 | account 계정 **accounting** 회계 **sign in** 로그인[접속]하다

21 Why do you need to reschedule your appointment?
(A) Something came up unexpectedly.
(B) I'm not disappointed.
(C) On Friday morning.

왜 약속 일정을 변경해야 하죠?
(A) 갑자기 일이 생겼어요.
(B) 저는 실망하지 않았어요.
(C) 금요일 오전에요.

해설 | 일정 변경 이유를 묻는 Why 의문문
(A) **정답:** 왜 약속을 조정해야 하는지에 대해 예기치 못한 일이 발생했다는 이유를 제시하고 있다.
(B) **유사 발음 오답:** appointment와 부분적으로 발음이 비슷한 disappointed를 사용한 오답이다.
(C) **연상 작용 오답:** reschedule에서 연상 가능한 Friday morning을 사용한 오답이다.

어휘 | reschedule (일정을) 변경하다, 조정하다 **come up** (일 등이) 생기다

22 How long have you been employed at this organization?
(A) About thirty kilometers from here.
(B) Since it was founded.
(C) Yes, they're very organized.

이 단체에 얼마나 오래 근무하셨나요?
(A) 여기서 30킬로미터 정도예요.
(B) 창립부터요.
(C) 네, 그들은 아주 체계적이에요.

해설 | 근무 기간을 묻는 How long 의문문
(A) **연상 작용 오답:** 질문의 long에서 연상 가능한 thirty kilometers를 사용한 오답이다.
(B) **정답:** 근무 기간을 묻는 질문에 창립 때부터(Since it was founded)라고 응답하고 있으므로 정답이다.
(C) **파생어·Yes/No 대답 불가 오답:** 질문의 organization과 파생어 관계인 organized를 사용해 혼동을 유발하고, 의문사 의문문에 Yes/No로 답변한 오답이다.

어휘 | employ 고용하다 **organization** 단체 **found** 창립하다 **organized** 체계적인

23 Why does Ms. Yamada want access to the laboratory?
(A) Yes, I went there yesterday.
(B) On her way to the office.
(C) To conduct a research project.

야마다 씨는 왜 실험실을 사용하고 싶어 하죠?
(A) 네, 저는 어제 그곳에 갔었어요.
(B) 사무실로 가는 도중에요.
(C) 연구 프로젝트를 수행하기 위해서요.

해설 | 실험실 사용 이유를 묻는 Why 의문문
(A) **Yes/No 대답 불가 오답:** 이유를 묻는 Why 의문문에는 Yes/No로 대답할 수 없다.
(B) **관련 없는 오답:** 실험실 사용(access to the laboratory)을 원하는 이유와는 관련 없는 대답이다.
(C) **정답:** to부정사를 써서 연구 프로젝트를 수행하기 위해서(To conduct a research project.)라는 목적을 제시하고 있다.

24 How will the contest winners receive their gift certificates?
(A) Through the mail.
(B) He's just a beginner.
(C) The contest ends this week.

대회 우승자들은 상품권을 어떻게 받나요?
(A) 우편을 통해서요.
(B) 그는 초보자일 뿐이에요.
(C) 대회는 이번 주에 끝나요.

해설 | 수령 방법을 묻는 How 의문문
(A) **정답:** 우승자들이 상품권을 어떻게 받을지 묻는 질문에 우편이라는 특정 배송 수단을 언급하고 있으므로 적절한 대답이다.
(B) **인칭 오류 오답:** 질문과 관련 없는 제3자 He로 답변하고 있다.
(C) **단어 반복 오답:** 질문의 contest를 그대로 반복 이용한 오답이다.

어휘 | receive 받다 **gift certificate** 상품권

25 Why was the time of the morning news program changed?
(A) Sorry, I only have yesterday's paper.
(B) To make room for another show.
(C) Do you need extra time?

아침 뉴스 프로그램 시간이 왜 바뀌었나요?
(A) 죄송해요, 저한테 어제 신문밖에 없네요.
(B) 다른 프로그램을 위해 자리를 마련하려고요.
(C) 시간이 더 필요하신가요?

해설 | 시간 변경 이유를 묻는 Why 의문문
(A) **연상 작용 오답:** 질문의 news에서 연상 가능한 paper를
　　이용한 오답이다.
(B) **정답:** 뉴스 프로그램 시간이 왜 바뀌었는지 묻는 질문에 대해
　　다른 프로그램을 위해 자리를 마련하기 위해서라는 이유를
　　제시하고 있으므로 정답이다.
(C) **단어 반복 오답:** 질문의 time을 그대로 반복 이용한 오답이다.

어휘 | room 자리, 공간

Unit 06　일반 / 선택 의문문

① 일반 의문문

ETS 유형 연습

본책 p. 050

1 (C)　**2** (A)　**3** (A)　**4** (B)　**5** (A)

1 Do you want to see a play tomorrow night?
(A) Forty-five dollars.
(B) I just saw her.
(C) I'd love to.

내일 밤에 연극 보실래요?
(A) 45달러예요.
(B) 방금 그녀를 봤어요.
(C) 좋아요.

해설 | 의견을 묻는 조동사(Do) 의문문
(A) **관련 없는 오답:** 가격을 묻는 질문에 가능한 답변이다.
(B) **단어 반복 오답:** 질문에 언급된 see의 과거형인 saw를 반복
　　이용한 오답이다.
(C) **정답:** 내일 밤에 연극을 볼 것인지 묻는 질문에 좋다고 말하고
　　있다.

2 Is this material water-resistant?
(A) Yes, it'll keep everything dry.
(B) Ms. Rao's assistant.
(C) It'll rain on Friday.

이 소재는 방수가 되나요?
(A) 네, 모두 건조하게 유지할 겁니다.
(B) 라오 씨의 비서예요.
(C) 금요일에는 비가 올 거예요.

해설 | 방수 여부를 묻는 Be동사 의문문
(A) **정답:** 소재가 방수가 되는지 묻는 질문에 긍정의 뜻(Yes)을
　　나타낸 뒤, 모두 건조하게 유지할 것(it'll keep everything
　　dry)이라고 부언 설명하고 있으므로 정답이다.
(B) **유사 발음 오답:** 질문의 resistant와 부분적으로 발음이 유사한
　　assistant를 이용한 오답이다.
(C) **연상 작용 오답:** 질문의 water-resistant에서 연상 가능한
　　rain을 이용한 오답이다.

어휘 | material 소재 **water-resistant** 방수가 되는

3 Has the gallery received our shipment of artwork?
(A) Yes, they just confirmed it.
(B) I prefer this painting.
(C) That's a good idea.

화랑에서 우리가 보낸 미술품을 받았나요?
(A) 네, 그들이 방금 확인해 줬어요.
(B) 전 이 그림이 더 좋아요.
(C) 좋은 생각이에요.

해설 | 완료 여부를 묻는 조동사(Have) 의문문
(A) **정답:** 화랑이 미술품을 받았는지 묻는 질문에, 긍정의 대답인
　　Yes로 응답하며 뒤에 이어지는 내용도 자연스러우므로
　　정답이다.
(B) **연상 작용 오답:** gallery와 artwork에서 연상 가능한
　　painting을 사용한 오답이다.
(C) **관련 없는 오답:** 상대방의 의견이나 제안에 동의하는 말이므로
　　화랑이 미술품을 받았는지 묻는 질문에는 적합하지 않다.

어휘 | receive 받다 **shipment** 배송(품) **confirm** (받았음을)
확인하다 **prefer** 더 좋아하다

4 Is there a manual for the new projector?
(A) If he's leading the project.
(B) Sure, it's in my briefcase.
(C) She has the latest machine.

새 영사기에 대한 사용 설명서가 있나요?
(A) 만약 그가 프로젝트를 이끌면요.
(B) 그럼요, 제 서류가방 안에 있어요.
(C) 그녀는 최신 기계를 가지고 있어요.

해설 | 설명서 유무를 묻는 Be동사 의문문
(A) **유사 발음 오답:** 질문의 projector와 일부 발음이 동일한
　　project를 사용해서 혼동을 유발하는 오답이다.
(B) **정답:** 설명서 유무를 묻는 질문에, '있다(Sure)'고 알려 준 후
　　설명서의 위치까지 밝히며 잘 답변한 정답이다.
(C) **연상 작용 오답:** 의미상 연결이 가능한 두 단어 projector
　　(영사기)와 machine(기계)을 이용한 오답이다.

어휘 | manual 사용 설명서 **projector** 영사기 **briefcase**
서류가방 **latest** 최신의, 최근의

5 Do you know what kind of car you'd like to lease?
(A) Something small and fuel efficient.
(B) It's due at the end of the month.
(C) I got stuck in traffic.

어떤 차를 빌리고 싶으세요?
(A) 작고 연비가 좋은 거요.
(B) 월말에 만기가 돼요.
(C) 차가 막혔어요.

해설 | 원하는 종류를 묻는 What kind of 간접 의문문
(A) **정답:** 간접적으로 원하는 차량의 종류를 묻는 what kind of
　　의문문에 구체적인 사항(small and fuel efficient)으로 잘
　　답변한 정답이다.

(B) **연상 작용 오답**: 질문의 lease에서 연상 가능한 임대 만기 시점 at the end of the month라고 응답한 것이므로 오답이다.

(C) **연상 작용 오답**: 질문의 car에서 연상 가능한 traffic을 이용한 오답이다.

어휘 | lease 빌리다 fuel efficient 연비가 좋은 due 만기의 stuck in traffic 차가 막히는

② 선택 의문문

ETS 유형 연습
본책 p.051

| 1 (B) | 2 (A) | 3 (C) | 4 (C) | 5 (B) |

1 Does Henry speak Spanish or Italian?
(A) They are European.
(B) He speaks both.
(C) It was a long speech.

헨리 씨는 스페인어를 하나요, 아니면 이탈리아어를 하나요?
(A) 그들은 유럽인이에요.
(B) 그는 둘 다 해요.
(C) 그것은 긴 연설이었어요.

해설 | 둘 다를 고르는 선택 의문문
(A) **연상 작용 오답**: 질문의 Spanish와 Italian에서 연상 가능한 European(유럽인)을 이용한 오답이다.
(B) **정답**: both를 사용해 두 가지 선택 사항(스페인어/이탈리아어)을 모두 선택하여 잘 답변한 정답이다.
(C) **연상 작용 오답**: 질문의 speak에서 연상 가능한 speech를 사용한 오답이다.

어휘 | Spanish 스페인어; 스페인의 Italian 이탈리아어; 이탈리아의 European 유럽인; 유럽의 speech 연설

2 Was the order for a vanilla or chocolate cake?
(A) I think it was chocolate.
(B) Tomorrow is his birthday.
(C) The bakery on Maple Avenue.

주문이 바닐라 케이크였나요, 초콜릿 케이크였나요?
(A) 초콜릿이었던 것 같아요.
(B) 내일 그 사람 생일이에요.
(C) 메이플 가에 있는 빵집이에요.

해설 | 둘 중 하나를 고르는 선택 의문문
(A) **정답**: 바닐라 케이크와 초콜릿 케이크 중 초콜릿 케이크를 선택해 응답한 것이므로 정답이다.
(B) **연상 작용 오답**: 질문의 cake에서 연상 가능한 birthday를 이용한 오답이다.
(C) **연상 작용 오답**: 질문의 cake에서 연상 가능한 bakery를 이용한 오답이다.

3 Would you like this shirt or a smaller one?
(A) Yes, just a little.
(B) Is there another caller?
(C) What sizes do you have?

이 셔츠로 하시겠어요, 아니면 더 작은 걸로 하시겠어요?
(A) 네, 아주 조금요.

(B) 전화를 건 사람이 또 있나요?
(C) 어떤 사이즈가 있나요?

해설 | 고르지 않고 되묻는 선택 의문문
(A) **연상 작용·Yes/No 대답 불가 오답**: 질문의 smaller에서 연상 가능한 little을 사용해 혼동을 유발하고, 선택의문문에는 Yes/No로 대답할 수 없다.
(B) **연상 작용 오답**: 질문의 one에서 연상 가능한 another를 이용한 오답이다.
(C) **정답**: 사이즈를 선택해야 하는 상황에서 자연스럽게 되묻는 질문이다.

어휘 | caller 전화를 건 사람

4 Do you want my home or work phone number?
(A) She leaves work at five.
(B) It's 52 Broad Street.
(C) Whichever one I can reach you at.

저의 집 전화번호를 알려 드릴까요, 아니면 직장 전화번호를 알려 드릴까요?
(A) 그녀는 5시에 퇴근해요.
(B) 브로드 가 52번지예요.
(C) 어느 쪽이든 제가 연락할 수 있는 것으로요.

해설 | 둘 다를 고르는 선택 의문문
(A) **단어 반복·인칭 오류 오답**: 질문의 work를 반복 사용한 오답이며, 질문의 주어는 you(2인칭)인데 보기의 주어는 She(3인칭)이므로 주어도 일치하지 않는다.
(B) **관련 없는 오답**: 장소를 묻는 Where 의문문에 어울리는 대답이다.
(C) **정답**: 두 가지 상황을 제시한 선택 의문문에 둘 중 한 가지를 고르는 대신 어느 쪽이든 괜찮다고 대답하고 있다.

어휘 | leave work 퇴근하다 whichever 어느 쪽 ~이든 reach 연락이 닿다

5 Has the keynote speaker for the conference been chosen, or is the committee still deciding?
(A) I think I forgot my keys.
(B) They chose Dr. Kowalski.
(C) There won't be time for an introduction.

회의 기조 연설자가 선정되었나요, 아니면 위원회가 아직도 결정 중인가요?
(A) 제가 깜박하고 열쇠를 두고 온 것 같아요.
(B) 그들은 코왈스키 박사를 선택했어요.
(C) 소개할 시간이 없을 거예요.

해설 | 우회적으로 하나를 고르는 선택 의문문
(A) **유사 발음 오답**: 질문의 keynote와 부분적으로 발음이 유사한 keys를 이용한 오답이다.
(B) **정답**: 두 가지 선택 사항(연설자 선정 완료/연설자 선정 논의) 중 코왈스키 박사를 선택했다는 대답으로 전자를 우회적으로 선택하여 잘 답변한 정답이다.
(C) **연상 작용 오답**: 질문의 keynote speaker에서 연상 가능한 introduction을 이용한 오답이다.

어휘 | keynote speaker 기조 연설자 committee 위원회 decide 결정하다 introduction 소개

● 실전 도움닫기

본책 p.052

1 (A) **2** (C) **3** (B) **4** (C) **5** (B)

1 Are these <u>instructions clear</u>?
(A) No, could you <u>repeat them</u>?
(B) It's <u>already clean</u>.
(C) He's a <u>good teacher</u>.

이 설명이 이해하기 쉬운가요?
(A) 아니요, 한 번 더 반복해 주시겠어요?
(B) 그것은 이미 깨끗해요.
(C) 그는 좋은 교사예요.

해설 | 이해 여부를 묻는 Be동사 의문문
(A) **정답:** 설명을 쉽게 이해할 수 있는지 묻는 질문에 부정의 뜻(No)을 나타낸 뒤, 한 번 더 설명해 달라고 요청하고 있다.
(B) **유사 발음 오답:** 질문의 clear와 발음이 비슷한 clean을 이용한 오답이다.
(C) **연상 작용 오답:** 질문의 instructions(설명)에서 연상 가능한 teacher(교사)를 이용한 오답이다.

어휘 | instructions 설명, 설명서 clear 분명한, 알아듣기 쉬운 repeat 반복하다

2 Do you want an <u>exchange or a refund</u>?
(A) <u>Where</u> is that?
(B) Yes, it's <u>been changed</u>.
(C) I'd like <u>my money back</u>, please.

교환하시겠어요, 환불하시겠어요?
(A) 거기가 어디죠?
(B) 네, 바뀌었어요.
(C) 돈을 돌려 주세요.

해설 | 둘 중 하나를 고르는 선택 의문문
(A) **관련 없는 오답:** 질문과 상관없는 답변이다.
(B) **유사 발음 오답:** 질문의 exchange와 부분적으로 발음이 유사한 changed를 이용한 오답이다.
(C) **정답:** 교환을 할지 아니면 환불을 할지 묻는 질문에 refund와 비슷한 표현인 I'd like my money back을 이용하여 환불을 선택하고 있다.

어휘 | exchange 교환 refund 환불

3 Have the <u>catalogs arrived</u> yet?
(A) No, they <u>can't drive</u>.
(B) Yes, they're <u>on your desk</u>.
(C) I can't <u>log on</u> today.

카탈로그들이 벌써 도착했어요?
(A) 아니요, 그들은 운전을 못해요.
(B) 네, 당신 책상 위에 있어요.
(C) 오늘 로그인이 안 되네요.

해설 | 완료 여부를 묻는 조동사(Have) 의문문
(A) **유사 발음 오답:** 질문의 arrived와 발음이 유사한 drive를 사용한 오답이다.

(B) **정답:** 카탈로그가 도착했는지 묻는 질문에 긍정으로 대답한 뒤 부연 설명하고 있다.
(C) **유사 발음 오답:** 질문의 catalogs와 발음이 유사한 can't log를 사용한 오답이다.

어휘 | log on 로그인하다

4 Should we <u>review our notes</u> today, or <u>is tomorrow</u> OK?
(A) They got <u>great reviews</u>.
(B) Yes, I <u>noticed</u>.
(C) It <u>doesn't matter</u> to me.

우리가 기록을 오늘 검토해야 하나요, 아니면 내일 해도 되나요?
(A) 그들은 좋은 평가를 받았어요.
(B) 네, 저도 알아차렸어요.
(C) 저는 아무 상관없어요.

해설 | 둘 다를 고르는 선택 의문문
(A) **다의어 오답:** 서로 다른 의미의 review를 반복 이용한 오답이다. 질문의 review는 '검토하다'라는 동사이고, 보기의 review는 '평가, 비평'이라는 명사이다.
(B) **유사 발음 오답:** 질문의 notes와 발음이 유사한 noticed를 이용한 오답이다.
(C) **정답:** 오늘이 좋은지 내일이 좋은지 묻는 질문에 언제라도 상관 없다고 응답했으므로 정답이다.

어휘 | review 검토하다; 평가, 비평 notice 알아차리다 matter 중요하다, 문제가 되다

5 Do your employees <u>receive an annual bonus</u>?
(A) The <u>manual arrived</u> today.
(B) Yes, <u>every December</u>.
(C) That job is <u>still open</u>.

당신 직원들은 연간 보너스를 받나요?
(A) 설명서가 오늘 도착했어요.
(B) 네, 매년 12월에요.
(C) 그 자리는 아직 충원되지 않았어요.

해설 | 보너스 지급 여부를 묻는 조동사(Do) 의문문
(A) **유사 발음 오답:** 질문의 annual과 부분적으로 발음이 유사한 manual을 이용한 오답이다.
(B) **정답:** 보너스를 받는다는 뜻으로 Yes라고 말한 후 구체적인 지급 시점을 덧붙이고 있다.
(C) **연상 작용 오답:** 질문의 employees에서 연상 가능한 job을 이용한 오답이다.

어휘 | receive 받다 annual 연간의

● ETS 실전문제

본책 p.053

1 (A)	**2** (B)	**3** (A)	**4** (C)	**5** (C)
6 (B)	**7** (A)	**8** (C)	**9** (B)	**10** (B)
11 (C)	**12** (A)	**13** (C)	**14** (B)	**15** (A)
16 (C)	**17** (B)	**18** (B)	**19** (C)	**20** (C)
21 (A)	**22** (B)	**23** (A)	**24** (C)	**25** (A)

1 Do you need help with this computer?
(A) Yes, I'm having trouble running this program.
(B) Well, I usually take a commuter train.
(C) The one over there isn't being used.

이 컴퓨터를 사용하는 데 도움이 필요하신가요?
(A) 네, 이 프로그램이 잘 구동되지 않아요.
(B) 음, 저는 보통 통근 열차를 타요.
(C) 저쪽에 있는 것은 안 쓰고 있어요.

해설 | 의견을 묻는 조동사(Do) 의문문
(A) **정답:** 도움이 필요한지를 묻는 질문에 도움이 필요하다는 뜻으로 Yes라고 말한 후 구체적인 문제를 덧붙이고 있다.
(B) **유사 발음 오답:** 질문의 computer와 발음이 비슷한 commuter를 사용한 오답이다.
(C) **관련 없는 오답:** 질문 내용과 관련 없는 대답이다.

어휘 | run 구동하다, 운영하다 commuter 통근자

2 Does Ken work in the accounting or sales department?
(A) My e-mail account still works.
(B) I think he's in sales.
(C) He preferred the first apartment.

켄이 회계부에서 일하나요, 영업부에서 일하나요?
(A) 제 이메일 계정은 아직 유효해요.
(B) 영업부에 있는 것 같아요.
(C) 그는 첫 번째 아파트를 선호했어요.

해설 | 둘 중 하나를 고르는 선택 의문문
(A) **단어 반복·다의어 오답:** 질문의 단어(work)를 반복하고 accounting의 파생어 account를 사용한 오답으로, 질문의 accounting은 '회계(부)'를 뜻하지만 보기의 account는 '계정'을 뜻한다.
(B) **정답:** 회계부인지 영업부인지를 묻는 선택 의문문에 한 가지 (sales department)를 골라 대답하고 있다.
(C) **유사 발음 오답:** 질문의 department와 부분적으로 발음이 유사한 apartment를 사용한 오답이다.

어휘 | accounting (department) 회계(부) sales department 영업부 e-mail account 이메일 계정

3 Do I need to attend the safety training?
(A) Yes, it's a requirement.
(B) I'll put it in the safe.
(C) The company headquarters.

제가 안전교육에 참석해야 하나요?
(A) 네, 요구 사항이에요.
(B) 제가 금고에 넣을게요.
(C) 회사 본사예요.

해설 | 의무 사항을 묻는 조동사(Do) 의문문
(A) **정답:** 안전교육에 참석해야 하는지 묻는 질문에 요구 사항이라고 적절히 대답하고 있다.
(B) **파생어 오답:** 질문의 safety와 파생어 관계인 safe를 사용한 오답이다.
(C) **관련 없는 오답:** 질문과 상관없는 답변이다.

어휘 | requirement 요구 사항 safe 금고 headquarters 본사

4 Will you be here tomorrow, or are you working at the branch office?
(A) Because there's a lot to do.
(B) Yes, they liked the work.
(C) I'm here all week.

내일 여기 오실 거예요, 아니면 지사에서 일하실 거예요?
(A) 할 일이 많아서요.
(B) 네, 그들은 작업을 마음에 들어 했어요.
(C) 전 일주일 내내 여기 있어요.

해설 | 제3의 선택 사항을 고르는 선택 의문문
(A) **관련 없는 오답:** 이유를 묻는 Why 의문문에 적합한 대답이다.
(B) **단어 반복 오답:** 질문의 work를 반복 이용한 오답이다.
(C) **정답:** 두 가지 선택 사항 be here tomorrow와 working at the branch office 중에서 전자인 여기에 있을 것이라고 대답하고 있다.

5 Did you ask Kelly if you could borrow the projector?
(A) This month's projections seem low.
(B) Take as much as you need.
(C) Yes, I asked her last week.

프로젝터를 빌릴 수 있는지 켈리에게 물어보셨나요?
(A) 이번 달 전망치는 낮아 보여요.
(B) 필요한 만큼 가져가세요.
(C) 네, 지난주에 물어봤어요.

해설 | 요청 여부를 묻는 조동사(Do) 의문문
(A) **유사 발음 오답:** 질문의 projector와 일부 발음이 유사한 projection을 이용한 오답이다.
(B) **연상 작용 오답:** 의미상 연결이 가능한 두 표현 borrow (빌리다)와 Take as much as you need.(필요한 만큼 가져가라)를 이용해서 혼동을 유발하는 오답이다.
(C) **정답:** 프로젝터를 빌릴 수 있는지 켈리에게 물어보았는지 묻는 질문에 지난주에 물어봤다고 말하고 있다.

어휘 | borrow 빌리다 projection 전망

6 Will you be paying with cash or by credit card?
(A) We play every Saturday.
(B) I'll use my credit card.
(C) Let's go by car.

현금으로 계산하실 겁니까, 아니면 신용카드로 계산하실 겁니까?
(A) 우리는 매주 토요일마다 경기를 해요.
(B) 제 신용카드로 할게요.
(C) 자동차로 갑시다.

해설 | 둘 중 하나를 고르는 선택 의문문
(A) **유사 발음 오답:** 질문의 paying과 비슷한 발음인 play를 이용한 오답이다.
(B) **정답:** 현금과 신용카드 중 어떤 걸로 계산할지 묻는 질문에 선택 사항 중 하나인 신용카드를 언급했으므로 정답이다.
(C) **유사 발음 오답:** 질문의 by credit card와 부분적으로 발음이 비슷한 by car를 이용한 오답이다.

7 Will you be checking any baggage for today's flight?

(A) Yes, I have one suitcase.

(B) A one-way flight.

(C) No, I bring food from home.

오늘 비행기에 짐을 부치실 건가요?

(A) 네, 여행 가방이 하나 있어요.

(B) 편도 비행이요.

(C) 아니요, 전 집에서 음식을 가져와요.

해설 | 짐을 붙일지 여부를 묻는 조동사(Will) 의문문

(A) **정답**: 오늘 비행기에 짐을 부칠지 묻는 질문에 Yes로 대답한 후, 여행 가방이 하나 있다(I have one suitcase)고 구체적인 정보를 제공하고 있으므로 정답이다.

(B) **단어 반복 오답**: 질문의 flight를 반복 이용한 오답이다.

(C) **관련 없는 오답**: 질문과 상관없는 답변을 제시하고 있다.

어휘 | baggage 짐 one-way 편도의

8 Can you discuss the production quotas now or should we meet during lunch?

(A) The discussion was productive.

(B) It's about to launch.

(C) Now is all right with me.

지금 생산 할당량에 대해 논의하실 수 있나요, 아니면 점심시간에 만날까요?

(A) 토론은 생산적이었어요.

(B) 출시 직전이에요.

(C) 전 지금 괜찮아요.

해설 | 둘 중 하나를 고르는 선택 의문문

(A) **파생어 오답**: 질문의 discuss, production과 파생어 관계인 discussion, productive를 사용한 오답이다.

(B) **유사 발음 오답**: 질문의 lunch와 발음이 유사한 launch를 이용한 오답이다.

(C) **정답**: 지금과 점심식사 동안 논의 중 지금을 선택해 응답한 것이므로 정답이다.

어휘 | quota 할당량 productive 생산적인 launch 출시하다

9 Did you go sightseeing when you were in Switzerland?

(A) That would be great.

(B) I was too busy.

(C) The Metropolitan Hotel.

스위스에 있을 때 관광을 하셨나요?

(A) 그거 좋겠어요.

(B) 너무 바빴어요.

(C) 메트로폴리탄 호텔이요.

해설 | 과거의 사건을 묻는 조동사(Do) 의문문

(A) **관련 없는 오답**: 과거의 사건을 묻는 질문과는 의미상 어울리지 않는다.

(B) **정답**: 스위스에 있을 때 관광을 했는지 묻는 질문에 No를 생략한 채 바빴다고 관광을 하지 못한 이유를 우회적으로 밝히고 있다.

(C) **연상 작용 오답**: 질문의 sightseeing에서 연상 가능한 Hotel을 이용한 오답이다.

어휘 | go sightseeing 관광하러 다니다

10 Are you interested in renting a place in the city or farther out of town?

(A) The rental price includes all utilities.

(B) Somewhere near my office would be best.

(C) It was a very interesting location.

시내에 있는 집을 임차하시겠어요, 아니면 시내에서 멀리 떨어진 집을 임차하시겠어요?

(A) 임대료에는 공공요금이 전부 포함돼요.

(B) 제 사무실 근처 어디가 가장 좋아요.

(C) 아주 관심이 가는 위치네요.

해설 | 제3의 선택 사항을 고르는 선택 의문문

(A) **유사 발음 오답**: 질문의 place와 발음이 유사한 price를 이용한 오답이다.

(B) **정답**: 시내와 외곽 중 어느 곳에 집을 임차할지 묻는 질문에 둘 중에 선택하는 대신 사무실 근처로 할 것이라고 잘 답변한 정답이다.

(C) **단어 반복 오답**: 질문에 언급된 interest를 반복 이용한 오답이다.

어휘 | farther 더 멀리 utility (수도 · 전기 · 가스 등) 공공요금

11 Will we need to make changes to the budget?

(A) Here's your change.

(B) I couldn't make it yesterday.

(C) I think this is fine.

우리가 예산을 수정해야 할까요?

(A) 잔돈 여기 있습니다.

(B) 저는 어제 참석할 수 없었어요.

(C) 이것도 괜찮다고 생각해요.

해설 | 의견을 묻는 조동사(Will) 의문문

(A) **다의어 오답**: 서로 다른 의미의 change를 반복 이용한 오답이다. 질문의 change는 '수정, 변경'의 의미이고, 보기의 change는 '잔돈'의 의미이다.

(B) **단어 반복 오답**: 질문에 사용된 단어 make를 그대로 반복 이용한 오답이다.

(C) **정답**: 조동사 의문문에 No를 생략하고, 수정할 필요 없이 현재의 것도 괜찮다고 잘 답변한 정답이다.

어휘 | make a change to ~을 수정하다 budget 예산(안) change 수정, 변경; 잔돈 make it (시간에 맞게) 도착하다, 참석하다

12 Should we plan the company picnic for July, or wait until August?

(A) Later would be better.

(B) The service was great.

(C) Sure, I'll go with you.

회사 야유회를 7월로 계획할까요, 아니면 8월까지 기다릴까요?

(A) 나중에 하는 게 좋겠어요.

(B) 서비스가 훌륭했어요.

(C) 물론이죠, 같이 갈게요.

해설 | 우회적으로 하나를 고르는 선택 의문문

(A) 정답: 야유회를 7월에 할지 8월까지 기다릴지에 대해 '나중이 나을 것이다'라고 간접적으로 후자를 선택한 정답이다.

(B) 관련 없는 오답: 질문과 상관없는 답변이다.

(C) Yes/No 대답 불가 오답: 선택 의문문에서 Yes에 해당하는 Sure로 대답할 수 없다.

해설 | 판매 보고서를 주었는지 묻는 조동사(Did) 의문문

(A) 정답: 양 씨가 판매 보고서를 주었는지 묻는 질문에 우선 Yes라고 대답한 뒤 아직 보지는 못했다고 덧붙이고 있다.

(B) 연상 작용 오답: 질문의 sales에서 연상 가능한 free(비어 있는, 무료의)를 이용한 오답이다.

(C) 단어 반복 오답: 질문의 sale을 반복 이용한 오답이다.

13 Do you happen to know where the fitness center is?

(A) No, it doesn't fit.

(B) He's in good condition.

(C) Yes, it's around the corner.

헬스 클럽이 어디에 있는지 혹시 아세요?

(A) 아니요, 그것은 맞지 않아요.

(B) 그는 몸 상태가 좋아요.

(C) 네, 모퉁이를 돌면 있어요.

해설 | 위치를 묻는 Where 간접 의문문

(A) 유사 발음 오답: 질문의 fitness와 일부 발음이 동일한 fit을 이용한 오답이다.

(B) 연상 작용 오답: 의미상 연결이 가능한 두 표현 fitness center와 in good condition을 이용한 오답이다.

(C) 정답: 간접적으로 장소를 묻는 where 의문에 구체적인 장소 (around the corner)로 잘 답변한 정답이다.

어휘 | happen to 마침 ~하다, 우연히 ~하다 fit (모양·크기가) 맞다 be in good condition 몸 상태가 좋다, 건강이 양호하다

14 Should we try to find this book at the store, or just buy it online?

(A) I put them all up on the top shelf.

(B) It'll be hard to find in a local shop.

(C) The author has written several books.

이 책을 매장에서 찾을까요, 아니면 그냥 온라인으로 살까요?

(A) 전부 책꽂이 맨 위에 올려놓았어요.

(B) 지역 매장에서는 찾기 힘들 거예요.

(C) 저자는 책을 여러 권 썼어요.

해설 | 우회적으로 하나를 고르는 선택 의문문

(A) 연상 작용 오답: 질문의 book에서 연상 가능한 shelf를 이용한 오답이다.

(B) 정답: 매장에서의 구입과 온라인 구입 중 지역 매장에서는 찾기 힘들 것이라며 간접적으로 온라인 구입을 선택해 응답한 것이므로 정답이다.

(C) 단어 반복 오답: 질문의 book을 반복 이용한 오답이다.

어휘 | shelf 책꽂이, 선반

15 Did Ms. Yang give you a copy of the sales report?

(A) Yes, but I haven't looked at it yet.

(B) I'll see if the room is free.

(C) Oh, is it on sale?

양 씨가 판매 보고서 사본을 줬나요?

(A) 네, 하지만 아직 안 봤어요.

(B) 방이 비어 있는지 확인할게요.

(C) 아, 할인 중인가요?

16 Do I need a special pass to view this film screening, or is it open to the public?

(A) No, it's at the same time.

(B) Yes, maybe a larger screen.

(C) Everyone's welcome to attend.

이 영화 상영을 보려면 특별 출입증이 필요한가요, 아니면 일반에게 공개되나요?

(A) 아니요, 동시예요.

(B) 네, 아마 화면이 더 클 겁니다.

(C) 누구나 참석하셔도 돼요.

해설 | 둘 중 하나를 고르는 선택 의문문

(A) Yes/No 대답 불가 오답: 선택 의문문에 Yes/No로 대답할 수 없다.

(B) 파생어·Yes/No 대답 불가 오답: 질문의 screening과 파생어 관계인 단어 screen을 이용해 혼동을 유발하고, 선택 의문문에 Yes/No로 답변한 오답이다.

(C) 정답: 영화 상영을 보기 위해 특별 출입증이 필요한지 아니면 일반에게 공개된 것인지 묻자 누구나 참석해도 된다며 후자를 선택하여 답변하고 있다.

어휘 | film screening 영화 상영

17 Is Doctor Jenkins accepting new patients?

(A) Fourth door on the left.

(B) No, but Doctor Smith is.

(C) Oh, were they?

젠킨스 박사님이 새 환자를 받고 있나요?

(A) 왼쪽 네 번째 문이에요.

(B) 아니요, 하지만 스미스 박사님이 받고 있어요.

(C) 아, 그랬나요?

해설 | 새 환자를 받을지 여부를 묻는 Be동사 의문문

(A) 관련 없는 오답: 위치를 묻는 질문에 가능한 답변이다.

(B) 정답: 젠킨스 박사가 새 환자를 받을지 묻는 질문에 부정의 뜻(No)을 나타낸 뒤, 스미스 박사가 받고 있다는 정보 제공으로 잘 답변한 정답이다.

(C) 인칭 오류·시제 오류 오답: 질문의 주어가 Doctor Jenkins 인데 보기의 주어는 they이므로 논리적으로 맞지 않으며, 시제도 맞지 않다.

어휘 | accept 받다 patient 환자

18 Do you want to sit in the cafeteria or on the patio outside?

(A) This is very good coffee.

(B) Let's stay indoors.

(C) Pizza and a soda, please.

카페테리아 안에 앉을래요, 아니면 밖의 테라스에 앉을래요?
(A) 이건 아주 좋은 커피네요.
(B) 실내에 있어요.
(C) 피자와 탄산음료 주세요.

해설 | 둘 중 하나를 고르는 선택 의문문
(A) **연상 작용 오답:** 질문의 cafeteria에서 연상 가능한 coffee를 사용한 오답이다.
(B) **정답:** 두 가지 선택 사항 in the cafeteria와 on the patio outside 중 실내를 뜻하는 부사 indoors로 실내에 있자고 대답하고 있다.
(C) **연상 작용 오답:** cafeteria에서 연상 가능한 pizza와 soda를 이용한 오답이다.

어휘 | cafeteria 간이식당, 구내식당 **patio** 테라스 **indoors** 실내에 **soda** 탄산음료

19 Are you interested in joining the employee fitness center?
(A) Three times a week.
(B) Yes, a membership fee.
(C) I'll think about it.

직원 헬스클럽에 가입하시겠어요?
(A) 일주일에 세 번이에요.
(B) 네, 회비예요.
(C) 생각해 볼게요.

해설 | 가입 여부를 묻는 Be동사 의문문
(A) **관련 없는 오답:** 빈도를 묻는 How often 의문문에 적합한 대답이다.
(B) **연상 작용 오답:** 질문의 fitness center에서 연상 가능한 membership fee를 이용한 오답이다.
(C) **정답:** 가입 여부를 묻는 질문에 나올 수 있는 답변이다.

20 Do you want me to send Mr. Foster an e-mail or give him a call?
(A) It's on the Web site.
(B) Yes, I know him.
(C) Do you have his phone number?

포스터 씨에게 이메일을 보낼까요, 아니면 전화를 할까요?
(A) 웹사이트에 있어요.
(B) 네, 아는 사람이에요.
(C) 전화번호를 아세요?

해설 | 고르지 않고 되묻는 선택 의문문
(A) **연상 작용 오답:** 질문의 e-mail에서 연상 가능한 Web site를 이용한 오답이다.
(B) **단어 반복·Yes/No 대답 불가 오답:** 질문의 him을 그대로 반복해 혼동을 유발하고, 선택 의문문에 Yes/No로 답변한 오답이다.
(C) **정답:** 이메일과 전화 중 어느 방법으로 연락하겠느냐는 질문에 대해 전화번호를 아는지 되물어보며 우회적으로 전화 걸기를 선택해 응답한 것이므로 정답이다.

21 Do you have any large cars available for rent?
(A) I'm sorry, we don't.
(B) Two forms of identification.
(C) Fifty liters of petrol.

대여할 수 있는 큰 차가 있나요?
(A) 죄송해요, 없어요.
(B) 두 가지 형태의 신분증이요.
(C) 가솔린 50리터요.

해설 | 큰 차가 있는지 묻는 조동사(Do) 의문문
(A) **정답:** 대여할 큰 차가 있는지 묻는 질문에 '미안하지만 없다'라는 대답은 자연스러운 연결이므로 정답이다.
(B) **관련 없는 오답:** 질문과 상관없는 답변이다.
(C) **연상 작용 오답:** 의미상 연결이 가능한 두 단어 cars(자동차)와 petrol(휘발유)을 이용해서 혼동을 유발하는 오답이다.

어휘 | identification 신분증

22 Should I fold the newsletters in half, or leave them unfolded?
(A) I've only read half of it.
(B) I usually fold them.
(C) She'll leave the file with you.

회보를 반으로 접을까요, 아니면 펼쳐진 채로 놔둘까요?
(A) 반밖에 읽지 않았어요.
(B) 전 보통 접어요.
(C) 그녀가 서류를 당신에게 맡길 겁니다.

해설 | 둘 중 하나를 고르는 선택 의문문
(A) **단어 반복 오답:** 질문에 사용된 half를 반복 이용한 오답이다.
(B) **정답:** 두 가지 선택 사항(반으로 접는 것 / 펼치는 것) 중 질문의 fold를 그대로 반복 사용해 전자를 선택하며 잘 답변한 정답이다.
(C) **인칭 오류 오답:** 질문과 관련 없는 제3자 She로 답변하고 있다.

어휘 | fold 접다 **newsletter** 회보 **in half** 반으로 **unfold** 펼치다

23 Are you registered for the seminar on nutrition or the one on fitness?
(A) I'm hoping to go to both.
(B) Yes, it's very healthy.
(C) In the fitting room.

영양 세미나에 등록하셨나요, 아니면 운동 세미나에 등록하셨나요?
(A) 둘 다 가고 싶어요.
(B) 네, 건강에 아주 좋아요.
(C) 탈의실이에요.

해설 | 둘 다를 고르는 선택 의문문
(A) **정답:** both를 사용해 두 가지 선택 사항(영양 세미나 / 운동 세미나)을 모두 선택하며 잘 답변한 정답이다.
(B) **Yes/No 대답 불가 오답:** 선택 의문문에 Yes/No로 대답할 수 없다.
(C) **유사 발음 오답:** 질문의 fitness와 부분적으로 발음이 동일한 fitting을 이용한 오답이다.

어휘 | register for ~에 등록하다 **nutrition** 영양 **healthy** 건강에 좋은, 건강한

24 Has the budget estimate changed since we last discussed it?
(A) An interesting discussion.
(B) The financial department.
(C) Not that I know of.

우리가 지난번 논의한 이후로 예산 추정치가 변경되었나요?
(A) 흥미로운 토론이었어요.
(B) 경리부요.
(C) 제가 아는 바로는 아니에요.

해설 | 완료 여부를 묻는 조동사(Have) 의문문
(A) 파생어 오답: 질문의 discuss와 파생어 관계인 discussion을 사용한 오답이다.
(B) 연상 작용 오답: 질문의 budget에서 연상 가능한 financial을 이용한 오답이다.
(C) 정답: 예산 추정치가 변경되었는지를 묻는 질문에 나올 수 있는 답변이다.

어휘 | budget 예산 estimate 추정치

25 Should we throw out these files or archive them for later use?
(A) Let's get rid of them.
(B) Bernadette has one you can borrow.
(C) I prepared it this afternoon.

이 파일들을 버릴까요 아니면 나중에 쓰도록 보관할까요?
(A) 버립시다.
(B) 버나뎃에게 있으니 빌리세요.
(C) 제가 오늘 오후에 준비했어요.

해설 | 둘 중 하나를 고르는 선택 의문문
(A) 정답: 두 가지 선택 사항 throw out these files와 archive them 중 '제거하다'를 뜻하는 동사 get rid of로 파일들을 버리자고 대답하고 있다.
(B) 관련 없는 오답: 질문과 상관없는 답변을 제시하고 있다.
(C) 관련 없는 오답: 파일들을 버릴지 아니면 보관할지를 묻는 질문과는 의미상 어울리지 않는다.

어휘 | throw out 버리다 archive 보관하다 get rid of ~을 버리다 prepare 준비하다

Unit 07 부정 / 부가 의문문

① 부정 의문문

ETS 유형 연습

본책 p.054

1 (B)	2 (C)	3 (A)	4 (B)	5 (A)

1 Aren't you leaving for Santiago this evening?
(A) Leave it on my desk.
(B) No, I'm going tomorrow.
(C) They'll be arriving at gate six.

오늘 저녁에 산티아고로 떠나는 거 아니세요?
(A) 제 책상 위에 두세요.
(B) 아니요, 내일 가요.
(C) 그들은 6번 게이트에 도착할 거예요.

해설 | 사실을 확인하는 부정 의문문
(A) 다의어 오답: 질문의 leaving은 '떠나다'라는 뜻이고, 보기의 leave는 '놓아두다'라는 뜻으로 쓰인 것이다.
(B) 정답: 부정 의문문에 대한 답변은 긍정이면 Yes, 부정이면 No로 대답한다. No로 부정한 후, 내일 간다는 추가 정보로 잘 답변한 정답이다.
(C) 연상 작용 오답: 질문의 leaving for Santiago를 듣고 공항을 떠올린 후, 연상 가능한 gate를 이용한 오답이다.

2 Didn't he order the furniture yesterday?
(A) He has a large desk.
(B) I ordered some food.
(C) I thought so.

그가 어제 그 가구를 주문하지 않았나요?
(A) 그는 커다란 책상이 있어요.
(B) 제가 음식을 좀 주문했어요.
(C) 저는 그렇게 알고 있었어요.

해설 | 사실을 확인하는 부정 의문문
(A) 연상 작용 오답: 질문의 furniture에서 연상 가능한 desk를 사용한 오답이다.
(B) 단어 반복 오답: 질문의 order를 반복 사용한 오답이다.
(C) 정답: 그가 가구를 주문했는지를 확인하는 질문에 나는 그렇게 생각했다(I thought so)고 대답하고 있다.

어휘 | order 주문하다; 주문(품) furniture 가구

3 Aren't we offering a free-ticket promotion next week?
(A) Actually, it's the following week.
(B) He's certainly the most qualified.
(C) I took it to the office.

다음 주에 무료 티켓 판촉을 제공하는 것 아닌가요?
(A) 실은 그 다음 주예요.
(B) 확실히 그 사람이 가장 적임자예요.
(C) 제가 그걸 사무실로 가져갔어요.

해설 | 사실을 확인하는 부정 의문문
(A) 정답: 다음 주에 티켓 판촉을 제공하는지를 확인하는 질문에 실은 그 다음 주(Actually, it's the following week.)라고 대답하고 있다.
(B) 인칭 오류 오답: 의문문에 He를 가리킬 만한 대상이 없으므로 오답이다.
(C) 유사 발음 오답: 질문의 offering과 부분적으로 발음이 유사한 office를 이용한 오답이다.

어휘 | promotion 판촉, 홍보 qualified 적임의

4 Shouldn't the roof be inspected for potential leaks?
(A) It was released last week.
(B) Can you recommend someone to do it?
(C) Next to the inspection station.

누수 가능성이 있는지 지붕을 점검해야 하지 않을까요?

(A) 그건 지난주에 개봉했어요.

(B) 할 사람을 추천해 주실래요?

(C) 검사소 옆이에요.

해설 | 점검해야 하는지를 묻는 부정 의문문

(A) **관련 없는 오답**: 시점을 묻는 When 의문문에 적합한 대답이다.

(B) **정답**: 누수 가능성에 대해 지붕을 점검해야 하는지 묻는 질문에 할 사람을 추천해 줄 수 있는지 되묻고 있다.

(C) **파생어 오답**: 질문의 inspected와 파생어 관계인 inspection을 사용한 오답이다.

어휘 | inspect 점검하다 **potential** 잠재적인 **leak** 누수 **release** 개봉하다 **recommend** 추천하다

5 Isn't Alonso moving into an apartment in the city?

(A) I haven't talked to him in a while.

(B) These parts need to be counted.

(C) The ticket booth closes at eleven P.M.

알론소는 시내 아파트로 이사하는 거 아닌가요?

(A) 한동안 그 사람과 이야기를 못했어요.

(B) 이 부품들을 세야 해요.

(C) 매표소는 오후 11시에 문을 닫아요.

해설 | 사실을 확인하는 부정 의문문

(A) **정답**: 알론소가 시내 아파트로 이사하는 거 아니냐는 질문에 한동안 그 사람과 이야기를 못했다(I haven't talked to him in a while.)는 우회적인 응답을 통해 불확실함을 나타내고 있으므로 정답이다.

(B) **유사 발음 오답**: 질문의 apartment와 부분적으로 발음이 유사한 parts를 이용한 오답이다.

(C) **관련 없는 오답**: 질문과 상관없는 답변을 제시하고 있다.

어휘 | in a while 한동안

② 부가 의문문

ETS 유형 연습

본책 p.055

> **1** (A) **2** (B) **3** (C) **4** (B) **5** (A)

1 The new aquarium opens in June, doesn't it?

(A) No, not until July.

(B) Here's the newest version.

(C) At the entrance.

새 수족관은 6월에 문을 열죠?

(A) 아니요, 7월이에요.

(B) 여기 최신 버전이에요.

(C) 입구에요.

해설 | 정보를 확인하는 부가 의문문

(A) **정답**: 수족관이 6월에 문을 여는지 묻는 질문에 먼저 No로 부정 응답을 한 후, 7월이라는 추가 정보로 잘 답변한 정답이다.

(B) **단어 반복 오답**: 질문에 언급된 new의 최상급인 newest를 반복 이용한 오답이다.

(C) **관련 없는 오답**: 장소를 묻는 Where 의문문에 가능한 답변이다.

어휘 | entrance 입구

2 That photocopy machine is broken, isn't it?

(A) He's a member of the board.

(B) You're right—it needs to be replaced.

(C) I prefer working in the mornings.

저 복사기 고장이죠?

(A) 그는 이사회 일원이에요.

(B) 맞아요. 교체해야 해요.

(C) 저는 오전에 일하는 게 더 좋아요.

해설 | 고장 여부를 확인하는 부가 의문문

(A) **인칭 오류 오답**: 질문과 관련 없는 제3자 He로 답변하고 있다.

(B) **정답**: 복사기의 고장 여부를 확인하는 질문에 먼저 You're right로 긍정 응답을 한 후, 교체해야 한다(it needs to be replaced)고 부연 설명하고 있으므로 정답이다.

(C) **관련 없는 오답**: 질문과 상관없는 답변을 제시하고 있다.

어휘 | photocopy machine 복사기 **board** 이사회 **replace** 교체하다

3 You drive to work every day, don't you?

(A) Yes, I take the bus.

(B) I'm a research worker.

(C) Only occasionally.

매일 자가용으로 출근하죠, 그렇지 않나요?

(A) 네, 저는 버스를 타요.

(B) 저는 연구원이에요.

(C) 가끔만요.

해설 | 사실을 확인하는 부가 의문문

(A) **Yes/No를 혼동하여 쓴 오답**: No가 와야 뒤에 오는 말과 논리적으로 부합된다.

(B) **유사 발음 오답**: 일부 발음이 동일한 두 단어 work와 worker를 이용한 오답이다.

(C) **정답**: 출근을 자가용으로 하는지 확인하는 질문에 Yes는 생략하고 빈도(가끔)를 말하면서 잘 답변한 정답이다.

어휘 | drive to work 자가용으로 출근하다 **research** 연구, 조사 **occasionally** 가끔

4 We can't use this room, can we?

(A) She's in the living room.

(B) I'm afraid it's already reserved.

(C) No, it's sold out.

우리는 이 방을 사용할 수 없죠, 그렇죠?

(A) 그녀는 거실에 있어요.

(B) 유감스럽게도 이미 예약되었어요.

(C) 아니요, 그것은 매진되었어요.

해설 | 사용 가능 여부를 확인하는 부가 의문문

(A) **인칭 오류·단어 반복 오답**: We에 관한 대화에서 관련 없는 제3자인 She로 답변하고, 질문의 room을 반복 이용한 오답이다.

(B) **정답**: 방의 사용 가능 여부를 확인하는 질문에, 유감을 뜻하는 'I'm afraid ~'로 사용할 수 없다는 뜻을 잘 나타낸 답변이다.

(C) **관련 없는 오답**: 물건이나 입장권 등이 매진되었을 때 사용하는 표현인 sold out을 사용한 오답이다. 방을 예약할 때는 동사 reserve나 book을 써야 한다.

어휘 | reserve 예약하다, (자리 등을) 따로 잡아두다 be sold out 매진되다, 다 팔리다

5 You're meeting Monica tomorrow, aren't you?
(A) She hasn't confirmed it yet.
(B) No, we didn't.
(C) Yes, it's more reliable.

내일 모니카를 만날 거죠, 그렇죠?
(A) 그녀가 아직 확실히 알려 주지 않았어요.
(B) 아니요, 우리는 하지 않았어요.
(C) 네, 그것이 더 믿을 만하네요.

해설 | 일정을 확인하는 부가 의문문
(A) **정답**: 일정을 확인하는 질문에 대해 '아직 상대가 확답하지 않았다'고 대답하고 있으므로 정답이다.
(B) 시제 오류 오답: 내일 일정을 묻고 있으므로, 미래 시제(No, we won't.)로 답해야 적절하다.
(C) 관련 없는 오답: 부가 의문문에 Yes로 답할 수 있으나, 이어지는 내용이 어울리지 않아 오답이다.

어휘 | confirm 확인해 주다, 사실임을 보여 주다 reliable 믿을 수 있는

● 실전 도움닫기

본책 p.056

1 (C) **2** (B) **3** (C) **4** (B) **5** (B)

1 My car will be ready today, won't it?
(A) I read it yesterday.
(B) All new tires.
(C) It depends on how busy we are.

제 차가 오늘 준비되겠죠, 그렇죠?
(A) 전 어제 읽었어요.
(B) 모두 새 타이어예요.
(C) 저희가 얼마나 바쁜지에 달려 있어요.

해설 | 준비 여부를 확인하는 부가 의문문
(A) 유사 발음 오답: 질문의 ready와 발음이 유사한 read it을 이용한 오답이다.
(B) 연상 작용 오답: 질문의 car에서 연상 가능한 tires를 이용한 오답이다.
(C) **정답**: 차의 준비 여부를 확인하는 질문에, '얼마나 바쁜지에 달려 있다'고 대답하고 있으므로 정답이다.

어휘 | depend on ~에 달려 있다

2 Didn't you see Tony Flynn's presentation?
(A) It was a lovely gift.
(B) Unfortunately, I arrived too late.
(C) Try sitting somewhere else.

토니 플린 씨의 발표를 보지 않았나요?
(A) 그것은 아주 좋은 선물이었어요.
(B) **유감스럽게도, 저는 너무 늦게 도착했어요.**
(C) 다른 곳에 한번 앉아 보세요.

해설 | 발표를 봤는지 확인하는 부정 의문문
(A) 연상 작용 오답: 의미상 동일한 두 단어 present(선물)와 gift(선물)를 이용한 오답이다. present는 등장하지 않으나 presentation에서 일부 발음이 동일한 present를 연상할 수 있다.
(B) **정답**: 발표를 봤는지 확인하는 질문에 보지 못한 이유(arrived too late)를 제시하여 잘 답변한 정답이다.
(C) 연상 작용 오답: 의미상 연결이 가능한 두 단어 presentation (발표)과 sitting(자리에 앉다)을 이용한 오답이다.

어휘 | lovely 사랑스러운, 멋진 unfortunately 유감스럽게도, 불행히도 try -ing 시험 삼아 ~해보다 cf. try to do ~하려고 애쓰다

3 You don't need to use the copier now, do you?
(A) Yes, this is good coffee.
(B) I already have some, thanks.
(C) No, I just finished with it.

지금 복사기 쓸 일 없죠, 그렇죠?
(A) 네, 이 커피 맛있네요.
(B) 이미 몇 개 가지고 있어요, 고마워요.
(C) **없어요. 방금 다 끝냈어요.**

해설 | 상대방의 동의를 구하는 부가 의문문
(A) 유사 발음 오답: 질문의 copier와 발음이 유사한 coffee를 사용한 오답이다.
(B) 관련 없는 오답: 질문 내용과 관련 없는 대답이다.
(C) **정답**: 지금 복사기(copier)를 쓰지 않을 거냐고 묻는 질문에 방금 복사를 끝냈다(I just finished)고 말하고 있다.

어휘 | copier 복사기 finish 끝마치다

4 Shouldn't we distribute these brochures?
(A) Black and white's fine.
(B) Not until more people get here.
(C) Martin designed them.

이 소책자를 나눠 줘야 하지 않을까요?
(A) 흑백이 좋아요.
(B) **더 많은 사람들이 여기에 오면요.**
(C) 마틴이 그것을 디자인했어요.

해설 | 제안의 부정 의문문
(A) 연상 작용 오답: 질문의 brochure에서 연상 가능한 black and white를 이용한 오답이다.
(B) **정답**: 소책자를 나눠 줘야 하지 않느냐는 질문에 사람들이 더 모이면 나눠 주자고 하므로 정답이다.
(C) 연상 작용 오답: 질문의 brochures에서 연상 가능한 designed를 이용한 오답이다.

어휘 | distribute 나눠 주다 brochure 소책자

5 That building's still under construction, isn't it?
(A) Maybe the site manager.
(B) Yes, it's due to be finished in October.
(C) Yes, it's on level six.

그 건물은 여전히 공사 중인 거죠, 그렇죠?
(A) 아마 현장 소장일 거예요.
(B) **네, 10월 완공 예정이에요.**
(C) 네, 6층에요.

해설 | **공사 진행 여부를 확인하는 부가 의문문**
(A) **연상 작용 오답:** 질문의 construction에서 연상 가능한 site manager를 이용한 오답이다.
(B) **정답:** 공사가 여전히 진행 중인지 확인하는 질문에 Yes라는 긍정적인 응답을 한 후, 10월에 완공 예정이다(it's due to be finished in October)라며 상황에 적합한 부연 설명을 하고 있으므로 정답이다.
(C) **연상 작용 오답:** 질문의 building에서 연상 가능한 level을 이용한 오답이다.

어휘 | under construction 공사 중인 site manager 현장 소장 be due to ~할 예정이다 level 층

● ETS 실전문제   본책 p.057

1 (C)	2 (C)	3 (A)	4 (A)	5 (C)
6 (B)	7 (B)	8 (B)	9 (C)	10 (B)
11 (A)	12 (A)	13 (A)	14 (C)	15 (B)
16 (A)	17 (B)	18 (B)	19 (C)	20 (B)
21 (A)	22 (A)	23 (B)	24 (B)	25 (C)

1 The lights will be replaced, won't they?
(A) A lighter workload.
(B) The supply cabinet.
(C) Yes, I'll take care of it.

전등들을 교체할 거죠, 그렇죠?
(A) 업무량이 더 적어요.
(B) 비품 캐비닛이에요.
(C) **네, 제가 처리할게요.**

해설 | **전등 교체 여부를 확인하는 부가 의문문**
(A) **다의어 오답:** 질문의 lights(전등)와 다른 의미로 쓰인 lighter(더 가벼운)를 이용한 오답이다.
(B) **관련 없는 오답:** 전등 교체 여부에 대한 질문과는 어울리지 않는 장소 관련 답변이다.
(C) **정답:** 전등이 교체될 것인지 확인하는 질문에 대해 먼저 Yes로 긍정 답변을 한 후, 내가 그 일을 처리하겠다(I'll take care of it)고 부연 설명한 것이므로 정답이다.

어휘 | replace 교체하다 workload 업무량, 작업량 take care of ~을 처리하다

2 Didn't you send out the invitations already?
(A) I'd love to, thanks.
(B) The last meeting of the year.
(C) No, I'm doing it now.

초대장을 벌써 발송하지 않았나요?
(A) 그럴게요, 고마워요.
(B) 올해 마지막 회의예요.
(C) **아니요, 지금 하고 있어요.**

해설 | **사실을 확인하는 부정 의문문**
(A) **연상 작용 오답:** 의미상 연결이 가능한 두 표현 invitations (초대장)과 I'd love to, thanks.(그럴게요, 고마워요)를 이용해서 혼동을 유발하는 오답이다.

(B) **관련 없는 오답:** 질문과 상관없는 답변이다.
(C) **정답:** 부정 의문문에 대한 답변은 긍정이면 Yes, 부정이면 No로 대답한다. No로 부정한 후, 지금 하고 있다고 덧붙이고 있으므로 정답이다.

어휘 | send out 발송하다 invitation 초대(장)

3 Haven't you already been to that exhibition?
(A) I didn't see everything last time.
(B) No, I put it in the bin.
(C) I'd like to visit Egypt.

그 전시회에 이미 가보지 않았나요?
(A) **지난번에 전부 다 보지 못했어요.**
(B) 아니요, 쓰레기통에 그것을 넣었어요.
(C) 저는 이집트를 방문하고 싶어요.

해설 | **사실을 확인하는 부정 의문문**
(A) **정답:** 전시회에 가봤는지 확인하는 질문에 Yes를 생략하고, (가봤지만) 다 관람하지는 못했다는 추가 정보로 잘 답변한 정답이다.
(B) **유사 발음 오답:** 질문의 been과 발음이 유사한 bin을 이용한 오답이다.
(C) **연상 작용 오답:** 의미상 연결이 가능한 두 표현 have been to와 visit을 이용한 오답이다.

어휘 | exhibition 전시회, 전시 bin 통, 쓰레기통

4 Shouldn't we purchase more ink for the printer?
(A) It is getting low, isn't it?
(B) On the bottom of each page.
(C) She put them in alphabetical order.

프린터용 잉크를 더 사야 하지 않을까요?
(A) **점점 줄어들고 있어요, 그렇죠?**
(B) 각 페이지 하단에요.
(C) 그녀는 그것들을 알파벳순으로 배열했어요.

해설 | **제안하는 부정 의문문**
(A) **정답:** 잉크를 더 구입해야 하는지 제안하는 질문에 Yes를 생략하고, 점점 줄어들고 있다고 확인하며 제안에 동의하고 있다.
(B) **연상 작용 오답:** 질문의 printer에서 연상 가능한 page를 이용한 오답이다.
(C) **인칭 오류 오답:** 질문과 관련 없는 제3자 She로 답변하고 있다.

어휘 | purchase 사다 order 순서

5 You'll be recruiting new employees at the convention, right?
(A) A series of workshops.
(B) No, you turn left.
(C) Yes, we're planning to.

컨벤션에서 신입사원을 모집하시는 거죠, 그렇죠?
(A) 일련의 워크숍이에요.
(B) 아니요, 좌회전하세요.
(C) **네, 그럴 생각이에요.**

해설 | **모집 계획을 확인하는 부가 의문문**
(A) **연상 작용 오답:** 질문의 employees와 convention에서 연상 가능한 workshops를 사용한 오답이다.

(B) 다의어·연상 작용 오답: 질문의 right를 품사와 의미가 다른
부사 right(오른쪽으로)로 연상한 후, right에서 연상 가능한
left를 사용한 오답이다.

(C) 정답: 컨벤션에서 신입사원을 모집할 것인지를 확인하는 질문에
그럴 생각이라고 잘 답변한 정답이다.

어휘 | recruit 모집하다

6 There's a bank on Delmont Street, isn't there?
(A) John was planning to.
(B) Yes, near the electronics store.
(C) To deposit some money.

델몬트 가에 은행이 하나 있죠, 그렇지 않나요?
(A) 존이 하려 했어요.
(B) 네, 전자제품 매장 근처에요.
(C) 돈을 좀 예금하려고요.

해설 | **은행 위치를 확인하는 부가 의문문**
(A) 관련 없는 오답: Who 의문문에 가능한 답변이다.
(B) 정답: 은행의 위치를 확인하는 질문에 Yes로 답한 뒤, 추가
정보까지 제시하며 잘 답변한 정답이다.
(C) 관련 없는 오답: <to + 동사원형(~하기 위해서)>은 이유를 묻는
Why 의문문에 대답으로 적절한 표현이다.

어휘 | plan to ~할 계획이다 electronics store 전자제품 매장
deposit 예금하다, 예치하다

7 The art museum is open late tonight, isn't it?
(A) Several new exhibitions.
(B) No, only on Fridays.
(C) I don't think it's far away.

미술관은 오늘 밤 늦게까지 문을 열죠, 그렇죠?
(A) 몇 개의 새로운 전시회예요.
(B) 아니요, 금요일만요.
(C) 멀지 않은 것 같아요.

해설 | **문을 여는지 확인하는 부가 의문문**
(A) 연상 작용 오답: 질문의 museum에서 연상 가능한
exhibitions를 이용한 오답이다.
(B) 정답: 오늘밤 늦게까지 미술관이 문을 여는지 확인하는 질문에
부정하면서 금요일만이라는 추가 정보를 제시하고 있다.
(C) 관련 없는 오답: 질문과 상관없는 답변을 제시하고 있다.

어휘 | exhibition 전시(회)

8 Can't this document be printed on one page?
(A) Yes, a lot of paper.
(B) No, it's too long.
(C) Please print your name.

이 문서를 한 페이지에 출력할 수 없나요?
(A) 네, 종이가 많아요.
(B) 아니요, 너무 길어요.
(C) 이름을 써 주세요.

해설 | **요청의 부정 의문문**
(A) 유사 발음 오답: 질문의 page와 부분적으로 발음이 유사한
paper를 이용한 오답이다.

(B) 정답: No라고 대답한 후에, 너무 길다(it's too long)는 말로 한
페이지에 출력할 수 없는 이유를 말하고 있다.
(C) 단어 반복 오답: 질문의 print를 반복 이용한 오답이다.

어휘 | document 문서 a lot of 많은 print (활자체로) 쓰다

9 You'll be setting up the product display in the
store, won't you?
(A) Let's sit together.
(B) Organic skin-care products.
(C) Yes, later today.

매장에 상품 진열을 배치하실 거죠, 그렇죠?
(A) 같이 앉아요.
(B) 유기농 스킨케어 제품들이에요.
(C) 네, 오늘 이따가요.

해설 | **계획을 확인하는 부가 의문문**
(A) 유사 발음 오답: 질문의 setting과 부분적으로 발음이 유사한
sit을 이용한 오답이다.
(B) 단어 반복 오답: 질문의 product를 반복 이용한 오답이다.
(C) 정답: 매장에 상품 진열을 배치할지 확인하는 질문에 Yes라는
긍정적인 응답을 한 후, 오늘 이따가라며 상황에 적합한 부연
설명을 하고 있으므로 정답이다.

어휘 | set up 배치하다 organic 유기농의

10 Haven't you seen the results of the customer
surveys?
(A) Several months of research.
(B) Why, was there a problem?
(C) Please call customer service for help.

고객 설문조사 결과를 못 보셨나요?
(A) 수개월간의 연구예요.
(B) 왜요, 문제가 있었나요?
(C) 고객 서비스에 전화해 도움을 받으세요.

해설 | **결과를 봤는지 확인하는 부정 의문문**
(A) 연상 작용 오답: 질문의 results와 surveys에서 연상 가능한
research를 이용한 오답이다.
(B) 정답: 설문조사 결과를 봤는지 확인하는 질문에 문제가 있었는지
되묻고 있다.
(C) 단어 반복 오답: 질문의 customer를 그대로 반복 이용한
오답이다.

어휘 | survey (설문)조사 research 연구

11 Don't you think we should take a short break?
(A) OK, but just ten minutes.
(B) He can fix it.
(C) It's pretty tall.

우리 잠깐 쉬어야 할 것 같지 않아요?
(A) 좋아요, 하지만 딱 10분만요.
(B) 그가 고칠 수 있어요.
(C) 이것은 꽤 높아요.

해설 | **의견을 묻는 부정 의문문**
(A) 정답: 잠깐 쉬자는 제안에 대해 먼저 수락을 한 후, 휴식 시간으로
ten minutes를 언급하고 있다.

(B) **연상 작용 오답:** 질문의 break를 '고장나다'로 생각할 때 연상 가능한 fix를 사용한 오답이다.

(C) **연상 작용 오답:** 질문의 short에서 반의어로 연상 가능한 tall을 사용한 오답이다.

어휘 | break 휴식 fix 고치다, 수리하다 pretty 꽤, 매우

12 The new interns have had a tour of the facilities, haven't they?

(A) I believe they just finished.

(B) A map of the city center.

(C) Pick up your name tag here.

새로 온 인턴들이 시설을 둘러봤죠, 그렇죠?

(A) 제 생각에 막 끝낸 것 같아요.

(B) 도심 지도예요.

(C) 여기 명찰 가져가세요.

해설 | **사실을 확인하는 부가 의문문**

(A) **정답:** 신입 인턴들이 시설을 둘러봤는지 확인하는 질문에 방금 끝냈을 것(I believe they just finished.)이라고 말하고 있다.

(B) **연상 작용 오답:** tour에서 연상 가능한 map과 city를 사용한 오답이다.

(C) **관련 없는 오답:** 질문과 상관없는 답변이다.

어휘 | facility 시설

13 Didn't we go over the building specifications already?

(A) We should do it again now that everyone's here.

(B) He only designs large office buildings.

(C) It was working yesterday.

설계 명세서는 이미 검토하지 않았나요?

(A) 모두 왔으니 다시 해야죠.

(B) 그는 대형 사무용 빌딩만 설계해요.

(C) 어제는 작동하고 있었어요.

해설 | **검토 여부를 확인하는 부정 의문문**

(A) **정답:** 설계 명세서를 이미 검토하지 않았는지 묻는 질문에 Yes를 생략하고 모두 모였으니 다시 해야 한다며 잘 답변한 정답이다.

(B) **단어 반복 오답:** 질문의 building을 반복 이용한 오답이다.

(C) **인칭 오류 오답:** 질문의 주어가 we인데 보기의 주어는 It이므로 논리적으로 맞지 않다.

어휘 | building specification 설계 명세서

14 You have my eyeglass prescription on file here, don't you?

(A) No thanks, I have some.

(B) That's a good description.

(C) Yes, but it's from last year.

여기서 제 안경 처방전 파일을 갖고 계시죠, 그렇죠?

(A) 사양할게요, 저한테 좀 있어요.

(B) 잘 설명했어요.

(C) 네, 하지만 작년 거예요.

해설 | **처방전 소유 여부를 확인하는 부가 의문문**

(A) **단어 반복 오답:** 질문의 have를 그대로 반복 이용한 오답이다.

(B) **유사 발음 오답:** 질문의 prescription과 부분적으로 발음이 동일한 description을 이용한 오답이다.

(C) **정답:** 안경 처방전 파일을 가지고 있는지 확인하는 질문에 가지고 있지만 작년 것(it's from last year)이라고 했으므로 정답이다.

어휘 | prescription 처방전 description 설명

15 Hasn't your relocation to Beijing been delayed?

(A) I can locate it for you.

(B) Not that I've heard.

(C) It's quite close to here.

베이징 이전이 지연되지 않았나요?

(A) 제가 찾아드릴게요.

(B) 제가 들은 바로는 아니에요.

(C) 여기서 꽤 가까워요.

해설 | **사실을 확인하는 부정 의문문**

(A) **유사 발음 오답:** 질문의 relocation과 부분적으로 발음이 유사한 locate를 이용한 오답이다.

(B) **정답:** 베이징 이전이 지연되었는지 확인하는 질문에 '제가 들은 바로는 아니에요'라는 대답은 자연스러운 연결이므로 정답이다.

(C) **관련 없는 오답:** 이전이 지연되었는지 확인하는 질문과는 의미상 어울리지 않는다.

어휘 | relocation 이전 locate 찾다

16 You made extra copies of the agenda, didn't you?

(A) Oh, but I forgot to bring them.

(B) Thanks for doing that.

(C) No, the exit's on the left.

그 안건을 여분으로 복사했죠, 그렇죠?

(A) 아, 그런데 깜박 잊고 안 가져왔어요.

(B) 그렇게 해주셔서 고마워요.

(C) 아니요, 출구는 왼쪽에 있어요.

해설 | **추가 복사 여부를 확인하는 부가 의문문**

(A) **정답:** 안건을 여분으로 복사했는지 확인하는 질문에 복사를 했지만 가져오는 걸 잊었다(I forgot to bring them)고 했으므로 정답이다.

(B) **관련 없는 오답:** 여분의 복사를 했는지 확인하는 질문에 감사 인사를 하는 것은 전혀 관련이 없는 대답이다.

(C) **유사 발음 오답:** 질문의 extra와 발음이 비슷한 exit을 이용한 오답이다.

어휘 | make a copy of ~을 복사하다 agenda 안건, 의제 forget 잊다 exit 출구 on the left 왼쪽에

17 Don't you want to attend the tourism trade fair this year?

(A) A family holiday.

(B) I do, but I'm busy.

(C) There were many attendees.

올해 관광무역박람회에 참가하고 싶지 않으세요?
(A) 가족 휴가예요.
(B) 그렇긴 한데, 바쁘네요.
(C) 참석자가 많았어요.

해설 | 참가하고 싶은지 확인하는 부정 의문문
(A) **연상 작용 오답:** 질문의 tourism에서 연상 가능한 holiday를 이용한 오답이다.
(B) **정답:** 올해 관광무역박람회에 참석하고 싶지 않은지 묻는 질문에 참석을 원하지만 바쁘다며 참석하지 못하는 이유를 대며 잘 답변한 정답이다.
(C) **파생어 오답:** 질문의 attend와 파생어 관계인 attendees를 사용한 오답이다.

어휘 | tourism 관광 trade fair 무역박람회 attendee 참석자

18 Aren't you attending the employee awards ceremony tomorrow?
(A) The position has been filled.
(B) That event's next week.
(C) Two hundred people attended.

내일 직원 시상식에 참석 안 하시나요?
(A) 그 자리는 충원되었어요.
(B) 그 행사는 다음 주예요.
(C) 200명이 참석했어요.

해설 | 시상식 참석을 확인하는 부정 의문문
(A) **연상 작용 오답:** 질문의 employee에서 연상 가능한 position을 이용한 오답이다.
(B) **정답:** 내일 시상식에 참석할 것인지 묻는 질문에 시상식은 다음 주라고 정보를 제공하며 잘 답변한 정답이다.
(C) **단어 반복 오답:** 질문의 attend를 반복 이용한 오답이다.

어휘 | awards ceremony 시상식 fill (공석에) 충원하다

19 You returned the merchandise at the checkout counter, didn't you?
(A) I counted them twice.
(B) I turned it on this morning.
(C) No, I had to speak with the manager.

계산대에서 제품을 반품하셨죠, 그렇죠?
(A) 제가 두 번 셌어요.
(B) 제가 오늘 아침에 켰어요.
(C) 아니요, 매니저와 얘기해야 했어요.

해설 | 반품 여부를 확인하는 부가 의문문
(A) **파생어 오답:** 질문의 counter와 파생어 관계인 counted를 사용한 오답이다.
(B) **유사 발음 오답:** 질문의 returned와 부분적으로 발음이 동일한 turned를 이용한 오답이다.
(C) **정답:** 제품을 반품했는지 확인하는 질문에 대해 먼저 No로 부정 답변을 한 후, 매니저와 얘기해야 했다(I had to speak with the manager)며 이유를 제시하고 있으므로 정답이다.

어휘 | merchandise 제품 checkout counter 계산대

20 Doesn't Luis work at the Prague branch?
(A) To the sales manager.
(B) Yes, since September.
(C) I'll find it later.

루이스는 프라하 지사에서 일하지 않나요?
(A) 영업부장에게요.
(B) 네, 9월부터요.
(C) 제가 나중에 찾아볼게요.

해설 | 사실을 확인하는 부정 의문문
(A) **연상 작용 오답:** 질문의 work와 branch에서 연상 가능한 sales manager를 사용한 오답이다.
(B) **정답:** 루이스가 프라하 지사에서 일하지 않느냐는 질문에 Yes라고 답한 후 9월부터라는 추가정보를 덧붙이고 있다.
(C) **인칭 오류 오답:** 질문의 주어가 Luis인데 보기의 주어는 I이므로 논리적으로 맞지 않다.

21 We've just ordered several new fax machines, haven't we?
(A) Yes, we should get them tomorrow.
(B) They should be in alphabetical order.
(C) The facts I reported were correct.

우리가 새로운 팩스기 몇 대를 주문했죠, 그렇죠?
(A) 네, 내일 그것들을 받게 될 거예요.
(B) 그것들은 알파벳 순서대로 돼 있어야 해요.
(C) 제가 보고한 사실들은 정확했어요.

해설 | 주문 여부를 확인하는 부가 의문문
(A) **정답:** 주문했는지 확인하는 질문에 Yes로 답한 뒤, 내일 받을 것이라는 부가 정보도 제공하며 잘 답변한 정답이다.
(B) **다의어 오답:** 서로 다른 의미의 order를 반복 이용한 오답이다. 질문의 order는 '주문하다'라는 동사이고, 보기의 order는 '순서'라는 명사이다.
(C) **유사 발음 오답:** 질문의 fax와 발음이 비슷한 facts를 사용해 혼동을 유발하는 오답이다.

어휘 | in alphabetical order 알파벳 순서로 correct 정확한

22 They haven't finished repairing Atley Street yet, have they?
(A) No, it's still closed to traffic.
(B) An old pair of shoes.
(C) May I have another?

그들은 아직 애틀리 가 보수를 끝내지 않았죠, 그렇죠?
(A) 네, 아직 교통이 통제되고 있어요.
(B) 낡은 신발 한 켤레요.
(C) 하나 더 주시겠어요?

해설 | 보수 완료를 확인하는 부가 의문문
(A) **정답:** 애틀리 가 보수를 끝냈는지 확인하는 질문에 대해 먼저 No로 부정 답변을 한 후, 교통이 아직 통제되고 있다(it's still closed to traffic)고 부연 설명한 것이므로 정답이다.
(B) **유사 발음 오답:** 질문의 repairing과 부분적으로 발음이 동일한 pair를 이용한 오답이다.
(C) **단어 반복 오답:** 질문의 have를 그대로 반복 이용한 오답이다.

어휘 | repair 보수하다

23 Haven't you been in contact with the landscaping company?
(A) By the garden.
(B) I'm waiting for a response.
(C) Yes, I wear contact lenses.

조경 회사와 연락하고 있지 않나요?
(A) 정원 옆이요.
(B) 대답을 기다리고 있어요.
(C) 네, 전 콘택트렌즈를 껴요.

해설 | 회사와의 연락을 확인하는 부정 의문문
(A) **연상 작용 오답:** 질문의 landscaping에서 연상 가능한 garden을 이용한 오답이다.
(B) **정답:** 조경 회사와의 연락을 확인하는 질문에 '대답을 기다리고 있다'고 현재 상황을 설명하며 간접적으로 대답하고 있다.
(C) **다의어 오답:** 서로 다른 의미의 contact를 반복 이용한 오답이다. 질문의 contact는 '연락'이라는 뜻이고, 보기의 contact는 lenses와 결합하여 '콘택트렌즈'라는 뜻이다.

어휘 | in contact with ~와 연락하는 landscaping 조경 response 대답, 응답

24 The hotel has a wireless Internet connection, doesn't it?
(A) A reservation for two nights.
(B) Of course—and it's free for guests.
(C) On a connecting flight.

호텔에 무선 인터넷이 연결되어 있죠, 그렇죠?
(A) 2박 예약이요.
(B) 물론이죠—게다가 고객에게는 무료예요.
(C) 연결 비행편에서요.

해설 | 무선 인터넷 연결을 확인하는 부가 의문문
(A) **연상 작용 오답:** 의미상 연결이 가능한 두 표현 hotel(호텔)과 A reservation for two nights.(2박 예약이요)을 이용해서 혼동을 유발하는 오답이다.
(B) **정답:** 호텔에 무선 인터넷이 연결되어 있는지를 확인하는 질문에 Of course라는 긍정적인 응답을 한 후, 고객에게 무료이다(it's free for guests)라는 추가 정보를 제시하고 있으므로 정답이다.
(C) **파생어 오답:** 질문의 connection과 파생어 관계인 connecting을 사용한 오답이다.

어휘 | connection 연결 reservation 예약

25 Wasn't that new bridge supposed to be open by now?
(A) I believe she's on vacation.
(B) The keys should be in Ms. Hallibeck's office.
(C) The construction was delayed because of bad weather.

새로 생긴 다리는 지금쯤 개통되는 거 아니었나요?
(A) 그녀는 휴가 중일 거예요.
(B) 열쇠는 할리벡 씨 사무실에 있을 거예요.
(C) 기상 악화로 공사가 지연되었어요.

해설 | 확인 또는 동의를 구하는 부정 의문문
(A) **인칭 오류·시제 오류 오답:** 질문에 she가 가리킬 만한 대상이 나오지 않으며, 시제도 맞지 않는다.
(B) **연상 작용 오답:** 질문의 open에서 연상 가능한 keys를 이용한 오답이다.
(C) **정답:** 새로 생긴 다리가 개통되는 게 아니었는지 확인하는 질문에 No를 생략하고 기상 악화로 공사가 지연되었다며 개통되지 않은 이유를 제시하고 있으므로 정답이다.

어휘 | be supposed to ~하기로 되어 있다 construction 공사 delay 연기하다

Unit 08 요청·제안 의문문 / 평서문

① 요청·제안 의문문
ETS 유형 연습

1 (A)	**2** (A)	**3** (C)	**4** (B)	**5** (B)

1 Could I borrow your scissors for a minute?
(A) Of course—here you go.
(B) It was a great event.
(C) The clock is on the wall.

잠깐 가위 좀 빌려도 될까요?
(A) 물론이죠. 여기요.
(B) 정말 멋진 행사였어요.
(C) 시계는 벽에 있어요.

해설 | 요청을 나타내는 조동사(Could) 의문문
(A) **정답:** 요청하는 질문에 Of course로 수락한다는 긍정의 의미를 전달한 후 실행에 옮기고 있다.
(B) **관련 없는 오답:** 요청하는 질문과는 의미상 어울리지 않는다.
(C) **연상 작용 오답:** 질문의 minute에서 연상 가능한 clock을 이용한 오답이다.

어휘 | borrow 빌리다

2 Would you mind taking notes for me at the seminar?
(A) I wasn't planning on going.
(B) Thanks, I'll sit here instead.
(C) As soon as you can.

저를 위해 세미나에서 메모해 주시겠어요?
(A) 전 갈 계획이 없었어요.
(B) 고마워요, 전 대신 여기 앉을게요.
(C) 될 수 있는 대로 빨리요.

해설 | 요청을 나타내는 Would you mind 의문문
(A) **정답:** 세미나에서 메모해 주겠냐는 요청에 갈 계획이 없었다며 거절하고 있다.
(B) **관련 없는 오답:** 질문과 상관없는 답변을 제시하고 있다.
(C) **관련 없는 오답:** 기한을 묻는 질문에 가능한 답변이다.

3 Can I borrow a hammer?
   (A) The bank just closed.
   (B) Two cans of tomato soup, please.
   (C) I left my tools at home.

망치 좀 빌릴 수 있을까요?
(A) 은행이 방금 문을 닫았어요.
(B) 토마토 수프 두 캔 주세요.
(C) 연장을 집에 두고 왔어요.

해설 | 요청을 나타내는 조동사(Can) 의문문
(A) **연상 작용 오답:** 질문의 borrow에서 연상 가능한 bank를 이용한 오답이다.
(B) **단어 반복·다의어 오답:** 질문의 can을 반복 이용한 오답으로, 질문의 Can은 '할 수 있다'라는 뜻의 조동사이고, 보기의 cans는 '통조림, 캔'이라는 뜻의 명사이다.
(C) **정답:** 망치를 빌릴 수 있을지에 대해 연장을 집에 두고 왔다며 우회적으로 부정의 의미를 전달하고 있다.

어휘 | tool 연장

4 Why don't we have pizza for dinner?
   (A) Yes, it's peaceful tonight.
   (B) OK, that sounds good.
   (C) She's in the kitchen.

저녁으로 피자 먹는 게 어때요?
(A) 네, 오늘 밤은 평화롭네요.
(B) 네, 그거 좋네요.
(C) 그녀는 주방에 있어요.

해설 | 제안을 나타내는 Why don't we 의문문
(A) **연상 작용 오답:** 의미상 연결이 가능한 두 단어 dinner와 tonight을 이용한 오답이다.
(B) **정답:** 저녁 메뉴 제안에 동의를 나타내는 OK(좋다)로 잘 답변한 정답이다.
(C) **인칭 오류·연상 작용 오답:** 질문의 주어(we)와 불일치하는 She로 답하고, 의미상 연결이 가능한 두 단어 dinner와 kitchen을 이용한 오답이다.

어휘 | have A for dinner 저녁으로 A를 먹다 peaceful 평화로운, 고요한

5 Why don't you join us for dinner tonight?
   (A) No, they haven't yet.
   (B) Thanks, but I have other plans.
   (C) To attach some new parts.

오늘 밤 우리랑 같이 저녁 식사 하는 게 어때요?
(A) 아니요, 그들은 아직 안 했어요.
(B) 고맙지만 다른 계획이 있어요.
(C) 새 부품들을 붙이기 위해서요.

해설 | 제안을 나타내는 Why don't you 의문문
(A) **인칭 오류·시제 오류 오답:** 질문의 주어가 you인데 보기의 주어는 they이므로 논리적으로 맞지 않으며, 시제도 맞지 않다.
(B) **정답:** 저녁 식사를 함께 하자는 제안에 다른 계획(other plans)이 있다며 거절하고 있다.
(C) **관련 없는 오답:** 질문 내용과 관련 없는 대답이다.

어휘 | plan 계획 attach 붙이다 part 부품

---

② 평서문

ETS 유형 연습

1 (A)	**2** (B)	**3** (B)	**4** (C)	**5** (B)

1 I just bought a new telephone.
   (A) How do you like it?
   (B) A twenty percent discount.
   (C) I haven't called yet.

저는 막 새 전화기를 샀어요.
(A) 어때요?
(B) 20퍼센트 할인이오.
(C) 저는 아직 전화하지 않았어요.

해설 | 사실을 전달하는 평서문
(A) **정답:** 새 물건을 구매했다는 말에, 물건에 대한 의견을 물음으로써 잘 답변한 정답이다.
(B) **연상 작용 오답:** 의미상 연결이 가능한 두 단어 bought와 discount를 이용한 오답이다.
(C) **연상 작용 오답:** 의미상 연결이 가능한 두 단어 telephone과 called를 이용한 오답이다.

2 I really enjoyed the jazz festival last weekend.
   (A) Tickets will be available online.
   (B) There were so many great musicians.
   (C) We probably won't be able to.

지난 주말 재즈 축제 정말 즐거웠어요.
(A) 티켓은 온라인에서 구할 수 있어요.
(B) 훌륭한 음악가들이 아주 많았어요.
(C) 우리는 아마 할 수 없을 거예요.

해설 | 의견을 전달하는 평서문
(A) **연상 작용 오답:** 평서문의 festival에서 연상 가능한 Tickets를 이용한 오답이다.
(B) **정답:** 재즈 축제가 즐거웠다는 의견에 훌륭한 음악가들이 많았다며 동조하는 의견을 제시하여 잘 답변한 정답이다.
(C) **인칭 오류·시제 오류 오답:** 주어로 We는 맞지 않으며 시제도 미래 시제이므로 평서문(enjoyed)과 일치하지 않는다.

어휘 | available 구할 수 있는 be able to ~할 수 있다

3 Let's take a break for a few minutes.
   (A) I took care of a few.
   (B) I wish I could.
   (C) No, I didn't break it.

우리 몇 분만 휴식을 취하죠.
(A) 저는 몇 가지 일을 처리했어요.
(B) 할 수만 있다면 그러고 싶어요.
(C) 아니요, 제가 고장내지 않았어요.

해설 | 제안 사항을 전하는 평서문
(A) **단어 반복 오답:** 제안문의 a few를 반복 사용한 오답이다.
(B) **정답:** 휴식을 취하자는 제안에 상황상 할 수 없다는 부정의 의미를 전달하고 있다. <I wish + 가정법> 구문은 '~했으면 좋겠는데'라는 뜻으로 현재의 사실에 반대되는 소망을 표현한다는 점에 유의한다.

LC

PART 2

(C) **단어 반복·다의어 오답**: 제안문의 break를 반복 이용한
　　오답으로, 제안문의 break는 '휴식'을, 보기의 break는
　　'고장내다'를 뜻한다.

어휘 | take a break 휴식을 취하다

4 You can store your luggage behind the hotel's
front desk.
(A) A reservation for two nights.
(B) I went shopping yesterday.
(C) Thanks–I appreciate it.

호텔 프런트 뒤에 짐을 보관할 수 있어요.
(A) 2박 예약이에요.
(B) 저는 어제 쇼핑하러 갔어요.
(C) 고마워요.

해설 | 정보를 전달하는 평서문
(A) **연상 작용 오답**: 의미상 연결이 가능한 두 표현 hotel과
　　reservation for two nights를 이용해서 혼동을 유발하는
　　오답이다.
(B) **연상 작용 오답**: 평서문의 store를 '상점'으로 생각할 때 연상
　　가능한 shopping을 사용한 오답이다.
(C) **정답**: 호텔 프런트 뒤에 짐을 보관할 수 있다는 말에 고마움을
　　나타내며 잘 답변한 정답이다.

어휘 | luggage 짐 **reservation** 예약 **appreciate** 고마워하다

5 I didn't get a response to the job application
I submitted.
(A) An updated résumé.
(B) Maybe you should call the company.
(C) I think she's qualified.

입사지원서를 제출했는데 아직 답변이 없네요.
(A) 업데이트된 이력서예요.
(B) 회사에 전화해 보세요.
(C) 전 그녀가 적임자라고 생각해요.

해설 | 사실을 전달하는 평서문
(A) **연상 작용 오답**: 평서문의 job application에서 연상 가능한
　　résumé를 이용한 오답이다.
(B) **정답**: 입사지원서를 제출했는데 아직 답변이 없다는 말에,
　　회사에 전화해 보라고 제안하고 있다.
(C) **연상 작용 오답**: 의미상 연결이 가능한 두 표현 job
　　application(입사지원서)과 qualified(적임자인)를 이용해서
　　혼동을 유발하는 오답이다.

어휘 | response 답변 **application** 지원(서) **submit** 제출하다
qualified 적임의

● **실전 도움닫기**　　　　　　　　　　　본책 p.060
- -
1 (C)　**2** (A)　**3** (B)　**4** (B)　**5** (B)

1 My computer won't start.
(A) We began at six thirty.
(B) Yes, I want to be early.
(C) Maybe it's not plugged in.

컴퓨터가 안 켜져요.
(A) 우리는 6시 30분에 시작했어요.
(B) 네, 저는 일찍 도착하고 싶어요.
(C) 아마도 플러그가 안 꽂혀 있나 보죠.

해설 | 사실을 전달하는 평서문
(A) **연상 작용 오답**: 평서문의 start에서 연상 가능한 began을
　　사용한 오답이다.
(B) **유사 발음 오답**: 평서문의 won't와 발음이 비슷한 want를
　　사용한 오답이다.
(C) **정답**: 컴퓨터가 안 켜진다는 말에 가능할 법한 이유를 대고 있다.

어휘 | start 시작하다, (컴퓨터 등이) 켜지다 **plug in** 플러그를 꽂다

2 How about walking to the station?
(A) That's a good idea.
(B) During my work hours.
(C) Because it's summer.

역까지 걸어가는 게 어때요?
(A) 그거 좋은 생각이네요.
(B) 근무 시간 동안에요.
(C) 여름이기 때문이에요.

해설 | 제안을 나타내는 How about 의문문
(A) **정답**: 걸어가는 제안에 동의를 나타내는 good idea(좋은
　　생각이야)로 잘 답변한 정답이다.
(B) **유사 발음 및 관련 없는 오답**: 질문의 walk와 발음이 비슷한
　　work를 이용한 오답으로, When이나 How long 의문문에
　　어울리는 답변이다.
(C) **관련 없는 오답**: 이유를 묻는 Why 의문문에 어울리는 답변이다.

어휘 | work hours 근무 시간

3 There's some mail for you.
(A) Could you, please?
(B) Who's it from?
(C) They're busy.

당신 앞으로 우편물이 왔어요.
(A) 그렇게 해주시겠어요?
(B) 누구한테서 온 거예요?
(C) 그들은 바빠요.

해설 | 사실·정보를 전달하는 평서문
(A) **관련 없는 오답**: 질문 내용과 관련 없는 대답이다.
(B) **정답**: 우편물(mail)이 와 있다는 말에 누구한테서 온 것인지
　　되묻고 있다.
(C) **관련 없는 오답**: 질문 내용과 관련 없는 대답이다.

어휘 | mail 우편물

4 Would you help me pack these boxes?
(A) It was helpful.
(B) I'd be happy to.
(C) To the back.

이 상자들을 포장하는 것 좀 도와 주시겠어요?
(A) 도움이 되었어요.
(B) 기꺼이 도와 드리죠.
(C) 뒤로요.

해설 | 요청을 나타내는 Would you 의문문
(A) **파생어 오답:** 질문에 언급된 help의 파생어인 helpful을 이용한 오답이다.
(B) **정답:** 요청을 나타내는 Would you ~? 질문에, 수락을 나타내는 I'd be happy to(기꺼이 해드리죠)로 잘 답변한 정답이다.
(C) **관련 없는 오답:** 위치를 묻는 Where 의문문에 적절한 답변이다.

어휘 | pack 포장하다 helpful 도움이 되는, 유용한

5 Could you give me a ride to the airport?
(A) No, I didn't give him any.
(B) Sure, what time is your flight?
(C) About twenty minutes.

저 좀 공항까지 태워 주실 수 있나요?
(A) 아니요, 그에게 아무것도 주지 않았어요.
(B) 물론이죠, 몇 시 비행기죠?
(C) 20분쯤이오.

해설 | 요청을 나타내는 조동사(Could) 의문문
(A) **단어 반복 오답:** 질문의 give를 반복 사용한 오답이다.
(B) **정답:** 요청하는 질문에 수락한다는 긍정의 의미를 전달한 후 구체적인 내용을 되묻고 있다.
(C) **관련 없는 오답:** How long 의문문에 어울리는 대답이다.

어휘 | give a ride[lift] (탈것에) 태워 주다 flight 비행, 항공편

● ETS 실전문제
본책 p.061

1 (B)	**2** (A)	**3** (A)	**4** (B)	**5** (C)
6 (B)	**7** (C)	**8** (A)	**9** (B)	**10** (C)
11 (C)	**12** (C)	**13** (A)	**14** (A)	**15** (A)
16 (C)	**17** (C)	**18** (B)	**19** (B)	**20** (B)
21 (B)	**22** (A)	**23** (C)	**24** (B)	**25** (B)

1 I can't figure out this new e-mail software.
(A) At the post office.
(B) Me neither.
(C) He made a mistake.

전 이 새 이메일 소프트웨어를 이해할 수 없어요.
(A) 우체국에서요.
(B) 저도 마찬가지예요.
(C) 그가 실수했어요.

해설 | 도움을 요청하는 평서문
(A) **연상 작용 오답:** 평서문의 mail에서 연상 가능한 post office를 이용한 오답이다.
(B) **정답:** 새 이메일 소프트웨어를 이해할 수 없다는 말에, 자신도 마찬가지라고 도움을 줄 수 없음을 우회적으로 표현하고 있다.
(C) **인칭 오류 오답:** 관련 없는 제3자 He로 답변하고 있다.

어휘 | figure out 이해하다

2 Can you call me back before five P.M.?
(A) Yes, no problem.
(B) There are only four.
(C) It's in the back.

오후 5시 전에 제게 전화 주시겠어요?
(A) 네, 문제 없어요.
(B) 4개뿐이에요.
(C) 그것은 뒤에 있어요.

해설 | 요청을 나타내는 조동사(Can) 의문문
(A) **정답:** 요청에 긍정으로 자연스럽게 대답하고 있다.
(B) **연상 작용 오답:** 질문의 five에서 연상되는 four를 사용한 오답이다.
(C) **단어 반복 오답:** 질문의 back을 반복 사용한 오답이다.

어휘 | call A back A에게 다시 전화하다, 답신 전화를 하다

3 Our new marketing campaign was very successful.
(A) Give my congratulations to the team.
(B) My favorite market is nearby.
(C) No, by the end of the quarter.

우리 새 마케팅 캠페인은 대성공이었어요.
(A) 팀에게 제가 축하한다고 전해 주세요.
(B) 제가 가장 좋아하는 시장이 근처에 있어요.
(C) 아니요, 분기 말까지예요.

해설 | 의견을 전달하는 평서문
(A) **정답:** 새 마케팅 캠페인이 대성공이었다는 말에 대해 축하를 전해 달라고 잘 답변한 정답이다.
(B) **유사 발음 오답:** 평서문의 marketing과 일부 발음이 유사한 market을 사용한 오답이다.
(C) **관련 없는 오답:** 기간 관련 질문에 가능한 답변이다.

어휘 | successful 성공적인 favorite 가장 좋아하는 nearby 인근의 quarter 분기

4 Could you order some stationery with our new company logo?
(A) It's near the main station.
(B) Sure, how much do we need?
(C) In alphabetical order.

새 회사 로고가 있는 문구류 좀 주문해 주시겠어요?
(A) 중앙역 근처예요.
(B) 그럼요, 얼마나 필요하죠?
(C) 알파벳순으로요.

해설 | 요청을 나타내는 조동사(Could) 의문문
(A) **유사 발음 오답:** 질문의 stationery와 부분적으로 발음이 유사한 station을 이용한 오답이다.
(B) **정답:** 문구류 주문을 요청하는 질문에 수락한다(Sure)는 긍정의 의미를 전달한 후 구체적인 내용을 되묻고 있다.
(C) **단어 반복·다의어 오답:** 질문의 order를 반복 이용한 오답으로, 질문의 order는 '주문하다'라는 뜻의 동사이고, 보기의 order는 '순서'라는 뜻의 명사이다.

어휘 | stationery 문구류

5 All of the candidates for the internship are highly qualified.
(A) Please mark it on the calendar.
(B) The entrance is around the corner.
(C) It'll be difficult to choose one, won't it?

인턴 지원자들 모두 자격을 충분히 갖추고 있어요.
(A) 일정표에 표시하세요.
(B) 입구는 모퉁이를 돌면 있어요.
(C) 한 사람을 고르기가 힘들겠어요, 그렇죠?

해설 | 의견을 전달하는 평서문
(A) **유사 발음 오답**: 평서문의 candidates와 부분적으로 발음이 유사한 calendar를 이용한 오답이다.
(B) **관련 없는 오답**: 평서문과 상관없는 답변을 제시하고 있다.
(C) **정답**: 인턴 지원자들 모두 자격을 갖추고 있다는 의견에, 맞장구를 치며 잘 답변한 정답이다.

어휘 | candidate 지원자 highly qualified 자격을 충분히 갖춘 entrance 입구

6 I think we're going to need more chairs for this afternoon's meeting.
(A) I'll do it tomorrow morning.
(B) There should be some in the lounge.
(C) They all have copies of the agenda.

오늘 오후 회의에 의자가 더 필요할 것 같아요.
(A) 제가 내일 아침에 할게요.
(B) 휴게실에 좀 있을 거예요.
(C) 그들 모두 안건 사본을 갖고 있어요.

해설 | 필요 사항을 전달하는 평서문
(A) **연상 작용 오답**: 의미상 연결이 가능한 두 단어 afternoon과 morning을 이용한 오답이다.
(B) **정답**: 회의에 의자가 더 필요할 것이라는 말에, 휴게실 (lounge)에 좀 있을 것이라고 하고 있다.
(C) **연상 작용 오답**: 의미상 연결이 가능한 두 단어 meeting (회의)과 agenda(안건)를 이용한 오답이다.

7 Let's book our museum tour early since we have such a large group.
(A) A tour bus company.
(B) He's a best-selling author.
(C) I'll call tomorrow.

사람이 아주 많으니 일찍 박물관 투어를 예약합시다.
(A) 관광버스 회사예요.
(B) 그는 베스트셀러 작가예요.
(C) 제가 내일 전화할게요.

해설 | 제안을 나타내는 평서문
(A) **단어 반복 오답**: 제안문의 tour를 그대로 반복 이용한 오답이다.
(B) **연상 작용·다의어 오답**: 제안문의 book(예약하다)를 품사와 의미가 다른 명사 book(책)으로 연상한 후, book에서 연상 가능한 author(작가)를 이용한 오답이다.
(C) **정답**: 일찍 박물관 투어를 예약하자는 제안에, 내일 전화하겠다며 제안을 수락하고 있다.

어휘 | author 작가

8 Could you help me move this lab equipment?
(A) Sure—where does it go?
(B) It's fully equipped.
(C) It's on April twenty-first.

이 실험실 장비 옮기는 것 좀 도와주실래요?
(A) 그럼요—어디로 가죠?
(B) 완비되어 있어요.
(C) 4월 21일이에요.

해설 | 요청을 나타내는 조동사(Could) 의문문
(A) **정답**: 요청하는 질문에 수락한다는 긍정의 의미를 전달한 후 구체적인 내용을 되묻고 있다.
(B) **파생어 오답**: 질문의 equipment와 파생어 관계인 equipped를 사용한 오답이다.
(C) **관련 없는 오답**: When 의문문에 적합한 대답이다.

어휘 | lab 실험실 equipment 장비 fully equipped (장비 등이) 완비된

9 I need to stop by the post office on my way home from work.
(A) No, I didn't stop.
(B) Could you mail this letter for me?
(C) On summer vacation.

퇴근하고 집에 가는 길에 우체국에 들러야 해요.
(A) 아니, 전 멈추지 않았어요.
(B) 이 편지 좀 부쳐 주실래요?
(C) 여름 휴가예요.

해설 | 필요 사항을 전달하는 평서문
(A) **단어 반복 오답**: 평서문의 stop을 그대로 반복 이용한 오답이다.
(B) **정답**: 집에 가는 길에 우체국에 들러야 한다는 말에 편지 좀 대신 부쳐 달라고 요청하고 있다.
(C) **연상 작용 오답**: 의미상 연결이 가능한 두 표현 work(직장)와 summer vacation(여름 휴가)을 이용해서 혼동을 유발하는 오답이다.

어휘 | stop by 들르다

10 Why don't we ride together to the conference?
(A) Unfortunately, I don't have an extra one.
(B) Because I already signed for them.
(C) Good idea—I'd be happy to pick you up.

회의장까지 차로 같이 가지 않으실래요?
(A) 아쉽게도 저한테 여분이 없어요.
(B) 전 이미 등록했거든요.
(C) 좋은 생각이에요—제가 데리러 갈게요.

해설 | 제안·권유하는 Why don't we 의문문
(A) **단어 반복 오답**: 질문의 don't를 그대로 반복 이용한 오답이다.
(B) **연상 작용 오답**: 질문의 Why에서 연상 가능한 Because를 이용한 오답이다.
(C) **정답**: 우선 Good idea로 동의한 후, 자신이 데리러 가겠다는 제안으로 잘 답변한 정답이다.

어휘 | unfortunately 아쉽게도 sign for ~에 등록하다

11 I'm not sure how to raise my computer monitor.
(A) OK, with a larger screen.
(B) I can probably lower the price.
(C) Here, let me give you a hand.

컴퓨터 모니터를 어떻게 올려야 할지 모르겠어요.
(A) 좋아요, 더 큰 화면으로.
(B) 어쩌면 가격을 낮출 수 있을 거예요.
(C) 자, 제가 도와 드릴게요.

해설 | **도움을 요청하는 평서문**
(A) **연상 작용 오답:** 평서문의 computer monitor에서 연상 가능한 screen을 이용한 오답이다.
(B) **연상 작용 오답:** 평서문의 raise에서 연상 가능한 price를 이용한 오답이다.
(C) **정답:** 컴퓨터 모니터를 어떻게 올려야 할지 모르겠다는 말에, '도와주겠다'라는 대답은 자연스러운 연결이므로 정답이다.

어휘 | raise 올리다 give a hand 도와주다

12 Would you like to join us in the cafeteria for lunch today?
(A) Just a chicken sandwich, please.
(B) In an adjoining building.
(C) Sorry, I have other plans.

오늘 구내식당에 점심 먹으러 같이 가지 않으실래요?
(A) 그냥 치킨 샌드위치만 주세요.
(B) 인접한 건물에서요.
(C) 죄송해요, 다른 계획이 있어요.

해설 | **제안·권유를 나타내는 Would you like to 의문문**
(A) **연상 작용 오답:** cafeteria와 lunch에서 연상 가능한 chicken sandwich를 사용한 오답이다.
(B) **유사 발음 오답:** 질문의 join과 부분적으로 발음이 동일한 adjoining을 이용한 오답이다.
(C) **정답:** 점심 먹으러 같이 가자는 제안에 다른 계획(other plans)이 있다며 거절하고 있다.

어휘 | adjoining 인접한

13 I wonder if the client has arrived at the airport.
(A) Let me check.
(B) Yes, that is wonderful.
(C) No, the hotel is nearby.

고객이 공항에 도착했는지 궁금하네요.
(A) 제가 확인해 볼게요.
(B) 네, 그것은 아주 훌륭하네요.
(C) 아니요, 그 호텔은 근처에 있어요.

해설 | **간접적 질문을 나타내는 평서문**
(A) **정답:** 고객이 공항에 도착했는지 알고 싶다고 간접적으로 질문하는 말에, '확인해 보겠다'로 잘 답변한 정답이다.
(B) **유사 발음 오답:** 일부 발음이 동일한 두 단어 wonder와 wonderful을 이용한 오답이다.
(C) **연상 작용 오답:** 의미상 연결이 가능한 두 단어 airport(공항)와 hotel(호텔)을 이용한 오답이다.

어휘 | wonder if ~인지 아닌지 궁금하다 nearby 근처에

14 Can you describe the hiring process in more detail?
(A) Sure, what more would you like to know?
(B) Yes, he's a great addition to our team.
(C) A very thorough job description.

채용절차를 좀 더 자세히 설명해 주시겠어요?
(A) 물론이죠, 어떤 걸 더 알고 싶으세요?
(B) 네, 그는 우리 팀에 아주 좋은 보강이에요.
(C) 아주 빈틈없는 직무기술서예요.

해설 | **부탁·요청하는 조동사(Can) 의문문**
(A) **정답:** 채용절차를 더 자세히 설명해 달라는 질문에 우선 Sure라고 수락한 후 what more would you like to know로 세부적인 선택 사항을 묻고 있다.
(B) **인칭 오류 오답:** 질문과 관련 없는 제3자 he로 답변하고 있다.
(C) **연상 작용 오답:** 질문의 hiring process에서 연상 가능한 job description을 이용한 오답이다.

어휘 | describe 설명하다 hiring process 채용절차 addition 보강 thorough 빈틈없는 job description 직무기술서

15 I'm looking for someone to review my presentation before the board meeting.
(A) Feel free to send it to me.
(B) He missed today's deadline.
(C) The meeting should last an hour.

이사회 전에 프레젠테이션을 검토해 줄 사람을 찾고 있어요.
(A) 부담 갖지 마시고 저한테 보내세요.
(B) 그는 오늘 기한을 넘겼어요.
(C) 회의는 1시간 걸릴 거예요.

해설 | **필요 사항을 전달하는 평서문**
(A) **정답:** 프레젠테이션을 검토할 사람을 찾고 있다는 말에, '부담 갖지 말고 자신한테 보내라'로 잘 답변한 정답이다.
(B) **인칭 오류 오답:** 평서문에 He를 가리킬 만한 대상이 없으므로 오답이다.
(C) **단어 반복 오답:** 평서문의 meeting을 그대로 반복 이용한 오답이다.

어휘 | review 검토하다 board meeting 이사회 feel free to 부담 없이 ~하다 last (시간이) 걸리다, 지속되다

16 I can help you call clients if you'd like.
(A) Oh, I hope she's all right.
(B) Yes, I gave one to every client.
(C) Thanks. That would help me a lot.

원하시면 고객들에게 전화하는 일을 도와 드릴게요.
(A) 오, 그녀가 괜찮기를 바랍니다.
(B) 네, 제가 모든 고객에게 하나씩 줬어요.
(C) 감사해요. 저에게 아주 큰 도움이 될 거예요.

해설 | **의견을 전달하는 평서문**
(A) **유사 발음 오답:** 평서문의 help와 발음이 비슷한 hope를 사용한 오답이다.
(B) **단어 반복 오답:** 평서문의 client를 반복 사용한 오답이다.
(C) **정답:** 제안에 대해 감사하다는 말로 수락하고 있다.

어휘 | client 고객, 의뢰인 all right 괜찮은

17 Would you like to give a presentation on your latest findings?
(A) Do you have the key?
(B) The laboratory is down the hall.
(C) What day were you thinking of?

최근 결과에 대해 발표하시겠어요?
(A) 열쇠 갖고 있나요?
(B) 연구실은 복도 지나서 있어요.
(C) **무슨 요일을 생각하고 계신가요?**

해설 | 제안·권유를 나타내는 Would you like to 의문문
(A) **관련 없는 오답:** 발표를 제안하는 질문과는 의미상 어울리지 않는다.
(B) **연상 작용 오답:** 질문의 findings에서 연상 가능한 laboratory를 이용한 오답이다.
(C) **정답:** 결과에 대해 발표하겠느냐는 질문에 무슨 요일을 생각하는지 되묻고 있다.

어휘 | findings (연구 등의) 결과 laboratory 연구실

18 I'll need the complete inventory by five today.
(A) No, I only have two.
(B) That shouldn't be a problem.
(C) I've finished reading that story.

오늘 5시까지 완성된 재고 목록이 필요해요.
(A) 아니요, 저는 두 개밖에 없어요.
(B) **문제 없습니다.**
(C) 그 이야기를 다 읽었어요.

해설 | 문의·요청을 전달하는 평서문
(A) **연상 작용 오답:** 질문의 by five라는 숫자에서 연상 가능한 숫자 two를 사용한 오답이다.
(B) **정답:** 5시까지 완전한 물품 목록이 필요하다는 말에, 아무 문제가 없을 것이라고 긍정적으로 답하고 있다.
(C) **연상 작용 오답:** 질문의 complete(완전한; 완료하다)에서 연상 가능한 finish(끝내다)를 사용한 오답이다.

어휘 | inventory 물품 목록, 재고(품)

19 Can you please provide a list of the audio equipment that needs to be replaced?
(A) About a hundred dollars each.
(B) I'll leave it on your desk.
(C) Where's the electrical outlet?

교체해야 할 오디오 장비 목록을 주시겠어요?
(A) 각각 100달러 정도예요.
(B) **당신 책상 위에 둘게요.**
(C) 전기 콘센트는 어디 있나요?

해설 | 요청을 나타내는 조동사(Can) 의문문
(A) **관련 없는 오답:** 가격을 묻는 질문에 가능한 답변이다.
(B) **정답:** 요청하는 질문에 수락한다는 의미로 구체적인 정보를 주고 있다.
(C) **연상 작용 오답:** 질문의 audio equipment에서 연상되는 electrical outlet을 사용한 오답이다.

어휘 | equipment 장비 replace 교체하다 electrical outlet 전기 콘센트

20 I heard that Jason Moore won the Employee of the Month award.
(A) Thank you, I will.
(B) I thought it was Sam Myers.
(C) I heard that song too.

제이슨 무어가 이달의 직원상을 수상했다고 들었어요.
(A) 고마워요, 그럴게요.
(B) **샘 마이어스인 줄 알았어요.**
(C) 저도 그 노래 들었어요.

해설 | 사실을 전달하는 평서문
(A) **관련 없는 오답:** 평서문과 상관없는 답변이다.
(B) **정답:** 직원상 수상자를 전달하는 말에 가능할 법한 답변이다.
(C) **단어 반복 오답:** 평서문의 heard를 그대로 반복 이용한 오답이다.

21 I'd like to change my appointment time.
(A) Sorry, I have no change.
(B) The dentist could see you tomorrow.
(C) Thanks, I'm glad you like it.

제 예약 시간을 바꾸고 싶어요.
(A) 미안합니다, 잔돈이 없는데요.
(B) **치과 선생님께서 내일 진료를 보실 수 있어요.**
(C) 고맙습니다. 좋아하신다니 다행입니다.

해설 | 의견을 전달하는 평서문
(A) **다의어 오답:** 평서문의 change(변경하다)와 다른 의미로 쓰인 change(잔돈)를 이용한 오답이다.
(B) **정답:** 예약 시간(appointment time) 변경을 원한다는 말에 가능한 날짜로 답변하고 있다.
(C) **단어 반복 오답:** 평서문의 like를 반복 사용한 오답이다.

어휘 | appointment 약속 dentist 치과 의사

22 Let's wait a few more minutes to start the presentation.
(A) Yes, maybe a few more people will arrive.
(B) It was as expected.
(C) Our waiter's over there.

몇 분 더 기다렸다 발표를 시작합시다.
(A) **네, 몇 명 더 올 수도 있어요.**
(B) 예상대로였어요.
(C) 우리 웨이터는 저쪽에 있어요.

해설 | 제안을 나타내는 평서문
(A) **정답:** 기다렸다 발표를 시작하자는 제안에, Yes로 동의한 뒤 몇 명 더 올 수도 있다고 덧붙이고 있다.
(B) **관련 없는 오답:** 기다렸다 발표를 하자는 제안문과는 의미상 어울리지 않는다.
(C) **파생어 오답:** wait와 파생어 관계인 waiter를 사용한 오답이다.

어휘 | as expected 예상대로

23 Please join us for a reception after the workshop.
(A) I haven't been to that shop.
(B) The main auditorium.
(C) Thanks for inviting me.

워크숍이 끝난 후 리셉션에 함께해주세요.
(A) 전 저 가게는 가본 적이 없어요.
(B) 대강당이요.
(C) 초대해 줘서 고마워요.

해설 | 문의·요청을 전달하는 평서문
(A) 유사 발음 오답: 평서문의 workshop과 부분적으로 발음이 동일한 shop을 이용한 오답이다.
(B) 연상 작용 오답: 의미상 연결이 가능한 두 단어 workshop과 auditorium을 이용한 오답이다.
(C) 정답: 요청에 대해 고맙다는 말로 수락하고 있다.

어휘 | auditorium 강당

24 Could I speak to you about applying for a job here?
(A) Some full-time lab technicians.
(B) I'll be free in a few minutes.
(C) There are about fifty employees.

이곳 입사 지원에 대해 얘기 좀 할 수 있을까요?
(A) 정규직 실험실 기사 몇 명이요.
(B) 몇 분 후면 시간 돼요.
(C) 직원 약 50명이 있어요.

해설 | 허락을 구하는 조동사(Could) 의문문
(A) 연상 작용 오답: 의미상 연결이 가능한 두 표현 applying for a job과 full-time lab technicians를 이용한 오답이다.
(B) 정답: 입사 지원에 대해 얘기를 할 수 있는지 허락을 구하는 질문에 몇 분 후면 시간이 된다는 구체적인 정보를 주며 잘 답변한 정답이다.
(C) 연상 작용 오답: 의미상 연결이 가능한 두 단어 job과 employees를 이용한 오답이다.

어휘 | apply for ~에 지원하다 technician 기사 employee 직원

25 I thought Ms. Ortega's speech was very informative.
(A) No, it was a formal event.
(B) Yes, I learned a great deal.
(C) She's talking on the phone.

전 오르테가 씨의 연설이 매우 유익했어요.
(A) 아니요, 공식 행사였어요.
(B) 네, 전 많이 배웠어요.
(C) 그녀는 전화 통화하고 있어요.

해설 | 의견을 제시하는 평서문
(A) 유사 발음 오답: 평서문의 informative와 부분적으로 발음이 유사한 formal을 이용한 오답이다.
(B) 정답: 연설이 매우 유익했다는 말에, 자신도 많이 배웠다고 맞장구 치며 잘 답변한 정답이다.
(C) 연상 작용 오답: 의미상 연결이 가능한 두 단어 speech와 talking을 이용한 오답이다.

어휘 | informative 유익한 formal 공식적인 a great deal 많이

Unit 09 주제·목적 문제 / 화자·장소 문제

① 주제·목적 문제

● **실전 도움닫기**   본책 p.071

1 (C) **2** (B) **3** (B) **4** (B)

[1] M-Au / W-Br

M Hello, I'm calling to place an order for a set of headphones I saw in your catalog.
W All right, I can help you with that. Can you give me the product code for those?
M I have the catalog right here—if you can give me a moment, I'll check it and see.

남 안녕하세요. 카탈로그에서 본 헤드폰을 한 세트 주문하려고 전화 드렸어요.
여 그러시군요. 그거라면 제가 도와 드릴 수 있어요. 제품 코드를 알려 주시겠어요?
남 카탈로그를 지금 가지고 있어요. 잠시 시간을 주시면, 확인해 볼게요.

어휘 | place an order 주문하다 product code 제품 코드

Q 남자는 왜 전화를 하는가?
(A) 계좌를 개설하기 위해
(B) 오류를 신고하기 위해
(C) 주문을 하기 위해
(D) 물건을 반품하기 위해

해설 | 전체 내용 - 전화 이유
전화한 이유나 목적을 묻는 질문은 대화의 앞 부분에 I'm calling to라고 밝히는 부분을 잘 들어야 한다. 첫 대사에서 남자가 헤드폰을 주문하기 위해(place an order for a set of headphones) 전화했다는 것을 알 수 있으므로 정답은 (C)이다.

어휘 | open an account 계좌를 개설하다

[2] M-Au / W-Am

M I got a bill from the electric company in the mail today. It's so expensive!
W Mine is too. I guess that's because I've been using the air conditioner so much in this hot weather.
M So have I, but I still don't think I should have been billed this much. Maybe I should call the electric company and find out if the rates have gone up.

남 **오늘 전기 회사의 청구서를 받았는데요.** 요금이 너무 많이 나왔어요!

여 저도 그래요. 이렇게 더운 날씨에 에어컨을 너무 많이 틀어서 그런 것 같아요.

남 그건 저도 마찬가지죠. 하지만 **그래도 이렇게 많이 나올 것 같지 않은데요.** 전기 회사에 전화해서 요금이 올랐는지 알아 봐야겠어요.

어휘 | bill 청구서; 청구서를 보내다 electric company 전기 회사 in the mail 우편으로 air conditioner 에어컨

Q 화자들은 무엇에 대해 이야기하고 있는가?
(A) 전화 요금
(B) 전기 요금
(C) 일기 예보
(D) 고장난 에어컨

해설 | **전체 내용 - 대화 주제**
남자가 첫 대사에서 전기 회사의 청구서를 받았는데 요금이 너무 많이 나왔다(I got a bill from the electric company in the mail today. It's so expensive!)고 하자 여자가 자기도 많이 나왔다고 맞장구를 친 후 전기 요금과 관련한 대화가 이어지므로 (B)가 정답이다.

어휘 | weather report 일기 예보 broken 고장난

[3] M-Cn / W-Br

M Good afternoon, Jacobson Bank. How can I help you?

W Hi. Yes, there's a mistake on my credit card bill this month. I spent $5, but I was charged $50.

M I'm sorry. For your inquiry you will need to speak to someone from credit card transactions. Please hold while I transfer your call.

남 안녕하세요, 제이콥슨 은행입니다. 무엇을 도와 드릴까요?

여 안녕하세요. **이번 달 제 신용카드 청구서에 실수가 있어요.** 5달러를 썼는데 50달러가 청구되었어요.

남 최송합니다. 귀하의 문의는 신용 카드 거래 부서 직원과 이야기하셔야 합니다. 전화를 돌려 드릴 테니 끊지 말고 기다려 주세요.

어휘 | credit card 신용카드 charge 청구하다; 요금 inquiry 질문, 문의 transaction 거래 transfer a call 전화를 다른 사람 번호로 돌려주다

Q 여자는 왜 전화하는가?
(A) 은행 계좌를 개설하기 위해
(B) 신용카드 요금에 이의를 제기하기 위해
(C) 청구서 받는 주소를 바꾸기 위해
(D) 온라인 뱅킹에 등록하기 위해

해설 | **전체 내용 - 전화 이유**
전화를 건 사람인 여자의 대사에 주목하면, 신용카드 청구서 오류에 대해 문의(there's a mistake on my credit card bill this month)하고 있으므로 정답은 (B)이다.

어휘 | bank account 은행 계좌 dispute 이의를 제기하다 billing address 청구서 발송 주소 enroll in ~에 등록하다

[4] M-Au / W-Br

M Ms. Johnson, I'm planning the company's cafeteria menu for next month, and I'd like to add some vegetarian options to what I'll be cooking. Would that be OK with you?

W That'd be fine. I'm sure there will be requests for vegetarian dishes.

M I have some excellent recipes for vegetarian meals. I can make a few for you to sample.

남 존슨 씨, 다음 달 회사 구내식당 메뉴를 계획 중인데, 제가 요리할 음식에 채식 옵션을 추가하려고 해요. 괜찮으시겠어요?

여 좋은데요. 분명 채식 요리를 달라는 요청이 있을 거예요.

남 저한테 채식 식단을 위한 훌륭한 요리법들이 좀 있어요. 시식하실 수 있도록 제가 몇 개 만들게요.

어휘 | vegetarian 채식의 sample 시식하다

Q 화자들이 주로 논의하는 것은 무엇인가?
(A) 워크숍 개최   (B) 메뉴 만들기
(C) 여행 계획   (D) 지원서 검토

해설 | **전체 내용 - 대화 주제**
남자의 첫 번째 대사에서 구내식당 메뉴에 채식 옵션을 추가하려 한다(Ms. Johnson, I'm planning the company's cafeteria menu for next month, and I'd like to add some vegetarian options to what I'll be cooking.)고 한 후 여자의 의견을 물었고 이에 여자가 괜찮다고 답하면서 관련 대화를 이어가고 있으므로 정답은 (B)이다.

어휘 | organize 계획하다 application 지원(서)

Paraphrasing
대화의 add some vegetarian options to what I'll be cooking
→ 보기의 Creating a menu

② 화자·장소 문제

● **실전 도움닫기**   본책 p.073

1 (B) **2** (C) **3** (B) **4** (A)

[1] M-Au / W-Br

M I was here for last night's performance, and I think I left my jacket on the back of my seat. I was sitting in the last row of the theater.

W I'll have to check. Can you describe what the jacket looks like?

M It's dark blue and has a pocket on the left side.

남 **어젯밤 공연을 보러 이곳에 왔다가** 제 좌석 뒤에 재킷을 두고 온 것 같아요. 극장 마지막 줄에 앉아 있었는데요.

여 제가 확인해 봐야 할 것 같은데요. 그 재킷 모양을 설명해 주시겠어요?

남 짙은 파란색이고 왼쪽에 주머니가 하나 있습니다.

어휘 | performance 공연 row 줄, 열 describe 묘사하다

Q 화자들은 어디에 있겠는가?

(A) 식당   (B) 극장

(C) 경기장   (D) 쇼핑 센터

해설 | 전체 내용 - 대화 장소

대화 장소를 묻는 질문으로 대화 첫 부분을 잘 들어야 한다. 첫 대사에 장소 관련 표현인 here, performance, theater가 언급되므로 화자들이 극장에 있음을 알 수 있다. 따라서 정답은 (B)이다.

---

[2] M-Au / W-Am

> **M** Hi. I noticed that the Ancient Egypt exhibit is closed today. Can you recommend any other exhibits on ancient civilizations?
>
> **W** Yes, we do have several other great exhibits here that feature artifacts from different cultures.
>
> **M** Well, I'd like to see exhibits of as many different cultures as possible.
>
> **W** Well, then I'd recommend starting with our Ancient World tour.
>
> 남 안녕하세요. 고대 이집트 전시회가 오늘 문을 닫았네요. 고대 문명에 관한 다른 전시회를 추천해 주시겠어요?
>
> 여 그럼쵸, 이곳에는 다양한 문화권의 유물을 선보이는 훌륭한 다른 전시회도 몇 개 있어요.
>
> 남 음, 다양한 문화의 전시회를 가능한 한 많이 보고 싶어요.
>
> 여 그럼 고대 세계부터 둘러보시길 권해 드려요.

어휘 | exhibit 전시(회) civilization 문명 feature 특징을 이루다 artifact (인공) 유물 as ~ as possible 가능한 한 ~한

Q 여자는 누구이겠는가?

(A) 여행사 직원

(B) 사서

(C) 박물관 직원

(D) 대학 관계자

해설 | 전체 내용 - 여자의 신분

고대 문명에 관한 전시회를 추천해 달라는 남자의 요청에 여자는 이곳엔 다양한 문화권의 유물을 선보이는 전시회가 있다(Yes, we do have several other great exhibits here that feature artifacts from different cultures.)고 대답하는 것으로 보아 여자는 박물관 직원임을 알 수 있다. 따라서 정답은 (C)이다.

어휘 | librarian 사서 administrator 관계자, 행정관

---

[3] M-Au / W-Am

> **M** Hi, this is Larry from Millwood Automotive Repairs. I'm replacing a couple of large tires on a truck. I'm calling to see whether your warehouse stocks them. The model number on the tires is RCL forty-four.
>
> **W** I'm afraid we don't have it in stock right now. I could order it for you, and it would be delivered directly to you in three working days. Does that work?
>
> **M** Not really.
>
> 남 안녕하세요, 밀우드 자동차 정비소 래리예요. 제가 지금 트럭에 있는 큰 타이어 두 개를 교체하고 있는데요. 그쪽 창고에 비축해 둔 타이어가 있는지 알아보려고 전화했어요. 타이어의 모델 번호는 RCL 44예요.
>
> 여 죄송하지만 당장은 재고가 없어요. 제가 주문해 드릴 수 있는데, 3영업일 후에 바로 그쪽으로 배송돼요. 그럼 될까요?
>
> 남 곤란한데요.

어휘 | repair 수리, 정비 replace 교체하다 warehouse 창고 stock 비축하다 deliver 배송하다 directly 바로

Q 남자는 어디에서 일하는가?

(A) 렌터카 업체   (B) 자동차 정비소

(C) 급송 서비스 업체   (D) 운전면허증 사무소

해설 | 전체 내용 - 남자의 근무 장소

남자의 첫 번째 대사(Hi, this is Larry from Millwood Automotive Repairs.)에서 남자가 밀우드 자동차 정비소의 래리라고 말했고 이어지는 대화 내용도 자동차 수리에 필요한 부속품에 관한 것이므로 정답은 (B)이다.

어휘 | driver's license 운전면허증

---

[4] M-Cn / W-Am

> **M** Hello, I'd like to purchase a ticket for the 3 o'clock train to Chicago.
>
> **W** Unfortunately, sir, that train's already full. Here's a copy of the daily train schedule.
>
> **M** Hmmm... if I wait for the 3:40 train, I'll have time to buy some souvenirs before leaving.
>
> 남 안녕하세요, 시카고행 3시 기차표를 한 장 사고 싶습니다.
>
> 여 안타깝게도 그 기차는 이미 만석입니다. 여기 일일 기차 시간표를 한 부 드릴게요.
>
> 남 음… 제가 3시 40분 기차를 기다리면, 출발하기 전에 기념품을 살 시간이 있겠네요.

어휘 | unfortunately 안타깝게도 souvenir 기념품, 선물

Q 이 대화는 어디에서 일어나는가?

(A) 기차역

(B) 공항

(C) 버스 터미널

(D) 렌터카 대리점

해설 | 전체 내용 - 대화 장소

남자의 첫 대사에서 장소 관련 키워드인 ticket과 train이 나오며, 표를 사고 싶다고 말하고 있으므로, 대화가 이루어지는 장소는 기차역임을 알 수 있다. 따라서 정답은 (A)이다.

어휘 | agency 대리점, 대행사

● ETS 실전문제

본책 p.074

1 (A)	2 (B)	3 (D)	4 (C)	5 (A)	6 (D)
7 (B)	8 (B)	9 (A)	10 (D)	11 (B)	12 (C)
13 (B)	14 (A)	15 (C)	16 (A)	17 (B)	18 (D)
19 (B)	20 (D)	21 (A)	22 (B)	23 (A)	24 (D)

[1-3] W-Am / M-Cn

> W I have good news, Joon. I just heard from Tom Mather, the time management consultant. ¹He said that he's available to lead a workshop for our employees on the date we requested.
>
> M ¹That's great! ²I know that he's in demand as a consultant, so I'm happy that he's able to do it then. Now we need to confirm the number of people who will attend so that we're sure to have a big enough room.
>
> W I can take care of that. ³I'll go ahead and send an e-mail to the all the department heads and ask them how many people they'll be sending to the workshop.
>
> 여 좋은 소식이 있어요, 준. 방금 시간 관리 컨설턴트인 톰 매더에게 들었는데요. ¹우리가 요청한 날짜에 직원들을 위한 워크숍을 진행할 수 있다고 하네요.
>
> 남 ¹잘됐어요! ²제가 알기로 그는 컨설턴트로 찾는 사람이 많은데, 그때 할 수 있다니 기뻐요. 이제 참석 인원을 확정해서 충분히 넓은 공간을 확보해야 해요.
>
> 여 그 일은 제가 처리할게요. ³제가 가서 모든 부서장에게 이메일을 발송해 워크숍에 몇 명이나 보낼지 물어볼게요.

어휘 | in demand 수요가 많은 confirm 확정하다 take care of 처리하다

1 화자들은 무엇에 대해 이야기하고 있는가?
(A) 직원 워크숍
(B) 승진 결정
(C) 이전 계획
(D) 휴가 일정

해설 | 전체 내용 - 대화 주제
여자가 첫 대사에서 직원들의 워크숍이 요청한 날짜에 가능하다(He said that he's available to lead a workshop for our employees on the date we requested.)고 하자 남자가 잘됐다고 환영하는 의사를 밝힌 후 워크숍과 관련한 대화가 이어지므로 (A)가 정답이다.

어휘 | promotion 승진 decision 결정 relocation 이전

Paraphrasing
대화의 workshop for our employees → 보기의 staff workshop

2 남자가 기쁘다고 말하는 이유는 무엇인가?
(A) 예산이 증액되었다.
(B) 컨설턴트가 시간이 된다.
(C) 마감일이 변경되었다.
(D) 더 큰 공간을 예약할 것이다.

해설 | 세부 내용 - 남자가 기뻐하는 이유
질문에 사용된 happy를 그대로 이용하여 남자는 바쁜 컨설턴트가 워크숍을 진행할 수 있어서 기쁘다(I know that he's in demand as a consultant, so I'm happy that he's able to do it then.)고 하므로 (B)가 정답이다.

어휘 | budget 예산 increase 증가시키다 available 시간이 되는, 만날 수 있는 reserve 예약하다

Paraphrasing
대화의 he's able to do it → 보기의 A consultant is available.

3 여자는 무엇을 하겠다고 제안하는가?
(A) 방에 의자 더 가져오기
(B) 다른 날짜 선택
(C) 면접 실시
(D) 부서 관리자들에게 연락

해설 | 세부 내용 - 여자의 제안 사항
여자의 제안 사항을 묻는 질문이므로 여자의 대사에서 정답의 단서를 찾아야 한다. 여자가 마지막 대사에서 부서장에게 이메일로 워크숍에 몇 명이 참석할지 물어볼 것(I'll go ahead and send an e-mail to the all the department heads and ask them how many people they'll be sending to the workshop.)이라고 제안하므로 (D)가 정답이다.

어휘 | conduct 실시하다

Paraphrasing
대화의 send an e-mail to the all the department heads
→ 보기의 Contact department managers

[4-6] W-Br / M-Au

> W Hi. ⁴I'm calling because I think I left my umbrella in your restaurant at lunch today. I was sitting at one of the tables near the window. Did you find it by any chance?
>
> M Umm... yes... actually there were two umbrellas left here earlier today. ⁵Could you describe yours for me?
>
> W It's blue with white dots and it has the brand name "Watershield" written on it.
>
> M Ah yes, one of the umbrellas I have here looks just like that. ⁶If you'd like to come by for it today you still can, but just so you know, we'll be closing in an hour.
>
> 여 여보세요. ⁴오늘 점심에 우산을 거기 식당에 두고 온 것 같아서 전화했어요. 저는 창가 근처 테이블에 앉아 있었어요. 혹시 보셨나요?
>
> 남 음 … 네 … 실은 오늘 아까 여기에 두고 간 우산 두 개가 남아 있었어요. ⁵고객님 우산을 묘사해 주시겠어요?

여 파란색 바탕에 흰 점이 있고, 거기에 '워터실드'라는 상표가 적혀
있어요.

남 예, 여기 제가 가지고 있는 우산 중 하나와 똑같네요. **⁶오늘 우산을
가지러 들르시겠다면 그래도 괜찮지만, 참고로 한 시간 후에 문을
닫습니다.**

4 여자가 레스토랑에 전화하는 이유는 무엇인가?

(A) 고객이 거기 있는지 물어보려고

(B) 창가 테이블을 예약하려고

(C) 분실물에 관해 문의하려고

(D) 특별한 메뉴를 요청하려고

해설 | 전체 내용 - 여자가 전화한 이유

전화를 건 사람인 여자의 대사에 주목하면, 식당에 두고 온 우산에
대해 문의(I'm calling because I think I left my umbrella in
your restaurant at lunch today.)하고 있으므로 정답은 (C)이다.

어휘 | missing 분실된

Paraphrasing

대화의 my umbrella → 보기의 a missing item

5 남자가 여자에게 요청한 일은 무엇인가?

(A) 설명 제공

(B) 신용카드 번호 확인

(C) 손님 목록 제공

(D) 행사 날짜 선택

해설 | 세부 내용 - 남자의 요청 사항

남자가 첫 번째 대사에서 두고 간 우산이 두 개라며 여자에게 우산을
묘사해 달라(Could you describe yours for me?)고 했으므로
정답은 (A)이다.

Paraphrasing

대화의 describe yours → 보기의 Provide a description

6 남자의 말에 따르면, 한 시간 후에 있을 일은 무엇인가?

(A) 매니저가 다시 전화할 것이다.

(B) 발표가 있을 것이다.

(C) 거래가 승인될 것이다.

(D) 업체가 문을 닫을 것이다.

해설 | 세부 내용 - 한 시간 후에 있을 일

남자는 마지막 대사에서 오늘 우산을 가지러 와도 되지만 한 시간
후에 문을 닫을 것(If you'd like to come by for it today you
still can, but just so you know, we'll be closing in an
hour.)이라고 했으므로 정답은 (D)이다.

어휘 | transaction 거래 approve 승인하다

[7-9] W-Am / M-Au

W Hi. I'm trying to order some camera equipment
off your Web site. **⁷,⁸The problem is that I have
a twenty percent off coupon, but I don't know
how to use it for online purchases.**

M Oh, well if there's a five-digit code on it, you
can type that in during your online checkout.

W It doesn't have a code on it anywhere, but I
know the coupon is still valid because there's
no expiration date.

M You probably have an older coupon then—we
didn't start putting online codes on them until
recently. **⁹Unfortunately, the only way you'll be
able to get the discount is to actually come to
one of our stores.**

여 안녕하세요. 웹사이트에서 카메라 장비를 주문하려고 하는데요.
**⁷,⁸문제는 20퍼센트 할인 쿠폰이 있는데 온라인 구매에 어떻게
사용하는지 모르겠어요.**

남 아, 거기에 다섯 자리 코드가 있으면 온라인 결제 시 입력하면 돼요.

여 어디에도 코드가 없어요. 하지만 제 생각에는 유효기간이 없어
쿠폰이 아직 유효한 것 같아요.

남 그렇다면 아마 오래된 쿠폰을 갖고 계시군요. 최근에서야 온라인
코드를 넣기 시작했거든요. **⁹아쉽지만, 할인 받을 수 있는 유일한
방법은 실제로 저희 매장에 오시는 겁니다.**

7 남자는 누구이겠는가?

(A) 컴퓨터 수리 담당자   (B) 고객 서비스 담당자

(C) 사진기자   (D) 그래픽 디자이너

해설 | 전체 내용 - 남자의 신분

여자가 첫 번째 대사에서 온라인 구매 시 할인 쿠폰의 사용방법을
모른다(I don't know how to use it for online purchases)며
남자에게 도움을 요청하는 것으로 보아 남자는 고객 서비스 직원임을
추론할 수 있다. 따라서 정답은 (B)이다.

어휘 | representative 담당자, 직원

8 여자가 문의하는 내용은 무엇인가?

(A) 사진 수업 받기

(B) 온라인 할인 적용

(C) 카메라 배터리 교체

(D) 보증기간 연장

해설 | 세부 내용 - 여자의 문의 사항

여자는 온라인 구매 시 할인 쿠폰의 사용방법을 모른다(The
problem is that I have a twenty percent off coupon, but I
don't know how to use it for online purchases.)고 했으므로
정답은 (B)이다.

어휘 | replace 교체하다 extend 연장하다 warranty 보증(기간)

Paraphrasing

대화의 how to use it for online purchases → 보기의 Applying
an online discount

9 남자의 말에 따르면 여자가 해야 하는 일은 무엇인가?

(A) 매장 방문

(B) 제조업체에 연락

(C) 사진 인화

(D) 사용 설명서 다운로드

해설 | 세부 내용 - 남자의 제안 사항

마지막 대사에서 남자는 할인을 받는 유일한 방법은 매장에 직접 가는 것(Unfortunately, the only way you'll be able to get the discount is to actually come to one of our stores.)이라고 말했으므로 정답은 (A)이다.

어휘 | manufacturer 제조업체 instruction manual 사용 설명서

Paraphrasing
대화의 come to one of our stores → 보기의 Visit a store

[10-12] M-Cn / W-Am

M Thanks for inviting me for an interview here at *The Toronto Daily Tribune*, Ms. Sudwan. **10**I'm really hoping to work for a large newspaper like yours.

W I'm glad you could come in. **11**Your journalism professor, Alex Stanford, used to work with me here, and he spoke very highly of you; he says you have enormous potential.

M Oh, well thank you. I'm really hoping to start making use of my journalism major.

W When I looked at your résumé, I was quite impressed. Now, we don't currently have any full-time job openings. **12**However, I wanted to discuss the possibility of your joining us for an internship. That could be a good opportunity for you to gain practical experience.

남 수드완 씨, <토론토 데일리 트리뷴> 지 면접에 불러 주셔서 고마워요. **10**전 정말 이렇게 큰 신문사에서 일하고 싶어요.

여 와줘서 기뻐요. **11**언론학과 교수인 알렉스 스탠포드가 한때 여기서 저와 함께 일했어요. 그는 당신을 매우 높이 평가했어요. 당신이 엄청난 잠재력을 지니고 있다고 말하더군요.

남 아, 고맙습니다. 저는 정말 어서 언론학 전공을 활용하고 싶어요.

여 이력서를 보면서 아주 인상 깊었어요. 지금은 정규직 자리가 없어요. **12**하지만 인턴으로 우리와 함께할 가능성이 있는지 의논하고 싶었어요. 실질적인 경험을 얻을 수 있는 좋은 기회가 될 거예요.

어휘 | journalism 언론학 used to 한때 ~했다 speak highly of ~을 높이 평가하다 enormous 엄청난 potential 잠재력 impressed 깊은 인상을 받은 possibility 가능성 opportunity 기회 gain 얻다 practical 실질적인

---

10 여자는 어디서 일하는가?
(A) 대학
(B) 텔레비전 방송국
(C) 공공 도서관
(D) 신문사

해설 | 전체 내용 - 여자의 근무 장소

남자의 첫 번째 대사(I'm really hoping to work for a large newspaper like yours.)에서 여자가 신문사에서 근무한다는 것을 알 수 있으므로 (D)가 정답이다.

11 여자는 알렉스 스탠포드를 어떻게 아는가?
(A) 그들은 함께 책을 쓰고 있다.
(B) 그들은 한때 같은 회사에서 일했다.
(C) 그는 최근 이력서를 제출했다.
(D) 그는 지역 유명인사다.

해설 | 세부 내용 - 여자가 알렉스 스탠포드를 알게 된 경우

여자의 첫 번째 대사(Your journalism professor, Alex Stanford, used to work with me here)에서 여자가 스탠포드 씨와 직장 동료였음을 알 수 있으므로 (B)가 정답이다.

어휘 | submit 제출하다 local 지역의 celebrity 유명인사

Paraphrasing
대화의 work with me here → 보기의 work at the same company

12 여자가 남자에게 제안한 일은 무엇인가?
(A) 취업 박람회 방문   (B) 졸업 후 여행
(C) 인턴십 참여   (D) 작문 샘플 제출

해설 | 세부 내용 - 여자의 제안 사항

여자의 마지막 대사(However, I wanted to discuss the possibility of your joining us for an internship.)에서 여자가 남자에게 인턴십을 제안하고 있다는 것을 알 수 있으므로 (C)가 정답이다.

어휘 | career fair 취업 박람회 participate in ~에 참여하다

Paraphrasing
대화의 your joining us for an internship → 보기의 Participate in an internship

[13-15] W-Br / M-Cn

W Sorry, Shahid, but do you have a minute? **13**I have to submit the receipts from my last business trip so I can get reimbursed for travel expenses. I haven't used the company's new system, though.

M Sure, I can help you. You can find the reimbursement request form online, and then you have to attach electronic versions of your receipts when you submit it. It's better than the old system **14**because you'll get your reimbursement processed much more quickly.

W OK, great. **13,15**I only have paper copies of the receipts, but I'll go scan them into computer files and upload them to the request form.

여 샤히드, 죄송하지만 잠깐 시간 되세요? **13**지난번 출장 영수증을 제출해야 제 출장 경비를 환급 받을 수 있어요. 하지만 회사의 새로운 시스템을 사용해 본 적이 없어요.

남 물론이죠, 도와 드릴게요. 환급 요청서는 온라인에 있고, 제출 시 전자 영수증을 첨부해야 해요. **14**환급이 훨씬 더 빨리 처리되기 때문에 예전 시스템보다 나아요.

여 그렇군요, 좋네요. **13,15**종이 영수증 사본만 가지고 있는데 스캔해서 컴퓨터 파일로 요청서에 올릴게요.

13 주로 무엇에 관한 대화인가?

(A) 여행 준비   (B) 비용 영수증 제출

(C) 사업대출 신청   (D) 컴퓨터 수리

해설 | 전체 내용 - 대화 주제

여자가 남자에게 환급을 위해 출장 영수증을 제출해야 한다(I have to submit the receipts from my last business trip so I can get reimbursed for travel expenses.)며 도움을 요청하는 말로 대화가 시작되어, 전자 영수증 내용과 영수증 사본을 파일로 요청서에 올리겠다(I only have paper copies of the receipts, but I'll go scan them into computer files and upload them to the request form.)는 내용으로 이어지고 있다. 따라서 정답은 (B)이다.

어휘 | arrangement 준비 apply for ~을 신청하다

14 남자의 말에 따르면, 새로운 시스템이 더 나은 이유는 무엇인가?

(A) 결제 처리가 빠르다.

(B) 운영비가 적게 든다.

(C) 온라인으로 일정을 관리한다.

(D) 보증서가 포함되어 있다.

해설 | 세부 내용 - 새로운 시스템이 더 나은 이유

남자의 대사에 주목하면, 환급 절차가 더 빨라서(because you'll get your reimbursement processed much more quickly) 예전 시스템보다 더 좋다고 하므로 정답은 (A)이다.

어휘 | payment 결제 operate 운영하다 warranty 보증(서)

Paraphrasing

대화의 much more quickly → 보기의 faster

15 여자는 다음에 무엇을 하겠는가?

(A) 약속시간 변경

(B) 다른 동료와 상담

(C) 전자문서 생성

(D) 은행 거래내역서 수정

해설 | 세부 내용 - 여자가 다음에 할 일

대화 마지막에 여자가 문서를 스캔해서 컴퓨터 파일로 올릴 것(I only have paper copies of the receipts, but I'll go scan them into computer files and upload them to the request form.)이라고 하므로 정답은 (C)이다.

어휘 | appointment 약속 colleague 동료 correct 수정하다
bank statement 은행 거래내역서

Paraphrasing

대화의 scan them into computer files → 보기의 Create electronic documents

[16-18] W-Am / M-Au

W Excuse me. **16**I'm looking for the training workshop on assessing employee performance. Could you tell me if I'm in the right place?

M Yes. Welcome. We're just about to begin. Did you receive an e-mail with the training manual attached when you registered for the workshop?

W No, unfortunately, **17**I didn't get any e-mails—probably because I signed up for the workshop at the last minute. Maybe I could share the manual with someone else.

M Actually, I brought some extras. They're on the table at the back of the room. And while we're waiting for everyone to arrive, **18**please take a look at the first page in the handbook. There's a summary of the goals of the workshop and what will be covered.

여 실례합니다. **16**직원 실적 평가에 관한 교육 워크숍을 찾고 있어요. 제가 제대로 찾아왔나요?

남 네. 어서 오세요. 이제 막 시작하려던 참입니다. 워크숍에 등록할 때 교육 설명서가 첨부된 이메일을 받으셨나요?

여 아니요. 아쉽게도 **17**어떤 이메일도 받지 못했어요. 마지막 순간에 워크숍에 등록했기 때문에 못 받은 것 같아요. 다른 사람과 설명서를 같이 보면 되겠죠.

남 실은 제가 여분으로 몇 개를 가져왔어요. 방 뒤쪽에 있는 탁자 위에 있어요. 모두 도착하기를 기다리는 동안, **18**안내서 첫 페이지를 봐주세요. 워크숍의 목표와 다룰 내용에 대한 개요가 있어요.

16 대화가 일어나는 곳은 어디인가?

(A) 교육 세션   (B) 극장 공연

(C) 제품 시연회   (D) 직원 회의

해설 | 전체 내용 - 대화 장소

여자가 직원 실적 평가에 관한 교육 워크숍을 찾고 있는데 제대로 왔는지(I'm looking for the training workshop on assessing employee performance. Could you tell me if I'm in the right place?) 묻자 남자가 Yes라고 했으므로, 두 사람은 현재 교육 워크숍에 있음을 알 수 있다. 따라서 (A)가 정답이다.

어휘 | demonstration 시연(회)

17 여자가 언급하는 문제는 무엇인가?

(A) 건물을 찾을 수 없다.

(B) 이메일을 받지 못했다.

(C) 행사에 참석할 수 없었다.

(D) 기술적인 문제를 겪고 있다.

해설 | 세부 내용 - 문제점

대화 중반에 여자는 아마도 늦게 등록해서 이메일을 받지 못한 것 같다(I didn't get any e-mails—probably because I signed up for the workshop at the last minute.)고 했으므로 (B)가 정답이다.

Paraphrasing

대화의 didn't get any e-mails → 보기의 did not receive an e-mail

18 남자가 여자에게 요청한 일은 무엇인가?

    (A) 휴대전화 끄기

    (B) 메모하기

    (C) 뒷줄에 앉기

    (D) 개요 읽기

해설 | 세부 내용 - 남자의 요청 사항
마지막 대사에서 남자는 기다리는 동안 안내서를 살펴봐 달라
(please take a look at the first page in the handbook)고
요청했으므로 (D)가 정답이다.

어휘 | turn off 끄다 **row** 줄 **overview** 개요

Paraphrasing
대화의 take a look at the first page → 보기의 Read an
overview

[19-21]　M-Au / W-Am

> **M** Hi, ¹⁹I'm calling to inquire about the possibility
> of holding a large event in Wilson Park on
> Saturday, October seventeenth. I'm organizing
> a corporate retreat for my company.
>
> **W** Let me check the schedule—It looks like the
> picnic area is available on that day. ²⁰How
> many people do you expect?
>
> **M** We estimate about two hundred, weather
> permitting of course. How many picnic tables
> are available? We're planning to provide lunch.
>
> **W** There are ten tables in the picnic area, but
> you'll probably need to rent some more. ²¹Let
> me give you the number of a rental company
> that other groups have used in the past.
>
> 남　안녕하세요, ¹⁹**10월 17일 토요일 윌슨 파크에서 대규모 행사를**
> **개최할 수 있는지 문의하고자 전화드렸습니다.** 회사를 위해 기업
> 야유회를 준비하고 있어요.
>
> 여　일정을 확인해 볼게요. 그날 피크닉 구역을 이용할 수 있을 것 같아요.
> ²⁰**얼마나 오리라 예상하시나요?**
>
> 남　200명 정도로 추산해요. 물론 날씨가 좋으면요. 피크닉 테이블은
> 얼마나 쓸 수 있죠? 점심을 제공할 계획이거든요.
>
> 여　피크닉 구역에 테이블이 열 개 있지만, 아마 좀 더 빌려야 할 겁니다.
> ²¹**다른 그룹들이 과거에 사용했던 대여회사 번호를 드릴게요.**
>
> **어휘 | corporate retreat** 회사[기업] 야유회 **estimate** 추산하다
> **permit** 허락하다

19 남자가 전화하는 이유는 무엇인가?

    (A) 여자를 회사 야유회에 초대하려고

    (B) 행사 공간을 예약하려고

    (C) 강좌를 자진해서 가르치려고

    (D) 주차 규정에 관해 문의하려고

해설 | 전체 내용 - 전화 이유
전화를 건 사람인 남자의 대사에 주목하면, 윌슨 파크에서 대규모
행사를 개최할 수 있는지(I'm calling to inquire about the
possibility of holding a large event in Wilson Park on

Saturday, October seventeenth.)를 묻고 있으므로 정답은
(B)이다.

어휘 | reserve 예약하다 **volunteer** 자원하다

20 여자가 질문하는 것은 무엇인가?

    (A) 구역의 크기

    (B) 일기예보

    (C) 행사 날짜와 시간

    (D) 참석자 수

해설 | 세부 내용 - 여자의 문의 사항
여자가 첫 번째 대사에서 얼마나 오는지(How many people do
you expect?)를 묻고 있으므로 정답은 (D)이다.

어휘 | forecast 예보

Paraphrasing
대화의 How many people do you expect? → 보기의 The
number of people attending

21 여자가 제안하는 것은 무엇인가?

    (A) 대여회사에 전화하기

    (B) 음식 더 많이 가져오기

    (C) 다른 장소로 가기

    (D) 대중교통 이용하기

해설 | 세부 내용 - 여자의 제안 사항
여자가 마지막 대사에서 다른 그룹들이 과거에 사용했던 대여회사의
전화번호를 주겠다(Let me give you the number of a rental
company that other groups have used in the past.)고
제안하고 있으므로 정답은 (A)이다.

어휘 | venue 장소 **public transportation** 대중교통

[22-24]　**3인 대화**　W-Am / M-Cn / M-Au

> **W** Hi, Satoshi and John. ²²Did you hear the city
> wants to remove the old railway line and build
> bicycle paths over it?
>
> **M1** Oh yeah. I read about that! Those train tracks
> haven't been used for years, and we need
> more bike trails.
>
> **M2** I agree—I'd start riding my bike to work if they
> do that.
>
> **W** Unfortunately, there's a problem. ²²,²³The City
> Budget Office announced there isn't sufficient
> funding to start the construction this year.
>
> **M2** I know. ²⁴But I heard there's a meeting at the
> community center tomorrow night to discuss
> it. I think I'll attend.
>
> **M1** ²⁴I'll come with you, John. I'd like to find out
> how to get involved.
>
> 여　안녕하세요. 사토시, 존. ²²**시에서 오래된 철로를 없애고 그 위에**
> **자전거 도로를 건설한다는 얘기 들으셨나요?**
>
> 남1　예. 읽었어요! 그 기찻길은 오랫동안 사용되지 않았고, 자전거 길은 더
> 많이 필요하죠.

남2 동의해요. 자전거 도로가 생기면 자전거를 타고 출근할 거예요.
여 안타깝게도, 문제가 있어요. **22,23** 시 예산처에서 올해 건설을
시작하기 위한 자금이 부족하다고 발표했어요.
남2 알아요. **24** 그런데 내일 밤 주민센터에서 그 문제를 논의하는 회의가
있대요. 전 참석하려고요.
남1 **24** 저도 같이 갈게요, 존. 참여하는 방법을 알고 싶네요.

어휘 | remove 없애다 trail 길 budget 예산 sufficient 충분한
construction 건설 get involved 참여하다

---

22 화자들이 주로 논의하는 것은 무엇인가?

(A) 개선된 열차 운행
(B) 새 자전거 도로
(C) 공동체 축제
(D) 시청 개보수

해설 | **전체 내용 - 대화 주제**
여자가 남자들에게 자전거 도로의 건설(build bicycle paths)
소식을 들었는지 물어보며 대화가 시작되어, 자전거 도로가 더
필요하다는 내용과 올해 자전거 도로의 건설을 하기에는 자금이
부족하다(The City Budget Office announced there isn't
sufficient funding to start the construction this year.)는
내용으로 이어지고 있다. 따라서 정답은 (B)이다.

어휘 | improve 개선하다 renovation 개보수

Paraphrasing
대화의 bicycle paths, bike trails → 보기의 bicycle pathways

23 여자가 언급하는 문제는 무엇인가?

(A) 자금 부족
(B) 자원봉사자 부족
(C) 여행 지연
(D) 고장 난 장비

해설 | **세부 내용 - 문제점**
여자가 두 번째 대사에서 올해 건설을 시작하기에는 자금이
부족하다(there isn't sufficient funding to start the
construction this year)고 하므로 정답은 (A)이다.

어휘 | lack 부족 shortage 부족 equipment 장비

Paraphrasing
대화의 there isn't sufficient funding → 보기의 A lack of
funding

24 남자들은 무엇을 할 계획인가?

(A) 친구들에게 이메일 보내기
(B) 시 관계자들에게 전화하기
(C) 온라인 공지 게시하기
(D) 회의 참석하기

해설 | **세부 내용 - 남자들이 할 일**
다음에 할 일은 흔히 대화 후반부에 제시되는 경우가 많다. 여기서도
대화 후반부에 두 번째 남자가 내일 밤에 열릴 회의에 참석할 것(But
I heard there's a meeting at the community center
tomorrow night to discuss it. I think I'll attend.)이라고 하자,
첫 번째 남자는 자신도 같이 가겠다(I'll come with you, John.)고
했다. 이를 통해 두 남자가 회의에 참석할 계획임을 알 수 있으므로
정답은 (D)이다.

Unit 10　세부 사항 문제 / 문제점 · 걱정거리 문제

① 세부 사항 문제

● 실전 도움닫기　　　　　　본책 p.077

1 (C)　**2** (D)　**3** (A)　**4** (C)

---

[1] M-Br / W-Br

M　Susan, could you reschedule my nine o'clock
client tomorrow?
W　Sure, Mr. Miller. When is the earliest you could
see him?
M　The mechanic told me that my car should be
ready by ten. So, let's say eleven.
W　OK, I'll ask him to come in at eleven.

남　수잔, 내일 9시 고객 약속을 다시 잡아 줄래요?
여　알겠습니다, 밀러 씨. 그분을 만날 수 있는 가장 빠른 시간이 언제인
가요?
남　정비공이 10시까지는 차가 준비될 거라고 했어요. 그러니까 **11시로
합시다.**
여　알겠습니다. 그분에게 11시에 오시라고 요청할게요.

어휘 | reschedule 일정을 변경하다 mechanic 정비공

Q　남자는 내일 고객들을 언제 만나기 시작할 것인가?

(A) 오전 9시　　　　　(B) 오전 10시
(C) 오전 11시　　　　(D) 오후 1시

해설 | **세부 내용 - 남자가 고객들을 만날 시각**
여자가 약속을 조정하기 위해서 언제 가장 빨리 고객을 만날 수 있는
지 묻자, 남자는 So, let's say eleven.이라고 답한다. 따라서 (C)가
정답이다. (B)의 오전 10시는 차 수리가 끝나 남자가 차를 가지고 갈
수 있는 시각이다.

---

[2] W-Br / W-Am

W1　I'm glad we chose this restaurant for lunch.
The food is absolutely delicious.
W2　I agree. My whole meal was excellent.
W1　You know, this might be a good place to have
George's retirement dinner.
W2　Why don't we ask the server if we can make a
reservation for a large group?

여1　점심으로 이 식당을 선택해서 기뻐요. 음식이 정말 맛있어요.
여2　맞아요. 전체 식사가 아주 훌륭했어요.
여1　있잖아요, 여기가 조지의 은퇴 만찬을 갖기에 좋은 장소일 수도
있어요.
여2　대규모 단체 예약이 가능한지 웨이터에게 물어보는 게 어때요?

어휘 | retirement 은퇴 make a reservation 예약하다

Q 여자들은 식당에서 어떤 행사를 하고 싶어 하는가?

(A) 고객 미팅   (B) 부서 오찬

(C) 생일 파티   (D) 은퇴 축하행사

해설 | 세부 내용 - 식당에서 하고 싶어 하는 행사

여기가 조지의 은퇴 만찬 장소로 좋겠다(You know, this might be a good place to have George's retirement dinner.)라는 첫 번째 여자의 말에 두 번째 여자가 단체 예약이 가능한지 웨이터에게 물어보자(Why don't we ask the server if we can make a reservation for a large group?)고 제안하고 있다. 따라서 (D)가 정답이다.

어휘 | celebration 축하행사

Paraphrasing

대화의 retirement dinner → 보기의 retirement celebration

[3] M-Cn / W-Br

> **M** Divya, I have a question about the <u>client appreciation banquet</u>. Do you know <u>how many people we can invite</u> this year?
>
> **W** I'm still waiting to <u>get a confirmation</u> from the South York Hotel that we can use their ballroom. <u>If it's available</u>, we can host as many clients as we like.
>
> **M** Oh, OK. Please let me know <u>as soon as possible</u>.
>
> 남 디비야, 고객 감사 연회에 대해 질문이 있어요. 올해는 몇 명이나 초청할 수 있는지 아세요?
>
> 여 사우스 요크 호텔의 연회장을 사용할 수 있는지 **아직 호텔 측 확답을 기다리고 있어요.** 만약 그 연회장을 사용할 수 있다면 우리가 원하는 만큼 고객들을 많이 초청할 수 있어요.
>
> 남 아, 알겠습니다. 가능한 한 빨리 알려 주세요.
>
> **어휘 |** appreciation 감사 banquet 연회 confirmation 확인 host 주최하다

Q 여자가 남자의 질문에 답할 수 없는 이유는 무엇인가?

(A) 호텔로부터 연락을 받지 못했다.

(B) 인터넷에 접속할 수 없다.

(C) 행사 예산이 제공되지 않았다.

(D) 이사가 출장을 갔다.

해설 | 세부 내용 - 여자가 남자의 질문에 답할 수 없는 이유

여자는 아직 호텔로부터 확답을 기다리고 있다(I'm still waiting to get a confirmation from the South York Hotel)고 하므로 정답은 (A)이다.

[4] W-Br / M-Cn

> **W** Hello, Mr. Wilson? This is Susan Chung—a reporter for the local newspaper. I'm following up on a report that you <u>have plans to redevelop</u> the vacant Claremont property site.

> **M** I lead a community group that <u>wants to convert</u> the Claremont property into the biggest park in the city. <u>Local residents and businesses</u> are really excited about this possibility.
>
> **W** I imagine you'll need to <u>take your proposal</u> to the city.
>
> **M** That's right.
>
> 여 안녕하세요, 윌슨 씨? 저는 지역 신문 기자 수잔입니다. **당신이 비어 있는 클레어몬트 부동산 부지를 재개발하려는 계획이라는 보도에 대해 후속 취재하고 있어요.**
>
> 남 저는 클레어몬트 부동산을 시에서 가장 큰 공원으로 바꾸려는 지역 단체를 이끌고 있어요. 지역 주민들과 업체들은 이 가능성에 대해 무척 설레어 하고 있어요.
>
> 여 제안서를 시로 가져가셔야 할 것 같군요.
>
> 남 맞아요.
>
> **어휘 |** local 지역의 follow up 후속 취재[보도]하다 redevelop 재개발하다 property 부동산 community 지역 convert A into B A를 B로 바꾸다 resident 주민 possibility 가능성 proposal 제안(서)

Q 남자가 클레어몬트 부동산에 대해 한 말은 무엇인가?

(A) 그의 업체와 가깝다.

(B) 역사적인 건물이 있다.

(C) 재개발하기를 희망한다.

(D) 팔기로 결정했다.

해설 | 세부 내용 - 남자가 부동산에 대해 한 말

대화 초반부에서 여자는 남자가 계획하는 클레어몬트 부동산 부지 재개발 보도에 대해 후속 취재하고 있다(I'm following up on a report that you have plans to redevelop the vacant Claremont property site.)고 하므로 정답은 (C)이다.

② 문제점·걱정거리 문제

● 실전 **도움닫기**   본책 p.079

1 (C)   **2** (C)   **3** (A)   **4** (C)

[1] M-Am / W-Am

> **M** Have you had any problems using your computer this morning? <u>I can't log on to mine.</u>
>
> **W** Our <u>passwords expired</u> last night. You have to go to the technical services office to <u>have a new one set up.</u>
>
> **M** OK... that's down on the first floor by the machine room, right?
>
> **W** It's on the first floor, but you need to <u>turn left at the reception desk.</u> It's right <u>next to the security office.</u>
>
> 남 오늘 아침에 컴퓨터 쓸 때 문제 없었어요? **내 컴퓨터에 로그온이 안 돼요.**

여 우리 비밀번호가 어젯밤에 만료됐어요. 기술지원부에 가서 새 비밀번호를 설정해야 해요.

남 알았어요… 1층에 기계실 옆에 있는 사무실 맞죠?

여 1층은 맞는데 안내 데스크에서 왼쪽으로 돌아가야 돼요. 경비실 바로 옆에 있어요.

어휘 | log on to ~에 로그온하다 password 비밀번호 expire 만료되다 technical services office 기술지원부 set up 설정하다 reception desk 안내 데스크 security office 경비실

Q 남자의 문제는 무엇인가?

(A) 방 열쇠를 잃어버렸다.

(B) 회사에 지각했다.

(C) 자신의 컴퓨터에 접속할 수 없다.

(D) 컴퓨터 비밀번호를 잊어버렸다.

해설 | 세부 내용 - 남자의 문제점

남자는 첫 대사에서 여자에게 컴퓨터를 사용하는 데 문제가 없었는지 물은 후, 자신의 컴퓨터에 로그온이 안 된다(I can't log on to mine.)고 한다. 따라서 (C)가 정답이다.

Paraphrasing

대화의 log on to mine → 보기의 access his computer

---

[2] W-Br / M-Au

W Hi, I'm having trouble with my printer. The problem is, um, every time I try to print a document on both sides of the paper, the paper gets stuck in the machine.

M I'm sorry to hear that. Unfortunately we can't offer technical support over the phone.

W I guess I'll bring it back to the store this afternoon.

여 안녕하세요, 제 프린터기에 문제가 있어서요. **문제는, 양면으로 서류를 프린트하려고 하면 매번 종이가 기계에 걸려요.**

남 그렇다니 죄송합니다. 안타깝게도 저희는 전화상으로 기술 지원을 제공해 드릴 수 없습니다.

여 그럼 오늘 오후에 매장으로 가져가 봐야겠네요.

어휘 | every time ~할 때마다 document 서류 get stuck 걸리다 technical support 기술 지원

Q 여자는 어떤 문제를 언급하는가?

(A) 매장을 찾을 수 없다.

(B) 프로그램을 설치할 수 없다.

(C) 서류를 인쇄할 수 없다.

(D) 잉크 카트리지를 교체할 수 없다.

해설 | 세부 내용 - 여자의 문제점

여자가 종이가 프린터기에 끼어서 인쇄를 할 수 없다(every time I try to print a document on both sides of the paper, the paper gets stuck in the machine)고 했으므로 정답은 (C)이다.

어휘 | locate ~의 정확한 위치를 찾다 install 설치하다

---

[3] 3인 대화 W-Am / M-Cn / M-Au

W I'm worried about the production rate on assembly line number three. The machine that seals the mobile phone boxes isn't running as fast as it should.

M1 Oh, we've had trouble with that machine in the past. Instead of having it repaired again, I think we'd better just replace it.

M2 I agree. But we should try to get a new one put in as soon as possible, or we might have to shut down that assembly line.

여 **3번 조립라인의 생산 속도 때문에 걱정이에요.** 휴대폰 상자를 밀봉하는 기계가 정상적으로 빠르게 작동하지 않아요.

남1 아, 이전에도 그 기계에 문제가 있었어요. 또 수리하는 대신 그냥 교체하는 게 나을 것 같아요.

남2 맞아요. 하지만 가능한 한 빨리 새것으로 교체하지 않으면 그 조립라인을 중단시켜야 할지도 몰라요.

어휘 | production rate 생산 속도 assembly line 조립라인 seal 밀봉하다 run 작동하다 have trouble with ~에 문제가 있다 in the past 과거에 had better ~하는 게 낫다 put in 설치하다 shut down (기계를) 멈추다, 정지시키다

Q 여자는 무엇을 걱정하는가?

(A) 생산 속도   (B) 직원 가용성

(C) 실내 온도   (D) 배송비

해설 | 세부 내용 - 여자의 걱정거리

여자의 대사에서 3번 조립라인의 생산 속도 때문에 걱정 (I'm worried about the production rate on assembly line number three.)이라고 했으므로 정답은 (A)이다.

---

[4] M-Cn / W-Br

M Hello? Ms. Reed?

W Hello, Mr. Park. Could you possibly get me another blueprint? I can't find the drawings for the front entrance.

M Certainly. It'll take some time to print the plan, though. If you come by my office around three o'clock, I'll have it ready for you by then.

남 안녕하세요? 리드 씨?

여 안녕하세요, 박 씨. 설계도를 한 부 더 줄 수 있나요? **정문 도면을 못 찾겠어요.**

남 물론이죠. 그런데 설계도를 출력하는 데 시간이 조금 걸릴 겁니다. 3시쯤 사무실에 들르시면 그때까지 준비해 놓을게요.

어휘 | blueprint 청사진, 설계도 drawing 도면 front entrance 정문 come by ~에 들르다

Q 리드 씨는 어떤 문제를 언급하는가?

(A) 송장이 불완전하다.

(B) 사무실이 닫혔다.

(C) 문서가 없다.

(D) 치수가 부정확하다.

여자(Ms. Reed)가 정문 도면을 못 찾겠다(I can't find the drawings for the front entrance.)라고 했으므로 정답은 (C)이다.

● ETS 실전문제

본책 p.080

1 (A)	2 (C)	3 (D)	4 (D)	5 (C)	6 (B)
7 (A)	8 (A)	9 (D)	10 (D)	11 (B)	12 (A)
13 (A)	14 (D)	15 (B)	16 (C)	17 (C)	18 (D)
19 (C)	20 (C)	21 (D)	22 (A)	23 (C)	24 (B)

[1-3] M-Au / W-Br

M This restaurant is great. [1]I'm impressed with all the different kinds of food they serve.

W [1]Yes, there are a lot of dishes to choose from. Hmm … [2]I wonder if they cater. They might be a good choice to provide the food for the next meeting with our Japanese clients. **What do you think?**

M [2]I think that's a great idea! [3]I'll ask the manager on our way out if he can do that.

남 이 식당 아주 훌륭하네요. [1]여기서 제공하는 온갖 다양한 음식에 감명 받았어요.

여 [1]예, 고를 요리가 많네요. 음… [2]출장요리도 제공하는지 궁금하네요. 다음 번 일본 고객 회의에 음식을 제공하면 좋은 선택이 될 수 있을 텐데요. 어떻게 생각하세요?

남 [2]좋은 생각이에요! [3]나가는 길에 매니저에게 해줄 수 있는지 물어볼게요.

어휘 | impressed 감명 받은 cater 요리를 제공하다

1 화자들은 레스토랑의 어떤 점을 좋아하는가?
(A) 메뉴의 다양함　　　(B) 요리 가격
(C) 라이브 음악　　　(D) 서비스의 신속함

해설 | 세부 내용 - 식당에 대해 좋아하는 점
남자가 첫 대사에서 식당이 제공하는 다양한 음식에 감명 받았다(I'm impressed with all the different kinds of food they serve.)고 하자 여자도 고를 요리가 많다(Yes, there are a lot of dishes to choose from.)고 맞장구를 치고 있다. 따라서 (A)가 정답이다.

어휘 | variety 다양함 promptness 신속함

Paraphrasing
대화의 all the different kinds of food → 보기의 The variety of menu items

2 화자들이 고려하는 것은 무엇인가?
(A) 디저트 주문
(B) 회의 시간 변경
(C) 행사에 출장요리 시키기
(D) 추천서 작성

해설 | 세부 내용 - 화자들의 고려 사항
여자가 다음 일본 고객 회의에 음식을 제공받으면 좋겠다(I wonder if they cater. They might be a good choice to provide the food for the next meeting with our Japanese clients.)며 남자의 의견을 물었고 남자도 좋은 생각(I think that's a great idea!)이라고 했다. 따라서 (C)가 정답이다.

어휘 | recommendation 추천(서)

Paraphrasing
대화의 provide the food for the next meeting
→ 보기의 Having an event catered

3 남자는 무엇을 하겠다고 말하는가?
(A) 운전해서 가는 길 문의하기
(B) 예약하기
(C) 명함 남기기
(D) 매니저와 대화하기

해설 | 세부 내용 - 남자가 할 일
남자는 마지막 대사에서 매니저에게 해줄 수 있는지 물어보겠다(I'll ask the manager on our way out if he can do that.)고 했다. 따라서 (D)가 정답이다.

Paraphrasing
대화의 ask the manager → 보기의 Talk to a manager

[4-6] M-Cn / W-Br

M Hello, Ms. Sanchez? This is Hugo Simon calling from Scottsdale Park. [4]You reserved the park's north pavilion next Saturday for a company picnic, right?

W Yes, that's right. I reserved the pavilion and the surrounding picnic area from noon until three P.M. that day. Is there a problem?

M [5]We've been making some repairs to that pavilion's roof and I'm afraid they won't be completed by next Saturday. You can postpone the event until the following Saturday, or if you can't change the date – there is another smaller picnic area at the park you could reserve.

W [6]Hmm, I think I'd like to reschedule the event. We really need the bigger space. Please reserve the pavilion for me for the following Saturday instead.

남 여보세요, 산체스 씨? 저는 스코츠데일 파크의 우고 시몬이에요. [4]다음 주 토요일 회사 야유회를 위해 공원 북쪽 대형 천막을 예약하셨군요.

여 예, 맞아요. 그날 정오부터 오후 3시까지 대형 천막과 주변 소풍 구역을 예약했어요. 문제가 있나요?

남 [5]대형 천막 지붕을 수리하고 있는데 다음 주 토요일까지 끝낼 수 없을 것 같아요. 그 다음 주 토요일로 행사를 연기하시거나 날짜를 변경할 수 없다면 공원에 또 다른 작은 소풍 구역을 예약할 수 있어요.

여 [6]흠, 행사 일정을 다시 잡아야 할 것 같네요. 우린 정말 더 넓은 공간이 필요해요. 대형 천막을 그 다음 주 토요일로 예약해 주세요.

4 화자들이 논의하고 있는 행사는 무엇인가?
(A) 영화제
(B) 착공식
(C) 강연 시리즈
(D) 소풍

해설 | 세부 내용 - 논의되는 행사
남자의 첫 번째 대사(You reserved the park's north pavilion next Saturday for a company picnic, right?)에서 남자는 여자에게 회사 야유회로 공원 북쪽 천막을 예약한 사실을 확인하고 있다. 따라서 (D)가 정답이다.

어휘 | groundbreaking ceremony 착공식

5 남자가 언급하는 문제는 무엇인가?
(A) 일기예보가 나쁘다.
(B) 건축허가증이 발급되지 않았다.
(C) 구조물을 보수하고 있다.
(D) 초청 연사가 올 수 없다.

해설 | 세부 내용 - 문제점
문제가 있는지를 묻는 여자의 질문에 남자는 두 번째 대사(We've been making some repairs to that pavilion's roof and I'm afraid they won't be completed by next Saturday.)에서 천막 지붕 공사가 다음주 토요일은 되어야 마친다고 알리고 있다. 따라서 (C)가 정답이다.

어휘 | weather forecast 일기예보 permit 허가증 issue 발급하다 unavailable 만날 수 없는

Paraphrasing
대화의 making some repairs to that pavilion's roof
→ 보기의 A structure is being repaired.

6 여자는 어떻게 하기로 결정했는가?
(A) 환불 요청
(B) 행사 일정 변경
(C) 다른 장소 예약
(D) 관리자와 대화

해설 | 세부 내용 - 여자의 결정 사항
여자의 마지막 대사(I'd like to reschedule the event)에서 여자는 행사 일정 조정을 원한다는 것을 알 수 있다. 따라서 (B)가 정답이다.

어휘 | refund 환불 venue 장소 supervisor 관리자

[7-9] M-Cn / W-Am

M Hi—[7]I'm calling about a table that I booked at your restaurant for a business dinner I'm hosting tonight. My name's Morten Dowds, and the reservation is for six-thirty.

W Ah, yes, Mr. Dowds. I see your reservation. We have a table for six people reserved for you.

M That's actually the problem. [8]More clients than I expected will be coming—would it be possible to change to a table that can fit ten people?

W Unfortunately, the main dining room is completely booked tonight. Perhaps you'd like to reserve our private dining area. [9]But there is a charge of fifty dollars to rent that space.

남 안녕하세요, [7]오늘 밤 제가 주최하는 업무 만찬 때문에 식당에 예약한 테이블 건으로 전화했어요. 제 이름은 모튼 다우즈고, 6시 30분 예약이에요.

여 아, 네, 다우즈 씨. 예약하셨네요. 고객님을 위해 6인용 테이블을 준비했어요.

남 실은 그게 문제예요. [8]제가 예상했던 것보다 더 많은 고객이 올 겁니다. 열 명이 앉을 수 있는 테이블로 바꿀 수 있을까요?

여 안타깝게도 오늘 밤 주 식당은 예약이 꽉 찼어요. 전용 식사 구역을 예약하실 수도 있어요. [9]하지만 그 공간을 빌리려면 50달러가 들어요.

7 남자가 식당에 가는 이유는 무엇인가?
(A) 업무 만찬을 주최하려고
(B) 취업 면접에 참석하려고
(C) 생일을 축하하려고
(D) 점검하려고

해설 | 세부 내용 - 남자가 식당에 가는 이유
남자는 첫 대사에서 남자가 주최하는 업무 만찬 때문에 식당에 예약한 테이블 건으로 전화했다(I'm calling about a table that I booked at your restaurant for a business dinner I'm hosting tonight)고 하므로 정답은 (A)이다.

어휘 | conduct 실시하다 inspection 점검

8 남자가 하려는 것은 무엇인가?
(A) 더 큰 테이블 예약   (B) 회의시간 변경
(C) 손님 도착 전 요리 주문   (D) 주인과 대화

해설 | 세부 내용 - 남자가 하려는 것
남자는 두 번째 대사에서 예상보다 인원이 많아져서 열 명이 앉을 테이블로 변경 가능한지(More clients than I expected will be coming—would it be possible to change to a table that can fit ten people?)를 묻고 있으므로 정답은 (A)이다.

Paraphrasing
대화의 change to a table that can fit ten people
→ 보기의 Reserve a larger table

9 여자가 전용 식사 구역에 대해 말한 것은 무엇인가?
(A) 이용할 수 없다.
(B) 덜 시끄럽다.
(C) 최근 리모델링했다.
(D) 추가 비용이 든다.

해설 | 세부 내용 - 전용 식사 구역에 관한 것
여자는 마지막 대사에서 전용 식사 구역 예약을 언급하며 50달러의 추가 요금이 있다(But there is a charge of fifty dollars to rent that space.)고 하므로 정답은 (D)이다.

어휘 | unavailable 이용할 수 없는 noisy 시끄러운 recently 최근

Paraphrasing
대화의 a charge of fifty dollars → 보기의 costs extra money

[10-12] W-Br / M-Au

W ¹⁰Elm Road Pharmacy, how can I help you?

M Hi. I just heard from a neighbor about your prescription delivery service. I have a question about it, though.

W Sure, what is it?

M I'm interested, but ¹¹I'm worried about the cost.

W Actually, it's free of charge.

M Great, I'll sign up tonight. ¹²Also, could you check on the medication I ordered? I was wondering if it was in yet.

W ¹²Let me look that up for you. What's your name?

여 ¹⁰엘름 로드 약국입니다, 무엇을 도와 드릴까요?

남 안녕하세요. 방금 이웃한테 처방약 배달 서비스에 대해 들었어요. 그런데 궁금한 게 있어요.

여 예, 뭔가요?

남 관심은 있는데 ¹¹비용이 걱정이에요.

여 실은 무료예요.

남 잘됐네요, 오늘밤에 등록할게요. ¹²그리고 제가 주문한 약도 확인해 주시겠어요? 들어왔나 해서요.

여 ¹²찾아볼게요. 이름이 어떻게 되시죠?

어휘 | pharmacy 약국 prescription 처방(약) medication 약

10 여자는 어디서 일하는가?
(A) 우체국 　　　　　　　(B) 식당
(C) 컴퓨터 수리점 　　　　(D) 약국

해설 | **전체 내용 - 여자의 근무 장소**
대화 첫 부분에서 여자가 Elm Road Pharmacy라는 약국 이름을 정확히 언급하며 전화를 받고 있으므로 정답은 (D)이다.

11 남자가 염려하는 것은 무엇인가?
(A) 영업시간 　　　　　　(B) 서비스 요금
(C) 분실물 　　　　　　　(D) 송장의 오류

해설 | **세부 내용 - 남자의 걱정거리**
남자가 두 번째 대사에서 비용이 걱정된다(I'm worried about the cost)고 하므로 정답은 (B)이다.

어휘 | fee 요금 invoice 송장, 청구서

Paraphrasing
대화의 the cost → 보기의 Fees for a service

12 다음에 여자는 무엇을 하겠는가?
(A) 주문 확인 　　　　　　(B) 동료와 대화
(C) 주소 확인 　　　　　　(D) 휴식

해설 | **세부 내용 - 여자가 다음에 할 일**
주문한 약을 확인해 달라는 남자의 요청(Also, could you check on the medication I ordered?)에 여자는 찾아보겠다(Let me look that up for you.)고 하므로 정답은 (A)이다.

어휘 | verify 확인하다

Paraphrasing
대화의 the medication I ordered → 보기의 an order

[13-15] W-Br / M-Cn

W Hi, I'm calling to get some information about the carpets that you make. ¹³I'm an interior decorator, and one of my projects is to update the inside of a hotel using only eco-friendly materials.

M ¹⁴Well, all of the carpets that we produce are made from one hundred percent recycled materials, and our manufacturing procedures do not produce any pollutants.

W That sounds like exactly what my client is looking for. But I can't imagine that carpeting made from recycled materials is very attractive. Do you have many different styles to choose from?

M We do, in fact. Just like any other carpets, they come in a variety of colors and patterns. If you'd like, ¹⁵I could mail you some pieces of our best sellers, so that you can see for yourself. I'm sure you'll be impressed.

여 안녕하세요, 당신이 만드는 카펫에 대한 정보를 얻으려고 전화했어요. ¹³저는 실내 장식가인데, 제 프로젝트 중 하나가 친환경 재료만 써서 호텔 내부를 새로 바꾸는 거예요.

남 ¹⁴음, 저희가 생산하는 모든 카펫은 100퍼센트 재활용 재료로 제조되고, 제조 과정에서 어떠한 오염물질도 배출하지 않습니다.

여 정확히 제 고객이 찾고 있는 것 같군요. 하지만 재활용된 재료로 만든 카펫이 그다지 멋질 것 같진 않아요. 선택할 수 있는 다양한 스타일이 있나요?

남 있어요. 다른 카펫과 마찬가지로 다양한 색상과 무늬가 있어요. 원하신다면 ¹⁵직접 보실 수 있도록 가장 잘 팔리는 몇 장을 우송해 드릴게요. 틀림없이 인상에 남으실 겁니다.

어휘 | eco-friendly 친환경의 recycled 재활용된 manufacturing 제조 procedure 과정 pollutant 오염물질 a variety of 다양한

13 여자는 누구인가?
(A) 인테리어 디자이너 　　(B) 가구점 주인
(C) 공장 감독 　　　　　　(D) 호텔 지배인

해설 | **전체 내용 - 여자의 신분**
대화 첫 부분에서 여자가 자신을 interior decorator라고 직접적으로 밝히고 있으므로 (A)가 정답이다.

Paraphrasing
대화의 interior decorator → 보기의 interior designer

14 제품이 특별한 점은 무엇인가?
(A) 잡지 기사에 실렸다.
(B) 현지에서 만든 것이다.
(C) 가격이 적당하다.
(D) 환경 친화적이다.

해설 | 세부 내용 - 제품의 특별한 점
남자는 첫 번째 대사에서 카펫은 재활용 재료로 제조되고 제조 과정에서 오염물질도 배출되지 않는다(Well, all of the carpets that we produce are made from one hundred percent recycled materials, and our manufacturing procedures do not produce any pollutants.)고 했으므로 (D)가 정답이다.

어휘 | feature (잡지 등에) 특집으로 실리다 locally 현지에서 affordably 적당히 environmentally friendly 환경 친화적인

15 남자는 여자에게 무엇을 하겠다고 제안하는가?
(A) 치수 재기
(B) 견본 보내기
(C) 보증기간 변경
(D) 제품 비용 절감

해설 | 세부 내용 - 남자의 제안 사항
마지막 대사에서 남자는 여자가 직접 볼 수 있도록 가장 잘 팔리는 몇 장을 보내겠다(I could mail you some pieces of our best sellers, so that you can see for yourself)고 했으므로 (B)가 정답이다.

어휘 | measurement 측정 warranty 보증 reduce 절감하다

Paraphrasing
대화의 mail you some pieces of our best sellers
→ 보기의 Send her some samples

[16-18] W-Br / M-Cn

W Hello, I have a question. I'm new in the area, and **16**I'd like to sign up for a library card so that I can check out books. How can I do that?

M It's a simple process. First, you'll need to fill out an application form. Then you'll need to show us your driver's license and a copy of a recent bill, such as a credit card bill or utility bill. The bill is necessary to show proof of your mailing address.

W Well, I have my driver's license with me, but **17**I'll have to come back tomorrow with a utility bill.

M OK, that's fine. Once you do that, we can issue the card so you can start checking out books. And, you may not know this, but in addition to that, **18**you'll have the right to access the Internet on the library's computers.

여 안녕하세요. 질문이 있어요. 이 지역에 처음 왔는데, **16**책을 대출할 수 있도록 도서관 카드를 신청하고 싶어요. 어떻게 하면 되나요?

남 절차가 간단해요. 먼저 신청서를 작성하셔야 해요. 그런 다음 운전면허증과 신용카드 청구서나 공과금 청구서 같은 최근 청구서 사본을 보여 주셔야 합니다. 청구서는 우편주소를 증빙하는 데 필요하고요.

여 음, 운전 면허증은 가지고 있는데, **17**공과금 고지서를 가지고 내일 다시 와야겠어요.

남 좋아요, 괜찮아요. 일단 그렇게 하시면, 책을 대출할 수 있도록 카드를 발급해 드릴 수 있어요. 그리고 모르실 수도 있지만, 그 밖에도 **18**도서관 컴퓨터에서 인터넷에 접속할 수 있는 권리도 갖게 돼요.

어휘 | sign up for 신청하다 process 절차 fill out 작성하다 application form 신청서 recent 최근의 utility (수도·전기·가스 등의) 공익사업 proof 증거 issue 발급하다 in addition to 그 밖에도 right 권리 access 접속하다

16 남자는 어디에서 일하겠는가?
(A) 우체국
(B) 자동차 부서
(C) 공공 도서관
(D) 공익기업

해설 | 전체 내용 - 남자의 근무 장소
첫 대사에서 여자는 도서관 카드를 만들고 싶은데 어떻게 할 수 있는지(I'd like to sign up for a library card so that I can check out books. How can I do that?)를 남자에게 묻고 있다. 이를 통해 남자는 도서관 직원임을 추론할 수 있으므로 (C)가 정답이다.

어휘 | utility company (수도·전기 등을 공급하는) 공익기업

17 여자가 내일 다시 오는 이유는 무엇인가?
(A) 결제하려고
(B) 입사 원서를 작성하려고
(C) 추가 문서를 제공하려고
(D) 장비를 구입하려고

해설 | 세부 내용 - 여자가 내일 다시 오는 이유
질문의 키워드인 tomorrow에 유의해서 들으면, 지문 후반부에서 운전 면허증은 있지만 공과금 고지서를 가지고 내일 다시 와야겠다 (I'll have to come back tomorrow with a utility bill)고 하므로 (C)가 정답이다.

어휘 | additional 추가의 purchase 구입하다 equipment 장비

Paraphrasing
대화의 utility bill → 보기의 additional document

18 남자가 언급한 추가 이점은 무엇인가?
(A) 급행운송
(B) 보증기간 연장
(C) 가격 인하
(D) 인터넷 접속

해설 | 세부 내용 - 추가 이점
남자는 마지막 대사에서 도서관 컴퓨터에서 인터넷에 접속할 수 있는 권리도 가질 것(you'll have the right to access the Internet on the library's computers)이라고 하므로 (D)가 정답이다.

어휘 | extended 연장된 warranty 보증(기간) reduction 인하

W David and Stefan, can I talk to you? [19]I just found out a few volunteers are out sick, so we'll need some extra people to collect tickets at the festival tomorrow.

M1 [20]Well, we were both asked by the stage manager to help get instruments onstage before each band performs.

M2 Right. And since each band has its own set of instruments, we'll be busy with that all day.

W Okay, I'll see if any other volunteers are available. Oh, and one more thing—[21]don't forget to pick up an official volunteer T-shirt before leaving tonight. You'll need to wear it at the festival tomorrow.

여 데이비드, 스테판, 얘기 좀 할 수 있을까요? [19]방금 알았는데 자원봉사자 몇 명이 아파서 결근했네요. 내일 축제 때 표를 수거할 추가 인원이 필요할 거예요.

남1 [20]음, 우리 둘 다 각 밴드가 연주하기 전에 무대에 악기 올리는 일을 도와달라고 무대 매니저한테 요청 받았어요.

남2 맞아요. 게다가 밴드마다 악기 세트가 있어서 우린 하루 종일 그것 때문에 바쁠 거예요.

여 그렇군요. 다른 자원봉사자가 있는지 알아볼게요. 아, 그리고 하나 더 있어요. [21]오늘밤 퇴근하기 전에 잊지 말고 공식 자원봉사 티셔츠를 가져가세요. 내일 축제 때 입어야 해요.

어휘 | instrument 악기 perform 연주하다

---

19 여자가 언급하는 문제는 무엇인가?
(A) 표 판매가 부진하다.
(B) 악천후가 예보되었다.
(C) 일부 자원봉사자들이 아프다.
(D) 일부 포스터가 엉뚱한 장소에 있다.

해설 | 세부 내용 - 문제점
여자는 첫 대사에서 자원봉사자 몇 명이 아파서 추가 인원이 필요할 것(a few volunteers are out sick, so we'll need some extra people to collect tickets at the festival tomorrow)이라고 한다. 따라서 (C)가 정답이다.

어휘 | predict 예보하다 location 장소, 위치

Paraphrasing
대화의 sick → 보기의 not feeling well

20 축제의 중심은 무엇이겠는가?
(A) 공예   (B) 춤
(C) 음악   (D) 식품

해설 | 세부 내용 - 축제의 중심
첫 번째 남자의 대사에서 축제 준비와 관련하여 instruments, band, performs 등이 언급되므로 축제의 중심은 음악임을 알 수 있다. 따라서 (C)가 정답이다.

21 여자가 남자들에게 가져가라고 상기시키는 것은 무엇인가?
(A) 사용 설명서   (B) 급료
(C) 신분증   (D) 티셔츠

해설 | 세부 내용 - 여자가 상기시키는 것
여자는 마지막 대사에서 잊지 말고 공식 자원봉사 티셔츠를 가져가라(don't forget to pick up an official volunteer T-shirt before leaving tonight)고 남자들을 상기시키고 있다. 따라서 (D)가 정답이다.

어휘 | instruction manual 사용 설명서

M Ji-Min, I wanted to talk to you. [22]Customers have been complaining about the new wooden chairs we started making last December.

W Oh, you mean the Sarburn model? But it's been selling so well...

M That's because people like how it looks. [23]But they're saying that the legs aren't sturdy. After a few months, the legs get loose and the chair becomes wobbly.

W Hm. Well, right now, we just use nails to attach the legs to the seat. We could use both nails and glue.

M That'll increase production costs...

W Yes, but glue's not very expensive. [24]I'll put together a cost estimate this afternoon.

남 지민, 얘기하고 싶었어요. [22]고객들이 우리가 지난 12월부터 만들기 시작한 신제품 나무의자에 불만을 제기하고 있어요.

여 아, 사번 모델 말씀이세요? 그런데 아주 잘 팔리잖아요….

남 외관이 마음에 들기 때문이죠. [23]그런데 다리가 튼튼하지 않다고 해요. 몇 달이 지나면 다리가 풀리고 의자가 흔들려요.

여 흠. 지금은 그냥 못으로 다리를 의자에 붙이고 있어요. 못과 접착제 둘 다 사용하면 돼요.

남 그러면 생산비가 늘어나는데요….

여 맞아요. 하지만 접착제는 그다지 비싸지 않아요. [24]오늘 오후에 합쳐서 비용 견적을 낼게요.

어휘 | complain 불만을 제기하다 wobbly 흔들리는 nail 못 glue 접착제 estimate 견적(서)

---

22 화자들은 어디에서 일하는가?
(A) 가구 제조업체
(B) 미술용품점
(C) 식당 납품업체
(D) 자동차 정비소

해설 | 전체 내용 - 근무 장소
대화 초반부에서 남자가 여자에게 지난 12월에 제작을 시작한 의자에 대해 고객들의 불만이 있다(Customers have been complaining about the new wooden chairs we started making last December.)고 말하는 것을 통해 정답이 (A)임을 알 수 있다.

어휘 | supplier 납품업체

23 고객들이 제품에 불만을 제기한 이유는 무엇인가?
(A) 너무 무겁다.   (B) 너무 비싸다.
(C) 견고하지 않다.   (D) 볼품없다.

해설 | 세부 내용 - 불만 이유

대화 중반부에서 제품이 잘 팔리고 있다는 여자의 말에 남자가 다리가 튼튼하지 않다고들 한다(But they're saying that the legs aren't sturdy.)고 말하는 것을 통해 정답이 (C)임을 알 수 있다.

어휘 | sturdy 견고한

24 여자는 오후에 무엇을 하겠다고 말하는가?

(A) 사진 찍기

(B) 비용 견적 작성

(C) 고객들에게 연락

(D) 설명서 검토

해설 | 세부 내용 - 여자가 오후에 할 일

질문의 키워드인 afternoon에 주목하면, 합쳐서 비용 견적을 낼 것(I'll put together a cost estimate this afternoon)이라고 여자가 말하고 있으므로 정답은 (B)이다.

Paraphrasing

대화의 put together → 보기의 Create

Unit 11 요청·제안 문제 / 다음에 할 일 문제

① 요청·제안 문제

● 실전 도움닫기

본책 p.083

---

1 (D) **2** (A) **3** (C) **4** (D)

---

[1] M-Am / W-Am

> **M** Hello, my name is Fred Kane, and I'm calling from the Clearsea Electronics Company. I'd like to transfer ten thousand dollars from our short-term savings account to our long-term account.
>
> **W** No problem, sir. What's the account number that you're transferring from?
>
> **M** The account number is 67843.
>
> **남** 안녕하세요, 저는 프레드 케인이라고 하는데, 클리어시 일렉트로 닉스 사에서 전화드립니다. 저희 단기 보통예금 계좌에서 장기 예금 계좌로 1만 달러를 이체하고 싶습니다.
>
> **여** 알겠습니다. **어떤 계좌번호에서 이체하시겠습니까?**
>
> **남** 계좌번호는 67843입니다.

어휘 | transfer 이체하다 **short-term** 단기의 **savings account** 보통 예금 **long-term** 장기의

Q 여자는 무엇을 요청하는가?

(A) 주소   (B) 비밀번호

(C) 전화번호   (D) 계좌번호

해설 | 세부 내용 - 여자가 요청하는 것

여자의 요청 사항에 대한 문제이므로 여자의 대사에서 정답의 단서를 찾아야 한다. 여자는 남자에게 어떤 계좌에서 이체할 것인지 계좌번호를 묻고(What's the account number that you're transferring from?) 있다. 따라서 정답은 (D)이다.

[2] W-Am / M-Br

> **W** Do you want to try lunch at the new restaurant near the ice cream shop?
>
> **M** Oh, I went there last week and I wasn't very impressed. There were too many people and there wasn't enough space between the tables.
>
> **W** Really? That's too bad.
>
> **여** 아이스크림 가게 근처에 새로 생긴 식당에서 점심 먹을래요?
>
> **남** 아, 지난주에 거기 가봤는데 별로였어요. 사람이 너무 많은데다 테이블 간격도 좁았어요.
>
> **여** 정말요? 아쉽네요.

어휘 | impressed 좋은 인상을 받은 **space** 공간, 자리

Q 여자는 어디에 가자고 제안하는가?

(A) 식당   (B) 커피숍

(C) 아이스크림 가게   (D) 회사 구내식당

해설 | 세부 내용 - 여자의 제안 장소

대화를 시작하면서 여자가 아이스크림 가게 근처에 새로 생긴 식당에 가자(Do you want to try lunch at the new restaurant near the ice cream shop?)고 하므로 정답은 (A)이다.

[3] W-Br / M-Cn

> **W** Hi, I'm Petra Barlow. I have an interview for a position in the accounting department here at Houseman Incorporated.
>
> **M** Hello, Ms. Barlow. Let me check in the computer. While I do that, would you put on this visitor's badge so it's easy to see?
>
> **W** Yes, of course.
>
> **여** 안녕하세요, 저는 페트라 바로우입니다. 이곳 하우스맨 사의 경리과 자리에 취업 면접이 있습니다.
>
> **남** 안녕하세요, 바로우 씨. 제가 컴퓨터로 확인해 볼게요. 그동안에 **이 방문자 배지를 잘 보이게 착용해 주시겠어요?**
>
> **여** 네, 알겠습니다.

어휘 | accounting department 경리과 **put on** 착용하다

Q 남자가 여자에게 요청하는 것은 무엇인가?

(A) 로비에서 기다리는 것   (B) 지원서 업데이트

(C) 배지 착용   (D) 사진이 붙은 신분증 제시

해설 | 세부 내용 - 남자의 요청 사항

남자가 여자에게 방문자 배지를 잘 보이게 착용해 달라 (would you put on this visitor's badge so it's easy to see)고 요청했으므로 정답은 (C)이다.

> **W** Did you have a chance to look at the draft of the new book cover?
>
> **M** Yes, I looked it over, and I think it's really good. I do have one suggestion though. I think our publishing company's logo is very small compared to the other information. How about making it larger so people can see it better?
>
> **W** That's a good idea.

여 새 책 표지의 초안을 볼 기회가 있었나요?

남 네, 봤는데 아주 좋다고 생각해요. 하지만 한 가지 제안할 게 있어요. 우리 출판사 로고가 다른 정보에 비해 너무 작은 것 같아요. **사람들이 더 잘 볼 수 있도록 더 크게 만들면 어떨까요?**

여 좋은 생각이에요.

어휘 | have a chance to ~할 기회가 있다 draft 초안, 원고 look over ~을 훑어보다 suggestion 제안 though 하지만 publishing company 출판사 compared to ~와 비교하여

Q 남자는 로고에 대해 어떤 제안을 하는가?

(A) 위치를 정하는 것
(B) 사진을 추가하는 것
(C) 색을 바꾸는 것
(D) 크기를 늘리는 것

해설 | **세부 내용 - 남자의 제안 사항**
제안을 나타내는 How about ~?을 사용해서 로고를 키우자(How about making it larger so people can see it better?)고 했으므로 정답은 (D)이다.

어휘 | fix 정하다 add 추가하다

② 다음에 할 일 문제

● 실전 **도움닫기**   본책 **p.085**

1 (D)   **2** (B)   **3** (D)   **4** (D)

> **M** I'm calling to thank you and your company for the great job you did catering for our business luncheon last week.
>
> **W** Oh, don't thank me. Your event was planned by my colleague, Nadia.
>
> **M** If Nadia's in the office, I'd like to tell her myself.
>
> **W** Actually, she's out today. But I can put you through to her voice mail so that you can leave her a message.

남 지난주 저희 비즈니스 오찬 때 음식 출장 서비스를 아주 잘해 주셔서 당신과 당신 회사에 고마움을 전하고자 전화를 드립니다.

여 아, 저한테 고마워하지 마세요. 그 행사는 제 동료인 나디아가 계획했던 겁니다.

남 나디아가 사무실에 있으면 제가 직접 이야기하고 싶습니다.

여 실은 나디아가 오늘 사무실에 안 나옵니다. 하지만 **메시지를 남기실 수 있도록 그녀의 음성 사서함으로 연결해 드릴 수 있습니다.**

어휘 | catering 음식 조달, 음식 공급 colleague 동료 put A through to (전화로) A를 ~로 연결시키다 so that + 주어 + 동사 ~할 수 있도록

Q 남자는 다음에 무엇을 할 것 같은가?

(A) 약속 잡기
(B) 추천서 제공하기
(C) 상품 구입하기
(D) 메시지 남기기

해설 | **세부 내용 - 남자가 다음에 할 일**
대화 마지막에 여자가 나디아에게 메시지를 남길 수 있도록 음성사서함으로 연결시켜 줄 수 있다(I can put you through to her voice mail so that you can leave her a message)고 했으므로 정답은 (D)이다.

> **W** I hear that we've had some unhappy customers recently.
>
> **M** In fact, I've just been talking with one of them. Our driver picked her up on time, but there was heavy traffic on the way to the airport, and she nearly missed her flight.
>
> **W** We should probably take a look at roadwork scheduled in the area.
>
> **M** And we have some other issues to consider as well. Look at the rest of these comments—we'll need to decide what to do.

여 최근에 불만을 제기한 고객들이 몇 명 있다는 이야기를 들었어요.

남 사실은 방금 그 고객들 중 한 명과 이야기를 하고 있었습니다. 우리 기사가 제시간에 고객을 태우긴 했지만 공항으로 가는 길이 너무 막혀서 하마터면 비행기를 놓칠 뻔했거든요.

여 아마도 지역 내 도로공사 일정을 살펴봐야겠어요.

남 그리고 또 생각해 볼 다른 문제도 있습니다. **나머지 이 의견들을 보세요. 저희가 어떻게 할지 결정을 해야겠어요.**

어휘 | on time 제때에 heavy traffic 교통 체증 on the way to ~로 가는 길에 nearly 하마터면 roadwork 도로공사 consider 고려하다 as well 또한

Q 화자들은 다음에 무엇을 할 것인가?

(A) 연료 가격 보기
(B) 고객 불만 사항 검토
(C) 직원 채용 일정 업데이트
(D) 교육 프로그램 준비

해설 | **세부 내용 - 다음에 할 일**
대화 마지막에 남자가 여자에게 나머지 이런 의견들을 보고 어떻게 할지 결정을 내려야 한다(Look at the rest of these comments — we'll need to decide what to do.)고 했다. 이 말은 화자들이 고객 불만 사항을 검토하겠다는 의미이므로 정답은 (B)이다.

[3] W-Am / M-Cn

W I have a <u>potential renter</u> on the phone. Since I'm really busy today, I was going to ask Steven to show the apartment, but he isn't <u>answering his phone</u>.

M I noticed he forgot his mobile phone on his desk there. I might have <u>some free time this afternoon</u> to show the client the third-floor apartment.

W That would be great. OK, I'll <u>put the call through to you</u> now.

여 임차하려는 사람이 전화했어요. 저는 오늘 정말 바빠서 스티븐에게 아파트 안내를 부탁하려고 했는데 전화를 안 받네요.

남 보니까 저기 책상 위에 휴대폰을 놓고 갔더군요. 제가 오늘 오후에 시간이 있으니까 고객에게 3층 아파트를 보여 줄 수 있을 거 같아요.

여 잘됐네요. **좋아요, 지금 전화를 연결해 드릴게요.**

어휘 | potential 잠재적인 put a call through 전화를 연결하다

Q 여자는 다음에 무엇을 하겠다고 하는가?

(A) 파일 업데이트 　　(B) 계약 체결
(C) 가격 논의 　　(D) 전화 연결

해설 | 세부 내용 - 여자가 다음에 할 일
화자가 다음에 할 일은 주로 대화 후반부에 나온다. 고객에게 대신 아파트를 보여줄 수 있다는 남자의 제안에 여자는 마지막 대사에서 지금 고객과 전화를 연결해 주겠다(I'll put the call through to you now)고 했으므로 정답은 (D)이다.

어휘 | sign a contract 계약을 체결하다

Paraphrasing
대화의 put the call through to you → 보기의 Transfer a call

[4] W-Am / M-Au

W How was the <u>conference</u> in London?

M I was worried about <u>low attendance</u>. But in fact, the room was full.

W Terrific. How was the <u>hotel accommodation we booked</u> for you there?

M I <u>could've stayed there forever</u>. We should book it for next year's conference too! Oh, which reminds me—I have to <u>write up a report</u> on the other speakers' presentations. I've got to start on that right now.

여 런던에서 열린 회의는 어땠어요?

남 참석률이 저조할까 봐 걱정했었어요. 그런데 사실 회의실이 꽉 찼어요.

여 대단하네요. 우리가 예약해 드린 호텔 시설은 어땠어요?

남 평생이라도 머물겠던데요. 내년 회의 때도 꼭 그곳을 예약해야 합니다! 아, 그러고 보니 **다른 연사들의 발표에 대한 보고서를 작성해야 해요. 지금 당장 시작해야겠어요.**

어휘 | attendance 참석, 참석률 accommodation 숙박 시설 book 예약하다

Q 남자가 다음에 할 것 같은 일은 무엇인가?

(A) 회의 일정을 잡는다. 　　(B) 발표를 한다.
(C) 점심시간을 가진다. 　　(D) 보고서를 작성한다.

해설 | 세부 내용 - 남자가 다음에 할 일
다음에 할 일은 흔히 대화 후반부에 제시되는 경우가 많다. 여기서도 남자가 마지막 대사(I have to write up a report on the other speakers' presentations. I've got to start on that right now.)에서 보고서를 작성해야 한다며 지금 당장 시작하겠다고 했다. 따라서 (D)가 정답이다.

● ETS 실전문제

본책 p.086

1 (C)	**2** (D)	**3** (B)	**4** (C)	**5** (D)	**6** (A)
7 (D)	**8** (B)	**9** (A)	**10** (D)	**11** (C)	**12** (B)
13 (D)	**14** (A)	**15** (B)	**16** (C)	**17** (B)	**18** (C)
19 (A)	**20** (C)	**21** (C)	**22** (A)	**23** (C)	**24** (D)

[1-3] M-Cn / W-Br

M Hi, Maria. **1**Glad to see you back in the office. Did you enjoy the publishers' conference?

W I did, thanks. Unfortunately, **2**the final speaker was one I'd heard at another conference recently, so I didn't go to that particular presentation—but otherwise I learned a lot.

M And how'd your session go? You prepared so carefully for it.

W It was a great experience. Speaking of which, I heard about a similar opportunity at the upcoming May conference. **3**This time they need someone to lead a panel discussion about online marketing. Since that's your area of expertise, I definitely think you should consider doing it.

남 안녕하세요, 마리아. **1사무실로 복귀하셔서 반갑네요.** 출판사 회의는 즐거우셨나요?

여 네, 고마워요. 아쉽게도 **2최종 강연자는 최근 다른 회의에서 들은 적이 있는 강연자라서 그 발표회는 가지 않았어요.** 하지만 다른 데선 많이 배웠어요.

남 세션은 어땠어요? 치밀하게 준비했잖아요.

여 정말 좋은 경험이었어요. 말이 나와서 말인데, 다가오는 5월 회의에서 비슷한 기회가 있다고 들었어요. **3이번에는 온라인 마케팅에 대한 패널 토론을 진행할 사람이 필요해요.** 당신 전문 분야인 만큼, 꼭 하는 걸 고려해 보세요.

어휘 | publisher 출판사 similar 비슷한 opportunity 기회 upcoming 다가오는 expertise 전문지식

1 화자들은 어디에 있는가?

(A) 회의 　　(B) 공항
(C) 사무실 　　(D) 서점

해설 | 전체 내용 - 대화 장소

첫 대사에서 남자가 여자에게 사무실로 복귀해서 반갑다(Glad to see you back in the office.)라고 사무실에 있음을 정확히 언급했으므로 정답은 (C)이다.

2 여자가 최종 발표회에 참석하지 않기로 한 이유는 무엇인가?
(A) 혼잡 시간대 교통을 피하고 싶었다.
(B) 회의 준비를 해야 했다.
(C) 출판사와 연락하고 싶었다.
(D) 전에 강연자의 발표를 들은 적이 있다.

해설 | 세부 내용 - 여자의 불참 이유

여자가 첫 번째 대사에서 최종 연설은 다른 회의에서 이미 들었기 때문에 참석하지 않았다(the final speaker was one I'd heard at another conference recently, so I didn't go to that particular presentation)고 했으므로 정답은 (D)이다.

Paraphrasing

대화의 the final speaker was one I'd heard at another conference recently → 보기의 She had heard the speaker before.

3 여자가 남자에게 하라고 제안하는 것은 무엇인가?
(A) 일정 확인   (B) 토론 진행
(C) 시간외 근무   (D) 항공편 예약

해설 | 세부 내용 - 여자의 제안 사항

여자는 마지막 대사에서 남자에게 온라인 마케팅에 대한 패널 토론의 진행자를 해보라(This time they need someone to lead a panel discussion about online marketing. Since that's your area of expertise, I definitely think you should consider doing it.)고 제안했으므로 정답은 (B)이다.

Paraphrasing

대화의 lead a panel discussion → 보기의 Guide a discussion

[4-6] W-Br / M-Au

> W Alan, ⁴the farm workers are almost ready to start making this year's batch of fresh apple juice for our customers to buy during the annual tours of the farm. Is everything ready?
>
> M Well, I think we're going to need a lot more bottles than last year, since our apple crop this year is so much bigger than usual. I hope we have enough to bottle all the juice.
>
> W I don't think we have a lot of bottles in stock. ⁵Could you place an order for some more bottles today?
>
> M ⁶I can't take care of that today, since I'm making a delivery to the market, but I'll be sure to do it first thing tomorrow.
>
> 여 앨런, ⁴농장 일꾼들은 고객들이 연례 농장 견학 시 살 수 있는 신선한 햇사과 주스를 만들 준비가 거의 다 됐어요. 모든 준비가 다 되었나요?

남 음. 올해 사과 수확량이 평년보다 훨씬 많아서 작년보다 병이 훨씬 더 많이 필요할 것 같아요. 주스를 전부 병에 담기에 충분한 양이 있으면 좋겠어요.
여 병 재고가 많지 않은 것 같아요. ⁵오늘 병을 더 주문하시겠어요?
남 ⁶오늘은 시장으로 배송을 나가니까 그 일을 처리할 수 없지만, 내일 꼭 제일 먼저 할게요.

어휘 | batch 한 묶음[다발] annual 연례의 crop 수확량 in stock 재고가 있는 take care of 처리하다 delivery 배송

4 화자들은 어디에서 일하는가?
(A) 국립공원   (B) 여행사
(C) 농장   (D) 시장

해설 | 전체 내용 - 근무 장소

첫 대사에서 여자가 남자에게 우리 고객들이 연례 농장 견학 시 살 수 있는 햇사과 주스를 만들 준비가 거의 되었다(the farm workers are almost ready to start making this year's batch of fresh apple juice for our customers to buy during the annual tours of the farm)고 말하고 이어지는 대화 내용도 사과 수확량에 관한 것이므로 정답은 (C)이다.

5 여자가 남자에게 요청하는 일은 무엇인가?
(A) 진열품 배열   (B) 상자 부리기
(C) 연락처 목록 업데이트 (D) 물품 주문

해설 | 세부 내용 - 여자의 요청 사항

여자의 요청 사항에 대한 질문이므로 여자의 대사에서 정답의 단서를 찾아야 한다. 여자는 두 번째 대사에서 병을 더 주문해 달라(Could you place an order for some more bottles today?)고 남자에게 요청하고 있으므로 정답은 (D)이다.

어휘 | supplies 물품

Paraphrasing

대화의 place an order for some more bottles → 보기의 Order supplies

6 남자가 오늘 일을 완료할 수 없다고 말하는 이유는 무엇인가?
(A) 배달을 해야 한다.
(B) 추가 정보가 필요하다.
(C) 도와줄 사람이 없다.
(D) 날씨가 안 좋다.

해설 | 세부 내용 - 남자가 오늘 일을 완료할 수 없는 이유

남자는 마지막 대사에서 배송 업무 때문에 오늘 그 일을 할 수 없다(I can't take care of that today, since I'm making a delivery to the market)고 말하고 있으므로 정답은 (A)이다.

[7-9] M-Au / W-Br

> M Hello, Janice. ⁷I have two tickets to the Hampton Symphony Orchestra's concert next Friday night, and it turns out I can't go. Since you mentioned your friend will be visiting from out of town, I thought you might be interested in going with her.

W That's very kind, Patrick. I like that orchestra, but [8]we actually already have plans to attend a hockey game that night. You know, you could post a notice about the tickets on the bulletin board in the kitchen—one of our coworkers might want them.

M Yes, you're absolutely right. [9]I'll put a notice up now. Lots of people go by that board—I'm sure someone will be interested.

남 안녕하세요, 제니스. [7]다음 주 금요일 밤 햄프턴 교향악단 연주회 표가 두 장 있는데, 갈 수가 없게 됐어요. 외지에서 친구가 온다고 하셨으니, 친구와 함께 가고 싶으실 것 같아서요.

여 마음 써줘서 고마워요, 패트릭. 그 교향악단을 좋아하지만, [8]실은 그날 밤에 이미 하키 경기를 관람할 계획이에요. 탕비실 게시판에 표에 대한 공지를 붙이세요. 동료들 중 누군가 표를 원할지도 모르니까요.

남 그래요, 맞는 얘기예요. [9]지금 공지를 붙일게요. 많은 사람들이 게시판 앞에 지나다니니까 틀림없이 관심 있는 사람이 있을 거예요.

어휘 | bulletin board 게시판 coworker 동료

---

7 남자는 어떤 표를 가지고 있다고 말하는가?

(A) 도시 관광
(B) 미술 전시회
(C) 야구 경기
(D) 음악 콘서트

해설 | 세부 내용 - 표의 종류
남자가 첫 대사에서 교향악단 연주회 표가 두 장 있다(I have two tickets to the Hampton Symphony Orchestra's concert next Friday night)고 했으므로 정답은 (D)이다.

Paraphrasing
대화의 the Hampton Symphony Orchestra's concert
→ 보기의 A music concert

8 여자가 표를 원하지 않는다고 말하는 이유는 무엇인가?

(A) 그날 밤 야근할 계획이다
(B) 다른 행사에 참석할 것이다.
(C) 휴가를 떠날 것이다.
(D) 다른 종류의 행사를 선호한다.

해설 | 세부 내용 - 여자가 표를 원하지 않는 이유
여자가 이미 하키 경기를 관람할 계획(we actually already have plans to attend a hockey game that night)이라고 했으므로 정답은 (B)이다.

Paraphrasing
대화의 attend a hockey game → 보기의 be at a different event

9 남자는 다음에 무엇을 하겠는가?

(A) 게시판에 정보 게시
(B) 고객과 점심 모임 참석
(C) 스포츠 경기 준비
(D) 환불 요청 전화

해설 | 세부 내용 - 남자가 다음에 할 일
게시판에 표에 대한 공지를 붙이라는 여자의 제안에 남자는 지금 공지를 붙일 것(I'll put a notice up now)이라고 했으므로 정답은 (A)이다.

Paraphrasing
대화의 put a notice up → 보기의 Place information on a bulletin board

---

[10-12] W-Br / M-Cn

W [10]Thanks for offering to help me prepare this report on potential sites for our new branch store. I have a lot of information about three possible buildings, and I want to be sure it's presented clearly.

M [11]Well, I like the graphs you've made with the information for each location. They make it easy to see the cost of rent and other expenses and what other businesses are in the area.

W [11]Yes, I'm pleased with the way those turned out. And I plan to include charts comparing the information for each location.

M That's a good idea. And I have another suggestion. You only have a few photographs of the sites. [12]I think you should include more of them in your report.

여 [10]새 지점이 들어설 후보지에 대한 보고서 준비를 도와주겠다고 해서 고마워요. 저한테 가능한 3개 건물에 대한 정보가 많이 있는데, 명확하게 제시되어 있는지 확인하고 싶어요.

남 [11]음, 각 입지의 정보로 만든 그래프는 마음에 들어요. 그래프를 통해 임대료와 기타 비용들, 그 지역에 있는 다른 업체들을 쉽게 볼 수 있거든요.

여 [11]맞아요, 저도 그래프가 이렇게 나와서 만족해요. 그리고 각 입지의 정보를 비교하는 차트도 포함할 계획이에요.

남 좋은 생각이에요. 그런데 또 제안할 게 있어요. 장소 사진이 몇 장만 있네요. [12]보고서에 사진을 더 넣어야 할 것 같아요.

어휘 | potential 가능성이 있는, 후보 물망에 있는 possible 가능한 present 제시하다 location 입지 expense 비용 turn out (결과가 어떤 식으로) 나오다 compare 비교하다 suggestion 제안

---

10 무엇에 관한 보고서인가?

(A) 대출 신청
(B) 소프트웨어 업데이트
(C) 개정된 채용 계획
(D) 가능한 업체 입지

해설 | 세부 내용 - 보고서의 주제
여자의 첫 번째 대사에서 새 지점이 들어설 후보지에 대한 보고서 준비를 도와주겠다고 해서 고맙다(Thanks for offering to help me prepare this report on potential sites for our new branch store.)고 했으므로 정답은 (D)이다.

어휘 | revised 개정된

Paraphrasing
대화의 potential sites for our new branch store
→ 보기의 Possible business locations

11 여자는 무엇이 마음에 든다고 말하는가?

(A) 시가 변동

(B) 숙련된 직원을 쓸 수 있음

(C) 일부 정보의 제시

(D) 일부 비용 절감

해설 | 세부 내용 - 여자가 마음에 들어하는 점

남자의 첫 번째 대사에서 각 입지의 정보로 만든 그래프가 마음에 든다(Well, I like the graphs you've made with the information for each location.)고 했고, 여자도 그래프가 그렇게 나와서 만족한다(Yes, I'm pleased with the way those turned out.)고 했으므로 정답은 (C)이다.

어휘 | availability 쓸 수 있음, 구할 수 있음 **expense** 비용

Paraphrasing

대화의 graphs you've made with the information, the way those turned out → 보기의 The presentation of some information

12 남자가 제안하는 것은 무엇인가?

(A) 컨설턴트 채용

(B) 더 많은 사진 포함

(C) 발표 일정 변경

(D) 제품 시연 요청

해설 | 세부 내용 - 남자의 제안 사항

마지막 대사에서 남자는 사진이 몇 장밖에 없으니 보고서에 사진을 더 넣어야 할 것(I think you should include more of them in your report.)이라고 제안했으므로 정답은 (B)이다.

어휘 | hire 채용하다 **demonstration** 시연

[13-15] W-Am / M-Au

W Um, I just found out **13**I'll be doing some international travel later this year, so I'd like to apply for a passport.

M Sure. **14**First you need to fill out these forms. When you've finished, bring them back to me.

W OK. **15**I know it normally takes four to six weeks to receive the passport, but is there any way I can get it sooner?

M Yes, there's an option called "Expedited Service." **15**It's an additional sixty dollars, and you'll get your passport in seven business days.

여 음, 방금 생각났는데 **13**올해 말에 해외여행을 할 예정이에요. 그래서 여권을 신청하려고요.

남 그렇군요. **14**먼저 이 양식들을 작성해야 합니다. 다 끝나면 저에게 갖다주세요.

여 알겠습니다. **15**제가 알기로 여권을 받는 데 보통 4주에서 6주가 걸린다는데, 좀 더 빨리 받을 수 있는 방법이 있나요?

남 네, '긴급 서비스'라는 선택 사항이 있어요. **15**60달러를 더 내면 7영업일 안에 여권을 발급 받을 수 있어요.

어휘 | apply for ~을 신청하다 **fill out** 작성하다 **normally** 보통 **receive** 받다 **expedite** 신속히 처리하다 **additional** 추가의

---

13 여자가 하려는 것은 무엇인가?

(A) 항공사 예약

(B) 운전면허증 갱신

(C) 연구보조금 신청

(D) 여권 취득

해설 | 세부 내용 - 여자가 하려는 것

여자가 첫 대사에서 해외여행을 할 예정이라 여권을 신청하려 한다(I'll be doing some international travel later this year, so I'd like to apply for a passport.)고 했으므로 정답은 (D)이다.

어휘 | renew 갱신하다 **grant** 보조금 **obtain** 취득하다

Paraphrasing

대화의 apply for → 보기의 Obtain

14 여자는 다음에 무엇을 하겠는가?

(A) 양식 작성

(B) 신분증 제시

(C) 컴퓨터 사용

(D) 여행사 직원과 대화

해설 | 세부 내용 - 여자가 다음에 할 일

남자의 첫 번째 대사에서 여자에게 양식을 작성해야 한다(First you need to fill out these forms.)고 했고 여자가 OK라고 대답을 했으므로 정답은 (A)이다.

어휘 | identification 신분증

15 여자는 왜 추가로 지불할 것인가?

(A) 창가 좌석

(B) 처리 시간 단축

(C) 추가 출력

(D) 기술 지원

해설 | 세부 내용 - 여자가 추가로 지불할 이유

4주에서 6주 걸리는 여권 발급 시간보다 더 일찍 받을 수 있는지(I know it normally takes four to six weeks to receive the passport, but is there any way I can get it sooner?)를 묻는 여자의 질문에 남자는 60달러를 더 내면 7영업일 안에 여권을 발급 받을 수 있다(It's an additional sixty dollars, and you'll get your passport in seven business days.)고 했으므로 정답은 (B)이다.

어휘 | processing 처리 **assistance** 지원

[16-18] 3인 대화 M-Au / W-Am / M-Cn

M1 **16**Welcome to the Museum of Impressionist Art. Would you like to purchase a ticket?

W Hi. My name is Isabel Lopez. **17**I'm a member here, but I've misplaced my card.

M1 That's OK. If you give me your phone number, I can pull up your membership information on the computer.

W It's 555-0167.

M1 OK, you can go on in.

W Great, but—can I get a replacement card?

M1 Sure, let me get my supervisor for that. Rashid, could you help Ms. Lopez? She needs a new membership card.

M2 Hi—yes, I can help you. But it'll take a little while. **18**Why don't you stop back here after you've visited the museum? Your new card'll be ready then.

남1 ¹⁶인상파 미술관에 오신 것을 환영합니다. 표를 사시겠습니까?

여 안녕하세요. 제 이름은 이사벨 로페스예요. ¹⁷여기 회원인데 카드를 어디 뒀는지 잊어버렸어요.

남1 괜찮습니다. 전화번호만 알려 주시면 컴퓨터로 회원정보를 불러올 수 있어요.

여 555-0167입니다.

남1 좋습니다. 들어가세요.

여 잘됐네요. 하지만 교체 카드를 받을 수 있을까요?

남1 물론이죠. 관리자를 불러올게요. 라시드, 로페스 씨를 도와주시겠어요? 새 회원 카드가 필요해요.

남2 안녕하세요, 제가 도와 드릴게요. 하지만 시간이 좀 걸려요. ¹⁸미술관을 먼저 방문하신 후에 여기 다시 들르시겠어요? 그때면 새 카드가 준비될 거예요.

어휘 | Impressionist 인상파 화가 purchase 구입하다 misplace 둔 곳을 잊어버리다 replacement 교체, 대체 supervisor 관리자

---

16 화자들은 어디에 있는가?

(A) 영화관   (B) 헬스장

(C) 미술관   (D) 연구실

해설 | 전체 내용 - 대화 장소

첫 대사에서 남자가 the Museum of Impressionist Art에 온 것을 환영한다며 미술관임을 정확히 언급하므로 정답은 (C)이다.

어휘 | laboratory 연구실, 실험실

17 여자가 언급하는 문제는 무엇인가?

(A) 관리자를 찾을 수 없다

(B) 카드를 잃어버렸다.

(C) 면허가 만료되었다.

(D) 시설이 일찍 문을 닫을 것이다.

해설 | 세부 내용 - 문제점

여자가 첫 번째 대사에서 회원인데 카드를 어디 뒀는지 잊어버렸다(I'm a member here, but I've misplaced my card.)고 하므로 정답은 (B)이다.

어휘 | expire 만료되다 facility 시설

Paraphrasing

대화의 misplaced my card → 보기의 lost a card

18 관리자가 여자에게 요청한 일은 무엇인가?

(A) 안내책자 확인

(B) 서비스 수수료 지급

(C) 나중에 다시 오기

(D) 양식 작성

해설 | 세부 내용 - 관리자의 요청 사항

대화 후반부에서 첫 번째 남자가 관리자에게 여자의 문제를 도와줄 것을 요청하자 두 번째 남자인 관리자가 여자에게 미술관을 먼저 둘러본 후에 다시 들러 달라(Why don't you stop back here after you've visited the museum?)고 하므로 정답은 (C)이다.

어휘 | directory (이름·주소 등을 기록한) 안내책자

Paraphrasing

대화의 stop back here → 보기의 Come back later

[19-21] M-Au / W-Br

M ¹⁹Next customer, please. This register is open if you are ready to make your purchases.

W Thanks. ¹⁹I'm going to buy this television, but first ²⁰I'd like to speak to a manager about a salesperson who just spent an hour helping me—Ben Sislak. He was courteous and friendly as he carefully explained the features of all the different television models.

M That sounds like Ben! He has a lot of knowledge about electronic devices. If you'd like, rather than speaking to a manager, ²¹you can visit our Web site and fill out a questionnaire about your shopping experience today.

남 ¹⁹다음 고객님. 구매할 준비가 되시면 이 계산대에서 하실 수 있습니다.

여 고마워요. ¹⁹이 텔레비전을 사려고 하는데, 우선 ²⁰한 시간 동안 나를 도와준 영업사원 벤 시슬락에 대해 점장과 이야기하고 싶어요. 그는 다양한 모든 텔레비전 모델들의 특징을 세심하게 설명했는데 정중하고 친절했어요.

남 벤답네요! 그는 전자기기에 대해 해박한 지식을 갖고 있죠. 원하시면 점장에게 이야기하지 마시고, ²¹저희 웹사이트를 방문해서 경험하신 쇼핑에 대한 설문서를 작성하세요.

어휘 | register 금전등록기 make one's purchase 구매하다 courteous 정중한 feature 특징 device 기기 questionnaire 설문서 experience 경험

---

19 화자들은 어디에 있겠는가?

(A) 전자제품 매장   (B) 원예용품점

(C) 자동차 판매장   (D) 공익기업 사무소

해설 | 전체 내용 - 대화 장소

다음 고객님(Next customer, please.)을 호명한 남자에게 여자는 이 텔레비전을 구입할 것(I'm going to buy this television)이라고 말하므로 화자들은 전자제품 매장에 있다는 것을 알 수 있다. 따라서 정답은 (A)이다.

20 여자가 점장에게 말하고자 하는 것은 무엇인가?

(A) 긴 대기 시간

(B) 오해의 소지가 있는 광고

(C) 도움이 되는 직원

(D) 고품질의 상품

해설 | 세부 내용 - 여자가 점장에게 말하고자 하는 것

여자가 점장에게 자신을 한 시간 동안이나 도와준 영업사원에 대해 이야기하고 싶다(I'd like to speak to a manager about a salesperson who just spent an hour helping me—Ben Sislak)고 말하고 있다. 따라서 정답은 (C)이다.

어휘 | misleading 오해하게 만드는 merchandise 상품

Paraphrasing

대화의 salesperson who just spent an hour helping me → 보기의 helpful employee

21 남자가 여자에게 제안하는 일은 무엇인가?

(A) 다른 시간에 다시 오기
(B) 제품 테스트해 보기
(C) 작성한 의견 제공하기
(D) 설명서 읽기

해설 | **세부 내용 - 남자가 제안하는 것**
남자가 마지막 대사에서 여자에게 웹사이트를 방문하여 쇼핑에 대한 설문지를 작성해 달라(you can visit our Web site and fill out a questionnaire about your shopping experience today)고 제안하고 있다. 따라서 정답은 (C)이다.

Paraphrasing
대화의 fill out a questionnaire → 보기의 Provide written feedback

[22-24] M-Cn / W-Am

M Hello. **22**I'm staying in Room 400, and I was woken up this morning by loud hammering sounds outside. I'm on vacation and was really hoping to be able to sleep a bit later today.

W I'm very sorry, sir. **23**There's construction going on in the building next to our hotel until next Friday. We've already spoken to them about starting later in the morning.

M Well, just in case they don't start later, I think I'd prefer to switch to a room on the other side of the hotel.

W Certainly. **24**Let me check if we have any other rooms available.

남 여보세요. **22**저는 400호실에 머물고 있는데, 오늘 아침 밖에서 망치 소리가 시끄러워서 잠을 깼어요. 휴가 중인데 오늘은 제발 늦잠 좀 잘 수 있었으면 했거든요.
여 대단히 죄송합니다. **23**호텔 옆 건물에서 다음 주 금요일까지 공사가 진행되고 있어요. 저희가 벌써 그들에게 아침 늦게 시작해 달라고 이야기했어요.
남 음, 혹시 늦게 시작하지 않을 경우에 대비해서 호텔 반대편에 있는 방으로 바꾸고 싶어요.
여 물론이죠. **24**빈 방이 있는지 확인할게요.

어휘 | construction 공사 just in case 혹시 ~할 경우에 대비해서

22 여자는 어디서 일하겠는가?

(A) 호텔   (B) 건축회사
(C) 영화관   (D) 식당

해설 | **전체 내용 - 여자의 근무 장소**
대화 맨 처음에 남자가 여자에게 400호실에 머물고 있는데, 아침에 망치 소리에 잠을 깼다(I'm staying in Room 400, and I was woken up this morning by loud hammering sounds outside.)며 불편 사항을 알리고 있다. 이를 통해 여자가 호텔에서 근무한다는 것을 알 수 있으므로 정답은 (A)이다.

어휘 | architectural 건축의

23 무엇이 문제를 일으키고 있는가?

(A) 개장 지연   (B) 틀린 청구서
(C) 건설공사 소음   (D) 숙련된 인력 부족

해설 | **세부 내용 - 문제의 원인**
소음에 대한 문제를 알리는 남자의 말에 여자는 다음 주 금요일까지 호텔 옆 건물에서 공사가 있다(There's construction going on in the building next to our hotel until next Friday.)고 하므로 정답은 (C)이다.

어휘 | incorrect 틀린 noise 소음 shortage 부족

24 여자는 다음에 무엇을 하겠는가?

(A) 매니저에게 말하기   (B) 확인 이메일 보내기
(C) 할인된 요금 제시   (D) 사용 가능한 방 확인

해설 | **세부 내용 - 여자가 다음에 할 일**
호텔 반대편에 있는 방으로 바꾸고 싶다는 남자의 말에 여자는 빈 방이 있는지 알아보겠다(Let me check if we have any other rooms available.)고 하므로 정답은 (D)이다.

어휘 | reduced 할인된 rate 요금

Paraphrasing
대화의 check if we have any other rooms available → 보기의 Check for an available room

Unit 12 의도 파악 문제 / 시각 정보 문제

① 의도 파악 문제

● **실전 도움닫기**   본책 p.089

1 (C) **2** (C) **3** (D) **4** (C)

[1] M-Cn / W-Br

M I just noticed they started some construction work in the lobby.

W It's just regular renovation work—to improve the lobby's overall appearance.

M Oh, OK…. It was time for something like that.

W I heard the crews will even put up antique photos showing the company's foundation ceremony—more than a century ago.

남 방금 알았는데, 로비에서 공사를 시작했네요.
여 그냥 로비의 전체적인 외관을 개선하기 위한 정기 보수 공사예요.
남 아, 그렇군요… 그럴 때가 되긴 했죠.
여 작업자들이 100년도 더 지난 회사 창립식을 보여 주는 옛날 사진도 걸어둘 거예요.

어휘 | regular 정기적인 improve 개선하다 overall 전체적인 appearance 외관 put up 게시하다 antique 골동품인, 오래된 foundation ceremony 창립식

Q 남자가 "그럴 때가 되긴 했죠"라고 말한 의도는 무엇인가?

(A) 작업 마감시한이 걱정스럽다.

(B) 회의를 더 자주 열고 싶다.

(C) 프로젝트가 바람직하다고 생각한다.

(D) 특별 행사를 열고 싶다.

해설 | 세부 내용 - 화자의 의도

로비의 전체적인 외관을 개선하기 위한 정기 보수 공사(It's just regular renovation work—to improve the lobby's overall appearance.)라는 말에 "그럴 때가 되긴 했죠"고 남자가 말한 것은 프로젝트가 바람직하다는 의미이다. 따라서 (C)가 정답이다.

[2] W-Am / M-Cn

> **W** Hello. Can I still <u>buy a ticket</u> for the 9:05 train to Amsterdam? It's not too late, is it?
>
> **M** I'm sorry. <u>The train leaves in one minute.</u> However, there are trains at 10:50 A.M. and 12:30 P.M. There are <u>seats available on both.</u>
>
> **W** <u>I'll take the first one.</u>
>
> 여 안녕하세요. 암스테르담행 9시 5분 기차표를 아직 살 수 있을까요? 너무 늦지는 않았죠?
>
> 남 죄송합니다. 기차가 곧 출발합니다. 하지만, 오전 10시 50분과 오후 12시 30분에 기차가 있습니다. 둘 다 이용 가능한 좌석이 있습니다.
>
> 여 첫 번째 것을 탈게요.
>
> **어휘 |** available 이용할 수 있는 both 둘 다

Q 남자가 "기차가 곧 출발합니다"라고 말한 의도는 무엇인가?

(A) 빠른 결정을 재촉하려고

(B) 이른 출발을 알리려고

(C) 표를 구입하지 못하게 하려고

(D) 여자가 제시간에 도착했음을 확인시켜 주려고

해설 | 세부 내용 - 화자의 의도

제시 문장의 앞뒤 문맥을 파악하여 정답을 찾는다. 여자가 9시 5분 기차표 구입이 늦지 않았는지 묻자, 남자는 기차가 곧 출발한다고 했다. 기차가 곧 출발하면 표를 구입하더라도 탈 수 없는 상황으로 볼 수 있고, 남자가 다른 출발 시간 정보도 알려 주고 있으므로 표를 구입하지 못하게 하려는 의도임을 알 수 있다. 따라서 정답은 (C)이다.

어휘 | urge 재촉하다 decision 결정 announce 알리다 departure 출발 deny 거부하다, 거절하다 assure 확인시키다

[3] M-Au / W-Am

> **M** This is Jacob from the landscaping company. I'm afraid we won't be able to <u>start working on your garden</u> tomorrow.
>
> **W** I'm going to <u>be out of town</u> for two weeks starting this Thursday. I wanted to give you a key to the gate, so you'd be able to <u>keep working while I'm gone.</u>
>
> **M** OK. Then what if I come by tomorrow anyway, just to <u>pick up the key?</u>
>
> **W** <u>If you wouldn't mind.</u> I'll be at home until <u>ten-thirty in the morning.</u>

남 조경회사 제이콥입니다. 죄송하지만 내일 고객님 댁의 조경 작업을 시작할 수 없을 것 같아요.

여 제가 이번 주 목요일부터 2주간 지방에 갈 예정입니다. 제가 없는 동안 작업하실 수 있게 대문 열쇠를 드리려고 했어요.

남 알겠습니다, 그럼 제가 열쇠 가지러 내일 잠깐 들를까요?

여 괜찮으시다면요. 오전 10시 30분까지는 집에 있을 거예요.

어휘 | landscaping 조경 be out of town 타지로 나가다 come by 들르다 pick up 찾아가다

Q 여자가 "괜찮으시다면요"라고 말한 의도는 무엇인가?

(A) 해결책을 제안하기 위해

(B) 허가를 요청하기 위해

(C) 불만을 제기하기 위해

(D) 제안을 수락하기 위해

해설 | 세부 내용 - 화자의 의도

해당 문장의 앞뒤 문맥을 통해 문제를 해결한다. 남자가 내일 들러 열쇠를 받으면 어떨지(what if I come by tomorrow anyway, just to pick up the key) 먼저 물어봤을 때 "괜찮으시다면요(If you wouldn't mind)"라고 대답했다. 이 대답은 남자의 제안을 수락하려는 의도로 볼 수 있으므로 정답은 (D)이다.

어휘 | solution 해결책

[4] W-Am / M-Au

> **W** We'll have to <u>delay some of the renovations</u> we've asked you to do.
>
> **M** Do you know <u>which parts of the project</u> you'd like to put off?
>
> **W** Well, I know we talked about <u>adding a library wing</u>—but that's very expensive. So, if we don't make that addition, that's all we may need to cut.
>
> **M** You know, <u>that's not a bad idea.</u> Let's see <u>how much you'd save</u> if I take the library out of the renovation proposal.
>
> 여 저희가 부탁드린 보수공사 중 일부를 미뤄야겠어요.
>
> 남 어떤 공사를 연기하고 싶은지 아세요?
>
> 여 음, 저희가 부속 도서관을 추가하는 것에 대해 이야기했었는데 그 공사가 비용이 너무 많이 들어요. **그래서 그 건물만 추가하지 않으면 다른 삭감은 필요 없을 것 같아요.**
>
> 남 그래요, 그게 나쁜 아이디어는 아니네요. 보수공사 계획에서 **도서관을 빼면 얼마나 절약하게 되는지 알아보죠.**
>
> **어휘 |** delay 미루다 renovation 보수, 개조 put off 연기하다 wing 부속 건물 addition 추가 save 절약하다 proposal 제안, 계획

Q 남자가 "그게 나쁜 아이디어는 아니네요"라고 말한 의도는 무엇인가?

(A) 그는 몇 가지 제안을 더 듣고 싶어 한다.

(B) 그는 원래 계획을 선호한다.

(C) 그는 제안된 해결책에 동의한다.

(D) 그는 더 좋은 아이디어를 가지고 있다.

여자의 두 번째 대사에서 도서관을 추가하지 않으면 다른 삭감은 필요없을 것 같다(So, if we don't make that addition, that's all we may need to cut.)고 했는데 이에 대해 남자가 "that's not a bad idea"라고 응답했다. 즉, 남자는 여자의 제안에 동의한 것이므로 정답은 (C)이다.

② 시각 정보 문제

● 실전 도움닫기
본책 p.091

1 (D) **2** (B) **3** (C)

---

[1] 대화 + 청구서 W-Br / M-Cn

> W May I have the key card to your room so I can begin processing your checkout?
> M I actually misplaced it. Sorry about that. My name's Eric Peterson. I was in room 615.
> W So... I will have to add an extra miscellaneous charge of seven dollars to your bill for the key card.

여 체크아웃 처리를 시작할 수 있도록 키카드를 주시겠어요?
남 실은 어디 뒀는지 잊어버렸어요. 미안해요. 제 이름은 에릭 피터슨이에요. 615호에 있었어요.
여 그렇다면… 키카드 때문에 청구서에 별도로 기타 요금 7달러를 추가해야 해요.

어휘 | process 처리하다 misplace 둔 곳을 잊어버리다 miscellaneous 기타의

고객명:	에릭 피터슨
숙박료:	95달러
공항간 교통비:	15달러
식당 요금:	45달러(두 끼)
기타:	**20달러**

Q 시각 정보를 참고해, 청구서에서 어떤 요금이 바뀌겠는가?
(A) 95달러　　　　　　(B) 15달러
(C) 45달러　　　　　　(D) 20달러

해설 | 세부 내용 - 시각 정보
마지막 대사에서 여자는 키카드 때문에 청구서에 기타 요금 7달러를 추가해야 할 것(I will have to add an extra miscellaneous charge of seven dollars to your bill for the key card.)이라고 했다. 그리고 표를 보면 기타에 20달러로 표시되어 있으므로 정답은 (D)이다.

---

[2] 대화 + 배치도 M-Au / W-Br

> M Hello, I'd like to register for this year's garden show.
> W We have four types of vendor booths. I suggest one of the "Elite" locations.

> M I will take one of the spots directly across from the food court. I'm guessing there'll be a lot of foot traffic there. Do I need to pay now?
> W Just a deposit.

남 안녕하세요, 올해 정원 전시회에 등록하고 싶은데요.
여 네 가지 종류의 판매용 부스가 있습니다. "엘리트" 구역 중 한 곳을 추천합니다.
남 식당가 바로 맞은편에 있는 자리 중 하나로 할게요. 제 생각에 그쪽에 유동 인구가 많을 것 같아요. 지금 돈을 내야 하나요?
여 보증금만요.

어휘 | register for ~에 등록하다 garden show 정원 전시회 vendor 판매상, 판매회사 spot 자리 directly 바로 across from ~의 맞은편에 food court 식당가, 푸드코트 foot traffic 유동 인구 deposit 보증금

Q 시각 정보를 참고해, 남자는 어떤 종류의 부스를 예약하는가?
(A) 엘리트　　　　　　(B) 골드
(C) 브론즈　　　　　　(D) 실버

해설 | 세부 내용 - 시각 정보
시각 정보가 배치도임을 먼저 파악한다. 남자가 두 번째 대사에서 식당가 바로 맞은편에 있는 자리 중 하나를 선택하겠다(I will take one of the spots directly across from the food court.)고 했다. 식당가 맞은편에 있는 것을 찾아보면 Gold이므로 정답은 (B)이다.

---

[3] 대화 + 라벨 M-Cn / W-Br

> M Is there a yogurt that's low in calories but also has a lot of protein?
> W Here's one of our most popular brands of blueberry yogurt. See, there's a lot of protein…
> M Mmm—nice! But my doctor told me I shouldn't eat a lot of sweet foods—and it would put me over the daily amount he recommended. That's more than 30 grams!
> W In that case, I'd suggest buying a plain version of this yogurt.

남 칼로리는 낮지만 단백질은 풍부한 요구르트 있나요?
여 가장 인기 있는 블루베리 요구르트 브랜드 중 하나가 이겁니다. 보시면 단백질이 풍부합니다….
남 음… 좋네요! 하지만 담당 의사가 단 음식은 많이 먹지 말라고 했는데, 의사가 권장한 하루 권장량을 넘기는 거예요. 그건 30그램이 넘어요!
여 그럼 이 요구르트를 담백한 맛으로 구입하시길 권해 드릴게요.

어휘 | low in calories 칼로리가 낮은 protein 단백질 sweet 달콤한 plain (설탕이나 과일을 넣지 않아) 담백한

영양 정보	
1회 제공량 : 200그램	
칼로리:	**150**
	1회분당 함량
지방	5그램
단백질	11그램
당분	**32그램**
나트륨	40밀리그램

Q 시각 정보를 참고해, 남자는 어떤 성분에 우려를 나타내는가?

(A) 지방
(B) 단백질
(C) 당분
(D) 나트륨

해설 | 세부 내용 - 시각 정보
남자의 두 번째 대사에서 담당 의사가 단 음식은 많이 먹지 말라고 했는데 그건 의사의 일일 권장량을 넘기는 것(my doctor told me I shouldn't eat a lot of sweet foods—and it would put me over the daily amount he recommended)이라고 하면서 그건 30그램이 넘는다(That's more than 30 grams!)고 했다. 그리고 표를 보면 당분(Sugar)이 32 grams로 표시되어 있으므로 정답은 (C)이다.

● ETS 실전문제

본책 p.092

1 (B)	**2** (A)	**3** (D)	**4** (D)	**5** (A)	**6** (B)
7 (B)	**8** (C)	**9** (A)	**10** (B)	**11** (D)	**12** (B)
13 (B)	**14** (C)	**15** (D)	**16** (C)	**17** (A)	**18** (C)

[1-3] M-Cn / W-Am

M Yan Li, [1,2]what do you think of developing a larger battery for our newest mirrorless camera? I know it would increase the size of the camera, but it would solve the issue of low battery life.

W Well, I just got the results of the most recent customer survey, and our customers want a compact design.

M OK, I see. I think I'd like to review the results of that survey. Where I can find them?

W Actually, [3]I'm preparing a report on the survey results, and I'm going to present it at the team meeting tomorrow.

남 안녕, [1,2]최신 미러리스 카메라용으로 더 큰 배터리를 개발하는 것에 대해 어떻게 생각하세요? 카메라가 커진다는 건 알지만, 배터리 수명이 짧은 문제는 해결될 거예요.

여 음, 방금 가장 최근의 고객 설문조사 결과를 받았는데, 우리 고객들은 소형 디자인을 원해요.

남 그렇군요. 그 조사 결과를 검토하고 싶어요. 어디서 찾을 수 있나요?

여 실은 [3]제가 조사 결과에 대한 보고서를 준비하고 있는데, 내일 팀 회의에서 발표할 거예요.

어휘 | mirrorless camera 미러리스 카메라(반사경을 제거한 카메라) increase 늘리다 recent 최근의 survey (설문)조사 result 결과

1 회사가 판매하는 것은 무엇인가?

(A) 계산기
(B) 카메라
(C) 노트북 컴퓨터
(D) 주방기기

해설 | 전체 내용 - 회사가 판매하는 제품
남자의 첫 대사에서 자신들 회사의 최신형 카메라용으로 더 큰 배터리 개발에 대한 의견을 묻는(what do you think of developing a larger battery for our newest mirrorless camera?) 것으로 보아 회사가 판매하는 제품은 카메라임을 알 수 있다. 따라서 (B)가 정답이다.

어휘 | appliance 기기

2 여자가 "우리 고객들은 소형 디자인을 원해요"라고 말하는 이유는 무엇인가?

(A) 제안을 거부하려고
(B) 놀라움을 표현하려고
(C) 안심시키려고
(D) 도움을 요청하려고

해설 | 세부 내용 - 화자의 의도
더 큰 배터리 개발로 카메라의 사이즈는 커지지만 배터리의 짧은 수명 문제를 해결할 것(what do you think of developing a larger battery for our newest mirrorless camera? I know it would increase the size of the camera, but it would solve the issue of low battery life.)이라는 말에 "우리 고객들은 소형 디자인을 원해요"라고 여자가 말한 것은 남자의 제안이 바람직하지 않다는 의미이다. 따라서 (A)가 정답이다.

어휘 | reassurance 안심

3 여자는 내일 무엇을 하겠는가?

(A) 고객 만나기
(B) 이미지 선택하기
(C) 이메일로 보고서 보내기
(D) 발표하기

해설 | 세부 내용 - 여자가 내일 할 일
질문의 키워드인 tomorrow에 유의하여 지문을 들으면, 대화 맨 마지막에서 여자가 내일 팀 회의에서 조사 결과에 대한 보고서를 발표할 예정(I'm going to present it at the team meeting tomorrow)임을 알 수 있다. 따라서 (D)가 정답이다.

Paraphrasing
대화의 present it → 보기의 Make a presentation

[4-6] M-Cn / W-Am

M Hi, Amal. I heard you attended an orchestra concert with Miguel over the weekend. How was it? [4]I heard it's long… about two hours, right? Is it worth checking out?

W Two hours wasn't enough!

M Really? Hmm… [5]I've been busy for the last month working on the product design presentation, so I haven't had a lot of time. I'd like to see it with a friend.

W Actually, Angie wanted to see it with us, but she felt a little sick that day. ⁶Maybe you should ask her to go with you? She should be at her desk now.

남 안녕하세요, 아말. 주말에 미구엘과 오케스트라 연주회에 갔다고 들었어요. 어땠어요? ⁴제가 듣기로는 길고 … 두 시간 정도 맞죠? 볼 만한 가치가 있나요?

여 두 시간으로 충분하지 않았어요!

남 정말이요? 흐음 … ⁵지난달에 제품 디자인 발표를 하느라 너무 바빠서 시간이 많이 없었어요. 친구와 함께 보고 싶네요.

여 실은, 앤지가 우리와 함께 보고 싶어 했는데, 그날 몸이 조금 아팠어요. ⁶그녀에게 같이 가자고 하는 건 어때요? 지금 그녀는 자리에 있을 거예요.

어휘 | worth -ing ~할 가치가 있는 product 제품

4 여자가 "두 시간으로 충분하지 않았어요"라고 말한 의도는 무엇인가?
(A) 마감일이 연장되었다.
(B) 프로젝트가 예상보다 길게 걸렸다.
(C) 그녀는 행사에 늦게 도착했다.
(D) 공연이 즐거웠다.

해설 | 세부 내용 - 화자의 의도
제시 문장의 앞뒤 문맥을 파악하여 정답을 찾는다. 남자가 여자가 본 연주회가 두 시간 정도로 긴데도 볼 만한지 묻자, 두 시간으로 충분하지 않았다고 답하고 있다. 연주회가 지루하지 않고, 즐거웠음을 추론할 수 있으므로 정답은 (D)이다.

어휘 | deadline 마감일 extend 연장하다 expect 기대하다 event 행사 performance 공연, 성과

5 남자는 왜 바빴는가?
(A) 발표를 했다.
(B) 안내 책자를 디자인했다.
(C) 고객 의견을 보고했다.
(D) 성과를 평가했다.

해설 | 세부 내용 - 남자가 바빴던 이유
남자가 제품 디자인 발표 작업 때문에 지난달에 바빴다(I've been busy for the last month working on the product design presentation)고 했으므로 정답은 (A)이다.

어휘 | brochure 안내 책자, 팸플릿 comment 의견, 논평

6 여자는 남자에게 무엇을 하라고 제안하는가?
(A) 일찍 도착하기
(B) 동료를 초대하기
(C) 신제품을 시험하기
(D) 약을 추천하기

해설 | 세부 내용 - 여자의 제안 사항
여자가 마지막 대사에서 앤지에게 함께 가자고 말해 보라고(Maybe you should ask her to go with you?) 했고, 그녀가 자리에 있을 거라고 했으므로 앤지가 동료임을 추측할 수 있다. 따라서 정답은 (B)이다.

어휘 | medicine 약, 의료, 의학

[7-9] 대화 + 시간표 M-Cn / W-Am

M Welcome to The Mountain Valley Theater, what movie would you like to see tonight?

W One ticket for "The World of Birds" at six fifteen, please.

M ⁷I'm sorry, but we're sold out for that time. Would you like to buy a ticket for another time? All of the other showings still have tickets available.

W Hmm… I've already missed the five-thirty one. ⁸I'll take one ticket for the seven fifteen. I have some shopping to do anyway, so I'll do that before the movie starts.

M Well, ⁹there's a department store right on the next block. I'd recommend going there.

남 마운틴 밸리 극장에 잘 오셨습니다. 오늘 밤 어떤 영화를 보실 건가요?

여 6시 15분 '새의 세계' 표 한 장 주세요.

남 ⁷죄송하지만, 그 시간은 매진되었어요. 다른 시간의 표를 사시겠어요? 다른 상영은 아직 입장권이 남아 있어요.

여 흠 … 5시 30분은 벌써 놓쳤네요. ⁸7시 15분 표로 한 장 살게요. 어차피 쇼핑할 게 있으니까 영화 시작하기 전에 해야겠어요.

남 음, ⁹바로 옆 블록에 백화점이 있어요. 거기 가보세요.

어휘 | department store 백화점 recommend 권하다

마운틴 밸리 극장	
새의 세계 – 영화 시간	
1관	5:30
2관	6:15
⁸3관	7:15
4관	8:00

7 남자가 사과하는 이유는 무엇인가?
(A) 가격이 올랐다.
(B) 상영시간이 매진되었다.
(C) 영화가 더 이상 상영되지 않는다.
(D) 쿠폰을 사용할 수 없다.

해설 | 세부 내용 - 남자가 사과하는 이유
6시 15분에 하는 '새의 세계' 표를 달라는 여자의 말에 남자는 미안하다며 그 시간은 매진(I'm sorry, but we're sold out for that time.)이라고 했으므로 정답은 (B)이다.

Paraphrasing
대화의 we're sold out for that time → 보기의 A showtime is sold out.

8 시각 정보를 참고해, 여자는 어느 관에 갈 것인가?
(A) 1관 (B) 2관
(C) 3관 (D) 4관

해설 | 세부 내용 - 시각 정보
시각 정보가 상영관 시간표임을 먼저 파악한다. 여자가 두 번째 대사에서 7시 15분 표를 사겠다(I'll take one ticket for the seven fifteen)고 했다. 7시 15분 상영관을 찾아보면 3관이므로 정답은 (C)이다.

9 남자는 영화 시작 전에 어디로 가라고 권하는가?

(A) 백화점   (B) 동네 식당

(C) 도서관   (D) 공원

해설 | **세부 내용 - 남자의 추천 장소**

남자가 마지막 대사에서 바로 옆 블록에 백화점이 있다(there's a department store right on the next block)면서 그곳에 가는 것을 권한다고 덧붙였다. 따라서 (A)가 정답이다.

[10-12] M-Au / W-Br

M When should we be leaving the office?

W Hmm… in about an hour, I think. **10**That should give us plenty of time to catch our flight at two P.M.

M OK… **11**but we can't afford to miss the meeting with the investors in Janville. Our company really needs their financial support at the moment.

W Don't worry, Charles—we have enough time. **12**Have you prepared copies of the presentation for each of the attendees?

M Actually, I just got a call from Janville—we'll have Internet access at all times. They'll e-mail us log-on instructions.

W Oh… that's good to know.

남 언제 퇴근해야 할까요?

여 홈… 약 한 시간 뒤에요. **10**그러면 오후 2시 비행기를 탈 수 있는 시간이 충분할 거예요.

남 그렇군요. **11**하지만 장빌에서 열리는 투자자 회의는 놓치면 안 돼요. 회사는 지금 그들의 재정 지원이 절실하게 필요해요.

여 걱정 마세요, 찰스. 시간은 충분해요. **12**각 참석자에게 줄 발표 사본은 준비하셨나요?

남 실은 방금 장빌에서 전화가 왔어요. 우린 언제든 인터넷에 접속할 수 있어요. 그들이 로그인 지침을 이메일로 보낼 거예요.

여 오… 잘됐네요.

어휘 | afford to ~할 여유가 있다 investor 투자자 financial 재정의 access 접속 instruction 지침

10 화자들은 오후 2시에 어디에 있어야 하는가?

(A) 사무실   (B) 공항

(C) 기차역   (D) 컨벤션 센터

해설 | **세부 내용 - 2시에 있어야 할 장소**

여자가 첫 번째 대사에서 2시 비행기를 타기에 충분한 시간일 것(That should give us plenty of time to catch our flight at two P.M.)이라고 했으므로 정답은 (B)이다.

11 화자들은 장빌에서 무엇을 할 것인가?

(A) 조사 실시   (B) 세미나 참석

(C) 시설 점검   (D) 투자자들 만나기

해설 | **세부 내용 - 장빌에서 할 일**

남자가 두 번째 대사에서 장빌에서 열리는 투자자 회의를 놓치면 안 된다(but we can't afford to miss the meeting with the investors in Janville)고 했으므로 정답은 (D)이다.

어휘 | inspect 점검하다 facility 시설

Paraphrasing

대화의 meeting with the investors → 보기의 Meet with investors

12 남자가 "우린 언제든 인터넷에 접속할 수 있어요"라고 말한 의도는 무엇인가?

(A) 인터넷 제공업체를 바꿨다.

(B) 복사할 필요가 없다.

(C) 여자는 서비스가 나쁘다고 불평하면 안 된다.

(D) 여자는 온라인으로 과제를 완료할 수 있다.

해설 | **세부 내용 - 화자의 의도**

제시 문장의 앞뒤 문맥을 파악하여 정답을 찾는다. 여자가 남자에게 각 참석자에게 줄 사본을 준비했는지 묻자, 우린 언제든 인터넷에 접속할 수 있다고 답하고 있다. 즉, 여자에게 복사본을 준비할 필요가 없음을 알리려 한 말임을 추론할 수 있으므로 정답은 (B)이다.

어휘 | assignment 과제

[13-15] M-Au / W-Am

M **13**Do you know if our sales team is still going out for lunch today, Lisa?

W Everyone's so busy preparing for the launch of the new line of curtains. It doesn't seem like there's time. Some people suggested we just get something delivered to the office.

M Sure. **14**Have you heard about the new pizza place that just opened on Fifty-First Street?

W Oh, really? Pizza? It's been a while.

M Yeah, Abdullah from accounting said it's excellent. And they deliver. **13,15**Let's print a copy of the menu from the Web site, so we can show it to the team.

남 **13**리사, 영업팀이 오늘 점심 먹으러 나가는지 아세요?

여 모두 커튼 신제품 라인 출시를 준비하느라 너무 바빠요. 시간이 없을 것 같아요. 몇 명이 사무실로 배달시키자고 제안했어요.

남 알겠어요. **14**얼마 전 51번 가에 개업한 새 피자집 들어보셨어요?

여 아, 정말요? 피자? 오랜만인데요.

남 맞아요, 회계부 압둘라 말로는 훌륭하다네요. 게다가 배달도 돼요. **13,15**웹사이트에서 메뉴 사본을 출력해서 팀원들에게 보여 줍시다.

어휘 | launch 출시 deliver 배달하다

13 화자들이 주로 논하는 것은 무엇인가?

(A) 매출액   (B) 식사 선택

(C) 팀 역할   (D) 재고 수준

해설 | **전체 내용 - 대화 주제**

남자가 첫 대사에서 팀이 오늘 점심을 먹으러 함께 나가는지(Do you know if our sales team is still going out for lunch today, Lisa?) 묻는 말로 대화가 시작되어, 사무실로 음식을 주문하자는 내용과 메뉴를 출력해서 모든 팀원에게 보여 주자(Let's print a copy of the menu from the Web site, so we can show it to the team.)는 내용으로 이어지고 있다. 따라서 정답은 (B)이다.

어휘 | inventory 재고

14 여자가 "오랜만인데요"라고 말한 이유는 무엇인가?

(A) 오류를 바로잡으려고　　(B) 지연에 대해 항의하려고

(C) 제안에 동의하려고　　(D) 동료를 칭찬하려고

해설 | 세부 내용 - 화자의 의도

남자가 두 번째 대사에서 개업한 새 피자집에 대해 들어보았는지 (Have you heard about the new pizza place that just opened on Fifty-First Street?) 물어보았고 이에 대해 여자가 흥미를 보이며 "It's been a while."이라고 응답했다. 즉, 피자를 주문하자는 남자의 제안에 동의한 것이므로 정답은 (C)이다.

어휘 | correct 바로잡다　praise 칭찬하다

15 남자는 다음에 무엇을 하자고 제안하는가?

(A) 계정 확인　　(B) 웹사이트 업데이트

(C) 소포 배달　　(D) 문서 인쇄

해설 | 세부 내용 - 남자의 제안 사항

남자가 마지막 대사에서 메뉴를 출력해서 모든 팀원에게 보여 주자 (Let's print a copy of the menu from the Web site, so we can show it to the team.)고 했으므로 정답은 (D)이다.

Paraphrasing

대화의 print a copy of the menu → 보기의 Printing a document

[16-18] 대화 + 주차장 안내도 M-Cn / W-Br

> **M** Thank you for calling Metro Furniture Store. How can I help you?
>
> **W** ¹⁶I ordered a chair and a small table for my office last week, and I'm supposed to pick them up today. They're under the last name Baxter.
>
> **M** They're right here. Are you coming by now?
>
> **W** ¹⁷No. I promised to drive a colleague to the airport after work. I could be at the store about six thirty, but I know you close at six…
>
> **M** That's OK. I'll be here late to receive a delivery.
>
> **W** Thanks! Where should I park?
>
> **M** Well, ¹⁸the delivery space will be taken. But since we'll be closed, you can use the employee parking space next to it.
>
> ---
>
> 남　메트로 가구점에 전화 주셔서 감사합니다. 어떻게 도와 드릴까요?
>
> 여　¹⁶지난주에 사무실용으로 의자와 작은 탁자를 주문했는데, 오늘 가지러 가기로 했어요. 백스터라는 성으로 되어 있어요.
>
> 남　여기 있네요. 지금 오시나요?
>
> 여　¹⁷아니요. 퇴근 후에 동료를 공항까지 태워다 주겠다고 약속했어요. 가게에 6시 30분쯤에 갈 수 있는데, 6시에 문을 닫으신다고 알고 있어요….
>
> 남　괜찮아요. 배송을 받아야 해서 제가 늦게까지 여기 있을 겁니다.
>
> 여　고마워요! 어디에 주차하면 되나요?
>
> 남　음. ¹⁸배송 공간은 찰 겁니다. 하지만 문을 닫을 테니 그 옆에 있는 **직원용 주차 공간을 이용하세요.**
>
> ---
>
> **어휘 |** be supposed to ~하기로 되어 있다　pick up ~을 가지러 가다

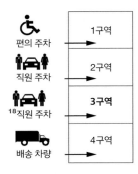

편의 주차 → 1구역

직원 주차 → 2구역

¹⁸직원 주차 → **3구역**

배송 차량 → 4구역

16 여자가 주문한 것은 무엇인가?

(A) 전자레인지　　(B) 노트북 컴퓨터

(C) 사무용 가구　　(D) 프린터 용지

해설 | 세부 내용 - 여자가 주문한 것

여자가 첫 번째 대사에서 사무실용 의자와 탁자를 주문했다(I ordered a chair and a small table for my office last week)고 했으므로 정답은 (C)이다.

Paraphrasing

대화의 a chair and a small table for my office

→ 보기의 Office furniture

17 여자가 가게에 늦게 도착하는 이유는 무엇인가?

(A) 직장 동료를 태워 줘야 한다.

(B) 영수증을 찾을 수 없다.

(C) 야근할 예정이다.

(D) 차가 수리 중이다.

해설 | 세부 내용 - 여자가 늦는 이유

지금 올 거냐는 남자의 물음에 동료를 공항까지 태워 줘야 해서 못 간다(No. I promised to drive a colleague to the airport after work.)고 했으므로 정답은 (A)이다.

어휘 | repair 수리하다

Paraphrasing

대화의 drive a colleague to the airport → 보기의 give a coworker a ride

18 시각 정보를 참고해, 여자는 어떤 주차 공간을 사용해야 하는가?

(A) 1구역　　(B) 2구역

(C) 3구역　　(D) 4구역

해설 | 세부 내용 - 시각 정보

어디에 주차하면 되는지 묻는 여자에게 남자는 배송 공간은 자리가 없고 그 옆에 있는 직원용 주차 공간을 사용하라(the delivery space will be taken. But since we'll be closed, you can use the employee parking space next to it.)고 했다. 배송 공간 옆에 있는 직원용 주차 공간은 3구역이므로 정답은 (C)이다.

PART 4 LC

Unit 13 전화 메시지

담화의 흐름과 문제 구성 .... 본책 p.102

안녕하세요, 클라크 씨. **¹저는 와튼 기차역 분실물 관리소의 로저입니다.** **²승객 한 분이 오늘 아침 귀하의 지갑을 습득해서 저희에게 돌려 주셨습니다.** 지갑을 찾으러 오실 때, **³안내원에게 조회 번호를 제시하셔야 합니다.** 5492번입니다. 역에 오실 때 이 번호를 꼭 기억하세요. 이 정보를 제시하지 않으면 지갑을 돌려 드릴 수 없습니다.

어휘 | lost property 분실물 wallet 지갑 retrieve 되찾다 attendant 안내원 reference 조회 present 제시하다

● 실전 도움닫기 .... 본책 p.103

1 (B)　**2** (A)　**3** (A)　**4** (B)　**5** (B)　**6** (A)

[1-2] 녹음 메시지

¹Thank you for calling the Gould Music Library. Our regular hours are from nine A.M. to three P.M., Monday through Thursday. **²**Access to our special archives can be arranged by contacting John Olsen at extension 25. If you would like to leave a message for our administrative office, please wait for the beep and then begin speaking. Thank you.

¹굴드 뮤직 라이브러리에 전화 주셔서 감사합니다. 정규 영업 시간은 월요일부터 목요일 오전 9시부터 오후 3시까지입니다. **²특별 기록 보관소를 이용하시려면 내선번호 25번으로 존 올슨 씨에게 연락하여 예약을 하시면 됩니다.** 관리과에 메시지를 남기시려면 삐 소리가 날 때까지 기다렸다가 말씀하세요. 감사합니다.

어휘 | regular hours 정규 영업 시간 access 이용, 접근 archive 기록 보관소 extension 내선번호 administrative office 관리과 beep 삐 하는 소리

1 메시지에서는 어떤 종류의 시설에 관한 정보를 제공하는가?
(A) 콘서트 홀
(B) 도서관

해설 | **전체 내용 - 시설의 종류**
녹음 메시지의 특성상 초반부에 누가 전화했는지를 알리는 멘트가 나온다. 메시지 초반부의 굴드 뮤직 라이브러리(Gould Music Library)라는 말을 통해 장소가 도서관임을 알 수 있으므로 정답은 (B)이다.

2 전화한 사람은 존 올슨 씨에게 어떻게 연락할 수 있는가?
(A) 내선 25번으로 전화를 걸어
(B) 오후 3시 이후에 전화를 걸어

해설 | **세부 내용 - 연락 방법**
질문에 John Olsen이라는 사람 이름이 있으므로 이 이름이 언급되는 부분에 초점을 맞춰야 한다. 메시지 중반부에서 특별 기록 보관소를 이용하기 위해 연락해야 할 사람으로 존 올슨 씨를 언급하며 내 선번호를 안내(Access to our special archives can be arranged by contacting John Olsen at extension 25.)하고 있으므로 정답은 (A)이다.

[3-4] 전화 메시지 + 평면도

I'm calling because one of the apartment units has a leaky faucet. **³**Could you come fix it later this afternoon or tomorrow morning? **⁴**It's the one the Garcia family lives in… you know… the corner apartment on the third floor, right next to the stairwell? Their phone number is 555-0148. Please call them directly to arrange a time to make the repair.

아파트 중 한 가구에 수도꼭지가 새서 전화드려요. **³이따 오늘 오후에나 내일 오전에 와서 고쳐 주시겠어요? ⁴가르시아 가족이 사는 곳인데… 그러니까… 계단통 바로 옆 3층 모퉁이 아파트 아시죠?** 전화번호는 555-0148이에요. 직접 전화해서 수리 시간을 잡으세요.

어휘 | leaky 새는 faucet 수도꼭지 fix 수리하다 stairwell 계단통 directly 직접 arrange (미리) 정하다

평면도: 3층

비품 창고	계단 통		⁴3-B
	3-A		3-D
	3-C	엘리베이터	

3 누구를 위한 메시지이겠는가?
(A) 수리공
(B) 부동산 중개업자

해설 | **전체 내용 - 메시지의 대상**
메시지 초반부에서 청자에게 수도꼭지가 샌다며 오늘 오후나 내일 오전에 와서 고쳐 주겠는지(Could you come fix it later this afternoon or tomorrow morning?)를 묻는 것으로 보아 청자는 수리공임을 알 수 있다. 따라서 (A)가 정답이다.

어휘 | real estate 부동산

4 시각 정보를 참고해, 가르시아 가족은 어느 아파트에 사는가?
(A) 3-A
(B) 3-B

해설 | **세부 내용 - 시각 정보**
질문의 키워드인 Garcia family에 주목한다. 지문에서 계단통 바로 옆에 있는 3층 모퉁이 아파트라고 했는데, 시각 정보에서 모퉁이 아파트 중 계단통 바로 옆은 3-B이므로 (B)가 정답이다.

LC

PART 4

[5-6] 전화 메시지

Hi, this is Lisa Sherman calling from Speed Mobile service. Mr. Lee, I'm calling because <u>your bill's been returned</u> to us in the mail, due to an incorrect address. [5]We need your <u>correct current address</u> so that we can resend a copy of your statement. [6]<u>Please call us</u> at 555-3421 between 9 A.M. and 5 P.M. Monday through Friday. Thank you for your time and have a nice day.

안녕하세요. 저는 스피드 모바일 서비스의 리사 셔먼입니다. 이 선생님, 주소가 잘못되어 고객님 청구서가 저희에게 반송되어서 전화드렸습니다. **[5]청구 내역서를 다시 발송하려면 고객님께서 현재 살고 계신 정확한 주소가 필요합니다. [6]555-3421번으로 월요일부터 금요일까지 오전 9시에서 오후 5시 사이에 전화 주세요.** 시간 내주셔서 감사합니다. 좋은 하루 보내세요.

어휘 | bill 청구서, 계산서 due to ~때문에 incorrect 부정확한, 틀린 statement 내역서

5 메시지의 목적은 무엇인가?

(A) 약속을 확인하기 위하여　　(B) 연락처를 요청하기 위하여

해설 | 전체 내용 - 전화 목적

전화 메시지의 경우 먼저 자신을 소개한 후 전화한 목적을 언급한다. 청구 내역서를 다시 발송하려면 현재 살고 있는 정확한 주소가 필요하다(We need your correct current address so that we can resend a copy of your statement.)고 주소를 요청하므로 (B)가 정답이다. 참고로 전화 목적을 알릴 때 주로 쓰는 표현으로 I'm calling about/to do/because가 있다.

6 이 씨가 요청받은 것은 무엇인가?

(A) 회사에 전화할 것　　(B) 상품을 등록할 것

해설 | 세부 내용 - 이 씨가 요청받은 사항

메시지 중반부에서 청구 내역서를 다시 발송하려면 정확한 주소가 필요하니 전화해 달라(Please call us at 555-3421)고 하므로 정답은 (A)이다.

● ETS 실전문제

본책 p.104

1 (D)	**2** (A)	**3** (D)	**4** (C)	**5** (B)	**6** (A)
7 (B)	**8** (A)	**9** (D)	**10** (B)	**11** (C)	**12** (D)
13 (C)	**14** (B)	**15** (B)	**16** (D)	**17** (B)	**18** (A)
19 (C)	**20** (A)	**21** (B)			

[1-3] 전화 메시지

Hi, Marcus, this is Vlad. As you may know, [1]Tanya Levin was supposed to travel to Chicago tomorrow morning to deliver the sales presentation to IDX Manufacturing. Well, unfortunately, [2]she's not feeling well and can no longer go. So I'd like you to travel and meet with IDX Manufacturing in her place. [3]I'll go ahead and send you the slides that Tanya made so you can begin preparing for the presentation. Let me know if there's any other way I can help you get ready.

안녕하세요, 마커스, 블래드예요. 알다시피 **[1]타냐 레빈이 내일 아침 시카고로 가서 IDX 제조사에 제품 설명회를 하기로 되어 있었죠.** 음, 안타깝게도 **[2]그녀가 몸이 좋지 않아서 갈 수 없게 되었어요.** 그래서 당신이 그녀 대신 출장 가서 IDX 제조사를 만났으면 해요. **[3]발표 준비를 시작할 수 있도록 제가 가서 타냐가 만든 슬라이드를 보낼게요.** 준비에 제가 도움이 될 수 있는 다른 방법이 있으면 알려 주세요.

어휘 | be supposed to ~하기로 되어 있다 sales presentation 제품 설명회 unfortunately 안타깝게도 in one's place ~ 대신 prepare 준비하다

1 시카고 출장의 목적은 무엇인가?

(A) 신입사원 채용　　　　(B) 공장 점검
(C) 계약 체결　　　　　　(D) 제품 설명

해설 | 세부 내용 - 시카고 출장의 목적

메시지 초반에 타냐 레빈이 IDX 제조사에 제품 설명회를 하기 위해 시카고로 가기로 되어 있었다(Tanya Levin was supposed to travel to Chicago tomorrow morning to deliver the sales presentation to IDX Manufacturing)고 했으므로 (D)가 정답이다.

어휘 | inspect 점검하다 sign a contract 계약을 체결하다

Paraphrasing

지문의 deliver the sales presentation → 보기의 give a sales presentation

2 타냐 레빈이 시카고에 가지 못하는 이유는 무엇인가?

(A) 몸이 좋지 않다.
(B) 비행기가 취소되었다.
(C) 다른 임무를 수행해야 한다.
(D) 이전 출장이 연장되었다.

해설 | 세부 내용 - 타냐 레빈이 시카고에 못 가는 이유

메시지 중반에 타냐 레빈이 몸이 안 좋아서 갈 수 없다(she's not feeling well and can no longer go)고 했으므로 (A)가 정답이다.

어휘 | cancel 취소하다 assignment 임무 previous 이전의 extend 연장하다

Paraphrasing

지문의 not feeling well → 보기의 feeling sick

3 화자가 청자에게 보내겠다고 한 것은 무엇인가?

(A) 지급 양식　　　　　　(B) 고객 목록
(C) 매출액　　　　　　　　(D) 슬라이드

해설 | 세부 내용 - 청자에게 보낼 것

메시지 후반에 화자가 청자에게 발표 준비를 위해 타냐가 만든 슬라이드를 보내겠다(I'll go ahead and send you the slides that Tanya made so you can begin preparing for the presentation.)고 했으므로 (D)가 정답이다.

[4-6] 전화 메시지

Hello, I'm calling from Seattle Shuttle Services. This message is for Jackson Bailey. Mr. Bailey, **4,5**I'm calling to confirm your reservation for a one-way shuttle bus for three people today at four-fifteen P.M., from Jackson Telecommunications to the international terminal at Seattle Airport. **6**The total charge for this service is 65 dollars, and we do ask that you pay the bus driver when you board the shuttle. Thanks, and we'll see you at four-fifteen.

안녕하세요. 시애틀 셔틀 서비스예요. 잭슨 베일리 씨께 드리는 메시지입니다. 베일리 씨, **4,5**오늘 오후 4시 15분에 잭슨 통신에서 시애틀 공항 국제선 터미널까지 3인 편도 셔틀버스 예약 확인 차 전화 드립니다. **6**이 서비스의 총 요금은 65달러인데, 셔틀버스에 탑승할 때 버스 기사에게 지불해 주실 것을 요청합니다. 고맙습니다. 그럼 4시 15분에 뵐게요.

어휘 | reservation 예약 charge 요금 board 타다

4 여자가 전화하는 이유는 무엇인가?
(A) 항공편 예약 일정 조정
(B) 고객에게 지연 통보
(C) 교통편 상세 사항 확인
(D) 운전 길 안내 제공

해설 | 전체 내용 - 전화 이유
초반부에서 화자가 청자에게 오늘 오후 4시 15분에 잭슨 통신에서 시애틀 공항 터미널까지 셔틀버스 예약 확인 차 전화한다(I'm calling to confirm your reservation for a one-way shuttle bus for three people today at four-fifteen P.M., from Jackson Telecommunications to the international terminal at Seattle Airport.)고 하므로 정답은 (C)이다.

어휘 | notify 통보하다 transportation 교통(편)

5 셔틀버스는 몇 시에 잭슨 통신에 도착하는가?
(A) 오후 3시 15분   (B) 오후 4시 15분
(C) 오후 5시 15분   (D) 오후 6시 15분

해설 | 세부 내용 - 셔틀 버스가 도착하는 시간
질문에 포함된 키워드인 Jackson Telecommunications에 초점을 맞춰 메시지를 듣는다. 초반부에서 오늘 오후 4시 15분에 잭슨 통신에서 시애틀 공항 터미널까지 셔틀버스 예약 확인 차 전화한다(I'm calling to confirm your reservation for a one-way shuttle bus for three people today at four-fifteen P.M., from Jackson Telecommunications to the international terminal at Seattle Airport.)고 하므로 정답은 (B)이다.

6 청자가 요청 받은 일은 무엇인가?
(A) 기사에게 (요금) 지불하기
(B) 신분증 제시 준비하기
(C) 체크인을 위한 시간 여유 두기
(D) 승객 수 확인하기

해설 | 세부 내용 - 청자에 대한 요청 사항
후반부의 요청하는 내용에 주목하면, 청자에게 셔틀버스에 탑승할 때 버스 기사에게 서비스 비용을 지불해 달라(The total charge for this service is 65 dollars, and we do ask that you pay the bus driver when you board the shuttle.)고 요청하므로 정답은 (A)이다.

어휘 | identification 신분증 passenger 승객

Paraphrasing
지문의 pay the bus driver → 보기의 Give payment to the driver

[7-9] 녹음 메시지

7Thank you for calling Chester City Theater's business office. We're open between 9 A.M. and 5 P.M., Monday to Saturday. **8**The business office is not open on Sundays. For a schedule of screening times for our current and upcoming films, please visit our Web site at www.chestercitytheater.co.au. **9**If you're calling to inquire about the film screening coordinator position, please call us again during regular office hours, and ask for Paula Johnson, our personnel manager. Thank you, and have a great day.

7체스터 시티 극장 사무소로 전화 주셔서 감사합니다. 저희는 월요일부터 토요일 오전 9시에서 오후 5시까지 영업합니다. **8**일요일에는 사무소가 문을 열지 않습니다. 현재 및 향후 상영될 영화의 상영 시간 일정을 보시려면 저희 웹사이트 www.chestercitytheater.co.au를 방문하십시오. **9**영화 상영 코디네이터 직책에 대해 문의하고자 전화하셨다면 정규 근무 시간 중에 다시 전화하셔서 인사 담당자인 폴라 존슨 씨를 찾으세요. 감사합니다. 좋은 하루 보내세요.

어휘 | current 현재의 upcoming 다가오는 inquire 문의하다
regular 정규의 personnel 인사부

7 어떤 업체가 만든 메시지이겠는가?
(A) 미술관   (B) 영화관
(C) 사진관   (D) 채용정보업체

해설 | 전체 내용 - 메시지를 만든 업체
화자의 근무 장소를 묻는 것과 같다고 볼 수 있다. 초반부에 주목하면, Chester City Theater라는 극장 이름을 언급하고 있으므로 정답은 (B)이다.

8 사무소는 언제 문을 닫는가?
(A) 일요일   (B) 월요일
(C) 화요일   (D) 수요일

해설 | 세부 내용 - 폐점 요일
중반부에 사무소는 일요일에 문을 열지 않는다(The business office is not open on Sundays.)고 알리고 있으므로 정답은 (A)이다.

9 구직자들은 어떻게 하도록 권고 받는가?
(A) 웹사이트 방문   (B) 이력서 우송
(C) 사무실 방문   (D) 근무 시간 중 전화

해설 | **세부 내용 - 구직자에 대한 권고**
후반부에 영화 상영 코디네이터 직책에 대해 문의하고자 전화했다면 근무 시간 중에 다시 전화해서 인사 담당자를 찾으라(If you're calling to inquire about the film screening coordinator position, please call us again during regular office hours, and ask for Paula Johnson, our personnel manager.)고 했으므로 정답은 (D)이다.

Paraphrasing
지문의 call us again during regular office hours
→ 보기의 Call during office hours

[10-12] 전화 메시지

Hello. **¹⁰**This is Jim from Thompsonville Garage with a message for Gloria Blanton. The reason the seat belt in your car won't tighten properly is because the mechanism that retracts it is broken. **¹¹**That part can't be fixed, so I have to replace it. It's going to cost two hundred dollars for the replacement part and one hundred dollars for labor. **¹²**I'll need you to approve this charge before I start fixing the car, so please call me back as soon as you can. Thank you.

안녕하세요. **¹⁰**전 톰슨빌 정비소 짐이에요. 글로리아 블랜턴에게 전할 말이 있어요. 차의 안전벨트가 제대로 조이지 않는 이유는 오므리는 기계 장치가 고장났기 때문이에요. **¹¹**그 부품은 고칠 수 없으니 교체해야 합니다. 교체 부품은 200달러, 인건비는 100달러입니다. **¹²**제가 차를 수리하기 전에 이 요금을 승인해 주셔야 하니 가능한 한 빨리 다시 전화 주세요. 감사합니다.

어휘 | garage 정비소 seat belt 안전벨트 tighten 조이다 properly 제대로 retract 오므리다 fix 수리하다 replace 교체하다 labor 일, 노동 approve 승인하다

10 화자는 누구이겠는가?
(A) 전기 기사
(B) 자동차 정비사
(C) 목수
(D) 전화 수리공

해설 | **전체 내용 - 화자의 신분**
대개 인물을 소개할 때는 '이름+직업[신분]', '직업[신분]+이름', 또는 '이름+from+소속 회사[부서]'로 언급한다. 여기서는 '이름+from+소속 회사[부서]'의 형식(Jim from Thompsonville Garage)으로 화자의 신분을 밝히고 있으므로 정답은 (B)이다.

어휘 | mechanic 정비사 carpenter 목수

11 화자는 무엇을 해야 한다고 하는가?
(A) 다른 점포에 문의
(B) 보증금 받기
(C) 고장난 부품 교체
(D) 동료와 상의

해설 | **세부 내용 - 해야 할 일**
지문 중반부에 기계 장치 하나가 고장났다며 그 부품을 수리할 수 없어 교체해야 한다(That part can't be fixed, so I have to replace it.)고 밝히고 있으므로 정답은 (C)이다.

어휘 | deposit 보증금

12 청자가 다시 전화해야 하는 이유는 무엇인가?
(A) 약속을 잡으려고
(B) 배송 시간을 확인하려고
(C) 부서장과 이야기하려고
(D) 요금을 승인하려고

해설 | **세부 내용 - 다시 전화해야 하는 이유**
지문 후반부에 차를 수선하기 전에 요금 승인을 받아야 하니 전화해 달라(I'll need you to approve this charge before I start fixing the car, so please call me back as soon as you can.)고 요청하고 있으므로 정답은 (D)이다.

어휘 | appointment 약속 authorize 승인하다

Paraphrasing
지문의 approve this charge → 보기의 authorize a charge

[13-15] 녹음 메시지

¹³Thank you for calling Fresh Goods, the only vegetarian restaurant in town offering dishes made entirely from locally-grown ingredients. To make a reservation at Fresh Goods, please press two now. **¹⁴**If you're interested in scheduling a private event, press three to speak to Special Events Director, Barbara Hughes. **¹⁵**Remember you can also visit our Web site at FreshGoodsRestaurant.com to view our complete menu.

¹³프레쉬 굿즈에 전화 주셔서 감사합니다. 프레쉬 굿즈는 우리 지역산 재료로만 만든 음식을 제공하는 시내 유일의 채식주의자용 음식점입니다. 프레쉬 굿즈에 예약하시려면, 지금 2번을 누르세요. **¹⁴**개인 행사 일정을 잡으시려면, 3번을 눌러서 특별 행사 책임자인 바바라 휴즈 씨와 상담하세요. **¹⁵**그리고 저희 웹사이트 FreshGoodsRestaurant.com을 방문하셔서도 전체 메뉴를 보실 수 있다는 것을 기억해 두세요.

어휘 | vegetarian 채식주의자 offer 제공하다 entirely 전적으로, 완전히 locally-grown 지역에서 기른 ingredient 재료 make a reservation 예약하다 private 사적인, 개인의 complete 완전한

13 프레쉬 굿즈는 어떤 종류의 사업체인가?
(A) 식품 제조업체
(B) 식료품점
(C) 음식점
(D) 채소 재배업자

해설 | **전체 내용 - 사업체의 종류**
질문에서의 키워드는 회사명 Fresh Goods이다. 메시지 첫 부분에서 Fresh Goods를 언급한 후 바로 뒤에 동격으로 이곳이 음식점(restaurant)임을 밝히고 있으므로 정답은 (C)이다.

어휘 | manufacturer 제조업체 grocery 식료품 grower 재배자

14 청자들은 왜 바바라 휴즈 씨에게 연락해야 하는가?
(A) 주문을 하기 위해
(B) 행사 일정을 잡기 위해
(C) 교통편을 마련하기 위해
(D) 문제점을 신고하기 위해

해설 | **세부 내용 - 연락해야 하는 이유**

이 문제에서는 사람 이름 Barbara Hughes가 질문의 키워드이다. 메시지 중반부에서 개인 행사 일정을 잡으려면(If you're interested in scheduling a private event) 바바라 휴즈 씨(Barbara Hughes)와 통화하라고 하므로 정답은 (B)이다.

어휘 | place an order 주문하다 arrange 준비하다, 마련하다 (= set up) transportation 교통(편)

15 메시지에 따르면, 웹사이트에서 이용 가능한 것은 무엇인가?
(A) 자동차 길 안내
(B) 선택 가능 메뉴
(C) 판촉 할인
(D) 사업체 사진

해설 | **세부 내용 - 이용 가능한 정보**

질문의 on the Web site라는 장소 표현을 염두에 두고 메시지를 듣는다. 마지막 부분에서 레스토랑의 Web site를 방문하면 전체 메뉴를 볼 수 있다(view our complete menu)고 하므로 정답은 (B)이다.

[16-18] 전화 메시지

Hi, it's Pierre. ¹⁶I'm calling to let you know I'm going to be late for work. I'm on the bus, but a construction crew just started to close off some lanes on the highway, so the traffic's very slow. I know what you're thinking… ¹⁷Why did they decide to start the repairs now? It's rush hour. ¹⁸Anyway, I was supposed to give a presentation about market growth at this morning's staff meeting. Since I won't make it to the office in time, could you do it? The notes are on my desk— they're fairly straightforward.

안녕하세요, 저 피에르예요. ¹⁶회사에 늦는다고 알리려고 전화했어요. 버스에 탔는데, 공사 인부들이 방금 일부 고속도로 차선을 차단하기 시작해서 차가 꽉 막혔어요. 무슨 생각하는지 알아요… ¹⁷왜 지금 정비를 시작하기로 결정했을까요? 출퇴근 시간이잖아요. ¹⁸아무튼 제가 오늘 오전 직원회의에서 시장 성장에 대해 발표하기로 되어 있어요. 전 제시간에 사무실에 도착하지 못하니까, 당신이 해주실래요? 메모들은 제 책상 위에 있어요. 아주 간단해요.

어휘 | construction 공사 lane 차선 repair 정비 be supposed to ~하기로 되어 있다 growth 성장 make it in time 제시간에 도착하다 fairly 아주 straightforward 간단한

16 화자는 누구에게 전화하고 있겠는가?
(A) 가족 　　　　　(B) 친구
(C) 고객 　　　　　(D) 동료

해설 | **전체 내용 - 청자의 신분**

화자가 회사에 늦는다고 알리려 전화한다(I'm calling to let you know I'm going to be late for work.)고 말하는 것으로 보아 청자는 화자의 직장동료임을 알 수 있으므로 정답은 (D)이다.

17 화자가 "출퇴근 시간이잖아요"라고 말한 의도는 무엇인가?
(A) 업무 일정이 바뀌었다.
(B) 공사 시간을 잘못 잡았다.
(C) 제안이 효과가 없을 것이다.
(D) 버스가 붐빈다.

해설 | **세부 내용 - 화자의 의도**

메시지 중반부에서 왜 지금 정비를 시작하기로 결정했는지(Why did they decide to start the repairs now?)라고 물은 다음 출퇴근 시간이라고 했다. 이 말은 수리 공사를 하기에 안 좋은 시간대라는 의미이므로 정답은 (B)이다.

어휘 | crowded 붐비는

18 화자가 청자에게 요청한 일은 무엇인가?
(A) 발표하기
(B) 약속 잡기
(C) 소포 부치기
(D) 선물 구입하기

해설 | **세부 내용 - 화자의 요청 사항**

화자가 사무실에 제시간에 도착하지 못하니 오전 직원회의에서 시장 성장에 대한 발표를 대신 해달라고 청자에게 요청(Anyway, I was supposed to give a presentation about market growth at this morning's staff meeting. Since I won't make it to the office in time, could you do it?)하고 있으므로 정답은 (A)이다.

Paraphrasing
지문의 do it → 보기의 Give a presentation

[19-21] 전화 메시지 + 일정표

Hi, Karima. This is Diego, from the furniture store. ¹⁹I'm calling to see whether you're available to work on April seventh. I know that's supposed to be your day off, but I need another employee to work that day. As you know, ²⁰the seventh is our annual clearance sale and that brings in a lot of customers. I'd like to have as many salespeople as possible out on the floor. Could you pick up an extra shift? ²¹As an incentive, you'll earn overtime pay if you do! Please let me know.

안녕하세요, 카리마. 가구점의 디에고예요. ¹⁹4월 7일에 일하실 수 있는지 알아보려고 전화했어요. 그날이 비번이라는 건 알지만 그날 일할 다른 직원이 필요해요. 알다시피, ²⁰7일은 연간 재고정리 세일이라서 고객이 아주 많이 오죠. 영업 사원을 매장에 가능한 한 많이 배치하고 싶어요. 추가 근무하실래요? ²¹인센티브로, 그렇게 하면 초과근무 수당을 받을 수 있어요! 알려 주세요.

어휘 | be supposed to ~하기로 되어 있다 day off 비번, 쉬는 날 annual 연간의 clearance sale 재고정리 세일 shift 교대 근무 earn 받다 overtime pay 초과근무 수당

터너 가구점				
직원	화요일, 4월 5일	수요일, 4월 6일	**[19]목요일, 4월 7일**	금요일, 4월 8일
리	X	X	X	
이사무		X	X	X
카리마	X	X		X
한스	X		X	X

19 시각 정보를 참고해, 화자가 논의하는 요일은 언제인가?

(A) 화요일   (B) 수요일

(C) 목요일   (D) 금요일

해설 | 세부 내용 - 시각 정보

메시지 초반부에 화자가 청자에게 4월 7일에 근무가 가능한지
물어보려 전화한다(I'm calling to see whether you're
available to work on April seventh.)고 전화 목적을 밝혔고
표에 4월 7일은 목요일이므로 정답은 (C)이다.

20 화자가 언급하는 행사는 무엇인가?

(A) 할인 판매   (B) 제품 출시

(C) 연수 워크숍   (D) 취업박람회

해설 | 세부 내용 - 언급하는 행사

메시지 중반부에 7일은 연간 재고정리 세일이라 고객들이 많이
온다(the seventh is our annual clearance sale and that
brings in a lot of customers)고 했으므로 정답은 (A)이다.

Paraphrasing

지문의 our annual clearance sale → 보기의 A discount sale

21 화자가 청자에게 제안하는 것은 무엇인가?

(A) 무료 식사   (B) 급여 보너스

(C) 새 유니폼   (D) 추가 휴가일

해설 | 세부 내용 - 제안 사항

청자에게 제안하는 내용이 주로 등장하는 후반부에 주목하면,
추가 근무를 할 수 있는지 물어보며 인센티브로 초과근무 수당을
받을 것(As an incentive, you'll earn overtime pay if you
do!)이라고 했으므로 정답은 (B)이다.

Paraphrasing

지문의 overtime pay → 보기의 A salary bonus

Unit 14   공지 / 안내 / 회의

담화의 흐름과 문제 구성 .... 본책 p.106

[1]비행기 승무원 교육 수료를 축하드립니다! 이제 첫 번째 업무 과제를
할 준비가 되셨습니다. **[2]여러분 모두 배정 받고 싶은 공항 목록을
제출하셨는데요.** 제가 여러분의 선호도를 검토하여 이번 주까지 위치를
배정하겠습니다. 하지만 떠나기 전에 **[3]단체 사진을 찍을 테니, 방
앞쪽으로 나와 주세요.** 사진은 회사 내부 웹사이트에 올리겠습니다.

어휘 | flight attendant 비행기 승무원   assignment 과제   submit
제출하다   assign 배정하다   internal 내부의

● 실전 도움닫기   본책 p.107

1 (A)   **2** (A)   **3** (B)   **4** (A)   **5** (A)   **6** (B)

[1-2] 공지

**[1]Our office building will be underging some
repairs Saturday morning and, uh, the electricity
will be off for about three hours.** For any of you
planning to come in on Saturday, power should be
restored by one o'clock. **[2]I'll notify you by e-mail
once the work's done.**

**[1]저희 사무실 건물이 토요일 아침에 보수 공사를 할 예정이라, 음, 대략
3시간 동안 전기가 차단될 것입니다.** 토요일에 출근할 직원들께 말씀
드리면 1시까지는 전기가 복구될 것입니다. **[2]작업이 완료되면 제가
이메일로 알려 드리겠습니다.**

어휘 | office building 사무실 건물   undergo 겪다, 거치다   electricity
전기   be off 끊기다   come in 출근하다, 들어오다   power (공급되는)
전기   restore 복구하다   notify 알리다, 통지하다

1 화자는 어떤 문제점을 언급하는가?

(A) 건물에 전기가 들어오지 않을 것이다.

(B) 몇몇 컴퓨터들이 교체될 것이다.

해설 | 세부 내용 - 문제점

지문 초반부에 사무실 건물이 토요일 아침에 보수 공사를 할 예정
이고, 대략 3시간 동안 전기가 차단될 것(Our office building will
be underging some repairs Saturday morning and, uh,
the electricity will be off for about three hours.)이라고
했으므로 정답은 (A)이다.

2 화자는 무엇을 할 것이라고 말하는가?

(A) 동료들에게 메시지 전송

(B) 팀장들과 만남

해설 | 세부 내용 - 화자의 향후 행동

지문의 마지막 부분에서 작업이 완료되면 이메일로 알려 주겠다 (I'll
notify you by e-mail once the work's done.)고 했으므로
정답은 (A)이다.

[3-4] 회의

I have one final issue to discuss at today's staff
meeting. **[3]I just handed out a graph summarizing
our shoe store's annual sales data.** And, well...
I think this information is particularly interesting
since we relocated to a different neighborhood
this year. During the quarter we moved, we
experienced the lowest shoe sales of the entire
year. However, **[4]thanks to the newspaper
advertisements and radio commercials** we put
out, business picked up quickly, and we ended
the year by making a record number of sales.

오늘 직원 회의에서 마지막으로 한 가지 논의할 사항이 있습니다. **³제가 방금 저희 신발 가게의 연간 매출 자료를 요약한 그래프를 나눠 드렸습니다.** 그리고 음… 제 생각에 이 정보는 특히나 흥미로운데 왜냐하면 저희가 올해 다른 지역으로 이전했기 때문입니다. 한 해 전체를 통틀어 저희가 이전한 해당 분기에 신발 매출이 가장 저조했습니다. 하지만 **⁴저희가 낸 신문과 라디오 광고로 사업이 빠르게 호전되었고** 기록적인 매출을 달성하며 한 해를 마무리했습니다.

> **어휘 |** staff meeting 직원 회의 hand out 나눠 주다 summarize 요약하다 annual sales 연 매출 relocate to ~로 이전하다 commercial 광고 put out 내놓다 pick up 개선되다, 회복되다 a record number of 기록적인, 최고치의

3 업체는 어떤 종류의 상품을 판매하는가?
(A) 옷 (B) 신발

> **해설 | 세부 내용 - 판매 상품**
> 지문 초반부에서 화자가 방금 신발 가게의 연간 매출 자료를 요약한 그래프를 나눠 주었다(I just handed out a graph summarizing our shoe store's annual sales data.)고 했으므로 정답은 (B)이다.

4 업체는 이전 후 무엇을 했는가?
(A) 광고를 했다.
(B) 개업 행사를 준비했다.

> **해설 | 세부 내용 - 이전 후 회사가 한 일**
> 지문 후반부에서 신문과 라디오 광고로 사업이 빠르게 호전되었다(thanks to the newspaper advertisements and radio commercials we put out, business picked up quickly)고 했으므로 정답은 (A)이다.
>
> **어휘 |** inauguration 개시, 개업

[5-6] 안내

Ladies and gentlemen, **⁵I'm sorry to announce that tonight's football game will be postponed by one hour,** due to heavy rain conditions. **⁶We expect to start at six P.M.** In the meantime, we encourage you to visit the food stands, which are now open. Please note there are no refunds, but you can exchange your ticket for a future game by visiting the box office next to the main gate.

신사 숙녀 여러분, 유감스럽게도 폭우로 **⁵오늘 밤 축구 경기가 한 시간 연기됨을 알려 드립니다. ⁶경기는 오후 6시에 시작될 것으로 예상됩니다.** 그동안 지금 영업 중인 매점에 다녀오시는 것은 어떨까요? 환불은 되지 않는다는 점에 유의하십시오. 하지만 정문 바로 옆 매표소를 방문하시면 차후 경기를 관람하실 수 있는 입장권으로 교환은 가능합니다.

> **어휘 |** postpone 연기하다 due to ~ 때문에 condition (특정 시기의) 날씨 in the meantime 그동안에 food stand 매점 refund 환불(하다)

5 안내방송의 목적은 무엇인가?
(A) 일정 변경을 알리기 위하여
(B) 행사장 길 안내를 하기 위하여

> **해설 | 전체 내용 - 안내방송의 목적**
> 지문 초반부에 폭우로 오늘 밤 축구 경기가 한 시간 연기될 것 (tonight's football game will be postponed by one hour)이라고 하므로 정답은 (A)이다.

6 경기는 언제 시작되는가?
(A) 오후 1시 (B) 오후 6시

> **해설 | 세부 내용 - 경기 시작 시각**
> 보기에 시간이 제시되어 있으므로 숫자가 언급되는 부분에 초점을 맞춰야 한다. 지문 중반부에 오후 6시에 시작할 예정(We expect to start at six P.M.)이라고 하므로 정답은 (B)이다.

● ETS 실전문제

본책 p.108

1 (C)	**2** (A)	**3** (D)	**4** (A)	**5** (B)	**6** (A)
7 (A)	**8** (C)	**9** (A)	**10** (B)	**11** (D)	**12** (B)
13 (A)	**14** (B)	**15** (D)	**16** (D)	**17** (A)	**18** (B)
19 (D)	**20** (C)	**21** (A)			

[1-3] 공지

Attention, all workers in Area G. **¹We've just halted the assembly line because ²several barrels of paint have been spilled in the area.** For safety reasons, the paint will have to be cleaned up before work can continue. **³Workers in Area G should report to the staff room immediately.** We've already contacted maintenance workers to take care of the problem, so it should be resolved within an hour. We'll let you know when things are back to normal.

G구역에 있는 직원 전원에게 알립니다. **²해당 구역에 페인트가 여러 통 쏟아져서 ¹방금 조립라인을 중지했습니다.** 안전상의 이유로, 작업을 계속하기 전에 페인트를 닦아야 합니다. **³G구역 직원은 즉시 직원실로 가십시오.** 이미 정비담당 직원들에게 연락해 문제를 처리하도록 했으므로 1시간 이내에 해결될 겁니다. 상황이 정상으로 돌아오면 알려 드리겠습니다.

> **어휘 |** halt 중지하다 assembly 조립 barrel 통 spill 쏟다 safety 안전 continue 계속하다 report to ~로 가다 immediately 즉시 maintenance 정비 take care of 처리하다 resolve 해결하다 normal 정상

1 어디에서 나오는 안내방송이겠는가?
(A) 페인트 가게 (B) 우체국
(C) 제조 공장 (D) 공사 현장

> **해설 | 전체 내용 - 장소**
> 공지가 이루어지고 있는 장소를 묻는 질문으로 주로 도입부에 단서가 제시된다. 시작 부분에서 페인트가 쏟아져서 조립라인을 중지했다(We've just halted the assembly line because several barrels of paint have been spilled in the area.)고 하므로 정답은 (C)이다.

어휘 | manufacturing 제조 construction 공사, 건축

2 문제를 일으킨 것은 무엇인가?
(A) 페인트가 쏟아졌다.　　(B) 기계가 고장났다.
(C) 소포가 배달되지 않았다.　(D) 제품이 파손되었다.

해설 | **세부 내용 - 문제의 원인**
조립 라인을 중지한 이유로 페인트가 쏟아진 것(several barrels of paint have been spilled in the area)을 지목하므로 정답은 (A)이다.

어휘 | jam 고장나게 만들다

3 청자들이 지시 받은 일은 무엇인가?
(A) 기계 끄기　　　　(B) 관리자와 면담
(C) 해당 구역 청소　　(D) 직원실로 가기

해설 | **세부 내용 - 청자들에 대한 지시 사항**
후반부에 G구역 직원은 즉시 직원실로 가라(Workers in Area G should report to the staff room immediately.)고 하므로 정답은 (D)이다.

어휘 | supervisor 관리자, 상사

Paraphrasing
지문의 report to the staff room → 보기의 Go to the staff room

[4-6] 회의

> ⁴Let me begin by welcoming you all on your first day of work here at Scribe Agency. We're excited that you've joined us, and we hope you find this work very rewarding. As you know, we, as a literary agency, find new books to submit to publishers. ⁵Your role will be to review works submitted by authors. When we receive manuscripts from a potential author, you'll be the first people to read the works and note your impressions. ⁶Karen Rhodes has prepared some materials that will help you understand what we're looking for in these reviews, and she's here now to guide you through them. So let's welcome Karen.
>
> ⁴우선 이곳 스크라이브 에이전시로 첫 출근하신 여러분 모두를 환영합니다. 여러분이 합류해서 설렙니다. 여러분이 이 일에서 큰 보람을 느끼셨으면 합니다. 알다시피, 저작권 대행업체로서 우리는 출판사에 제출할 새로운 책들을 발굴합니다. ⁵여러분의 역할은 작가들이 제출한 작품을 검토하는 것입니다. 후보 작가에게 원고를 받으면, 여러분은 작품을 읽고 느낀 점을 기록하는 첫 번째 사람이 됩니다. ⁶카렌 로도스가 검토 시 살펴야 할 것들을 이해하는 데 도움이 될 자료를 준비했고, 지금 여러분에게 설명하기 위해 여기 왔습니다. 자, 카렌을 따뜻하게 맞이합시다.
>
> 어휘 | rewarding 보람 있는 literary agency 저작권 대행업체 publisher 출판사 submit 제출하다 author 작가 manuscript 원고 potential 후보의, 잠재의 impression 인상 prepare 준비하다

4 청자들은 누구이겠는가?
(A) 신입사원　　　　(B) 부서장
(C) 잠재 고객　　　　(D) 외부 컨설턴트

해설 | **전체 내용 - 청자들의 신분**
첫 문장의 스크라이브 에이전시로 첫 출근한 여러분을 환영한다(Let me begin by welcoming you all on your first day of work here at Scribe Agency.)에서 청자들이 신입사원이라는 것을 알 수 있으므로 정답은 (A)이다.

5 화자는 청자들이 무엇을 할 것이라고 말하는가?
(A) 면접 실시　　　　(B) 제출물 검토
(C) 문의 답변　　　　(D) 계약서 초안 작성

해설 | **세부 내용 - 청자들이 할 일**
지문 중반에 청자들의 역할은 작가들이 제출한 작품을 검토하는 것(Your role will be to review works submitted by authors.)이라고 했으므로 정답은 (B)이다.

어휘 | submission 제출(물) inquiry 문의 draft 초안을 작성하다 contract 계약(서)

Paraphrasing
지문의 works submitted by authors → 보기의 submissions

6 다음에 무슨 일이 있겠는가?
(A) 자료를 발표한다.
(B) 참석자들이 자기소개를 한다.
(C) 작업공간을 배정한다.
(D) 건물을 견학한다.

해설 | **세부 내용 - 다음에 있을 일**
지문 후반에 카렌 로도스가 검토 시 필요한 자료를 준비했고 설명을 위해 여기 왔다(Karen Rhodes has prepared some materials that will help you understand what we're looking for in these reviews, and she's here now to guide you through them.)고 했으므로 정답은 (A)이다.

어휘 | attendee 참석자 assign 배정하다

Paraphrasing
지문의 she's here now to guide you through them → 보기의 Some materials will be presented.

[7-9] 공지

> Before we open for business this morning, ⁷I have a quick reminder about the recent change in the store's recycling policy. When you unpack merchandise from the boxes, you need to bring all the packaging material to the recycling area as usual. But now you also have to separate the plastic wrap from the cardboard boxes and place these materials into different containers. The city's recycling company asked all businesses to follow this procedure, and ⁸we must comply with the city's new rule. ⁹Thursday will still be the pick-up day, so make sure that all items have been sorted by then.

오늘 아침 개업하기 전에, **7매장 재활용 정책 관련 최근 변경 사항에 대해 간단히 일러 드리고자 합니다.** 상자에서 제품을 개봉할 때는 평소처럼 모든 포장재를 재활용 구역에 갖다 둬야 합니다. 하지만 이제는 판지 상자에서 비닐 포장지를 분리해 이 재료들을 다른 용기에 넣어야 합니다. 시의 재활용 회사는 모든 업체에 이 절차를 따르도록 요청했고, **8우리는 시의 새로운 규정을 따라야 합니다.** **9수거일은 여전히 목요일이므로 그때까지 반드시 모든 품목을 분류하도록 하십시오.**

어휘 | reminder 상기시키는 것 recycling 재활용 merchandise 제품 as usual 평소처럼 separate 분리하다 procedure 절차 comply with 따르다, 지키다 sort 분류하다

7 공지의 주요 주제는 무엇인가?

(A) 재활용 정책

(B) 재고 관리 절차

(C) 직원 급여대장

(D) 컴퓨터 유지보수

해설 | **전체 내용 - 공지의 주제**
첫 부분의 I have a quick reminder about the recent change in the store's recycling policy에서 재활용 정책의 변경 사항에 대해 공지를 하고 있다는 것을 알 수 있으므로 (A)가 정답이다.

어휘 | inventory 재고 (관리) payroll 급여대장, 급여명부 maintenance 유지보수

8 회사가 변경하는 이유는 무엇인가?

(A) 수익 증대

(B) 신입사원 유치

(C) 지역 법률 준수

(D) 신기술 활용

해설 | **세부 내용 - 변경 이유**
중반부에서 시의 재활용 회사가 모든 업체에게 이 절차를 따르도록 요청했다고 한 후, 시의 새 규정을 따라야 한다(we must comply with the city's new rule)고 했으므로 (C)가 정답이다.

어휘 | increase 증대하다 revenue 수익 take advantage of ~을 활용하다

Paraphrasing
지문의 city's new rule → 보기의 local laws

9 화자에 따르면, 목요일에 무슨 일이 있는가?

(A) 폐기물을 수거한다.

(B) 기계를 정비한다.

(C) 직원들이 급여를 받는다.

(D) 발주를 처리한다.

해설 | **세부 내용 - 목요일에 있을 일**
질문의 키워드인 Thursday가 언급되는 마지막 문장(Thursday will still be the pick-up day, so make sure that all items have been sorted by then.)에서 목요일에 재활용 쓰레기가 수거된다는 것을 알 수 있으므로 (A)가 정답이다.

어휘 | discarded 폐기된 supply order (물품을 보내 달라는) 발주 process 처리하다

[10-12] 공지

10Attention Caleb's Books shoppers. It's 9:30 P.M. 11We ask that you bring your final selections to the cashier counters at this time. If you are having trouble finding a specific item, please do not hesitate to ask an employee. Remember all our members receive a ten percent discount on all purchases, not just books, **12so sign up for the program today.** The store will open again at eight o'clock tomorrow morning. Thank you for shopping at Caleb's Books, and have a great evening.

10케일럽 서점 쇼핑객 여러분께 알려 드립니다. 밤 9시 30분입니다. 11지금 계산대로 여러분이 최종적으로 선택한 물건들을 가지고 오실 것을 부탁드립니다. 특정한 물건을 찾는 데 어려움을 겪고 계시다면, 주저하지 말고 직원에게 물어보세요. 저희의 모든 회원은 책뿐만 아니라, 모든 구매품에 10퍼센트 할인을 받는다는 것을 기억하십시오, **12그러니 오늘 프로그램을 신청하세요.** 매장은 내일 아침 8시에 다시 문을 엽니다. 케일럽 서점에서 쇼핑해 주셔서 감사드리며, 좋은 저녁 시간 보내십시오.

어휘 | selection 선택 cashier counter 계산대 have trouble -ing ~하는 데 어려움을 겪다 specific 특정한 hesitate 망설이다 sign up for ~을 신청하다

10 공지는 어디에서 이루어지는 것 같은가?

(A) 도서관   (B) 서점

(C) 선물 가게   (D) 백화점

해설 | **전체 내용 - 장소**
초반부의 장소명이나 장소를 유추할 수 있는 내용에 주목한다. 이 공지에서는 Attention 바로 다음에 나오는 Books shoppers를 통해 서점에서 이루어진 공지임을 알 수 있다. 따라서 정답은 (B)이다.

11 화자가 "밤 9시 30분입니다"라고 말한 이유는 무엇인가?

(A) 행사 시작을 알리기 위해

(B) 초대를 거절하기 위해

(C) 장소 변경을 제안하기 위해

(D) 청자에게 폐점 시간을 알리기 위해

해설 | **세부 내용 - 화자의 의도**
제시 문장의 앞뒤 문맥에 주목한다. 여기서는 9시 30분이라고 시간을 말한 뒤, 지금 계산 대로 물건을 가지고 오라고 했으므로 폐점 공지임을 알 수 있다. 따라서 정답은 (D)이다.

어휘 | decline 거절하다 invitation 초대 remind 상기시키다

12 화자는 청자에게 무엇을 하라고 권고하는가?

(A) 할인 제품을 산다.   (B) 프로그램에 등록한다.

(C) 독서 활동에 참가한다.   (D) 일자리에 지원한다.

해설 | **세부 내용 - 권고 사항**
후반부 so sign up for the program today에서 프로그램에 등록하라고 권고하고 있다. 따라서 정답은 (B)이다.

Paraphrasing
지문의 sign up for the program → 보기의 Enroll in a program

[13-15] 회의

> Before I end this meeting, I'd like to remind everyone to reply to the e-mail that I sent about purchasing new office equipment. As I mentioned, **13,14there's some money remaining in the budget,** which means that we can finally replace our outdated printers. Now, the e-mail that I sent has an attachment with photos and descriptions of several possibilities. **13,15Please look them over and, in your reply, let me know which model you think would best meet our work needs.**
>
> 이번 회의를 끝내기 전에, 모두에게 다시 알립니다. 제가 새 사무 장비 구입 건에 대해 보낸 이메일에 답장을 주세요. 말씀드렸듯이 **13,14예산에 돈이 좀 남아서 드디어 낡은 프린터를 교체할 수 있게 되었어요.** 지금, 제가 보낸 이메일에는 여러 가지 가능성 있는 제품의 사진과 설명이 첨부되어 있어요. **13,15훑어보시고, 어떤 모델이 업무 수요에 가장 부합한다고 생각하는지 답장으로 알려 주세요.**
>
> 어휘 | reply to ~에 답하다 purchase 구매하다 equipment 장비 remain 남다 budget 예산 replace 교체하다 outdated 낡은 attachment 첨부 description 설명 possibility 가능성

13 청자들이 결정하라고 요청 받은 것은 무엇인가?

(A) 구매할 프린터 종류 (B) 절차 개선 방법
(C) 장비를 둘 위치 (D) 축하행사 개최 시기

해설 | **세부 내용 - 청자들이 결정해야 하는 것**
낡은 프린터를 교체할 수 있게 되어 여러 가지 제품의 사진과 설명을 첨부하니 살펴보고 어떤 모델이 가장 부합할지 알려 달라(Please look them over and, in your reply, let me know which model you think would best meet our work needs.)고 했으므로 정답은 (A)이다.

어휘 | improve 개선하다 procedure 절차 locate 두다 celebration 축하 (행사)

Paraphrasing
지문의 which model you think would best meet our work needs → 보기의 What kind of printers to buy

14 화자가 예산에 대해 말하는 것은 무엇인가?

(A) 확정되지 않았다.
(B) 여윳돈이 있다.
(C) 새로운 범주가 있을 것이다.
(D) 내년에는 더 줄어들 것이다.

해설 | **세부 내용 - 예산에 대한 사항**
질문의 키워드인 budget에 주목하면, 돈이 남았다(there's some money remaining in the budget)고 했고, 이것은 여윳돈에 해당되므로 정답은 (B)이다.

어휘 | finalize 확정하다

Paraphrasing
지문의 some money remaining → 보기의 extra money

15 청자들이 회의 후에 요청 받은 일은 무엇인가?

(A) 여행 이용권 요청 (B) 위원회 위원과 면담
(C) 강좌 신청 (D) 선호 상품 표시

해설 | **세부 내용 - 청자들에 대한 요청 사항**
후반부에서 여러 가지 제품의 사진과 설명을 첨부한다며 살펴보고 어떤 모델이 가장 부합할지 알려 달라(Please look them over and, in your reply, let me know which model you think would best meet our work needs.)고 했으므로 정답은 (D)이다.

어휘 | voucher 이용권 register for ~을 신청하다 preferred 선호되는

Paraphrasing
지문의 let me know which model you think would best meet our work needs → 보기의 Indicate a preferred product

[16-18] 공지

> Hello, everyone. **16Thanks for attending the annual Brindale Music Festival.** Before the show begins, I have a few announcements. Due to the very hot weather conditions today, we have set up some water stations throughout the concert grounds. **17These stations can be found under the green tents and will be serving free water throughout the event.** Also, **18remember that at six P.M. some members of today's performing bands will be available near the south stage to sign autographs.** Now, please welcome our first band, the Wilson Seven, to the stage.
>
> 안녕하세요, 여러분. **16매년 열리는 브린데일 뮤직 페스티벌에 참석해 주셔서 감사합니다.** 쇼가 시작되기 전에, 몇 가지 공지 사항이 있어요. 오늘 날씨가 무척 더워서, 콘서트장 곳곳에 식수대를 몇 군데 설치했습니다. **17이 식수대들은 녹색 텐트 밑에서 찾을 수 있으며 행사 내내 무료 식수를 제공합니다.** 또한 **18오후 6시에 오늘 공연하는 밴드 일부 멤버들이 남쪽 무대 근처에서 사인을 한다는 것 기억하세요.** 자, 이제 첫 번째 밴드인 윌슨 세븐을 무대로 맞이해 주세요.
>
> 어휘 | annual 매년 열리는 due to ~ 때문에 water station 식수대 throughout 곳곳에 perform 공연하다 autograph 사인

16 이 공지의 청중은 누구이겠는가?

(A) 조리사
(B) 정비사
(C) 음악가 집단
(D) 콘서트 참석자

해설 | **전체 내용 - 청자의 신분**
화자가 브린데일 뮤직 페스티벌에 참가해 줘서 고맙다(Thanks for attending the annual Brindale Music Festival.)고 말하며 청자들을 환영하는 것으로 보아 청자들은 콘서트 참석자임을 알 수 있다. 따라서 정답은 (D)이다.

어휘 | attendee 참석자

17 청자들이 녹색 텐트를 방문하도록 권유 받는 이유는 무엇인가?

(A) 물을 얻으려고
(B) 식품을 구입하려고
(C) 일정을 확인하려고
(D) 티셔츠를 얻으려고

해설 | **세부 내용 - 녹색 텐트를 방문하는 이유**
중반부에서 식수대들은 녹색 텐트에서 찾을 수 있으며 행사 내내
무료 식수를 제공한다(These stations can be found under
the green tents and will be serving free water throughout
the event.)고 하므로 그린 텐트를 방문하도록 권유 받는 이유는
물을 얻기 위함임을 알 수 있다. 따라서 정답은 (A)이다.

<u>Paraphrasing</u>
지문의 be serving free water → 보기의 get water

18 여자에 따르면, 오후 6시에 무슨 일이 있는가?
　(A) 대회 우승자가 발표될 것이다.
　(B) 공연자가 사인을 할 것이다.
　(C) 장비를 점검할 것이다.
　(D) 청소가 시작될 것이다.

해설 | **세부 내용 - 특정 시점에 있을 일**
질문에 포함된 키워드인 6:00 P.M.이라는 시간 표현에 초점을 맞춰
지문을 듣는다. 지문 후반부에 오후 6시에 밴드 일부 멤버들이 남쪽
무대 근처에서 사인을 한다는 것을 기억하라(Also, remember
that at six P.M. some members of today's performing
bands will be available near the south stage to sign
autographs.)고 하므로 정답은 (B)이다.

[19-21] 회의＋막대그래프

> ¹⁹I want to discuss our latest software. We
> developed it so retail companies could
> automatically send customized e-mails to their
> customer base. It should be popular, but sales
> haven't met expectations at all. That's why we
> surveyed various retailers to determine their
> concerns about the software. Now, we can't
> do anything about the top two reasons. We're
> already competitively priced, and we can't help it
> if retailers have incompatible systems. However,
> ²⁰we can address the problem that was identified
> by twenty percent of the retailers we surveyed.
> ²¹I'd like to break into small groups to discuss
> some ways that we can do that.
>
> ¹⁹우리 최신 소프트웨어에 대해 논의하고 싶어요. 소매업체가 고객층에
> 맞춤 이메일을 자동으로 전송할 수 있도록 개발했죠. 인기가 있어야
> 하는데 매출이 전혀 기대에 미치지 못했어요. 그래서 소프트웨어에 어떤
> 우려가 있는지 판단하려고 다양한 소매업체를 대상으로 설문조사를
> 실시했어요. 그런데 상위 두 가지 이유에 대해선 아무것도 할 수 없어요.
> 이미 가격은 경쟁력이 있도록 책정되었고, 소매업체들이 갖추고
> 있는 시스템이 호환이 불가능하면 어쩔 수 없죠. 그러나 ²⁰조사 대상
> 소매업체의 20퍼센트가 확인한 문제는 해결할 수 있어요. ²¹그 일을
> 처리할 수 있도록 소그룹으로 나누어 논의하고 싶어요.
>
> 어휘 | retail 소매 customized 맞춤의 expectation 기대 determine
> 판단하다 concerns 우려 competitively 경쟁력 있게 incompatible
> 호환이 안 되는 address 해결하다 identify 확인하다

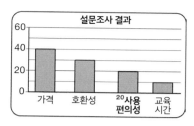

19 청자들은 어디에서 일하겠는가?
　(A) 금융자문회사　　　　(B) 전자제품 매장
　(C) 전화회사　　　　　　(D) 소프트웨어 회사

해설 | **전체 내용 - 청자들의 근무 장소**
첫 문장에서 최신 소프트웨어에 대해 논의하고 싶다(I want to
discuss our latest software.)고 했으므로 청자들은 소프트웨어
회사에서 근무한다는 것을 추론할 수 있다. 따라서 정답은 (D)이다.

20 시각 정보를 참고해, 화자는 어떤 우려를 해결할 수 있다고 말하는가?
　(A) 가격　　　　　　　　(B) 호환성
　(C) 사용 편의성　　　　　(D) 교육 시간

해설 | **세부 내용 - 시각 정보**
지문 후반부에서 조사 대상 소매업체의 20퍼센트가 확인한
문제는 해결할 수 있다(we can address the problem that
was identified by twenty percent of the retailers we
surveyed)고 했다. 그리고 표를 보면 설문조사 결과 중 20퍼센트가
우려하는 점이 사용 편의성임을 알 수 있으므로 정답은 (C)이다.

21 청자들은 다음에 무엇을 할 것인가?
　(A) 소그룹으로 대화　　　(B) 주요 고객들에게 연락
　(C) 사용 지침서 보기　　　(D) 추가 자료 수집

해설 | **세부 내용 - 청자들이 다음에 할 일**
마지막 부분에서 화자가 소그룹으로 나누어 논의하고 싶다(I'd like
to break into small groups to discuss some ways that we
can do that.)고 했으므로 정답은 (A)이다.

어휘 | tutorial 사용 지침서

<u>Paraphrasing</u>
지문의 break into small groups to discuss → 보기의 Talk in
small groups

Unit 15　광고/방송/보도

담화의 흐름과 문제 구성　　　　　　　　본책 p.110

> ¹오크 트리 어패럴은 최신 정장 패션으로 남성분들을 최고의 모습으로
> 꾸며 드린다는 명성을 쌓아 왔습니다. ²고객분들이 계속 재방문하시는
> 것은 저희 직원들의 개별 맞춤 서비스 때문입니다. 그리고 이제 더 나은
> 서비스를 제공하기 위해 ³문을 더 오래 열어 두려고 합니다. 다음 주부터
> 매일 아침 9시부터 저녁 9시까지 문을 엽니다. 들어오셔서 저희가 시에서
> 고객 만족 1위에 오른 이유를 알아보세요.
>
> 어휘 | reputation 명성 individualized 개인 맞춤의 customer
> satisfaction 고객 만족

1 (A)   **2** (A)   **3** (B)   **4** (A)   **5** (B)   **6** (B)

[1-2] 방송

This is Scott Durlin, and [1]you're listening to Scott's Money Advice on WYBR Radio Ninety-One, where we discuss how to handle all types of money and home-budget topics. I want to let listeners know, that [2]as of today, you can download audio files of past broadcasts of our show from my newly updated Web site, www.scottsadvice.com. This is in addition to the usual links and interactive features on topics from the show.

저는 스콧 덜린이며 [1]여러분은 돈과 가정 예산에 대한 모든 문제를 처리하는 방법을 다루는 WYBR 라디오 91의 스콧의 머니 어드바이스를 듣고 계십니다. [2]오늘부터 새롭게 업데이트된 저의 웹사이트 www.scottsadvice.com에서 지난 방송에 대한 오디오 파일을 다운받을 수 있다는 점을 알려 드립니다. 이것은 프로그램의 주제에 대한 통상적인 링크와 문답식 기능에 추가된 것입니다.

어휘 | handle 처리하다 budget 예산 past 지난 broadcast 방송 in addition to ~에 추가로 interactive 상호작용의, 문답식의 feature 기능

1 라디오 프로그램의 주제는 무엇인가?

(A) 재무 설계   (B) 웹사이트 디자인

해설 | **전체 내용 - 주제**
지문 초반부에 청취자들이 돈과 가정 예산에 대한 모든 문제를 처리하는 방법을 다루는 WYBR 라디오 91의 스콧의 머니 어드바이스를 듣고 있다(you're listening to Scott's Money Advice on WYBR Radio Ninety-One, where we discuss how to handle all types of money and home-budget topics)고 했으므로 정답은 (A)이다.

2 최근에 온라인에서 이용할 수 있게 된 것은 무엇인가?

(A) 오디오 녹음   (B) 제품 평가

해설 | **세부 내용 - 이용 가능한 서비스**
지문 중반부에 오늘부터 새롭게 업데이트된 웹사이트에서 지난 방송에 대한 오디오 파일을 다운받을 수 있다(as of today, you can download audio files of past broadcasts of our show from my newly updated Web site, www.scottsadvice.com)고 했으므로 정답은 (A)이다.

[3-4] 광고＋리스트

Buy a Mishu E-reader today and discover the reading revolution. Mishu customers can carry more than three thousand books on one device! [3]The model with the largest display size even has an application installed for video chatting. [4]Visit the Mishu Web site "Customer Feedback" section to read for yourself what our customers are saying about their devices.

오늘 미슈 전자책 단말기를 구매하셔서 독서의 혁명을 발견하세요. 미슈 고객께서는 장치 하나에 3천 권이 넘는 책을 가지고 다닐 수 있습니다. [3]화면이 가장 큰 모델에는 비디오 채팅을 위한 애플리케이션도 설치되어 있습니다. [4]저희 고객들이 자신의 장치에 대해 말하는 것을 직접 읽어 보시려면 웹사이트의 '고객 의견'란을 방문하세요.

어휘 | discover 발견하다 revolution 혁명 carry 휴대하다, 가지고 다니다 device 장치, 기구 application 응용 프로그램, 애플리케이션 install 설치하다 section 부분, 난

미슈 전자책 단말기	
모델	화면 크기
PT-250	15센티미터
DX-16	16센티미터
DX-32	17센티미터
[3]DX-64	18센티미터

3 시각 정보를 참고해, 어떤 전자책 단말기에 비디오 채팅용 애플리케이션이 있는가?

(A) PT-250   (B) DX-64

해설 | **세부 내용 - 시각 정보**
질문의 키워드인 app for video chatting에 주목한다. 지문에서 비디오 채팅 애플리케이션을 탑재한 모델은 화면이 가장 크다(The model with the largest display size even has an application installed for video chatting.)고 했는데, 시각 정보에서 화면이 가장 큰 모델을 찾아보면 DX-64이므로 정답은 (B)이다.

4 화자는 미슈 웹사이트 방문객들이 무엇을 할 수 있다고 하는가?

(A) 고객 평가를 읽는다   (B) 제품을 구매한다

해설 | **세부 내용 - 고객들이 웹사이트에서 할 수 있는 것**
질문의 키워드인 Web site에 주목해서 듣는다. '고객 의견'란에서 실제 고객의 의견을 읽어볼 수 있다(Visit the Mishu Web site "Customer Feedback" section to read for yourself what our customers are saying about their devices.)고 했으므로 정답은 (A)이다.

[5-6] 보도

At a press conference today, the governor announced that a new hospital will be built in Starks County. [5]The governor emphasized that the hospital will create over 300 jobs — helping to boost the local employment rate. [6]After the break, I'll talk with some local citizens of Starks County. They've raised concerns that the proposed site for the project will have a negative impact on wildlife in the area.

오늘 기자 회견에서 주지사는 스탁스 카운티에 새로운 병원을 지을 것이라고 발표했습니다. ⁵주지사는 병원 신설로 300개 이상의 일자리가 생겨서 지역 고용률을 높이는 데 기여할 거라고 강조했습니다. ⁶잠시 후에 스탁스 카운티 시민들과 이야기를 나누어 볼 텐데요. 그들은 프로젝트용으로 제안된 부지가 지역 야생 동물에게 부정적인 영향을 끼칠 거라는 우려를 제기한 바 있습니다.

어휘 | press conference 기자 회견 governor 주지사, 장 county 카운티, 미국의 자치군 emphasize 강조하다 boost 신장시키다 employment rate 취업률 break (라디오 프로 중간의) 광고 raise (안건 등을) 제기하다 concern 걱정거리 negative 부정적인

5 주지사는 프로젝트의 어떤 장점을 언급했는가?

(A) 출퇴근 시간 단축

(B) 지역의 더 많은 일자리

해설 | 세부 내용 - 주지사의 언급 사항
초반부에 이 프로젝트로 지역에 300개 이상의 일자리가 생겨서 지역 고용률을 높일 것(The governor emphasized that the hospital will create over 300 jobs—helping to boost the local employment rate.)이라고 한다. 따라서 정답은 (B)이다.

6 광고 후에 누구를 인터뷰할 것인가?

(A) 주지사

(B) 지역 주민들

해설 | 세부 내용 - 인터뷰 대상
질문의 키워드인 after the break가 언급되는 후반부에서 지역 주민들과 말을 나눠 보겠다(I'll talk with some local citizens of Starks County)고 하므로 지역 주민을 인터뷰할 것임을 알 수 있다. 따라서 정답은 (B)이다.

● ETS 실전문제

본책 p. 112

1 (D)	2 (C)	3 (A)	4 (C)	5 (B)	6 (A)
7 (B)	8 (A)	9 (D)	10 (B)	11 (A)	12 (C)
13 (B)	14 (B)	15 (A)	16 (B)	17 (C)	18 (D)
19 (B)	20 (A)	21 (D)			

[1-3] 광고

¹Are you hungry for healthy lunch options in the city? Then stop in for a visit at Carla's Vegetarian Bistro. What really makes Carla's Bistro special? We get all of our produce from local farms daily. ²So at Carla's, you'll find a variety of delicious soups, salads, and sandwiches made with the freshest fruits and vegetables. And, for a limited time, ³all lunch orders come with a free dessert of your choice. Visit www.carlasbistro.com for more information.

¹도시에서 건강한 점심 식사를 갈망하시나요? 그럼 카를라 채식 식당에 들르세요. 카를라 식당이 정말 특별한 이유는 뭘까요? 저희는 매일 모든 농산물을 지역 농장에서 얻습니다. ²따라서 카를라에서는 가장 신선한 과일과 채소로 만든 다양한 맛있는 수프, 샐러드, 샌드위치가 있습니다. 그리고 한정된 시간 동안, ³모든 점심 주문은 선택한 무료 디저트와 함께 제공됩니다. 자세한 내용은 www.carlasbistro.com을 방문하세요.

어휘 | vegetarian 채식의 produce 농산물

1 어떤 종류의 업체가 광고되고 있는가?

(A) 그래픽 디자인업체　　(B) 원예용품점

(C) 식료품점　　(D) 식당

해설 | 전체 내용 - 업체의 종류
광고되는 업체를 묻는 질문의 경우 대개 지문의 전반부에 정답의 단서가 제시된다. 지문 첫 부분에서 화자가 도시에서 건강한 점심 식사를 갈망하는지 물은 후 카를라 채식 식당에 들르라(Are you hungry for healthy lunch options in the city? Then stop in for a visit at Carla's Vegetarian Bistro.)고 하므로 정답은 (D)이다.

2 화자는 카를라의 어떤 점이 특별하다고 말하는가?

(A) 모든 형태의 결제를 수용한다.

(B) 급송 배달을 제공한다.

(C) 신선한 재료를 사용한다.

(D) 위치가 편리하다.

해설 | 세부 내용 - 특별한 점
중반부에서 카를라에는 가장 신선한 과일과 채소로 만든 맛있는 수프, 샐러드, 샌드위치가 있다(So at Carla's, you'll find a variety of delicious soups, salads, and sandwiches made with the freshest fruits and vegetables.)고 하므로 정답은 (C)이다.

어휘 | ingredient 재료 convenient 편리한

Paraphrasing
지문의 made with the freshest fruits and vegetables
→ 보기의 uses fresh ingredients

3 특정 구매에 제공되는 비즈니스 상품은 무엇인가?

(A) 무료 디저트　　(B) 쿠폰

(C) 요리책　　(D) 디지털 다운로드

해설 | 세부 내용 - 특정 구매에 제공하는 것
후반부에서 한정된 시간 동안 모든 점심 주문에는 무료 디저트가 제공된다(And, for a limited time, all lunch orders come with a free dessert of your choice)고 하므로 정답은 (A)이다.

[4-6] 방송

And, in local news, there's been a lot of interest in the Tredwell community about the proposed budget. Well, yesterday, ⁴the city council made their decision and voted to approve it. One of the things the city now has the funds to do is to renovate the historic Round Stone Bridge. ⁵These renovations will include adding structural supports to allow trucks to use the bridge. In the past, trucks had been banned from the Round Stone Bridge because of their weight. [6]The bridge is expected to reopen the second week of April, just in time for the annual Cherry Blossom Parade.

그리고 지역 뉴스에서, 트레드웰 지역사회는 제안된 예산안에 관심이 많았죠. 음. 어제 [4]시의회는 결정을 내리고 투표로 예산안을 승인했습니다. 시가 지금 자금으로 할 수 있는 일 중 하나는 유서 깊은 라운드 스톤 다리를 개조하는 일입니다. [5]이러한 개조에는 트럭이 다리를 사용할 수 있도록 구조적 지지대를 추가하는 것이 포함될 예정입니다. 과거 트럭은 무게 때문에 라운드 스톤 다리 운행이 금지되었습니다. [6]이 다리는 연례 벚꽃 퍼레이드에 맞춰 4월 둘째 주에 다시 개통될 예정입니다.

어휘 | budget 예산(안) council 의회 decision 결정 approve 승인하다 renovate 개조하다 support 지지대 ban 금지하다 weight 무게 be expected to ~할 예정이다

4 시의회가 어제 한 일은 무엇인가?
(A) 질의에 답변   (B) 축제 발표
(C) 예산 승인   (D) 법 개정 작업

해설 | 세부 내용 - 시의회가 어제 한 일
질문의 키워드인 yesterday에 주목해서 듣는다. 예산에 대한 많은 관심을 언급한 후, 어제 시 의회는 예산을 승인하기로 결정했다(the city council made their decision and voted to approve it)고 했으므로 정답은 (C)이다.

어휘 | revise 개정하다

5 화자에 따르면, 개조 후 다리의 어떤 점이 다를 것인가?
(A) 자전거 전용도로가 있을 것이다.
(B) 더 튼튼할 것이다.
(C) 덮일 것이다.
(D) 이용자가 통행료를 내야 할 것이다.

해설 | 세부 내용 - 개조 후에 다리에 달라지는 점
지문 중반에 이러한 개조 공사로 구조적 지지대가 추가되어 과거 무게 때문에 운행이 금지되었던 트럭들이 다리를 사용할 수 있게 될 것(These renovations will include adding structural supports to allow trucks to use the bridge.)이라고 했으므로 정답은 (B)이다.

어휘 | toll 통행료

Paraphrasing
지문의 adding structural supports → 보기의 stronger

6 다리는 무엇에 맞춰 다시 개통될 것인가?
(A) 지역 퍼레이드   (B) 도로 경주
(C) 불꽃놀이   (D) 음악 공연

해설 | 세부 내용 - 다리 재개통과 연계되는 행사
질문의 키워드인 reopen과 just in time이라는 표현에 유의하여 지문을 들으면, 지문 마지막에서 연례 벚꽃 퍼레이드에 맞춰 다시 개통될 것(The bridge is expected to reopen the second week of April, just in time for the annual Cherry Blossom Parade.)임을 알 수 있다. 따라서 정답은 (A)이다.

Paraphrasing
지문의 the annual Cherry Blossom Parade → 보기의 A local parade

[7-9] 뉴스 보도

Good morning. [7]This is Raj Kumar for Radio 97, reporting live from Cityside Beach. As you may have heard, this season's first migrating humpback whales have arrived in our area. [8]The arrival of the whales is good news for local business owners, who should see larger-than-normal crowds purchasing tickets for whale-watching tours and generally spending time— and money—at the beach. Since there will be increased traffic in local waters, let's remind ourselves of some basic safety rules for boaters. We have with us this morning, Marjorie Kelly, from the local Office of Boating Safety. [9]Marjorie, what things should people be cautious of when they are out on the water?

안녕하세요. [7]라디오 97의 라즈 쿠마르가 시티사이드 해변에서 생방송으로 전합니다. 들으셨겠지만, 올 시즌 처음 이동하는 혹등고래가 우리 지역에 도착했습니다. [8]고래들의 도착은 지역 업주들에게 좋은 소식이죠. 고래 관광 여행을 위한 표를 구입해서 대체로 해변에서 시간을 보내고 돈을 쓰는 사람이 평소보다 많아지니까요. 지역 해역의 교통량이 증가할 예정이므로, 배를 타는 사람을 위한 기본적인 안전 수칙을 상기합시다. 오늘 아침에는 지역 선박안전국의 마조리 켈리 씨를 모셨습니다. [9]마조리, 사람들이 물 위에 있을 때 주의해야 할 점은 무엇인가요?

어휘 | migrate 이동하다 humpback whale 혹등고래 purchase 구입하다 increased 증가된

7 화자는 누구이겠는가?
(A) 해양생물학자   (B) 뉴스 기자
(C) 지역 공무원   (D) 선장

해설 | 전체 내용 - 화자의 신분
지문 초반부에서 라디오 97의 라즈 쿠마르가 시티사이드 해변에서 생방송으로 전한다(This is Raj Kumar for Radio 97, reporting live from Cityside Beach.)고 하므로 정답은 (B)이다.

8 화자에 따르면, 업주들은 무엇을 기대할 수 있는가?
(A) 고객 증가   (B) 에너지 비용 절감
(C) 세율 인상   (D) 주차 제한 감소

해설 | 세부 내용 - 업주들이 기대할 수 있는 것
지문 중반부에서 고래 관광 덕분에 해변에서 시간을 보내고 돈을 쓰는 사람이 많아지기 때문에 고래들의 도착은 지역 업주들에게 좋은 소식(The arrival of the whales is good news for local business owners, who should see larger-than-normal crowds purchasing tickets for whale-watching tours and generally spending time—and money—at the beach.)이라고 하므로 정답은 (A)이다.

어휘 | reduction 절감 restriction 제한

Paraphrasing

지문의 larger-than-normal crowds → 보기의 An increase in customers

9 마조리 켈리는 무엇을 논의하겠는가?

(A) 도로 상태   (B) 사업 기회

(C) 야생동물 보호   (D) 선박 안전

해설 | 세부 내용 - 마조리 켈리가 논의할 것

지문 마지막에서 선박안전국의 마조리에게 물 위에 있을 때 주의할 점이 무엇인지(Marjorie, what things should people be cautious of when they are out on the water?)를 묻는 것으로 보아 선박 안전을 이야기할 것임을 알 수 있다. 따라서 정답은 (D)이다.

어휘 | conservation 보호

Paraphrasing

지문의 cautious of when they are out on the water → 보기의 Boating safety

[10-12] 광고

Are you looking for the perfect weekend getaway this summer? Well, look no more! ¹⁰The Ocean Side Hotel is offering weekend package deals for the month of June. Packages include accommodations for three nights, along with your choice of outdoor activities. ¹¹All our rooms offer a spectacular view of the sea. So enjoy the view from your open-air balcony, then venture down to the beach for dinner at the Ocean Side Café. And for our music-loving guests, ¹²stay after your dinner for live local music on the café patio. Don't miss this incredible offer! Book your package now for a weekend you won't soon forget.

이번 여름 완벽한 주말 휴가를 찾으시나요? 자, 이제 그만 둘러보세요! **¹⁰오션 사이드 호텔이 6월에 주말 패키지 상품을 제공합니다.** 패키지에는 선택한 야외활동과 함께 3박 숙박시설이 포함됩니다. **¹¹전 객실에서 멋진 바다 전망이 보입니다.** 그러니 야외 발코니에서 경치를 감상하고 해변으로 내려가서 오션 사이드 카페에서 저녁을 드세요. 그리고 음악을 사랑하시는 고객이라면 **¹²저녁 식사 후 머물러서 카페 테라스에서 현지 음악을 라이브로 들으세요.** 이 놀라운 제안을 놓치지 마세요! 오래도록 잊지 못할 주말을 위해 지금 패키지를 예약하세요.

어휘 | getaway 휴가   accommodation 숙박시설   venture 가다

10 호텔이 광고하는 것은 무엇인가?

(A) 식당 추가   (B) 특별 상품

(C) 유명인사 출연   (D) 두 번째 지점

해설 | 전체 내용 - 호텔이 광고하는 것

초반부에서 오션 사이드 호텔은 6월에 주말 패키지 상품을 제공한다(The Ocean Side Hotel is offering weekend package deals for the month of June.)고 했으므로 정답은 (B)이다.

어휘 | appearance 출연

Paraphrasing

지문의 weekend package deals → 보기의 A special offer

11 호텔 객실에 관해 언급된 것은 무엇인가?

(A) 바다가 보인다.

(B) 산 근처에 있다.

(C) 와이파이가 구비되어 있다.

(D) 크고 현대적이다.

해설 | 세부 내용 - 객실에 관해 언급된 것

중반부에서 전 객실에서 멋진 바다 전망이 보인다(All our rooms offer a spectacular view of the sea.)고 했으므로 정답은 (A)이다.

Paraphrasing

지문의 view of the sea → 보기의 ocean views

12 광고에 따르면, 저녁 식사 후에 일어나는 일은 무엇인가?

(A) 해변에서 영화가 상영된다.

(B) 테라스에서 디저트가 제공된다.

(C) 야외에서 음악이 연주된다.

(D) 배를 탈 수 있다.

해설 | 세부 내용 - 저녁 식사 후에 일어날 일

질문의 키워드인 after dinner에 주목해서 듣는다. 후반부에 식사 후에 머물면서 카페 테라스에서 라이브 음악을 들으라(stay after your dinner for live local music on the café patio)고 했으므로 정답은 (C)이다.

Paraphrasing

지문의 live local music on the café patio → 보기의 Music is performed outside.

[13-15] 방송

This week on our radio program, Hobby Chat, ¹³we're talking about how you can make your old furniture feel new again. How? ¹⁴By using just a little paint and new hardware. We call it upcycling. Now, I know what you're thinking—but really, you only need to make a few changes. And believe me, it'll make a big difference. And, if you're interested in more information after the program, visit our radio station's Web site. ¹⁵You can watch our video tutorials on painting and finishing various types of furniture.

이번 주에 저희 라디오 프로그램 하비 챗에서 **¹³오래된 가구를 다시 새것처럼 만들 수 있는 방법에 대해 이야기하겠습니다.** 어떻게요? **¹⁴페인트 소량과 새로운 장비만 활용하면 됩니다.** 우리는 이를 창조적 재활용이라고 부르죠. 자, 무슨 생각하시는지 압니다. 하지만 정말로 **몇 가지만 바꾸면 됩니다.** 절 믿으세요, 완전히 변신할 겁니다. 그리고 프로그램이 끝난 후 자세한 정보에 관심이 있으시면 라디오 방송국 웹사이트를 방문하세요. **¹⁵다양한 유형의 가구를 페인트칠하고 마무리하는 동영상 지침을 보실 수 있습니다.**

어휘 | upcycling 창조적 재활용   tutorial 지침

13 주로 무엇에 관한 담화인가?

(A) 사무 공간 설계   (B) 낡은 가구 복원

(C) 싼 가구 찾기   (D) 가구 공장 견학

해설 | 전체 내용 - 담화의 주제

담화의 주제가 언급되는 초반부에 집중하면 화자가 오래된 가구를 다시 새로운 느낌으로 만들 방법에 대해 이야기할 것(we're talking about how you can make your old furniture feel new again)이라고 하므로 정답은 (B)이다.

어휘 | restore 복원하다 **bargain** 싼 물건

Paraphrasing

지문의 make your old furniture feel new again
→ 보기의 Restoring old furniture

14 화자가 '몇 가지만 바꾸면 됩니다'라고 말한 이유는 무엇인가?

(A) 비용이 타당함을 입증하려고

(B) 작업이 쉽다는 것을 확실히 하려고

(C) 계획 단계에 의문을 제기하려고

(D) 도움을 받을 수 없다는 것을 알리려고

해설 | 세부 내용 - 화자의 의도

제시 문장의 앞뒤 문맥에 주목한다. 여기서는 이 문장 앞의 내용에서 의미를 이해할 수 있다. 페인트 소량과 새로운 장비만 활용하면 된다고 했고 창조적 재활용이라 불린다며 무슨 생각을 하는지 알지만 몇 가지만 바꾸면 된다는 말을 했다. 이 말은 생각과는 다르게 작업이 어렵지 않다는 의미이므로 정답은 (B)이다.

어휘 | justify 타당함을 입증하다 **assistance** 도움 **available** 이용할 수 있는

15 청자들이 웹사이트를 방문해야 하는 이유는 무엇인가?

(A) 동영상 보기   (B) 사진 제출

(C) 대회 참가   (D) 할인 신청

해설 | 세부 내용 - 웹사이트를 방문해야 하는 이유

방송국 웹사이트를 방문하라며 가구를 페인트칠하고 마무리하는 동영상 지침을 볼 수 있을 것(You can watch our video tutorials on painting and finishing various types of furniture.)이라고 하므로 정답은 (A)이다.

어휘 | register for 신청[등록]하다

[16-18] 뉴스 보도

Welcome to Business News on Channel 10. **16**This is Pamela Shaw, reporting to you live from Phillip's Car Dealership, right here in our city. **17**Now, a new article about car sales was published yesterday in the *National Automobile Association Magazine*, which explains that the sale of used cars has gone up consistently over the last five years. While this may be surprising to some, many of the customers interviewed in the article said they thought a well-maintained used vehicle could provide a better value for their money than a brand-new car. **18**I'm now going to speak with the

owner of Phillip's Car Dealership to get his reactions and find out how he thinks this trend may influence the industry.

채널 10 경제 뉴스에 오신 걸 환영합니다. **16**저는 파멜라 쇼입니다. 우리 시에 있는 바로 이곳 필립 자동차 영업소에서 생방송으로 전해 드립니다. **17**자, 어제 발간된 〈국립 자동차 협회지〉에 자동차 판매에 관한 새로운 기사가 실렸는데, 지난 5년 동안 중고차 판매가 꾸준히 증가했다고 합니다. 놀라시는 분도 있겠지만, 기사에서 인터뷰한 많은 고객이 정비가 잘 된 중고차가 새 차보다 가성비가 좋다고 생각한다고 말했는데요. **18**저는 이제 필립 자동차 영업소 주인과 이야기를 나누면서 그의 반응을 들어보고 이 추세가 업계에 어떤 영향을 미치리라 생각하는지 알아보겠습니다.

어휘 | article 기사 **publish** 발간하다 **consistently** 꾸준히 **maintain** 정비하다 **value for one's money** 돈에 합당한 가치 **influence** 영향을 미치다

16 화자는 어디에 있는가?

(A) 텔레비전 스튜디오

(B) 자동차 영업소

(C) 주차장

(D) 시청

해설 | 전체 내용 - 장소

초반부의 장소명이나 장소를 유추할 수 있는 내용에 주목한다. 여기에서는 live from 바로 다음에 나오는 Phillip's Car Dealership을 통해 화자가 자동차 영업소에 있음을 알 수 있으므로 정답은 (B)이다.

17 화자에 따르면, 어제 무슨 일이 있었는가?

(A) 계약이 체결되었다.

(B) 신제품이 판매에 들어갔다.

(C) 기사가 실렸다.

(D) 건설 공사가 시작되었다.

해설 | 세부 내용 - 어제 있었던 일

질문의 키워드인 yesterday를 그대로 언급하며, 자동차 판매에 관한 새로운 기사가 실렸다(Now, a new article about car sales was published yesterday in the *National Automobile Association Magazine*)고 밝히고 있으므로 정답은 (C)이다.

18 화자는 다음에 무엇을 할 것인가?

(A) 과정 시연   (B) 상품 검토

(C) 견학   (D) 인터뷰 실시

해설 | 세부 내용 - 다음에 할 일

다음에 할 일은 후반부에 제시되는 경우가 많다. 여기서도 마지막 문장 I'm now going to speak with the owner of Phillip's Car Dealership to get his reactions and find out how he thinks this trend may influence the industry.에서 필립 자동차 영업소 주인과 이야기를 나누면서 반응도 듣고 이 추세의 업계 영향에 대한 의견을 알아보겠다고 했다. 따라서 정답은 (D)이다.

어휘 | demonstrate 시연하다

Paraphrasing

지문의 speak with the owner → 보기의 Conduct an interview

[19-21] 방송＋공항 지도

This is Shari Oster from KVU News. I'm standing here at the Freemont Airport, where the much anticipated construction project for the new terminal is now underway. Freemont has a rapidly growing business sector. [19]This expansion was approved due to the increase in travelers who fly here for work purposes. This is a sketch of the updated airport map—[20]the new terminal is being built next to the parking area and will open to travelers in May. [21]Currently, this airport only handles domestic flights, but the new terminal will start offering international flights as well! This will be a convenient option for international travelers as Freemont continues to increase its global presence.

KVU 뉴스의 샤리 오스터입니다. 저는 이곳 프리몬트 공항에 서 있는데요, 숙원 사업이던 새 터미널 건설 프로젝트가 지금 한창 진행되고 있습니다. 프리몬트에는 빠르게 성장하는 사업 부문이 있습니다. **[19]이번 확장은 업무 목적으로 이곳에 오는 여행객이 증가했기 때문에 승인되었죠.** 이것은 수정된 공항 약도 스케치인데요—**[20]새로운 터미널은 주차 구역 옆에 건설되고 있으며 5월에 여행객들에게 개방될 예정입니다. [21]현재, 이 공항은 국내선만 취급하고 있지만, 새로운 터미널에서 국제선 제공도 시작할 것입니다!** 프리몬트가 세계적으로 계속 입지를 높이고 있기 때문에 이는 국제 여행객들에게 편리한 선택이 될 것입니다.

어휘 | anticipate 기대하다 underway 진행 중인 rapidly 빨리 expansion 확장 approve 승인하다 due to ~ 때문에 increase 증가(하다) purpose 목적 currently 현재 domestic 국내의 convenient 편리한 presence 입지

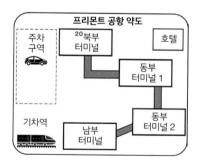

프리몬트 공항 약도

주차 구역 / [20]북부 터미널 / 호텔 / 동부 터미널 1 / 기차역 / 남부 터미널 / 동부 터미널 2

19 건설 프로젝트가 승인된 이유는 무엇인가?
(A) 투자 기회 제공　　　(B) 더 많은 여행자 수용
(C) 잉여 예산 활용　　　(D) 더 엄격한 안전규정 준수

해설 | 세부 내용 - 프로젝트가 승인된 이유
지문 중반부에서 이번 확장은 업무 목적으로 오는 여행객이 증가해서 승인되었다(This expansion was approved due to the increase in travelers who fly here for work purposes.)고 했다. 따라서 (B)가 정답이다.

어휘 | investment 투자 accommodate 수용하다 budget 예산 surplus 잉여 strict 엄격한 regulation 규정

Paraphrasing
지문의 increase in travelers → 보기의 more travelers

20 시각 정보를 참고해, 어떤 터미널이 건설되고 있는가?
(A) 북부 터미널　　　(B) 동부 터미널 1
(C) 동부 터미널 2　　　(D) 남부 터미널

해설 | 세부 내용 - 시각 정보
중반부에서 새로운 터미널은 주차 구역 옆에 건설될 것(the new terminal is being built next to the parking area)이라고 했다. 공항 약도에서 주차 구역 옆을 찾아보면 (A)가 정답임을 알 수 있다.

21 화자에 따르면, 새로운 터미널의 특별한 점은 무엇인가?
(A) 다양한 소매점을 보유할 것이다.
(B) 환경친화적일 것이다.
(C) 지역 미술가들의 작품을 선보일 것이다.
(D) 국제선을 제공할 것이다.

해설 | 세부 내용 - 새로운 터미널의 특별한 점
후반부에서 현재 국내선만 취급하고 있는데 새로운 터미널에서 국제선 제공도 시작할 것(Currently, this airport only handles domestic flights, but the new terminal will start offering international flights as well)이라고 했다. 따라서 (D)가 정답이다.

어휘 | retail 소매 environmentally friendly 환경친화적인

Unit 16　인물 / 강연 / 설명

담화의 흐름과 문제 구성　　　본책 p.114

[1]안녕하세요, 여러분. 올해의 건축 학술회의를 즐기고 계시길 바랍니다. 저는 당사 신제품인 뉴웨이브 프린터를 소개하려고 여기 왔습니다. 자, 여러분 모두 소프트웨어 프로그램을 사용해 고객에게 건축 구상을 제시하는 모델을 만드실 텐데요. [2]당사 신제품 3D 프린터인 레플리콘 3000으로 전문가급의 프레젠테이션 모형을 만드는, 시중에서 가장 정확한 도구를 경험하게 되실 겁니다. [3]제가 레플리콘 3000으로 만든 모형을 몇 개 보여 드리고 싶은데요. 결과가 얼마나 정밀한지 알 수 있으실 겁니다.

어휘 | architecture 건축 experience 경험하다 accurate 정확한 precise 정밀한 outcome 결과

● 실전 도움닫기　　　본책 p.115

1 (A)　**2** (A)　**3** (B)　**4** (B)　**5** (B)　**6** (A)

[1-2] 인물 소개

Good evening, everyone. [1]Welcome to this special celebration in honor of Dr. Anthony Heller, who is retiring after 35 years with the Society for

Environmental Sciences. Now, there's no doubt that Dr. Heller is best known for his distinguished work as the director of the research center. But, as some of you will remember, Dr. Heller began his professional career as a field biologist. ²Now that he's retiring, he plans to write a nature column for *The Hartland Daily Newspaper*.

안녕하세요, 여러분. **¹35년간 환경 과학 협회에서 근무하신 앤서니 헬러 박사님의 퇴임을 기념하기 위한 이 특별 행사에 참석해 주셔서 감사합니다.** 헬러 박사님이 이 연구소의 소장으로 재직하며 탁월한 업적을 남긴 것으로 널리 알려졌다는 것은 두말할 나위가 없습니다. 그러나 몇몇 사람이 기억하듯이, 원래 박사님은 현장 생물학자로서 경력을 시작했습니다. **²이제 은퇴하시는 박사님은 <하트랜드 데일리 지>에 자연에 대한 칼럼을 기고할 예정입니다.**

어휘 | in honor of ~을 기념하여, ~에게 경의를 표하여 there's no doubt that ~은 의심의 여지가 없다 distinguished 두드러진, 뛰어난, 유명한 field 현장 biologist 생물학자

1 발표는 어디에서 이루어지고 있는가?
(A) 퇴임 파티　　　　　(B) 과학 세미나

해설 | 전체 내용 - 발표 장소
지문 초반부에 화자가 앤서니 헬러 박사의 퇴임을 기념하기 위한 특별 행사에 참석해 줘서 감사하다(Welcome to this special celebration in honor of Dr. Anthony Heller, who is retiring)고 하므로 정답은 (A)이다.

2 헬러 박사는 무엇을 할 계획인가?
(A) 신문에 기고한다.　　(B) 학교에서 자원봉사를 한다.

해설 | 세부 내용 - 미래에 할 일
미래의 계획이나 행동은 지문 후반부에 언급되는 경우가 많다. 지문 후반부에 헬러 박사가 <하트랜드 데일리 지>에 자연에 대한 칼럼을 기고할 예정(he plans to write a nature column for *The Hartland Daily Newspaper*)이라고 하므로 정답은 (A)이다.

[3-4] 강연

³I feel truly honored by this award for employee of the year here at Flint and Gray Banking. At the beginning of the year, I was asked to develop a mobile application for our account holders. After ten months of trial and error, we are now able to release a fully functioning application to our users. But I couldn't have done it without my team of programming specialists. ⁴They all did a fabulous job. So for that, please join me in giving them a warm round of applause.

³이곳 플린트 앤 그레이 뱅킹에서 이렇게 올해의 직원상을 받게 되어 정말 영광입니다. 저는 올해 초 계좌 소유자들을 위한 모바일 앱을 개발하라는 요청을 받았습니다. 10개월의 시행착오를 겪은 후 이제 저희는 완전한 기능을 갖춘 앱을 이용자들에게 공개할 수 있게 되었습니다. 하지만 프로그래밍 전문가들로 구성된 저희 팀이 없었다면 이 일을 해낼 수 없었을 것입니다. **⁴그들 모두 놀랄 만한 일을 해냈습니다.** 그러므로 저와 함께 그들에게 따뜻한 박수갈채를 보내 주시기 바랍니다.

어휘 | honored 명예로운 application 앱, 응용 프로그램 account holder 계좌 소유자 trial and error 시행착오 release 출시하다 fully functioning 완전한 기능을 갖춘 specialist 전문가 fabulous 멋진, 놀랄 만한 applause 박수갈채

3 연설의 목적은 무엇인가?
(A) 회사를 발족한 것
(B) 상을 수락하는 것

해설 | 전체 내용 - 연설의 목적
연설 서두에 이곳 플린트 앤 그레이 뱅킹에서 이렇게 올해의 직원 상을 받게 되어 정말 영광(I feel truly honored by this award for employee of the year here at Flint and Gray Banking.)이라고 했으므로 정답은 (B)이다.

어휘 | inaugurate 시작하다, 발족하다

4 화자가 "저희 팀이 없었다면 이 일을 해낼 수 없었을 것입니다"라고 말한 의도는 무엇인가?
(A) 업무를 다룰 기술을 갖추지 못했다.
(B) 동료들에게 고마움을 표하고 싶다.

해설 | 세부 내용 - 화자의 의도
해당 문장을 바꿔 말하면 함께 한 팀이 있었기에 앱을 개발할 수 있었다는 것이다. 즉, 앱 개발을 함께 한 동료들에게 고마운 마음을 전하려는 것이므로 정답은 (B)이다.

[5-6] 강연

⁵Welcome to the June meeting of the Maplewood Film Club. The film we're showing this month is the award-winning *Evening Rain*. The club is especially happy to have ⁶Ms. Charlotte Blake, the film's screenwriter, here with us today. After the movie, you'll be able to ask her about the challenges of writing for film. We hope you'll stay for the discussion.

⁵메이플우드 영화 클럽의 6월 모임에 오신 것을 환영합니다. 이번 달에 보여 드릴 영화는 수상작인 <이브닝 레인>입니다. 저희 클럽은 특히 오늘 이곳에 **⁶이 영화의 시나리오 작가인 샬럿 블레이크 씨를 모시게 되어 기쁩니다.** 영화를 본 후에, 영화를 위해 글을 쓰는 일의 어려운 점에 대해 그녀에게 질문하실 수 있습니다. 여러분들께서는 토론 시간 동안 계속 자리를 지켜 주시기 바랍니다.

어휘 | film 영화(= movie) award-winning 상을 받은 screenwriter 시나리오 작가

5 청자들은 어떤 종류의 행사에 참석하고 있는가?
(A) 야외 축제
(B) 클럽 모임

해설 | 전체 내용 - 연설 장소
연설의 전반부를 집중해서 듣는다. 첫 부분에서 Welcome to 다음에 영화 클럽의 6월 모임(the June meeting of the Maplewood Film Club)이라는 말이 나오므로, 클럽 모임에서 나오는 연설임을 알 수 있다. 정답은 (B)이다.

6 샬럿 블레이크는 누구인가?

(A) 작가   (B) 영화 감독

해설 | 세부 내용 - 인물의 신분
질문에 포함된 고유명사 Charlotte Blake를 키워드로 삼아 담화를 들으면, 중반부에서 이 이름 바로 뒤에 동격으로 이 사람을 영화 시나리오 작가(the film's screenwriter)라고 소개하고 있다. 따라서 정답은 (A)이다.

어휘 | film director 영화 감독

● ETS 실전문제

본책 p.116

1 (B)	**2** (D)	**3** (C)	**4** (B)	**5** (B)	**6** (C)
7 (B)	**8** (D)	**9** (A)	**10** (B)	**11** (C)	**12** (C)
13 (D)	**14** (C)	**15** (B)	**16** (A)	**17** (B)	**18** (B)
19 (C)	**20** (A)	**21** (B)			

[1-3] 인물 소개

[1]Hello and welcome to Health Talk on WKD radio. I'm your host Stephanie Ross, and [2]today we'll be talking to sleep specialist Dr. Louisa Meyer. Dr. Meyer has written many groundbreaking articles on the science of sleep and has recently published a book on sleep habits. [3]She's here to tell us about the fascinating findings on child and adult sleep patterns that she discusses in her new book. Welcome to the program, Dr. Meyer.

[1]안녕하세요? WKD 라디오의 헬스 토크에 오신 것을 환영합니다. 저는 진행자 스테파니 로스고 [2]오늘은 수면 전문가 루이자 메이어 박사님과 이야기를 나누겠습니다. 메이어 박사님은 수면 과학에 관한 획기적인 논문을 많이 썼고 최근 수면 습관에 관한 책을 출간했습니다. [3]박사님은 새 책에서 논한 아동과 성인의 수면 패턴에 대한 흥미진진한 발견에 대해 우리에게 이야기하시기 위해 이곳에 오셨습니다. 메이어 박사님, 프로그램에 잘 오셨습니다.

어휘 | host (TV·라디오 프로의) 진행자 **groundbreaking** 획기적인 **article** 논문 **recently** 최근 **finding** (연구·조사의) 결과 **adult** 성인

1 인터뷰는 어디에서 진행되고 있겠는가?

(A) 진료소
(B) 라디오 방송국
(C) 출판사
(D) 텔레비전 스튜디오

해설 | 전체 내용 - 인터뷰 장소
지문 맨 처음의 Hello and welcome to Health Talk on WKD radio.에서 WKD 라디오의 헬스 토크에 온 것을 환영한다고 하므로 정답은 (B)이다.

2 메이어 박사의 전문 분야는 무엇인가?

(A) 알레르기 치료   (B) 운동 과학
(C) 영양 보충제   (D) 수면 연구

해설 | 세부 내용 - 메이어 박사의 전문 분야
지문 초반부의 today we'll be talking to sleep specialist Dr. Louisa Meyer에서 메이어 박사는 수면 전문가임을 알 수 있으므로 정답은 (D)이다.

어휘 | treatment 치료 **exercise** 운동 **nutritional** 영양의 **supplement** 보충제, 보조식품

3 메이어 박사는 오늘 무엇에 관해 이야기할 것인가?

(A) 자신이 한 여행   (B) 자신이 받은 상
(C) 자신이 쓴 책   (D) 자신이 시작한 재단

해설 | 세부 내용 - 메이어 박사가 이야기할 내용
지문 후반부에서 메이어 박사는 새 책에서 논한 아동과 성인의 수면 패턴에 대한 발견을 이야기하기 위해 이곳에 왔다(She's here to tell us about the fascinating findings on child and adult sleep patterns that she discusses in her new book.)고 하므로 정답은 (C)이다.

어휘 | foundation 재단

[4-6] 강연

Good evening, and welcome to this very special anniversary celebration. This year marks our fifteenth year of manufacturing mobile phones. And [4]I want to thank each of you for making this an outstanding company! It's no surprise that [5]Electronics Magazine ranked us the best place to work in the industry. We are lucky to have such talented and dedicated employees. Lucky—yes. But it hasn't been only luck. Our human resources team has played a big role in that, too. [6]They have been relentless in their search for new talent. So won't you please join me in a round of applause as we invite Dan Gao, the head of human resources, to the stage?

안녕하세요. 이 특별한 기념행사에 오신 것을 환영합니다. 올해는 휴대전화 제조 15주년이 되는 해입니다. 그리고 [4]저는 이곳을 뛰어난 회사로 만들어 주신 여러분 모두에 대해 감사드립니다! [5]<전자 잡지>가 우리를 업계에서 가장 일하기 좋은 직장으로 꼽은 것은 놀랄 일이 아닙니다. 이처럼 재능 있고 헌신적인 직원을 두다니 행운입니다. 운이 좋은 거죠—물론입니다. 하지만 단지 운이 좋아서만은 아닙니다. 우리 인사팀도 거기에 큰 역할을 했죠. [6]그들은 새로운 인재를 찾기 위해 끈질기게 노력해 왔습니다. 그러니 댄 가오 인사부장님을 무대로 모실 때 저와 함께 큰 박수를 보내 주세요.

어휘 | anniversary 기념일 **celebration** 축하행사 **manufacture** 제조하다 **outstanding** 뛰어난 **dedicated** 헌신적인 **play a role** 역할을 하다 **relentless** 끈질긴 **applause** 박수

4 연설의 목적은 무엇인가?

(A) 신입사원 환영
(B) 회사의 성공에 대한 감사 표시
(C) 신제품 출시 발표
(D) 업체 개편 설명

해설 | 전체 내용 - 연설의 목적

주제나 목적이 주로 언급되는 초반부에 주목한다. 기념행사에 온 걸 환영한다며 뛰어난 회사로 만들어준 청자들에게 고맙다(I want to thank each of you for making this an outstanding company)고 말하는 것으로 보아 회사의 성공에 대한 감사 표시임을 알 수 있으므로 정답은 (B)이다.

어휘 | appreciation 감사 launch 출시 describe 설명하다 reorganization 개편, 재정비

Paraphrasing

지문의 thank each of you for making this an outstanding company → 보기의 express appreciation for a company's success

5 <전자 잡지>가 이 회사에 대해 보도한 내용은 무엇인가?
   (A) 고객 만족도가 높다.
   (B) 일하기 아주 좋은 곳이다.
   (C) 환경에 책임감 있게 임한다.
   (D) 효과적인 멘토 프로그램을 보유하고 있다.

해설 | 세부 내용 - 잡지가 보도한 내용

키워드인 Electronics Magazine에 주목하면 지문 중반부에 우리를 업계에서 가장 일하기 좋은 직장으로 꼽은(Electronics Magazine ranked us the best place to work in the industry) 것은 놀랄 일이 아니라고 하므로 정답은 (B)이다.

어휘 | customer satisfaction 고객 만족 environmentally 환경적으로 responsible 책임감 있는 effective 효과적인

Paraphrasing

지문의 the best place → 보기의 an excellent place

6 화자가 댄 가오의 부서를 칭찬하는 이유는 무엇인가?
   (A) 프로젝트 마감일 준수   (B) 기념일 행사 준비
   (C) 유능한 직원 찾기   (D) 혁신적인 제품 설계

해설 | 세부 내용 - 댄 가오의 부서를 칭찬하는 이유

지문 후반부에 그들은 끈질기게 인재를 찾기 위해 노력했다고 한 후, 댄 가오 인사부장을 박수와 함께 무대로 맞이하자(They have been relentless in their search for new talent. So won't you please join me in a round of applause as we invite Dan Gao)고 하므로 정답은 (C)이다.

어휘 | recognize (공로를) 인정[치하]하다 organize 준비하다

Paraphrasing

지문의 search for new talent → 보기의 Finding talented employees

[7-9] 워크숍 발췌

[7]I'd like to begin this workplace safety training session by welcoming you to Kingston Tool Manufacturers. You may have operated similar machinery at previous workplaces, but procedures may vary. [8]So, during the first part of today's training, you'll watch an instructional video on our company's safety procedures. After that, I'll take you to the factory floor to introduce

you to your supervisors. [9]They will demonstrate how to operate the machinery you'll be using in your specific area.

[7]킹스턴 툴 제조사에 오신 것을 환영하며 이번 작업장 안전 교육을 시작하겠습니다. 이전 작업장에서 유사한 기계를 작동하셨을 수도 있겠지만 절차는 다를 수 있습니다. [8]그래서 오늘 교육의 첫 부분에서는 우리 회사의 안전 절차에 관한 교육용 영상을 보시겠습니다. 그 후에, 공장 작업장으로 여러분을 데리고 가서 관리자들을 소개하겠습니다. [9]그들이 특정 구역에서 사용할 기계를 어떻게 작동하는지 시연하겠습니다.

어휘 | operate 작동하다 similar 유사한 previous 이전의 procedure 절차 instructional 교육용의 floor 작업장 supervisor 관리자 demonstrate 시연하다

7 화자가 연설하는 대상은 누구이겠는가?
   (A) 장비 납품업체
   (B) 공장 직원
   (C) 이사회
   (D) 잠재 고객

해설 | 전체 내용 - 청자의 신분

청자가 누구인지 찾기 위해서는 앞부분을 잘 들어야 한다. 지문에서 workplace safety training session과 Kingston Tool Manufacturers라는 단어에서 공장 직원을 위한 안내임을 알 수 있으므로 정답은 (B)이다.

어휘 | address 연설하다 supplier 납품업체 potential 잠재적인

8 화자에 따르면, 청자들이 처음 할 일은 무엇인가?
   (A) 사진 찍기
   (B) 설문조사서 작성
   (C) 간호사 만나기
   (D) 영상 보기

해설 | 세부 내용 - 청자들이 처음 할 일

지문 중반부에 교육의 첫 부분에서 회사의 안전 절차에 관한 영상을 볼 것(So, during the first part of today's training, you'll watch an instructional video on our company's safety procedures.)이라고 말하고 있으므로 정답은 (D)이다.

9 관리자들은 무엇을 할 것인가?
   (A) 기계 작동 시연
   (B) 연간예산 심의
   (C) 근무 성적 제출
   (D) 특수 의류 배부

해설 | 세부 내용 - 관리자들이 할 행동

지문 후반부에 관리자들 소개를 언급한 후 관리자들이 특정 구역에서 사용할 기계 작동을 시연할 것(They will demonstrate how to operate the machinery you'll be using in your specific area.)이라고 밝히고 있으므로 정답은 (A)이다.

어휘 | performance record 근무 성적 distribute 배부하다

Paraphrasing

지문의 how to operate the machinery → 보기의 machinery operation

[10-12] 인물 소개

Welcome to Afternoon Edition. ¹⁰Today, we'll be talking to education expert Dr. Catherine Hoffman about her recent research on the reading habits of young people worldwide. ¹¹One of her findings is that young people, aged 13 to 18, are more likely to read online sources than printed materials. Dr. Hoffman also found that schools have been spending more money on computers and e-reading materials as a result. ¹²At the end of the week, she'll receive an award from the Brooklite Institute for her 20 years of work in the field of international education. So, thank you for joining us Dr. Hoffman, and welcome to Afternoon Edition.

애프터눈 이디션에 오신 것을 환영합니다. ¹⁰오늘은 교육 전문가 캐서린 호프만 박사와 함께 전 세계 청소년들의 독서 습관에 관한 최근 연구에 대해 이야기하겠습니다. ¹¹박사님의 연구 결과 중 하나는 13세에서 18세 청소년들이 인쇄물보다 온라인 자료를 더 많이 읽는다는 것입니다. 또한 호프만 박사님은 학교들이 결과적으로 컴퓨터와 전자독서 교재에 더 많은 돈을 쓰고 있다는 것을 발견했습니다. ¹²이번 주말, 박사님은 국제 교육 분야에서 20년 동안 일한 공로로 브루클라이트 연구소에서 수상할 예정입니다. 와주셔서 감사합니다, 호프만 박사님. 애프터눈 이디션에 오신 것을 환영합니다.

어휘 | expert 전문가 research 연구 institute 연구소

---

10 호프만 박사가 일하고 있는 분야는 어디인가?

(A) 사업   (B) 교육
(C) 의학   (D) 공학

해설 | 세부 내용 - 호프만 박사가 일하고 있는 분야
지문 초반부에서 교육 전문가 캐서린 호프만 박사와 함께 전 세계 청소년들의 독서 습관에 관한 최근 연구에 대해 이야기하겠다 (Today, we'll be talking to education expert Dr. Catherine Hoffman about her recent research on the reading habits of young people worldwide.)고 했으므로 정답은 (B)이다.

11 13세에서 18세 사이의 청소년들에 관해 언급된 것은 무엇인가?

(A) 어른보다 전자제품을 더 많이 산다.
(B) 방과후 프로그램에 자주 참가한다.
(C) 온라인 읽기 자료를 선호한다.
(D) 이전 세대 청소년보다 더 건강하다.

해설 | 세부 내용 - 특정 청소년에 관해 언급된 것
지문 중반부에서 박사님의 연구 결과 중 하나는 13세에서 18세 청소년들이 인쇄물보다 온라인 자료를 더 많이 읽는다는 것(One of her findings is that young people, aged 13 to 18, are more likely to read online sources than printed materials.)이라고 했으므로 정답은 (C)이다.

어휘 | participate in ~에 참가하다 prefer 선호하다 previous 이전의 generation 세대

Paraphrasing
지문의 are more likely to read online sources than printed materials → 보기의 prefer online reading sources

---

12 주말에 호프만 박사에게 무슨 일이 있겠는가?

(A) 보고서 공개   (B) 회의 주최
(C) 상 받기   (D) 새로운 일 시작

해설 | 세부 내용 - 미래에 있을 일
미래에 발생할 일은 대부분 지문 후반부에 언급된다. 또한 문제에 구체적인 시점인 at the end of the week가 있으므로 이 단어가 언급되는 부분에서 정답의 단서를 찾아야 한다. 교육 분야에서 일한 공로로 브루클라이트 연구소에서 수상할 예정(At the end of the week, she'll receive an award from the Brooklite Institute for her 20 years of work in the field of international education.)이라고 했으므로 정답은 (C)이다.

Paraphrasing
지문의 receive → 보기의 Accept

[13-15] 강연

¹³Welcome to the Araby Conference Center. I hope you're all enjoying the trade show today. We at Watson Research are thrilled to be part of this event, where so many new products are showcased. ¹⁴We're excited to tell you about the latest development in our line of glass products. It's called T29 Glass. T29 Glass is a significant improvement over our earlier versions of the glass because it's thinner than ever before. It's perfect for use in mobile devices such as phones and laptops. In a moment, I'll pass around samples of the glass so you can see it and hold it. ¹⁵But first, I'd like to show you a video of how we developed it. I think you'll quickly see the potential of this product in today's market.

¹³에어러비 컨퍼런스 센터에 오신 것을 환영합니다. 모두 오늘 무역 박람회를 즐기길 바랍니다. 왓슨 리서치는 많은 신제품들이 전시되는 이 행사에 참여하게 되어 매우 기쁩니다. ¹⁴우리 회사 유리 제품군의 최신 개발에 대해 알려 드리게 되어 기쁩니다. T29 유리라고 합니다. T29 유리는 이전보다 얇기 때문에 앞선 유리에 비해 상당히 개선되었습니다. 휴대폰이나 노트북 같은 모바일 기기에 제격입니다. 잠시 후, 여러분이 보고 들어볼 수 있도록 유리 견본품을 돌리겠습니다. ¹⁵우선 우리가 어떻게 개발했는지 영상으로 보여 드리고자 합니다. 요즘 시장에서 이 제품의 잠재력을 금방 아시리라 생각합니다.

어휘 | latest 최신의 significant 상당한 improvement 개선 thin 얇은 device 기기 potential 잠재력

---

13 담화가 이루어지는 곳은 어디인가?

(A) 공장
(B) 소매점
(C) 자동차 영업소
(D) 컨퍼런스 센터

해설 | 전체 내용 - 담화 장소
맨 처음의 Welcome to 바로 다음에 나오는 Conference Center를 통해 컨퍼런스 센터에서 이루어진 담화임을 알 수 있으므로 (D)가 정답이다.

14 왓슨 리서치가 최근에 한 것은 무엇인가?

(A) 장비를 업그레이드했다

(B) 신규 지점을 열었다

(C) 제품을 개선했다

(D) 기술자들을 추가로 고용했다

해설 | 세부 내용 - 왓슨 리서치가 최근에 한 것

초반에 왓슨 리서치의 행사 참여에 대한 언급 후 바로 유리 제품군의 최신 개발을 알리게 되어 기쁘다(We're excited to tell you about the latest development in our line of glass products.)고 하므로 (C)가 정답이다.

Paraphrasing

지문의 latest development in our line of glass products

→ 보기의 Improved a product

15 청자들은 다음에 무엇을 할 것인가?

(A) 소책자 읽기　　(B) 영상 보기

(C) 휴대폰 검토　　(D) 직원과 대화

해설 | 세부 내용 - 다음에 할 일

지문 후반에 우선 어떻게 개발했는지 영상으로 보여 주겠다(But first, I'd like to show you a video of how we developed it.)고 하므로 (B)가 정답이다.

어휘 | brochure 소책자　representative 직원

Paraphrasing

지문의 show you a video → 보기의 Watch a video

[16-18] 설명

> ¹⁶Today I'll show you the new scanning devices we'll be using in the warehouse. When products come off the truck, their names and barcodes need to be entered into our inventory system. ¹⁷We used to transfer that information to a computer, but these new devices completely eliminate that step. ¹⁸Let's run through using them now. OK, so first you'll scan the barcode on a pallet of a product. Next, type the product's name into the scanner. Then, scan the barcode on the shelf where you're putting the product, and hit "enter." ¹⁸OK, let's get started. They're on that table.
>
> ¹⁶오늘은 창고에서 사용할 새 스캐닝 장치를 보여 드릴게요. 제품이 트럭에서 내려오면, 이름과 바코드를 재고관리 시스템에 입력해야 합니다. ¹⁷예전에는 그 정보를 컴퓨터로 전송했지만, 이 새로운 기기들은 그 단계를 완전히 없앱니다. ¹⁸이제 새 기기를 이용해 연습해 봅시다. 자, 그럼 먼저 제품 세로띠에 있는 바코드를 스캔할 겁니다. 그런 다음 스캐너에 제품 이름을 입력하고요. 다음으로 제품을 넣을 선반에서 바코드를 스캔한 다음 "입력"을 누릅니다. ¹⁸좋아요, 시작하죠. 저 테이블 위에 있어요.
>
> **어휘 | warehouse 창고　inventory 재고(관리)　transfer 전송하다 completely 완전히　eliminate 없애다　run through 연습하다　pallet 세로띠**

16 청자들은 누구이겠는가?

(A) 창고 직원　　　　(B) 배달 기사

(C) 총괄 비서　　　　(D) 매장 계산원

해설 | 전체 내용 - 청자의 신분

맨 처음에 화자와 청자들이 창고에서 사용할 새 스캐닝 장치를 보여 주겠다(Today I'll show you the new scanning devices we'll be using in the warehouse.)고 했다. 이를 통해 청자들이 창고 직원임을 알 수 있으므로 정답은 (A)이다.

어휘 | administrative assistant 총괄 비서

17 화자에 따르면, 새로운 기기의 장점은 무엇인가?

(A) 사용하기 쉽다.

(B) 과정을 단축한다.

(C) 배터리 수명이 길다.

(D) 교육 비용을 절감한다.

해설 | 세부 내용 - 새로운 기기의 장점

중반에 전에는 정보를 컴퓨터로 전송했지만, 새 기기들은 그 단계를 완전히 없앴다(We used to transfer that information to a computer, but these new devices completely eliminate that step.)고 했다. 이를 통해 작업 시간이 단축됨을 알 수 있으므로 정답은 (B)이다.

어휘 | user-friendly 사용하기 쉬운　reduce 절감하다

Paraphrasing

지문의 eliminate that step → 보기의 shorten a process

18 화자가 "저 테이블 위에 있어요"라고 말한 의도는 무엇인가?

(A) 청자들은 나중에 돌아와야 한다.

(B) 청자들은 물건을 집어 와야 한다.

(C) 분실물들을 찾았다.

(D) 작업이 끝났다.

해설 | 세부 내용 - 화자의 의도

지문 중반에 새 기기를 이용해 연습해 보자(Let's run through using them now.)며 사용 방법 설명 후 시작하자(OK, let's get started.)고 했고 바로 이어서 저 테이블 위에 있다고 했다. 이를 통해 청자들이 기기를 테이블에서 직접 가져와야 한다는 것을 짐작할 수 있으므로 정답은 (B)이다.

[19-21] 강연 + 표

> ¹⁹As mayor of Bloomville, I've called this press conference to announce the city's decision about how we'll be allocating the remaining funds in this year's budget. We researched the costs of doing various projects, and it looks like we'll have enough money to fund only one project: ²⁰adding bike lanes to the main roadways. I know how popular the library expansion was, but uh, unfortunately, we'll have to delay that until a later time. ²¹I'm now ready to take any questions you have about the budget or about the project itself.

19블룸빌의 시장으로서 올해 예산에서 남은 자금을 어떻게 할당할 것인지에 대한 시의 결정을 발표하기 위해 이번 기자회견을 소집했습니다. 저희가 다양한 프로젝트 실행 비용을 조사해 보니 단 하나의 프로젝트에만 자금을 충분히 지원할 수 있을 것 같습니다. **20**주요 도로에 자전거 도로를 추가하는 것입니다. 도서관 확장을 얼마나 원했는지 알고 있습니다만, 아쉽게도 그것은 다음으로 미뤄야겠습니다. **21**이제 예산이나 프로젝트 자체에 대한 여러분의 질문을 받겠습니다.

어휘 | mayor 시장 call 소집하다 press conference 기자회견 allocate 할당하다, 배정하다 remaining 남은 fund 자금; 자금을 대다 budget 예산 research 조사하다 various 다양한 add A to B A를 B에 추가하다 bike lane 자전거 도로 roadway 도로, 차도 expansion 확장 unfortunately 아쉽게도, 유감스럽게도 delay 늦추다

프로젝트	비용
20자전거 도로	**1백만 달러**
도서관 확장	2백만 달러
주차용 건물	2백 5십만 달러
주민 회관	3백만 달러

19 화자는 누구이겠는가?
(A) 회계사
(B) 사업가
(C) 시 공무원
(D) 건축가

해설 | 전체 내용 - 화자의 신분
담화 맨 처음에 화자가 자신을 블룸빌의 시장(mayor of Bloomville)이라고 했으므로 정답은 (C)이다.

어휘 | official (고위) 공무원

20 시각 정보를 참고해, 선정된 프로젝트의 비용은 얼마이겠는가?
(A) 1백만 달러
(B) 2백만 달러
(C) 2백 5십만 달러
(D) 3백만 달러

해설 | 세부 내용 - 시각 정보
담화 중반에 주요 도로에 자전거 도로를 추가하는(adding bike lanes to the main roadways) 프로젝트에 자금을 지원할 것이라고 했다. 그리고 표에서 자전거 도로(Bike Lanes) 프로젝트에 1백만 달러의 비용이 드는 것으로 나와 있으므로 정답은 (A)이다.

21 화자는 다음에 무엇을 하겠는가?
(A) 비디오 상영
(B) 추가 정보 제공
(C) 도서관 방문
(D) 시상

해설 | 세부 내용 - 화자가 다음에 할 일
담화 마지막에 예산이나 프로젝트에 대한 질문을 받겠다(I'm now ready to take any questions you have about the budget or about the project itself.)고 했으므로 정답은 (B)이다.

Unit 17 여행 / 견학 / 관람

담화의 흐름과 문제 구성
본책 p.118

1고대사 박물관에 오신 것을 환영합니다. 저는 여러분의 가이드입니다. 지금 저희는 이집트 갤러리에 있습니다. 특이한 유물이 많이 전시되어 있죠. **2**몇 분께서 책과 영화에서 들은 몇몇 유명한 채색 가면을 볼 수 있는지 벌써 물으셨는데요. 저희 예술 보존 전문가가 말했듯이, 그 물체들은 빛에 의해 쉽게 손상됩니다. 하지만 **3**가면에 대해 더 알고 싶으시면, 기념품점에서 멋진 책을 구입하실 수 있습니다.

어휘 | unusual 특이한 artifact (인공) 유물 conservation 보존 expert 전문가

● 실전 도움닫기
본책 p.119

1 (B) **2** (A) **3** (B) **4** (A) **5** (A) **6** (B)

[1-2] 관람

1We will now be entering the gallery named Gold Hall. For this next part of our tour, I ask that you please refrain from taking pictures. **1**The first painting, here on our right, is *The Look*, arguably the most famous painting by Esmeralda Blanchard. What exactly is the woman in the painting looking at? Well, if you guessed the gardener by the pond, you are correct. Historians have recently confirmed this through a letter Blanchard wrote to her sister. You can read more about the correspondence in **2***Blanchard's Gaze*, a souvenir book which is available in the gift shop.

1이제 골드 홀이라는 관에 들어갑니다. 지금 견학부터는, 사진 촬영을 하지 말 것을 요청드립니다. **1**여기 우리 오른쪽에 있는 첫 번째 그림은 에스메랄다 블랜차드의 가장 유명한 그림이라고 할 수 있는 <더 룩>입니다. 그림에 있는 여자는 정확히 무엇을 보고 있나요? 연못 옆 정원사라고 추측했다면, 여러분이 맞습니다. 블랜차드가 자신의 자매에게 쓴 편지를 통해 사학자들이 최근 이것을 확인했습니다. **2**<블랜차드의 시선>에서 그 편지에 대해 더 많이 읽을 수 있으며, 이 기념 도서는 선물 가게에서 구매 가능합니다.

어휘 | refrain from ~을 삼가다 arguably 거의 틀림없이, 주장하건대 guess 추측하다 historian 사학자 confirm 확인하다 correspondence 서신, 편지 souvenir 기념품, 선물

1 화자는 어디에서 일하는 것 같은가?
(A) 사진 스튜디오 　　　(B) 미술관

해설 | 전체 내용 - 화자의 근무 장소
첫 문장에서 gallery가 언급되었고, 이어서 painting을 본다고 했으므로 화자는 미술관에서 근무한다는 것을 알 수 있다. 따라서 정답은 (B)이다.

2 <블랜차드의 시선>은 무엇인가?

(A) 책　　　　　　　　　　(B) 그림

해설 | **세부 내용 - 특정 대상의 정체**
질문의 키워드인 *Blanchard's Gaze*에 주목한다. 지문의
후반부에서 <블랜차드의 시선>에서 더 많은 편지를 읽을 수 있다고
했고, 기념 도서(a souvenir book)라고 칭했으므로 정답은
(A)이다.

[3-4] 견학

Welcome to Danmere Tea Company's factory tour. **³**The first thing we'll do on our tour is visit the interactive Introduction Hall, where you'll have the chance to handle a selection of tea leaves of various textures. Then we'll see the process of tea production on the factory floor, and finally— in our new Danmere Tasting Room—**⁴**you'll get to sample a wide range of tea drinks. Trust me… you won't be able to go through all of them. I encourage you to walk around and see all the offerings before making your choices. Now, if everyone is ready, let's begin the tour.

댄미어 차 회사의 공장 견학에 오신 걸 환영합니다. **³**우리가 견학에서
가장 먼저 할 일은 상호 안내관 방문으로, 그곳에서 여러분은 다양한
감촉의 찻잎을 다룰 수 있는 기회를 갖게 될 예정입니다. 그러고 나서
우리는 작업 현장에서 차의 생산 과정을 보게 될 것이며 마지막으로 새로
마련된 댄미어 시음방에서 **⁴**다양한 종류의 차를 시음하실 겁니다. 저를
믿으세요… 여러분은 전부 다 경험하실 수는 없을 겁니다. 선택을 하시기
전에 모든 물품들을 돌아다니면서 구경하시길 권해 드립니다. 이제 모두
준비가 되셨으면 견학을 시작하겠습니다.

어휘 | interactive 상호의　introduction 안내　handle 다루다　various
다양한　texture 감촉, 질감　process 과정　production 생산　a wide
range of 다양한　go through ~을 경험하다　encourage 권하다
offering 제공되는 것　make one's choice 선택하다

3 청자들은 무엇을 먼저 할 것인가?

(A) 차 생산 과정을 본다.

(B) 찻잎의 감촉을 만져본다.

해설 | **세부 내용 - 먼저 할 일**
초반부에서 가장 먼저 할 일을 언급하고 있다. 상호 안내관에서
다양한 감촉의 찻잎을 다룰 수 있게 될 것(The first thing we'll
do on our tour is visit the interactive Introduction Hall,
where you'll have the chance to handle a selection of tea
leaves of various textures.)이라고 했으므로 정답은 (B)이다.

4 화자가 "여러분은 전부 다 경험할 수는 없을 겁니다"라고 말한 의도는
무엇인가?

(A) 많은 종류의 제품이 있다.

(B) 몇몇 제품은 아주 비싸다.

해설 | **세부 내용 - 화자의 의도**
제시 문장의 앞뒤 문맥을 살펴보면, 다양한 차 음료 샘플이 제공되는
데(you'll get to sample a wide range of tea drinks) 전부 다

경험할 수는 없다고 했다. 이 내용에서 매우 많은 종류의 차가 있음을
유추할 수 있으므로 정답은 (A)이다.

[5-6] 여행

⁵Attention all passengers: Due to track maintenance scheduled for the month of June, **⁵, ⁶** trains on the R-2 line will not be running between the hours of one and four P.M. beginning tomorrow, June fifth, and continuing through June thirtieth. There will be shuttle service available to transport passengers by bus between stations during this time. Passengers may board the bus across the street in front of the National Transportation Building. We apologize for this inconvenience and look forward to serving you for all of **⁵**your rail travel.

⁵모든 승객 여러분께 알립니다. 6월로 예정된 선로 유지 관리 때문에,
⁵,⁶ R-2호선의 열차는 내일 6월 5일부터 6월 30일까지, 오후 1시부터
4시 사이에 운행하지 않습니다. 이 기간 동안 역과 역 사이에 승객을 실어
나르는 왕복 버스가 있을 예정입니다. 승객들은 길 건너편 국립 교통국
건물 앞에서 버스를 타시면 됩니다. 이러한 불편을 끼쳐 드려 사과드리며,
모든 **⁵**철도 여행에서 여러분을 모실 수 있기를 고대합니다.

어휘 | passenger 승객　track (열차의) 선로　maintenance 유지 관리
run 운행하다　continue 계속되다　available 이용 가능한　transport
이동시키다　board 승차하다　look forward to -ing ~하기를 고대하다
rail travel 철도 여행

5 이 공지는 누구를 위한 것인가?

(A) 열차 승객들

(B) 항공 여행객들

해설 | **전체 내용 - 공지 대상**
주로 초반부의 인사말에서 유추할 수 있다. passengers, track
maintenance와 trains라는 단어에서 열차 승객을 위한 공지임을
알 수 있으므로 정답은 (A)이다. 마지막 문장의 rail travel에서도
열차 승객들을 위한 공지임을 확인할 수 있다.

6 이 작업은 언제 있을 것인가?

(A) 4월　　　　　　　　　　(B) 6월

해설 | **세부 내용 - 작업 시행 시점**
6월 5일부터 6월 30일까지 선로 유지 작업이 있다(beginning
tomorrow, June fifth, and continuing through June
thirtieth)고 밝히고 있으므로 정답은 (B)이다.

● ETS 실전문제　　　　　　　本책 p.120

1 (A)	**2** (D)	**3** (C)	**4** (C)	**5** (A)	**6** (D)
7 (C)	**8** (D)	**9** (A)	**10** (D)	**11** (B)	**12** (C)
13 (B)	**14** (A)	**15** (C)	**16** (D)	**17** (C)	**18** (A)
19 (C)	**20** (A)	**21** (D)			

[1-3] 여행 정보

Welcome to today's walking tour of historic Avila City. [1]On this tour, we'll visit the city's most famous buildings and I'll talk about their different architectural styles. You're probably already wondering about Morales Avenue, where we're standing right now. You can definitely see the difference in construction materials and styles from one side of the street to the other—the buildings on this side are clearly older than the buildings on the other side. [2]That's because instead of Morales Avenue, there used to be a wall here. This wall surrounded the old city and marked its outer limits. But as the population grew, it had to be knocked down to make room for new housing. [3]At the end of this tour, we'll visit the history museum where we will see a model of what the city looked like before it expanded.

오늘 유서 깊은 아빌라 시 도보여행에 오신 것을 환영합니다. [1]이번 투어에서 이 도시의 가장 유명한 건물들을 방문해 건물들의 다양한 건축 양식에 대해 이야기하겠습니다. 여러분은 아마 우리가 지금 서 있는 모랄레스 가에 대해 벌써 궁금하실 겁니다. 길 한쪽과 반대쪽의 건축 자재와 스타일의 차이가 확연히 보일 텐데요. 이쪽에 있는 건물들이 반대쪽 건물들보다 분명 더 오래되었습니다. [2]이곳에 모랄레스 가 대신에 벽이 있었기 때문입니다. 이 벽은 옛 도시를 에워싸 경계를 표시했습니다. 그러나 인구가 증가하면서 새 주택을 위한 공간을 마련하기 위해 벽을 허물어야만 했죠. [3]투어 마지막에 역사 박물관을 방문해 도시가 확장되기 전에 어떤 모습이었는지 보겠습니다.

어휘 | historic 유서 깊은 architectural 건축의 definitely 확연히 construction 건축 surround 에워싸다 population 인구 knock down 허물다 room 공간 expand 확장하다

1 화자에 따르면, 이 투어의 주된 초점은 무엇인가?

(A) 건축 양식 (B) 지역 요리
(C) 문학계 인물 (D) 전통 농업

해설 | 전체 내용 - 투어의 초점
초반부에 투어에서 가장 유명한 건물들을 방문해 다양한 건축 양식에 대해 이야기할 것(On this tour, we'll visit the city's most famous buildings and I'll talk about their different architectural styles.)이라고 했으므로 정답은 (A)이다.

어휘 | cuisine 요리 literary 문학의 figure 인물

2 화자가 모랄레스 가에 대해 말한 것은 무엇인가?

(A) 유명한 작가가 한때 그곳에 살았다.
(B) 연례 축제의 장소다.
(C) 차량 출입이 금지된다.
(D) 도시 벽이 한때 그곳에 있었다.

해설 | 세부 내용 - 모랄레스 가에 대한 언급
중반부에 이곳에 모랄레스 가 대신 벽이 있었다(That's because instead of Morales Avenue, there used to be a wall here.)고 했으므로 정답은 (D)이다.

Paraphrasing
지문의 there used to be a wall here → 보기의 A city wall used to stand there.

3 화자에 따르면, 청자들이 박물관에서 할 수 있는 것은 무엇인가?

(A) 단편 영화 보기 (B) 기념품 구입하기
(C) 재현된 도시 보기 (D) 강의에 참석하기

해설 | 세부 내용 - 박물관에서 할 수 있는 것
지문 마지막에 역사 박물관을 방문해 확장되기 전 도시의 모습을 보겠다(At the end of this tour, we'll visit the history museum where we will see a model of what the city looked like before it expanded.)고 했으므로 정답은 (C)이다.

어휘 | souvenir 기념품 reproduction 재현, 재건

Paraphrasing
지문의 model of what the city looked like before it expanded → 보기의 reproduction of the city

[4-6] 견학

[4]Welcome to the bottling factory here at Clarity Mountain Water Company. Let me start the tour by showing you where the water source is. If you look behind me through this window, you'll see Tundra Mountain. [5]We draw our fresh water from the summit of that mountain. The water gets piped down the mountain slope into our factory, where it goes through machines that check the water for purity, pH level, and other qualities. [6]Let me show you what those machines look like. Follow me.

[4]클레러티 마운틴 워터 회사의 생수 공장에 오신 것을 환영합니다. 우선 수원지가 있는 곳을 보여 드리면서 견학을 시작하겠습니다. 제 뒤편 창문을 통해 툰드라 산이 보일 겁니다. [5]저희는 바로 이 산 정상에서 신선한 물을 끌어옵니다. 물은 파이프를 통해 산비탈을 따라 공장으로 들어오고 물의 순도와 pH, 그 밖에 품질을 검사하는 기계들을 거칩니다. [6]그 기계들이 어떻게 생겼는지 보여 드리겠습니다. 따라오십시오.

어휘 | bottling 병에 담기 tour 견학 water source 수원지 summit 산 정상 slope 비탈 go through 통과하다 purity 순도 pH 피에이치, 페하(용액의 수소 이온 농도)

4 화자는 무엇을 소개하고 있는가?

(A) 미술 강연 (B) 건물 점검
(C) 공장 견학 (D) 사무실 회의

해설 | 전체 내용 - 소개 대상
지문 초반부에서 생수 공장에 오신 것을 환영한다(Welcome to the bottling factory here at Clarity Mountain Water Company.)고 했으므로 정답은 (C)이다.

5 화자는 툰드라 산에 대해 무엇이라고 하는가?

(A) 수원지이다.
(B) 종종 사진 촬영된다.
(C) 그곳에서 회의가 열린다.
(D) 많은 사람들이 그곳에서 스키를 탄다.

해설 | **세부 내용 - 툰드라 산에 대한 언급 사항**
지문 중반부에서 툰드라 산 정상에서 물을 끌어온다(We draw our fresh water from the summit of that mountain.)고 했으므로 정답은 (A)이다.

6 사람들은 다음에 어디로 가겠는가?
(A) 산 정상　　　　　(B) 회의실
(C) 선물 가게　　　　(D) 기계실

해설 | **세부 내용 - 다음에 갈 곳**
지문 마지막에 기계들이 어떻게 생겼는지 보여 주겠다(Let me show you what those machines look like.)면서 따라오라(Follow me.)고 했으므로 정답은 (D)이다.

[7-9] 관람

> [7]Welcome to the Delta National Aquarium! We hope you enjoy your day here. For your convenience, storage lockers are now available to all visitors for only one dollar. [8]Just stop by the customer service desk to pick up a key. While you're over there, check out the Goldfish Café. Special children's meals are now available. [9]And finally, a reminder that our aquatic show will begin in just 15 minutes. Come see the dolphins—don't miss this exciting show!
>
> [7]델타 국립 수족관에 오신 것을 환영합니다! 여러분이 이곳에서 하루를 즐겁게 보내시기 바랍니다. 편의를 위해 이제 물품 보관함을 단 1달러에 모든 방문객이 이용할 수 있습니다. [8]고객 서비스 데스크에 들러 열쇠만 받으시면 됩니다. 거기 계시는 동안 금붕어 카페도 가보세요. 이제 어린이 특식도 이용하실 수 있습니다. [9]그리고 마지막으로 15분만 있으면 수중 쇼가 시작된다는 점, 다시 알려 드립니다. 오셔서 돌고래를 보세요—이 신나는 쇼를 놓치지 마세요!
>
> 어휘 | convenience 편의　storage locker 물품 보관함　available 이용할 수 있는

7 어디에서 들리는 안내방송이겠는가?
(A) 연회장　　　　　(B) 쇼핑센터
(C) 수족관　　　　　(C) 미술관

해설 | **전체 내용 - 장소**
안내방송이 이루어지고 있는 장소를 묻는 질문으로 주로 도입부에 단서가 제시된다. 시작 부분에서 델타 국립 수족관(Delta National Aquarium)에 온 것을 환영한다고 했으므로 정답은 (C)이다.

8 화자에 따르면, 방문객들이 고객 서비스 데스크에서 할 수 있는 것은 무엇인가?
(A) 복권 응모
(B) 건물 지도 받기
(C) 회원 가입
(D) 보관함 대여

해설 | **세부 내용 - 고객 서비스 데스크에서 할 수 있는 일**
물품 보관함 이용에 대한 언급 후에, 고객 서비스 데스크에 들러 열쇠를 받으라(Just stop by the customer service desk to

pick up a key.)고 했으므로 정답은 (D)이다.

어휘 | raffle (기금 모금을 위한) 복권

Paraphrasing
지문의 pick up a key → 보기의 Rent a locker

9 화자는 15분 후에 무슨 일이 있다고 말하는가?
(A) 쇼가 시작된다.
(B) 카페에서 점심 식사 제공을 시작한다.
(C) 티켓 예매가 시작된다.
(D) 관광단이 만난다.

해설 | **세부 내용 - 미래에 있을 일**
질문의 키워드인 in fifteen minutes에 주목한다. 후반부에 15분 후에 수중 쇼가 시작될 것(And finally, a reminder that our aquatic show will begin in just 15 minutes.)이라고 했으므로 정답은 (A)이다.

어휘 | advance ticket 예매표

Paraphrasing
지문의 our aquatic show will begin → 보기의 A show will start.

[10-12] 여행

> [10]We've reached the observation deck of Ridley Tower. And what a great panoramic scene we have of Port Hollister! From the north side of the tower here, you can see all the major landmarks of our city, such as the dome of the art museum and the National Sports Stadium. And then, from the south side, you will see the harbor area and the bridge to the nearby island. We're very lucky because [11]the weather is so good today. Normally that island is covered in clouds this time of year, and you can't see it from the tower. So, have a look around and enjoy yourselves, but [12]please return here, to this bench, in half an hour.
>
> [10]우리는 리들리 타워 전망대에 도착했습니다. 참으로 파노라마로 펼쳐진 홀리스터 항의 전경이 얼마나 멋진지요! 이곳 타워 북쪽에서는 미술관 돔과 국립체육관 등 우리 도시의 주요 랜드마크를 모두 볼 수 있습니다. 그리고 남쪽에서는 항구 지역과 가까운 섬으로 가는 다리가 보일 것입니다. 우리는 아주 운이 좋네요. [11]오늘 날씨가 정말 좋거든요. 보통 이맘때면 저 섬은 구름으로 덮여 있어서 타워에서 보이지 않죠. 그러니 주위를 둘러보고 즐기시되 [12]30분 후에 여기, 이 벤치로 돌아오세요.
>
> 어휘 | reach 도착하다　observation deck 전망대　port 항구　normally 보통

10 담화의 주제는 무엇인가?
(A) 스포츠 행사의 점수
(B) 미술 전시회의 내용
(C) 보트 타기 코스
(D) 타워에서 바라본 풍경

담화의 주제는 담화의 초반부에 언급되므로 처음 시작하는 부분을 잘 들어야 한다. 담화에서 화자가 이야기를 시작하면서 리들리 타워 전망대에 도착했다(We've reached the observation deck of Ridley Tower.)고 알린 후 파노라마로 펼쳐진 홀리스터 항의 전경이 멋지다(And what a great panoramic scene we have of Port Hollister!)라면서 타워에서 보이는 전망에 대한 이야기를 하고 있으므로 (D)가 정답이다.

11 화자에 의하면, 오늘따라 특이한 점은 무엇인가?

(A) 표가 반값이다.　　　　(B) 하늘이 맑다.

(C) 다리가 폐쇄되었다.　　(D) 섬이 붐빈다.

해설 | 세부 내용 - 오늘 특이한 점
질문의 키워드인 today에 대해 언급한 부분에 주목한다. 담화 후반부에서 오늘 날씨가 좋다(the weather is so good today)고 한 후, 보통은 구름에 덮여 타워에서 섬이 보이지 않는다(Normally that island is covered in clouds this time of year, and you can't see it from the tower.)고 했으므로 (B)가 정답이다.

어휘 | crowded 붐비는

Paraphrasing
지문의 the weather is so good → 보기의 The sky is clear.

12 청자들은 30분 후에 무엇을 할 것인가?

(A) 버스에 탄다.

(B) 방에서 나간다.

(C) 벤치에서 만난다.

(D) 헤드셋을 반납한다.

해설 | 세부 내용 - 미래에 할 일
지문 마지막에 30분 후에 여기 벤치로 돌아와달라(please return here, to this bench, in half an hour)고 했으므로 (C)가 정답이다.

Paraphrasing
지문의 return here, to this bench → 보기의 Meet at a bench

[13-15] 관람

> **13**Welcome to tonight's Clarke Symphony concert. **14**Because this performance is being recorded, we request that the audience refrain from making any unnecessary noise during the performance. Also, remember to turn off all mobile phones and pagers. We would like to remind you that **15**flash photography is prohibited in this auditorium. Thank you very much for your attention and we hope you enjoy tonight's performance.

13오늘밤 클라크 심포니 연주회에 오신 것을 환영합니다. **14**이 공연은 녹음되기 때문에, 청중 여러분께 공연 도중에 불필요한 소음을 삼가 해 주십사 부탁드립니다. 또한 잊지 말고 모든 휴대폰과 무선호출기를 꺼주십시오. **15**플래시를 이용한 사진 촬영은 이 강당에서 금지된다는 사실을 다시 한번 알려 드리고자 합니다. 안내방송에 귀 기울여 주셔서 감사드리며, 오늘 밤 공연과 함께 즐거운 시간 되시길 바랍니다.

어휘 | performance 공연 record 녹음하다 refrain from ~을 삼가다 unnecessary 불필요한 turn off 끄다 mobile phone 휴대폰 pager 무선호출기 prohibit 금지하다 auditorium 강당

13 안내방송은 어디서 이루어지고 있는가?

(A) 미술관　　　　　　　(B) 콘서트 홀

(C) 사진 스튜디오　　　　(D) 회의실

해설 | 전체 내용 - 장소
지문 초반부에 오늘 밤 클라크 심포니 연주회에 오신 것을 환영한다(Welcome to tonight's Clarke Symphony concert.)고 하므로 정답은 (B)이다.

14 왜 청중은 조용히 해달라는 부탁을 받는가?

(A) 공연이 녹음될 것이다.

(B) 공연이 생방송으로 중계될 것이다.

(C) 공연을 사진 촬영할 것이다.

(D) 공연 영상을 촬영할 것이다.

해설 | 세부 내용 - 이유
지문 초반부에 공연이 녹음될 것(Because this performance is being recorded)이므로 불필요한 소음을 삼가 달라고 하므로 정답은 (A)이다.

15 안내방송에 따르면 이 공연에서 허용되지 않는 것은 무엇인가?

(A) 음식과 음료

(B) 복도에 서 있기

(C) 플래시 사진 촬영

(D) 녹음 기기

해설 | 세부 내용 - 허용되지 않는 것
지문 후반부에 플래시를 이용한 사진 촬영은 금지된다(flash photography is prohibited in this auditorium)고 하므로 정답은 (C)이다.

[16-18] 관람

> Good morning, volunteers. Welcome to our wildlife preserve. **16**You're here to help with environmental conservation efforts. This includes tasks like testing water quality and monitoring animals. Before we begin today, **17**I overheard some of you saying that we don't provide any training for our volunteers. Actually, each of you will be assigned a mentor. Now, we're going on a short tour of the preserve. **18**Please remember to take notes as we walk around. We'll talk about everything you see afterwards.

자원봉사자 여러분, 안녕하세요. 야생동물 보호구에 잘 오셨습니다. **16**여러분은 환경보전 활동을 도와주러 오셨는데요. 여기에는 수질 검사, 동물 관찰 같은 일이 포함됩니다. 오늘 시작하기 전에, **17**제가 우연히 들었는데 여러분 몇 사람이 우리가 자원 봉사자들을 위한 어떠한 교육도 제공하지 않는다고 말하더군요. 사실, 여러분 각자에게 멘토가 배정될 예정입니다. 자, 보호구를 잠깐 둘러보겠습니다. **18**돌아다닐 때 잊지 말고 메모하세요. 나중에 보신 모든 것에 대해 얘기할 겁니다.

16 청자들은 어떤 종류의 자원봉사를 할 것인가?

(A) 예술 교육   (B) 보건 서비스
(C) 지역 개발   (D) 환경보전

해설 | 전체 내용 - 자원봉사 종류
초반부에서 청자들은 환경보전 활동을 위해 왔다(You're here to help with environmental conservation efforts.)는 것을 알 수 있다. 따라서 (D)가 정답이다.

17 화자가 "여러분 각자에게 멘토가 배정될 예정입니다"라고 말하는 이유는 무엇인가?

(A) 제안을 거절하려고
(B) 피드백을 요청하려고
(C) 정보를 바로잡으려고
(D) 참여를 권장하려고

해설 | 세부 내용 - 화자의 의도
제시 문장이 언급되는 앞뒤 문맥을 살핀다. 자원봉사자들을 위한 훈련을 제공하지 않는다고 말하는 사람들의 말을 들었다고 한 후 사실은 여러분 각자에게 멘토가 배정될 예정이라고 밝힌 것으로 보아 교육이 있다는 사실을 알리려고 한 말임을 알 수 있다. 따라서 (C)가 정답이다.

어휘 | reject 거절하다 correct 바로잡다 encourage 권장하다

18 화자가 청자들에게 상기시키는 것은 무엇인가?

(A) 메모하기   (B) 보안경 착용
(C) 면책동의서 서명   (D) 설명서 읽기

해설 | 세부 내용 - 청자들에 대한 상기 사항
후반부에서 메모할 것을 상기시키고 있다(Please remember to take notes as we walk around.)는 것을 알 수 있다. 따라서 (A)가 정답이다.

어휘 | waiver 면책동의서

[19-21] 관람 + 안내책자

[19]Welcome to the Megahurst Art Gallery. You've chosen a very exciting time to visit our museum because [19]we just joined the Greater European Art Union. Our membership in this union means our galleries will regularly feature new exhibits from private and public art collections around Europe. To see a complete list of where our various exhibits are from, take a look in your brochure. Also, [20]notice that there is a twenty percent off coupon in your brochure that you can use at the Megahurst food court or gift shop. [21]Now, let's start our tour and enter the first exhibit, which is on loan to us from the Amsterdam Collection. Please, follow me.

[19]메가허스트 미술관에 오신 것을 환영합니다. 저희 박물관을 방문하기에 아주 흥미로운 때를 선택하셨군요. 왜냐하면 [20]저희가 최근 대 유럽 미술 협회에 가입했기 때문입니다. 이 협회 회원이 되었다는 것은 저희 화랑들이 정기적으로 유럽에 있는 개인 및 공공 미술 소장품으로 새로운 전시회를 연다는 것을 의미합니다. 다양한 전시품들이 어디에서 오는지 최종 목록을 보려면, 안내 책자를 한번 봐주세요. 또한, [20]안내 책자에 메가허스트 푸드 코트나 선물 가게에서 사용할 수 있는 20퍼센트 할인 쿠폰이 있다는 것도 알아두시기 바랍니다. [21]자, 견학을 시작하며 암스테르담 컬렉션에서 저희에게 빌려준 첫 번째 전시장으로 들어갑시다. 저를 따라오세요.

전시	전시품 출처
회화 업적	포르투갈 재단
현대 인쇄술	애커 가문
스위스 사진	베른 대학교
[21]네덜란드 조각	암스테르담 컬렉션

19 메가허스트 미술관은 최근에 무엇을 했는가?

(A) 새 장소에 개관했다.
(B) 미술 수업을 제공하기 시작했다.
(C) 미술 조직에 가입했다.
(D) 사진 촬영을 허용하지 않는다.

해설 | 세부 내용 - 미술관이 최근에 한 일
질문의 키워드인 Megahurst Art Gallery에 주목한다. 최근에 대 유럽 미술 협회에 가입(we just joined the Greater European Art Union)했다고 했으므로 정답은 (C)이다.

20 안내 책자에 포함되는 것은 무엇인가?

(A) 할인 쿠폰   (B) 레스토랑 메뉴
(C) 행사 일정표   (D) 회원 신청서

해설 | 세부 내용 - 안내 책자에 포함된 것
질문의 키워드인 brochure에 주목하면, 푸드 코트나 선물 가게에서 사용할 수 있는 할인 쿠폰이 있다(notice that there is a twenty percent off coupon in your brochure)고 했으므로 정답은 (A)이다.

21 시각 정보를 참고해, 관광 단체는 어떤 전시를 먼저 방문할 것인가?

(A) 회화 업적   (B) 현대 인쇄술
(C) 스위스 사진   (D) 네덜란드 조각

해설 | 세부 내용 - 시각 정보
여행 안내문에서 제일 먼저 가는 곳은 now, let's, let me, begin, start, first 등을 듣고 정답을 찾는다. 여기서도 이러한 말이 단서가 되었다. 마지막에 암스테르담 컬렉션에서 빌려온 것을 먼저 본다(Now, let's start our tour and enter the first exhibit, which is on loan to us from the Amsterdam Collection.)고 했고, 시각 정보에 암스테르담 컬렉션은 조각으로 나와 있으므로 정답은 (D)이다.

PART 5 · 6

Unit 01 문장의 구성 요소

① 주어와 동사

● 실전 **도움닫기**   본책 p.131

1 (A) **2** (B) **3** (B) **4** (A) **5** (D) **6** (B)
7 (B) **8** (C)

1 (A)
번역 | 새 전자 노트패드의 주 기능은 인터넷 사용이다.

해설 | 빈칸은 be동사 is의 주어 자리이므로 명사 (A) function이 정답이다.

2 (B)
번역 | 이 씨는 최근에 회사의 주요 생산 시설 견학을 수행했다.

해설 | 빈칸은 문장의 동사가 필요한 자리이므로 과거 동사인 (B) conducted가 정답이다. (A) to conduct는 동사 역할을 할 수 없으므로 오답이다.

3 (B)
번역 | 배송품은 열흘 이내에 수령될 것으로 예상된다.

해설 | 빈칸은 동사 should be의 주어 자리이자 of the shipment의 수식을 받는 명사 자리이므로 명사 (B) Receipt가 정답이다.

4 (A)
번역 | 동봉한 설문서를 작성해서 저희 사무실로 반송해 주십시오.

해설 | 주어 없이 Please로 시작하는 명령문이므로 동사원형 (A) complete가 정답이다.

5 (D)
번역 | 세부 사항에 기울이는 프레드의 뛰어난 주의력은 그래픽 아티스트로서 그가 갖춘 최고의 자질이다.

해설 | 빈칸은 be동사 is의 주격 보어인 his best attribute와 동격 관계를 이루는 주어 자리이자 Fred's superb의 수식을 받는 명사 자리이므로 명사 (D) attention이 정답이다. 명사 (C) attendant(안내원)는 의미상 적합하지 않다.

6 (B)
번역 | 카펫 설치는 사무용 가구를 옮기는 대로 완료될 수 있다.

해설 | 빈칸은 can be의 주어 자리이자 of the carpet의 수식을 받으면서 정관사 The 뒤의 명사 자리이므로 명사 (B) installation이 정답이다. 명사 (C) installers(설치하는 사람)는 의미상 적합하지 않다.

7 (B)
번역 | 필요한 모든 재료를 입수하는 데 필요한 시간은 몇 가지 요인에 따라 달라진다.

해설 | 빈칸은 문장의 동사 자리로 주어가 3인칭 단수 The time이므로 단수동사인 (B) depends가 정답이다. 준동사 (C) depending과 (D) to depend는 동사 자리에 올 수 없다.

8 (C)
번역 | 올러바 계곡의 물 소비량이 지난 2년 동안 감소했다.

해설 | 빈칸은 동사 has dropped의 주어 자리이자 of water의 수식을 받는 명사 자리이므로 명사 (C) consumption이 정답이다. 명사 (B) consumer(소비자)는 '감소했다'는 동사 has dropped와 의미상 어울리지 않는다.

② 목적어

● 실전 **도움닫기**   본책 p.133

1 (B) **2** (B) **3** (B) **4** (B) **5** (C) **6** (D)
7 (B) **8** (B)

1 (B)
번역 | 시립도서관은 6월 30일까지 중고책 기부를 받을 것이다.

해설 | 빈칸은 동사 will accept의 목적어 자리이므로 명사 (B) donations가 정답이다.

2 (B)
번역 | 지역 예술가들이 매주 토요일 아침마다 자신들의 수제 창작품을 판매한다.

해설 | 빈칸은 동사 sell의 목적어 자리이자 their handmade의 수식을 받는 명사 자리이므로 명사 (B) creations가 정답이다.

3 (B)
번역 | 마틴 씨는 일정이 맞지 않아 기획 회의를 연기하기로 결정했다.

해설 | 빈칸은 동사 has decided의 목적어 자리이므로 the planning meeting을 목적어로 취하면서 명사 역할을 할 수 있는 to부정사 (B) to postpone이 정답이다.

4 (B)
번역 | 며칠 동안 고온을 유지한 후에 어제 기온이 마침내 조금 떨어졌다.

해설 | 빈칸은 동사 fell 뒤에서 동사를 수식하는 수식어 자리이므로 부사 (B) slightly가 정답이다.

5 (C)
번역 | CEO인 도널드 파라조는 국제 금융 언론에 합병 제안에 대한 짤막한 성명서를 내놓았다.

해설 | 빈칸은 동사 issued의 목적어 자리이자 a brief의 수식을 받는 명사 자리이므로 명사 (C) statement가 정답이다.

6 (D)

번역 | 서비스부는 신제품 TZ-2000 프로세서 과열에 대한 다수의 불만을 접수했다.

해설 | 빈칸은 동사 has received의 목적어 자리이자, 형용사 numerous의 수식을 받는 명사 자리이므로 명사 (D) complaints 가 정답이다. '수많은'이라는 의미의 형용사 numerous 뒤에는 복수 명사가 온다.

7 (B)

번역 | 에풀로 사는 공식 연회부터 가벼운 뷔페까지 다양한 행사에 음식을 제공한다.

해설 | 빈칸은 동사 offers의 목적어 자리이자 for와 결합하여 events를 목적어로 취할 수 있는 동명사 (B) catering이 정답이다.

8 (B)

번역 | 올리버 씨는 옷감이 어떤 모양인지 보여 주려고 고객들에게 견본을 줬다.

해설 | 빈칸은 to부정사의 목적어 자리이다. show는 <show + 간접목적어 + 직접목적어>의 구조를 취한다. 따라서 동사의 간접목적어 자리이므로 목적격 인칭대명사인 (B) them이 정답이다.

③ 보어

● 실전 도움닫기
본책 p. 135

1 (A)　**2** (A)　**3** (B)　**4** (B)　**5** (A)　**6** (D)
7 (D)　**8** (D)

1 (A)

번역 | 선 푸즈 사는 중국 내 가공식품 판매의 선두기업이 되었다.

해설 | 빈칸은 동사 has become의 주어인 Sun Foods, Inc.와 동일한 대상을 나타내는 주격 보어 자리이자 부정관사 a 뒤의 명사 자리이므로 명사 (A) leader가 정답이다.

2 (A)

번역 | 추 씨는 뛰어난 영업 실적으로 상을 받아서 매우 기뻤다.

해설 | 빈칸은 be동사 was의 주어인 Ms. Chu를 보충하는 주격 보어 자리이자 부사 extremely의 수식을 받는 형용사 자리이므로 형용사 (A) happy가 정답이다.

3 (B)

번역 | 무게가 가볍기 때문에 최신형 애퓨라지 진공 청소기는 운반하기 쉽다.

해설 | 빈칸은 be동사 is의 주어 the latest Apurage vacuum cleaner를 보충하는 주격 보어 자리이므로 형용사 (B) easy가 정답이다. 명사 보어는 주어와 동일한 대상을 나타내므로, 명사 (A) ease(용이함)는 의미상 적합하지 않다.

4 (B)

번역 | 전문가들은 이스트사이드 테크놀로지 주식의 안정성에 대해 여전히 낙관적이다.

해설 | 빈칸은 동사 remain의 주어인 Experts를 보충하는 주격 보어 자리이므로 형용사 (B) optimistic이 정답이다.

5 (A)

번역 | 루이스빌 비즈니스 워크숍 참가는 모든 사업주들에게 개방되어 있다.

해설 | 빈칸은 be동사 is의 주어인 Participation을 보충하는 주격 보어 자리이므로 형용사 (A) open이 정답이다.

6 (D)

번역 | 탄탄한 경력 때문에 사카이 씨는 셀리나 리걸 어소시에이츠를 이끌어 갈 인물로 자연스럽게 선택되었다.

해설 | 빈칸은 be동사 was의 주어 Ms. Sakai와 동일한 대상을 나타내는 주격 보어 자리이자 a natural의 수식을 받는 명사 자리이므로 명사 (D) choice가 정답이다.

7 (D)

번역 | 오 씨의 주요 직무 중 하나는 기업체들을 대상으로 한 급식 서비스의 관리이다.

해설 | 빈칸은 be동사 is의 주어인 One of Mr. Oh's primary duties와 동일한 대상을 나타내는 주격 보어 자리이자 정관사 the 뒤의 명사 자리이므로 명사 (D) management가 정답이다.

8 (D)

번역 | 많은 직원들이 새로운 컴퓨터 프로그램이 상당히 유익하다고 보고했다.

해설 | 빈칸은 접속사 that이 이끄는 명사절에서 have found의 목적어인 the new computer program을 보충하는 목적격 보어 자리이므로 형용사인 (D) beneficial이 정답이다. 명사 목적격 보어는 목적어와 동일한 대상을 나타내므로, 명사 (A) benefit은 의미상 적합하지 않다.

● ETS 실전문제
본책 p. 136

1 (C)　**2** (B)　**3** (C)　**4** (A)　**5** (B)　**6** (D)
7 (C)　**8** (A)　**9** (D)　**10** (C)　**11** (A)　**12** (A)
13 (C)　**14** (D)

1 (C)

번역 | 5개 프랜차이즈 업체의 인수는 지난해 레트먼 사의 수익을 끌어올리는 데 일조했다.

해설 | 빈칸은 정관사 The 뒤의 명사 자리이므로 명사 (C) acquisition이 정답이다. The acquisition of five franchise businesses가 문장의 주어이다.

어휘 | boost 끌어올리다 revenue 수익 acquire 인수하다 acquisition 인수

2 (B)

번역 | 앰플로노 산업의 최신 제품은 휴대전화와 경량 태블릿 컴퓨터를 결합한 것이다.

해설 | 빈칸은 be동사 is의 보어 자리이자 부정관사 a 뒤의 명사 자리이므로 명사 (B) combination이 정답이다.

어휘 | latest 최신의 lightweight 경량의 combine 결합하다 combination 결합

3 (C)

번역 | 지난주 이사회 회의록에 따르면 이사진 전원이 참석했다.

해설 | 빈칸은 전치사 in과 결합하여 '참석한'이라는 의미를 나타내어, be동사 were의 주어인 all of the board members의 주격 보어가 될 수 있는 명사 (C) attendance가 정답이다.

어휘 | board of directors 이사회 attend 참석하다 attendance 참석

4 (A)

번역 | 펠튼 엔지니어링 회의 주최자들은 제라드 와일리 박사를 올해의 기조 연설자로 모시게 되어 기쁩니다.

해설 | 빈칸은 be동사 are의 주어 자리이자 명사 Conference와 복합명사 구조를 이루는 명사 자리이므로 복수 명사 (A) organizers가 정답이다.

어휘 | keynote speaker 기조 연설자 organizer 주최자

5 (B)

번역 | 포커스 그룹 구성원들 사이에서는 샐러드 드레싱이 충분히 달다는 데 의견이 일치한다.

해설 | 빈칸은 that 명사절에서 be동사 is의 주어인 명사 the salad dressing을 보충 설명하는 주격 보어 자리이자 부사 enough의 수식을 받는 형용사 자리이므로 형용사 (B) sweet이 정답이다. 최상급 형용사 (D) sweetest는 주로 정관사 the가 앞에 붙는다.

어휘 | consensus 의견 일치 focus group 포커스 그룹 (시장조사를 위해 각계각층에서 뽑은 사람들) sweeten 달게 하다

6 (D)

번역 | 키비 크래프트 오븐을 처음 사용하기 전에 사용 설명서를 참고하세요.

해설 | 주어 없이 Please로 시작하는 명령문이므로 동사원형 (D) consult가 정답이다.

어휘 | owner's manual 사용 설명서 for the first time 처음으로 consult 참고하다, 상담하다

7 (C)

번역 | 적당한 지원자가 발견되면 지체 없이 일자리를 제안하는 것이 남궁 컨설팅의 정책이다.

해설 | 빈칸은 to부정사 to make의 목적어이면서 job과 복합명사 구조를 이루는 명사 자리이므로 명사 (C) offer가 정답이다. 부정관사 a 뒤의 명사 자리이므로 복수형인 (A) offerings(매물)는 의미상 적합하지 않다.

어휘 | policy 정책 delay 지체 applicant 지원자 job offer 일자리 제안

8 (A)

번역 | 경리부는 청구 시스템을 개선하기 위한 예산 견적 초안을 제출했다.

해설 | 빈칸은 동사구 has submitted의 목적어 자리로, budget과 복합명사 구조를 이루며 initial 앞의 부정관사 an과 사용할 수 있는 명사가 와야 한다. 따라서 셀 수 있는 명사의 단수형인 (A) estimate이 정답이다.

어휘 | submit 제출하다 initial 최초의 budget 예산 estimate 견적 estimation 판단, 평가

9 (D)

번역 | 리프스터 홀딩 사장 마르타 차페크는 올해 은퇴할 의사가 없다.

해설 | 빈칸은 동사 has의 목적어 자리이자 앞의 no, 뒤의 of retiring this year의 수식을 받는 명사 자리이므로 명사 (D) intention이 정답이다.

어휘 | retire 은퇴하다 intention 의사

10 (C)

번역 | 칼리버 제지는 해외 시장에서 회사의 인지도를 높이기 위해 맥래 광고를 고용했다.

해설 | 빈칸은 to부정사 to increase의 목적어 자리이자 빈칸 앞의 소유격 company's와 뒤의 in foreign markets의 수식을 받는 명사 자리이므로 명사 (C) recognition이 정답이다.

어휘 | increase 높이다 recognize 인식하다 recognition 인지도

[11-14] 기사

> **종이를 쓰지 않는 의료 종사자가 늘고 있다**
>
> 보건국에 따르면 병원과 의료진은 점점 더 빠른 속도로 기술을 채택하고 있다. 의료 기록의 디지털화가 특히 **11** 보편화되고 있다. 의료 전문가들은 디지털 기록에 더 쉽게 접근할 수 있다. **12** 의사들은 언제 어디서든 디지털 기록을 조회할 수 있다. **13** 이 정보 덕분에 그들은 더 나은 의료를 제공할 수 있다. 또한 연구소 보고서를 디지털화하여 집중 보관하면 환자는 자신의 기록을 꼼꼼하게 관리하는 것에 대해 **14** 걱정할 필요가 없다.

어휘 | health provider 의료 종사자 bureau (정부) 국 adopt 채택하다 at an increasing rate 점점 더 빠른 속도로 digitization 디지털화 access 접근하다 professional 전문가, 전문직 종사자 refer to 조회하다 laboratory 연구소 store 보관하다 patient 환자

11 (A)

해설 | 빈칸 앞 문장 hospitals and medical providers are adopting technology at an increasing rate에서 빠른 속도로 기술을 채택하고 있다고 언급하고 있다. 따라서 의료 기록의 디지털화가 보편화되고 있다는 의미가 되어야 하므로 (A) popular(널리 쓰이는, 보편적인)가 정답이다. 나머지 (B) complex(복잡한), (C) tiresome(성가신), (D) unsustainable(지속 불가능한)은 모두 의미상 적합하지 않다.

12 (A)

해설 | 빈칸 앞 문장 Digital records can be accessed more easily by medical professionals.에서 의료 전문가들의 디지털 기록에 대한 쉬운 접근성을 언급하고 있다. 따라서 의사들은 언제 어디서든 디지털 기록을 조회할 수 있다는 의미가 되어야 하므로 (A) Doctors가 정답이다. 나머지 (B) Suppliers(공급업체), (C) Executives(임원), (D) Economists(경제학자)는 모두 의미상 적합하지 않다.

13 (C)

번역 | (A) 의료 기록은 기밀 규칙의 대상이다.
(B) 환자들은 예약을 권유 받는다.
(C) 이 정보 덕분에 그들은 더 나은 의료를 제공할 수 있다.
(D) 국에서는 해마다 이러한 연구를 수행한다.

해설 | 빈칸 앞 문장에서 의료진의 디지털 기록의 쉬운 접근성에 대한 언급을 하고 있다. 따라서 빈칸에는 이런 정보로 의사들이 환자들에게 해줄 수 있는 이점에 대해 언급하는 것이 글의 흐름상 자연스러우므로 (C)가 정답이다.

어휘 | be subject to ~의 대상이다 confidentiality 기밀 be encouraged to ~하도록 권유 받다 make an appointment 예약하다 conduct 수행하다 on an annual basis 해마다

14 (D)

해설 | 빈칸은 주어 patients의 동사 자리로 '걱정할 필요가 없다'는 의미를 나타내는 (D) do not have to worry가 정답이다. 나머지 (A) not worrying, (B) having no worries, (C) not having to worry는 모두 동사 역할을 할 수 없으므로 오답이다.

Unit 02 명사

① 명사의 역할과 자리

● 실전 도움닫기
본책 p. 139

1 (B)   2 (B)   3 (B)   4 (A)   5 (D)   6 (A)
7 (B)   8 (A)

1 (B)

번역 | 다양한 기념품을 그 선물가게에서 볼 수 있다.

해설 | 빈칸은 부정관사 A 뒤의 명사 자리이므로 명사 (B) variety가 정답이다. A variety of souvenirs가 문장의 주어이다.

2 (B)

번역 | 주문서 하단에 서명을 포함시키는 것을 잊지 마세요.

해설 | 빈칸은 동사 include의 목적어 자리이자 소유격 your 뒤의 명사 자리이므로 명사 (B) signature가 정답이다.

3 (B)

번역 | 카메라 작동이 공연 중에는 금지된다.

해설 | 빈칸은 be동사 is의 주어 자리이자 정관사 The 뒤의 명사 자리이므로 명사 (B) operation이 정답이다.

4 (A)

번역 | 안전 때문에 건설 현장에 들어가는 사람은 누구나 안전모를 써야 한다.

해설 | 빈칸은 전치사 of의 목적어 자리이므로 명사 (A) safety가 정답이다.

5 (D)

번역 | 정유공장 확장 계획에 대한 기사가 <잭슨 시티 센티넬>지에 나왔다.

해설 | 빈칸은 전치사 about의 목적어 자리이자 명사 refinery와 결합하여 the planned의 수식을 받는 명사 자리이므로 명사 (D) expansion이 정답이다.

6 (A)

번역 | 서한에 서명하기 전 6번째 단락을 철저히 검토해야 한다.

해설 | 빈칸은 동사 should be made의 주어 자리이자 A thorough의 수식을 받는 명사 자리이므로 명사 (A) revision이 정답이다.

7 (B)

번역 | 예약 사항 변경은 적어도 호텔 도착 3일 전에 하셔야 합니다.

해설 | 빈칸은 전치사 to의 목적어 자리이자 소유격 your의 수식을 받는 명사 자리이므로 명사 (B) arrival이 정답이다.

8 (A)

번역 | 구미코 세키네 씨는 5월 3일에 수채화 기법을 시연해 보일 것이다.

해설 | 빈칸은 동사 give의 목적어 자리이며, 그 앞에 셀 수 있는 명사의 단수형과 결합하는 부정관사 a가 있다. 따라서 셀 수 있는 명사의 단수형인 (A) demonstration이 정답이다.

② 셀 수 있는 명사와 셀 수 없는 명사

● 실전 도움닫기
본책 p. 141

1 (A)   2 (B)   3 (A)   4 (A)   5 (D)   6 (C)
7 (B)   8 (D)

1 (A)

번역 | 최고의 영업사원들은 잠재적인 구매자들과 신뢰감을 우선 구축한다.

해설 | 빈칸 앞에 셀 수 있는 명사의 단수형과 결합하는 부정관사 a가 있으므로 단수명사 (A) sense가 정답이다.

2 (B)

번역 | 전화로 접수된 주문에는 3달러의 수수료가 추가된다.

해설 | order는 셀 수 있는 명사여서 앞에 부정관사 an이 붙거나 복수형을 써야 하므로 (B) orders가 정답이다. orders 뒤에는 과거분사 received가 orders를 꾸미는 구조로 'orders received by telephone'은 '전화로 접수된 주문들'이라고 해석한다.

3 (A)

번역 | 리베라 씨는 고위 경영직 직위에 방금 임명되었다.

해설 | senior management 앞에 부정관사 a가 있으므로 단수명사 (A) position이 정답이다. 여러 개의 명사가 나열되는 경우, 마지막에 나오는 명사와 한정사를 일치시킨다(a position).

4 (A)

번역 | 스타 운송은 지난달에 새로운 사무용 가구를 주문했다.

해설 | new office 앞에 부정관사 a가 없으므로 셀 수 없는 명사인 (A) furniture가 정답이다. 셀 수 있는 명사인 desk가 정답이 되려면 new office 앞에 a가 있거나 복수형인 desks가 되어야 한다.

5 (D)

번역 | 관리자들은 전체 주문량을 채울 수 있을 때까지 선적을 미루기로 결정했다.

해설 | 빈칸은 동사 delay의 목적어 자리이다. 앞에 부정관사 a(n)이 없는 것으로 보아 셀 수 없는 명사 자리이므로 '선적'이라는 의미의 셀 수 없는 명사 (D) shipment가 정답이다. (A) ship(배)과 (C) shipper(선적회사)는 부정관사 a가 필요한 셀 수 있는 명사이다.

6 (C)

번역 | 이번 분기 들어 지금까지 소형차의 지역 매출은 산업 분석가들의 예측을 웃돌았다.

해설 | 빈칸은 소유격 analysts'(분석가들의)의 수식을 받는 명사 자리이므로 명사 (C) predictions가 정답이다.

7 (B)

번역 | D & Y 뷰티 코퍼레이션은 내년에 적어도 한 군데의 해외 지사를 추가할 계획이다.

해설 | 빈칸은 동사 add의 목적어 자리이자 one과 결합하는 셀 수 있는 명사의 단수형 자리이므로 셀 수 있는 명사의 단수형인 (B) location이 정답이다.

8 (D)

번역 | 플라스틱 용기 선적품은 내일 소토 소다 공장으로 배송됩니다.

해설 | 빈칸은 전치사 of의 목적어 자리이자 형용사 plastic의 수식을 받는 명사 자리이므로 명사 (D) containers가 정답이다.

③ 한정사의 개념과 종류

● 실전 도움닫기

본책 p.143

1 (A) **2** (B) **3** (A) **4** (B) **5** (D) **6** (C)
7 (B) **8** (B)

1 (A)

번역 | 전임 사장 존 켄덜 씨에 대한 몬토야 씨의 전기는 많은 논란거리다.

해설 | 빈칸 뒤에 셀 수 없는 명사 debate가 있으므로 셀 수 없는 명사와 결합하는 한정사 (A) much가 정답이다. (B) many 뒤에는

셀 수 있는 명사의 복수형이 와야 한다.

2 (B)

번역 | 신형 불린 스포츠카에는 지난해 모델과 구별되는 몇 가지 특징이 있다.

해설 | 빈칸 앞에 셀 수 있는 명사의 복수형과 결합하는 한정사 several이 있으므로 셀 수 있는 명사의 복수형인 (B) features가 정답이다.

3 (A)

번역 | 불가피한 갈등 때문에, 칸 씨는 화상회의를 목요일까지 연기할 것이다.

해설 | 빈칸은 형용사 unavoidable의 수식을 받는 명사 자리이자 형용사 앞에 부정관사 an이 있으므로 셀 수 있는 명사의 단수형인 (A) conflict가 정답이다.

4 (B)

번역 | 모서 여행사는 일부 항공편을 할인가로 제공한다.

해설 | 빈칸 뒤에 셀 수 있는 명사의 복수형인 flights가 있으므로 셀 수 있는 명사의 복수형과 결합하는 한정사 (B) some이 정답이다. (A) much 뒤에는 셀 수 없는 명사가 와야 한다.

5 (D)

번역 | 앤도 생물학 실험실의 모든 표본은 알맞은 온도에서 보관되어야 한다.

해설 | 빈칸 뒤에 셀 수 있는 명사의 단수형인 sample이 있으므로 셀 수 있는 명사의 단수형과 결합하는 (D) Every가 정답이다. (A) All, (B) Most, (C) Few 뒤에는 셀 수 있는 명사의 복수형이 와야 한다.

6 (C)

번역 | 자동차 생산 공장을 찾는 방문객은 반드시 보안 검문소에 등록해야 한다.

해설 | 빈칸은 동사 must register의 주어 자리이며, 그 앞에 셀 수 있는 명사의 복수형과 결합하는 한정사 All이 있다. 따라서 셀 수 있는 명사의 복수형인 (C) visitors가 정답이다.

7 (B)

번역 | 이번 달에 패터슨 인더스트리얼 솔루션즈의 사장은 많은 중요 계약서에 서명했다.

해설 | 빈칸은 형용사 important의 수식을 받는 명사 자리이다. 또한 앞에 셀 수 있는 명사의 복수형과 결합하는 한정사 a number of가 있으므로 빈칸에는 셀 수 있는 명사의 복수형인 (B) contracts가 와야 한다.

8 (B)

번역 | 지원자들 대부분은 회사 본사에서 유급 인턴 연수를 완료했다.

해설 | 빈칸 앞에 셀 수 있는 명사의 복수형과 결합하는 한정사 Most가 있으므로 셀 수 있는 명사의 복수형인 (B) applicants가 정답이다.

● ETS 실전문제

본책 p.144

1 (B) **2** (B) **3** (C) **4** (C) **5** (A) **6** (A)
7 (C) **8** (B) **9** (C) **10** (D) **11** (C) **12** (B)
13 (D) **14** (A)

1 (B)

번역 | 콜비 사는 고객층에 대한 정보를 더 많이 수집한 후에 잠재 투자자들에게 사업 계획을 제시할 것이다.

해설 | 빈칸은 전치사 to의 목적어 자리이면서 형용사 potential의 수식을 받는 명사 자리이므로 명사 (B) investors가 정답이다. 명사 역할을 하는 동명사 (A) investing(투자, 투자하는 것)은 의미상 적합하지 않다.

어휘 | customer base 고객층 potential 잠재적인 investor 투자자

2 (B)

번역 | 앨리릭스 사는 '성공을 향해 전진' 프로그램을 통해 모든 하급 간부들이 자신감 있는 지도자로 성장하기를 희망한다.

해설 | 빈칸 뒤에 셀 수 있는 명사의 단수형인 executive가 있으므로 셀 수 있는 명사의 단수형과 결합하는 (B) each가 정답이다. (A) other와 (C) these 뒤에는 셀 수 있는 명사의 복수형이 와야 한다.

어휘 | executive 간부 confident 자신감 있는

3 (C)

번역 | 카시스 화랑은 모든 지원자에게 전시 제안서를 제출하기 전에 지침을 꼼꼼하게 읽도록 권장한다.

해설 | 빈칸 앞에 셀 수 있는 명사의 단수형과 결합하는 every가 있으므로 셀 수 있는 명사이자 앞의 encourages와 결합하여 '모든 지원자에게 권장하다'의 의미를 나타내는 단수형 명사 (C) applicant가 정답이다. 명사 (D) application(지원)은 의미상 적합하지 않다.

어휘 | encourage 권장하다 submit 제출하다 exhibition 전시(회) apply 지원[신청]하다 applicant 지원자

4 (C)

번역 | 쿨 리드의 웹사이트는 공공도서관을 상대로 한 전자책 유통을 전문으로 한다.

해설 | 빈칸은 전치사 in의 목적어 자리이자 정관사 the 뒤의 명사 자리이므로 명사 (C) distribution이 정답이다. 명사 (B) distributor(배급업체)는 의미상 적합하지 않다.

어휘 | specialize in ~을 전문으로 하다 distribute 유통[배급]하다 distribution 유통, 배급

5 (A)

번역 | 유머와 음악적 재능을 겸비한 아리엘리 시스터즈의 공연은 카페 배런으로 많은 관객을 끌어 모으고 있다.

해설 | 빈칸은 동사 have attracted의 주어 자리로 have와 결합할 수 있는 셀 수 있는 명사의 복수형이 와야 한다. 따라서 복수형 명사 (A) performances가 정답이다.

어휘 | attract 끌어 모으다 performance 공연

6 (A)

번역 | 로델의 요리 인턴십 프로그램 참가자들은 식당에 있는 제라드 씨에게 보고해 첫 번째 과제를 받아야 한다.

해설 | 빈칸은 to receive의 목적어 자리이자 형용사 initial의 수식을 받는 명사 자리이므로 명사 (A) assignment가 정답이다.

어휘 | culinary 요리의 receive 받다 initial 처음의 assignment 과제 assign (업무를) 맡기다

7 (C)

번역 | 새 자동문이 설치될 수 있도록 소머스 가 입구는 하루 종일 폐쇄될 예정이다.

해설 | 빈칸 뒤에 셀 수 있는 명사 day와 결합하여 '하루 종일'의 의미를 나타내는 한정사 (C) all이 정답이다.

어휘 | entrance 입구 install 설치하다

8 (B)

번역 | 지난달 도체스터 식당 체인은 많은 고객에게 더 건강한 옵션을 제공하기 위한 캠페인에 돌입했다.

해설 | 빈칸 앞에 셀 수 있는 명사의 복수형과 결합하는 한정사 many가 있으므로 셀 수 있는 명사의 복수형인 (B) patrons가 정답이다.

어휘 | launch 돌입하다 provide 제공하다 patron 고객 patronize (식당·가게 등을) 애용하다

9 (C)

번역 | 코르테즈 인터내셔널 푸즈의 마케팅 부장은 판매 신장을 위한 독특한 방법들에 대한 아이디어를 팀에게 구하고 있다.

해설 | 빈칸은 동사 is seeking의 목적어 자리이므로 명사 (C) suggestions가 정답이다.

어휘 | seek 구하다 boost 신장시키다 suggestion (제안한) 아이디어

10 (D)

번역 | 직원 업무수행평가는 매 6개월마다 실시된다.

해설 | 빈칸 뒤에 있는 six months와 결합하여 '매 6달마다'라는 의미를 나타내므로 (D) every가 정답이다.

어휘 | performance evaluation 업무수행평가

[11-14] 공지

소중한 고객님께,

델미어 뱅크 바인 가 지점이 4월 5일과 6일 **11**문을 닫는다는 점을 알려 드립니다. 이 기간 동안 꼭 필요한 **12**건물 보수공사를 합니다. 이번에 창구와 거래 카운터도 개선할 것입니다. **13**불편을 끼쳐 드려 죄송합니다.

다른 저희 지점을 이용하시면 고객님 거래를 처리하는 데 **14**지연되는 일이 없을 겁니다. 또한 저희 온라인 뱅킹 서비스도 24시간 이용 가능합니다.

협조해 주셔서 감사합니다.

제인 헤지 총괄 매니저

11 (C)

해설 | 빈칸 다음 문장 During this period, the building will undergo much-needed renovations.에서 이 기간 동안 건물 보수공사를 한다고 언급하고 있다. 따라서 그 기간 동안 지점이 닫힐 것이라는 의미가 되어야 하므로 (C) closed(닫힌)가 정답이다. 나머지 (A) reserved(보류된), (B) cleaned(청소된), (D) funded (자금이 지원된)는 모두 의미상 적합하지 않다.

12 (B)

해설 | 빈칸은 동사 will undergo의 목적어 자리이자 형용사 much-needed의 수식을 받는 명사 자리이므로 명사 (B) renovations(보수공사)가 정답이다. 명사 (D) renovator (혁신가)는 의미상 적합하지 않다.

13 (D)

번역 | (A) 모든 거래를 일찍 완료해 주시기 바랍니다.
　　　(B) 원래 있던 바닥재는 그대로 두었습니다.
　　　(C) 양식은 로비에서 받을 수 있습니다.
　　　(D) 불편을 끼쳐 드려 죄송합니다.

해설 | 빈칸 앞 문장에서 건물 보수공사(renovations)에 대한 언급을 하고 있다. 따라서 빈칸에는 고객들에게 이로 인한 불편함에 대해 사과하는 내용이 나오는 것이 글의 흐름상 자연스러우므로 (D)가 정답이다.

어휘 | original 원래의 flooring 바닥재 available 이용 가능한 apologize 사과하다 inconvenience 불편

14 (A)

해설 | 앞의 부사절 If you use any of our other branches에서 다른 지점의 이용을 언급하고 있다. 따라서 다른 지점을 이용한다면 지연을 겪지 않을 것이라는 의미가 되어야 하므로 (A) delays (지연)가 정답이다. 나머지 (B) decreases(감소), (C) sales(매출), (D) estimates(추정, 견적서)는 모두 의미상 적합하지 않다.

Unit 03 대명사

① 인칭대명사

● 실전 도움닫기　　　　　　　　　　본책 p. 147

1 (B)	2 (A)	3 (B)	4 (B)	5 (B)	6 (B)
7 (A)	8 (C)				

1 (B)

번역 | 정비공들은 신기술을 사용하기 시작하면서 더욱 효율적이 되었다.

해설 | 빈칸은 접속사 as가 이끄는 부사절에서 동사 began의 주어 자리이므로 주격 인칭대명사인 (B) they가 정답이다.

2 (A)

번역 | 켄싱턴 씨는 최근에 다녀온 홍콩 출장에 대한 지출 결의서를 이미 제출했다.

해설 | 빈칸 뒤의 명사구 recent trip 앞에는 소유격을 써야 하므로 소유격 인칭대명사인 (A) his가 정답이다. 빈칸이 전치사 for 뒤에 있다고 해서 성급히 목적격인 (B) him을 고르지 않도록 주의해야 한다.

3 (B)

번역 | 윌리엄스 씨는 새로운 작업실 공사에 관한 상세 일정을 우리에게 제공했다.

해설 | 빈칸 앞의 동사 has given은 <give + 간접목적어 + 직접목적어>의 구조를 취한다. 따라서 빈칸은 동사의 간접목적어 자리이므로 목적격 인칭대명사인 (B) us가 정답이다.

4 (B)

번역 | 직원들이 성장했지만, 이 씨는 모든 고객 회의를 계속 직접 진행한다.

해설 | 빈칸이 없어도 완전한 문장이 되므로 주어 Mr. Lee를 강조하는 강조 용법의 재귀대명사 (B) himself가 정답이다. 강조 용법의 재귀대명사는 생략 가능하다.

5 (B)

번역 | 나카소네 씨는 회의가 끝난 후 자신이 항상 준비하는 보고서 사본을 당신에게 줄 것이다.

해설 | 빈칸은 report를 수식하는 형용사절에서 동사 prepares의 주어 자리이다. 문장의 주어인 Ms. Nakasone를 대신하는 대명사 자리이므로 주격 인칭대명사 (B) she가 정답이다. 참고로 report 뒤에는 관계대명사 which[that]가 생략되어 있다.

6 (B)

번역 | 귀하의 세금 관련 서류를 금요일까지 보내도록 하겠습니다.

해설 | 명사구 tax documents 앞에는 소유격을 써야 하므로 빈칸에는 소유격 인칭대명사인 (B) your가 적합하다. 빈칸이 동사 send 뒤에 있다고 해서 성급히 목적격인 (A) you를 고르지 않도록 주의해야 한다.

7 (A)

번역 | 우리는 건물주로부터 임대료를 그녀에게 직접 지불해야 한다는 연락을 받았다.

해설 | 빈칸은 전치사 to의 목적어 자리이므로 the property owner와 대응 관계에 있는 목적격 인칭대명사 (A) her가 정답이다. 소유대명사 (B) hers와 재귀대명사 (D) herself도 목적어 자리에 올 수 있지만 의미상 적합하지 않다.

8 **(C)**

번역 | 신축 건물과 영업시간 연장으로 스투벤빌 퍼스트 은행은 경쟁에서 앞서 나간다.

해설 | 빈칸은 전치사 With의 목적어인 명사구 new building 앞에 있으므로 이를 수식하는 소유격 인칭대명사 (C) its가 정답이다. 빈칸이 전치사 With 뒤에 있다고 해서 성급히 목적격 (A) them을 고르지 않도록 주의해야 한다.

② 소유대명사와 재귀대명사

● 실전 도움닫기 본책 p.149

1 (A) **2** (B) **3** (A) **4** (B) **5** (D) **6** (D)
7 (C) **8** (B)

1 **(A)**

번역 | 운전자들은 흰 선 안에 주차하도록 요청 받는다.

해설 | 빈칸 뒤의 명사 cars 앞에는 소유격을 써야 하므로 소유격 인칭대명사인 (A) their가 정답이다.

2 **(B)**

번역 | 면접을 준비하기 위해 백 씨는 회사 약력에 대해 읽었다.

해설 | 빈칸은 to부정사 To prepare의 목적어 자리이자 주어인 백 씨 자신을 준비시킨다는 의미이므로 재귀대명사인 (B) himself가 정답이다.

3 **(A)**

번역 | 왕 씨는 싱가포르의 경영 세미나에 혼자 출장 갈 것이다.

해설 | 빈칸 앞의 전치사 on과 결합해 '혼자서'라는 의미의 on one's own을 적용하는 문제이므로 (A) his own이 정답이다. 목적격 인칭대명사 (B) him은 의미상 적합하지 않다.

4 **(B)**

번역 | 바튼 정비소의 직원들은 다음 달 작업 스케줄을 직접 결정했다.

해설 | 빈칸이 없어도 완전한 문장이 되므로 주어 Barton Maintenance employees를 강조하는 강조 용법의 재귀대명사 (B) themselves가 정답이다. 강조 용법의 재귀대명사는 생략 가능하다.

5 **(D)**

번역 | 우리는 우리 제품을 우수한 주방 가전제품 중 최고의 냉장고로 올려 놓을 것이다.

해설 | 빈칸은 동사 will position의 목적어 자리이자 뒤에 있는 the premier refrigerator에 대응되는 our refrigerator(우리의 냉장고)의 의미가 되어야 하므로 소유대명사 (D) ours가 정답이다. 빈칸이 동사 will position 뒤에 있다고 해서 성급히 목적격인 (B) us를 고르지 않도록 주의해야 한다.

6 **(D)**

번역 | 슈미트 박사는 자신의 조교가 조사를 혼자서 완수할 수 있을지 확신하지 못한다.

해설 | 전치사 by와 결합해 '혼자서'라는 의미의 by oneself를 적용하는 문제이므로 (D) himself가 정답이다. 소유대명사 (A) his와 목적격 인칭대명사 (B) him은 의미상 적합하지 않다. by himself(혼자서)와 by him(그에 의해서)은 의미 구별에 주의해야 한다.

7 **(C)**

번역 | 고객 문의사항에 혼자서 대답하는 일은 어려울 수 있다.

해설 | 빈칸 앞에 전치사 on과 결합해 '혼자서'라는 의미의 on one's own을 적용하는 문제이므로 (C) your own이 정답이다. (B) yourself는 빈칸 앞에 전치사 by가 있는 경우에 적절하다.

8 **(B)**

번역 | 그 지점은 이미 총 매출액을 제출했지만, 우리는 아직 우리 것의 계산을 끝내지 못했다.

해설 | 빈칸은 동명사 calculating의 목적어 자리이다. 의미상 앞의 its sales totals와 대응 관계인 our sales totals가 와야 하므로 이를 소유대명사로 바꾼 (B) ours가 정답이다.

③ 지시대명사와 부정대명사

● 실전 도움닫기 본책 p.151

1 (A) **2** (B) **3** (B) **4** (B) **5** (C) **6** (C)
7 (A) **8** (B)

1 **(A)**

번역 | 이 정비사는 김 씨의 자동차 정비소에서 수년간 일해 왔다.

해설 | 빈칸 뒤에 단수명사인 mechanic이 있으므로 단수명사와 결합하는 지시형용사 (A) This가 정답이다. 지시형용사 (B) These 뒤에는 복수명사가 와야 한다.

2 **(B)**

번역 | 많은 직원들이 없어진 서류철을 찾기 위해 기록 보관소를 뒤지고 있다.

해설 | 빈칸은 동사 are searching의 주어 자리이다. 문장의 동사가 복수형인 are이므로 복수동사와 수가 일치하는 부정대명사 (B) Many가 정답이다. many는 대명사로 쓰일 때 <many of the + 복수명사 + 복수동사>로 쓰이는 반면 much는 대명사로 쓰일 때 <much of the + 셀 수 없는 명사 + 단수동사>로 쓰인다.

3 **(B)**

번역 | 한 씨와 스몰스 씨는 유사한 직무를 수행하는데, 두 사람 모두 승진을 바라고 있다.

해설 | 빈칸은 동사 hope의 주어 자리이다. 문장의 동사가 복수형인 hope이며 의미상 앞에서 언급한 두 사람(Mr. Hahn and Ms. Smalls)을 가리키고 있으므로 대명사 (B) both가 정답이다.

4 **(B)**

번역 | 히마나 박사와 웨어햄 박사는 대학생 시절부터 서로 아는 사이였다.

해설 | 빈칸은 동사 have known의 목적어 자리이다. 문맥상 서로 아는 사이였다라는 의미가 적합하므로 대명사 (B) each other가 정답이다. '또 다른 것'이라는 의미의 (A) another one은 의미상 적합하지 않다.

5 (C)

번역 | 배송 사무실에서 일하는 사람들은 새로운 우편물 발송 절차 라벨에 관한 교육을 받아야 한다.

해설 | 빈칸은 동사 must receive의 주어 자리이자 who가 이끄는 형용사절의 수식을 받는 명사 자리이다. '~하는 사람들'이란 의미로, who 뒤의 복수동사 work와도 수 일치가 되어야 하므로 지시대명사 (C) Those가 정답이다.

6 (C)

번역 | 두 휴대전화 중 하나는 800만 화소 카메라가 장착되어 있고, 다른 하나는 1,200만 화소 카메라가 장착되어 있다.

해설 | 빈칸은 동사 features의 주어 자리이다. Of the two mobile phones를 통해 대상이 둘임을 알 수 있는데, 대상이 둘일 때 하나는 one, 나머지 하나는 the other로 나타내므로 (C) the other가 정답이다.

7 (A)

번역 | 지원자 면접을 마치려면 모든 채용 담당 직원들은 하루 더 머물러야 한다.

해설 | 빈칸은 동사 will need의 주어 자리이자 대명사로 쓰일 때, <부정대명사+of the+복수명사>로 쓰일 수 있어야 하므로 부정대명사 (A) all이 정답이다. (B) much는 대명사로 쓰일 때, <much of the+셀 수 없는 명사>로 쓰인다.

8 (B)

번역 | 그 자리에 관심 있는 사람들은 2월 21일까지 작성한 신청서를 제출해야 한다.

해설 | 빈칸은 동사 should submit의 주어 자리이자 interested in the position의 수식을 받아 '관심이 있는 사람들'이라는 의미가 되어야 하므로 지시대명사 (B) Those가 정답이다. Those 다음에 who are가 생략되었다. (C) Every는 주어 자리에 나올 수 없다.

● ETS 실전문제
본책 p.152

1 (C)	**2** (B)	**3** (B)	**4** (D)	**5** (B)	**6** (D)
7 (C)	**8** (A)	**9** (A)	**10** (B)	**11** (B)	**12** (B)
13 (D)	**14** (A)				

1 (C)

번역 | 피어스 씨는 고객을 상대로 광고 캠페인을 진행한다고 확인했다.

해설 | 빈칸은 접속사 that이 이끄는 명사절에서 동사 will present의 주어 자리이므로 주격 인칭대명사인 (C) he가 정답이다.

어휘 | confirm 확인하다 present 진행하다 advertising campaign 광고 캠페인

2 (B)

번역 | 데밍거 뷰티 프로덕츠와 사소 화장품은 올해 수익성이 떨어졌지만, 두 회사 모두 다음 분기에는 수익이 증가하리라 예상한다.

해설 | 빈칸은 동사 expect의 주어 자리이다. 문장의 동사가 복수형인 expect이며 의미상 앞에서 언급한 두 회사(Daminger Beauty Products and Sasso Cosmetics)를 가리키고 있으므로 대명사 (B) both가 정답이다.

어휘 | profitable 수익성 있는 revenue 수익 increase 증가하다 quarter 분기

3 (B)

번역 | 오늘 존스톤 스토어에 지원해 탁월한 영업팀에 합류할 수 있는 기회를 놓치지 마세요.

해설 | 빈칸 뒤의 명사 chance 앞에는 소유격을 써야 하므로 소유격 인칭대명사인 (B) your가 정답이다.

어휘 | apply to ~에 지원하다 join 합류하다

4 (D)

번역 | 뉴먼 씨는 회계 직원 대다수가 휴가 중이므로 분기별 보고서를 직접 마무리하겠다고 말했다.

해설 | 빈칸이 없어도 완전한 문장이 되므로 주어 Ms. Newman을 강조하는 강조 용법의 재귀대명사 (D) herself가 정답이다. 강조 용법의 재귀대명사는 생략 가능하다.

어휘 | complete 마무리하다 quarterly report 분기별 보고서 accounting 회계

5 (B)

번역 | 메이베어 베이커리는 빵 제품에 유제품이 함유되지 않았음을 약속드립니다.

해설 | 빈칸은 접속사 that이 이끄는 명사절에서 주어인 명사구 bread products 앞에 있으므로 이를 수식하는 소유격 인칭대명사 (B) its가 정답이다. 빈칸이 접속사 that 뒤에 있다고 해서 성급히 주격 인칭대명사 (D) they를 고르지 않도록 주의해야 한다.

어휘 | dairy 유제품

6 (D)

번역 | 새로운 규정에 따라 유서 깊은 도클리프의 개발계획은 이웃 도시들의 개발계획보다 더 긴 검토 과정을 거쳐야 할 것이다.

해설 | 빈칸은 의미상 앞의 development proposals와 대응 관계를 이루면서 in neighboring towns와 결합하여 '이웃 도시에서의 개발계획'의 의미가 되어야 하므로 지시대명사 (D) those가 정답이다.

어휘 | regulation 규정 development proposal 개발계획 be subject to ~해야 한다 review 검토 neighboring 이웃의

7 (C)

번역 | 마크로파 사의 사장은 회사 이윤 폭 감소의 원인을 조사하는 일을 떠맡았다.

해설 | 빈칸은 전치사 upon의 목적어 자리이자 주어인 사장 자신이 떠맡는다는 의미이므로 재귀대명사인 (C) himself가 정답이다.

어휘 | take it upon oneself to ~하는 일을 떠맡다 investigate 조사하다 reason 원인 narrow 감소하다 profit margin 이윤 폭

8 (A)

번역 | 최근의 고객 의견에 따르면 갈프란 신발 라인은 가볍고 저렴하다.

해설 | 명사구 Galpran line of footwear 앞에는 소유격을 써야 하므로 빈칸에는 소유격 인칭대명사인 (A) our가 적합하다. 빈칸이 명사절 접속사 that 뒤에 있다고 해서 성급히 주격인 (C) we를 고르지 않도록 주의해야 한다.

어휘 | recent 최근의 lightweight 가벼운 affordable 저렴한

9 (A)

번역 | 직원은 출발 최소 사흘 전에 부장에게 예상 출장 경비 양식을 제출해야 한다.

해설 | 명사 managers 앞에는 소유격을 써야 하므로 빈칸에는 소유격 인칭대명사인 (A) their가 적합하다. 빈칸이 전치사 to 뒤에 있다고 해서 성급히 목적격인 (C) them을 고르지 않도록 주의해야 한다.

어휘 | estimated 예상된 expense 경비 at least 최소한 departure 출발

10 (B)

번역 | 샹 씨는 자신의 취향은 제쳐 두고 대다수가 선호하는 디자인을 승인했다.

해설 | 명사 preference 앞에는 소유격을 써야 하므로 빈칸에는 소유격 인칭대명사와 소유 관련성을 강조하여 사용하는 own이 결합된 (B) her own이 적합하다.

어휘 | put aside 제쳐 두다 approve 승인하다 favor 선호하다 majority 대다수

[11-14] 편지

스파르타 피트니스 센터

7월 1일
루스 카펜티어
노스 가 317번지
던디 3000

카펜티어 씨께,

고객님의 스파르타 피트니스 센터 회원 자격이 **11**만료되었음을 알려 드리고자 편지를 씁니다. 회원 자격을 갱신할 계획이셨으면 합니다. 그렇다면 **12**동봉한 양식을 작성해 스파르타 피트니스 센터 아무 지점에나 가져오십시오. **13**전체 지점 목록이 양식에 포함되어 있습니다. 8월 1일까지 답변 주시면 복권 수수료를 면제해 드리겠습니다.

저희에겐 **14**고객님의 건강 목표가 중요합니다. 저희는 고객님이 계속 활동적이고 건강한 생활방식을 유지하도록 돕고 싶습니다!

마나부 이시야마
회원 서비스
스파르타 피트니스 센터

동봉

어휘 | renew 갱신하다 fill out 작성하다 respond 답하다 waive 면제하다 reinstatement (특정 신분으로의) 복권 maintain 유지하다

11 (B)

해설 | 빈칸에는 문맥상 '회원권이 만료되었다'고 하는 것이 자연스러우므로 (B) expired가 정답이다. 나머지 (A) begun, (C) doubled, (D) disappeared는 모두 의미상 적합하지 않다.

어휘 | expire 만료되다 disappear 사라지다

12 (B)

해설 | 빈칸은 정관사 the와 명사 form 사이에서 명사를 수식하는 형용사 자리로 '동봉된 양식'이라는 수동적 의미를 나타내는 과거분사 (B) enclosed가 정답이다.

어휘 | enclose 동봉하다

13 (D)

번역 | (A) 동료가 하루 안에 전화로 회신드릴 겁니다.
(B) 고객님은 지금 어떤 조치도 필요하지 않습니다.
(C) 모든 양식은 백지에 인쇄해야 합니다.
(D) 전체 지점 목록이 양식에 포함되어 있습니다.

해설 | 빈칸 앞 문장에서 센터의 지점 방문(bring it to any Sparta Fitness Center)에 대한 언급을 하고 있다. 따라서 빈칸에는 센터의 지점 정보에 대한 내용이 나오는 것이 글의 흐름상 자연스러우므로 (D)가 정답이다.

어휘 | associate (직장) 동료 location 지점 include 포함하다

14 (A)

해설 | 빈칸은 be동사 are의 주어인 fitness goals를 수식하는 자리로 문맥상 '고객님의 건강 목표'라는 의미를 나타내는 것이 자연스러우므로 (A) Your가 정답이다. 나머지 (B) Their, (C) Many, (D) These는 모두 의미상 적합하지 않다.

Unit 04 형용사

① 형용사의 개념과 역할

● 실전 **도움닫기**   본책 p. 155

1 (A)   2 (B)   3 (B)   4 (A)   5 (A)   6 (A)
7 (C)   8 (C)

1 (A)

번역 | 특별한 기내식을 요청하시려면, 항공편 예약 시 항공권 판매원에게 말씀해 주십시오.

해설 | 빈칸은 부정관사 a와 명사 meal request 사이에서 명사를 수식하는 형용사 자리이므로 형용사 (A) special이 정답이다.

2 (B)

번역 | 그 옷가게는 품질 좋은 제복을 경쟁력 있는 가격에 팔기 때문에 성공을 거두고 있다.

해설 | 빈칸은 be동사 is 뒤의 보어 자리이므로 명사나 형용사가 올 수 있다. 의미상 옷가게의 상태를 나타내야 어울리므로 형용사인 (B) successful이 정답이다.

3 (B)

번역 | 진행자들은 포커스 그룹에게 건설적인 비판을 해달라고 요청하고 있다.

해설 | 빈칸은 to provide의 목적어인 명사 criticism을 수식하는 형용사 자리이므로 형용사 (B) constructive가 정답이다. 빈칸이 to provide 뒤에 있다고 해서 성급하게 명사 (A) construction을 고르지 않도록 주의해야 한다.

4 (A)

번역 | 재무 부서가 전 직원 회의에서 전략적인 성장 계획의 개요를 설명할 것이다.

해설 | 빈칸은 소유격 its와 명사 growth plans 사이에서 명사를 수식하는 형용사 자리이므로 형용사 (A) strategic이 정답이다.

5 (A)

번역 | 새럴크 통신은 매우 다양한 소셜 미디어 서비스를 제공한다.

해설 | 빈칸은 부정관사 a와 명사 variety 사이에서 명사를 수식하는 형용사 자리이므로 형용사 (A) wide가 정답이다. 참고로 a variety of(다양한) 뒤에는 복수명사가 온다.

6 (A)

번역 | 진행 상황 보고서에서 분석가의 논평은 지도부에 대해 신랄하게 비판적이었다.

해설 | 빈칸은 was의 주어인 The analyst's commentary를 보충 설명하는 주격 보어 자리이자 부사 sharply의 수식을 받는 형용사 자리이므로 형용사 (A) critical이 정답이다. (B) critic(비평가)은 형용사처럼 보이지만 명사다.

7 (C)

번역 | 경영팀에서 정한 판매 목표가 대부분의 직원들에게 현실적인 것으로 보인다.

해설 | 빈칸은 동사 seems의 주어인 The sales goal을 보충 설명하는 주격 보어 자리이므로 형용사 (C) realistic이 정답이다. 명사 보어는 주어와 동일한 대상을 나타내는데, 명사 (A) realist(현실주의자)와 (B) realism(현실주의)은 주어와 동일한 대상이 아니다.

8 (C)

번역 | 추가 지원 인력을 채용한다는 결정은 대체로 직원들이 표시한 우려에 토대를 두고 있었다.

해설 | 빈칸은 to hire의 목적어인 명사 help(도움, 인력)를 수식하는 형용사 자리이므로 형용사 (C) additional이 정답이다. help를 동사로 잘못 보면 오답을 고를 수 있으므로 주의해야 한다.

② 주의해야 할 형용사

● 실전 도움닫기
본책 p. 157

1 (A)　　**2** (B)　　**3** (B)　　**4** (A)　　**5** (B)　　**6** (B)
7 (A)　　**8** (A)

1 (A)

번역 | 숙련된 조립 라인 작업자들이 좀 더 세심한 경향이 있다.

해설 | 빈칸은 명사구 assembly-line workers를 수식하는 자리이므로 형용사 역할을 할 수 있는 과거분사 (A) Experienced가 정답이다. 현재분사 (B) Experiencing(경험하고 있는)도 형용사 역할을 할 수 있지만 의미상 적합하지 않다.

2 (B)

번역 | 무어 씨의 연설은 청중들에게 지속적인 인상을 남겼다.

해설 | 빈칸은 부정관사 a와 명사 impression 사이에서 명사를 수식하는 자리이므로 형용사 역할을 할 수 있는 현재분사 (B) lasting이 정답이다. 자동사 last(지속하다)의 과거분사 (A) lasted는 완료의 의미를 나타내므로 의미상 적합하지 않다.

3 (B)

번역 | 콘서트에 있던 모든 사람들은 빈센지 씨의 뛰어난 연주에 감명받았다.

해설 | 빈칸은 be동사 was의 주어인 Everyone을 보충하는 주격 보어 자리이므로 형태상으로는 형용사, 명사, 분사 모두 가능한데, 과거분사 (B) impressed가 의미상 적절하다. 형용사 (A) impressive(인상적인, 감명 깊은)는 의미상 적합하지 않다.

4 (A)

번역 | 웰빙 에이드 사는 고객들의 특정한 요구를 충족시키는 데 전념한다.

해설 | 빈칸은 be동사 is의 주어 Wellbeing Aid, Inc.를 보충 설명하는 주격 보어 자리이므로 형용사와 같은 역할을 할 수 있는 과거분사 (A) dedicated(전념하는, 헌신적인)가 정답이다. 명사 보어는 주어와 동일한 대상을 나타내는데, 명사 (B) dedication(전념, 헌신)은 주어와 동일한 대상이 아니다.

5 (B)

번역 | 농부들은 최근 좋은 기상 조건의 결과로 풍작을 예상하고 있다.

해설 | 빈칸은 복합명사 weather conditions를 수식하는 형용사 자리이므로 형용사 (B) favorable이 정답이다. 형용사 역할을 할 수 있는 현재분사 (D) favoring(형편에 맞는, 선호하는)은 의미상 적합하지 않다.

6 (B)

번역 | 윈스롭 전략은 일관되게 마감일을 맞추는 의욕적인 사람을 채용하려고 한다.

해설 | 빈칸은 명사 individual을 수식하는 자리이므로 '의욕적인' 이란 뜻의 형용사인 (B) motivated가 정답이다. motivate는 '동기를 주다, 자극하다'라는 의미의 동사다.

7 (A)

번역 | 표현이 너무 반복적이어서 부장은 보고서를 수정했다.

해설 | 빈칸은 be동사 was의 주어인 명사 the language를 보충 설명하는 주격 보어 자리이자 부사 too의 수식을 받는 형용사 자리이므로 형용사 (A) repetitive가 정답이다. 형용사 역할을 할 수 있는 현재분사 (B) repeating은 의미상 적합하지 않다.

8 (A)

번역 | 오작동하는 프린터는 곧 더 신뢰할 수 있는 모델로 교체될 것이다.

해설 | 빈칸은 more와 명사 model 사이에서 명사를 수식하는 형용사 자리이므로 형용사 (A) reliable이 정답이다. 형용사 역할을 할 수 있는 현재분사 (C) relying(의지하는)은 의미상 적합하지 않다.

● ETS 실전문제

본책 p.158

1 (A)	**2** (D)	**3** (D)	**4** (A)	**5** (B)	**6** (C)
7 (C)	**8** (B)	**9** (C)	**10** (C)	**11** (D)	**12** (A)
13 (B)	**14** (D)				

1 (A)

번역 | 이달고 씨는 섬유산업에 대한 깊은 지식을 밑바탕으로 파르톤 사의 신임 CEO로 선정되었다.

해설 | 빈칸은 소유격 인칭대명사 her와 명사 knowledge 사이에서 명사를 수식하는 형용사 자리이므로 형용사 (A) deep이 정답이다. 빈칸이 her 뒤에 있다고 해서 성급하게 명사 (D) depth(깊이)를 고르지 않도록 주의해야 한다.

어휘 | knowledge 지식 textile 섬유 deepen 깊어지다 depth 깊이

2 (D)

번역 | 힐크레스트-린덴의 수많은 해외 자회사 중 가장 수익성이 좋은 곳은 스리랑카를 기반으로 하는 콜롬보 테크다.

해설 | 빈칸은 most의 수식을 받으면서 The 및 of 이하 명사구와 결합하여 '자회사 중 가장 수익성이 좋은 곳'이라는 의미를 나타내야 하므로 형용사 (D) profitable이 정답이다.

어휘 | numerous 수많은 overseas 해외의 subsidiary 자회사 profitable 수익성이 좋은

3 (D)

번역 | 우 로지스틱스는 매우 유능한 경영진 덕분에 올해 유례없는 성장을 경험했다.

해설 | 빈칸은 부사 highly와 명사 management team 사이에서 명사를 수식하는 형용사 자리이므로 형용사 (D) competent가 정답이다.

어휘 | highly 매우 experience 경험하다 unprecedented 유례없는 growth 성장 competency 능숙함 competent 유능한

4 (A)

번역 | 파텔 씨는 해이그튼 산업에 첫 출근하는 날이 걱정되었지만, 모든

일이 아주 순조롭게 진행되었다.

해설 | 빈칸은 동사 was의 주어인 Ms. Patel을 보충 설명하는 주격 보어 자리이므로 형용사 (A) anxious가 정답이다. 명사 보어는 주어와 동일한 대상을 나타내는데, 명사 (C) anxiety(불안)와 (D) anxiousness(걱정스러움)는 주어와 동일한 대상이 아니다.

어휘 | extremely 아주 be anxious about ~에 대해 걱정하다

5 (B)

번역 | 워런 벨라스코의 최근 전시회는 지금까지 그의 가장 창의적인 작품이라는 찬사를 받았다.

해설 | 빈칸은 most와 명사 work 사이에서 명사를 수식하는 형용사 자리이므로 형용사 (B) creative가 정답이다.

어휘 | exhibit 전시(회) praise 찬사를 보내다 to date 지금까지 creative 창의적인 creativity 창의성

6 (C)

번역 | 논란이 되고 있는 1년차 직원들의 추가 휴가 문제는 어제 열린 부장 회의에서 해결되었다.

해설 | 빈칸은 정관사 The와 명사 issue 사이에서 명사를 수식하는 형용사 자리이므로 형용사 (C) controversial이 정답이다. 빈칸 앞에 The가 있다고 해서 성급하게 명사 (A) controversy를 고르지 않도록 주의해야 한다.

어휘 | additional 추가의 settle 해결되다 controversy 논란 controversial 논란이 되는

7 (C)

번역 | 양사 법률 고문들 간의 오랜 협상 끝에 마침내 계약이 체결되었다.

해설 | 빈칸은 부정관사 a와 명사 negotiation 사이에서 명사를 수식하는 형용사 자리이므로 형용사 (C) lengthy가 정답이다.

어휘 | agreement 계약 negotiation 협상 corporation 회사 lengthy 긴

8 (B)

번역 | 상당한 노력을 기울인 끝에, 우리는 키보드를 다시 디자인하는 데 성공했다.

해설 | 빈칸은 전치사 After의 목적어인 명사 effort를 수식하는 형용사 자리이므로 (B)와 (C)가 가능한데, 의미상 (B) considerable이 정답이다. 형용사 (C) considerate (사려 깊은)은 의미상 적합하지 않다.

어휘 | effort 노력 succeed 성공하다 considerable 상당한

9 (C)

번역 | 소비자들은 자신들이 받는 원치 않는 우편물의 양을 줄이기 위한 우리의 노력에 무척 고마워하고 있다.

해설 | 빈칸은 have been의 주어인 Consumers를 보충 설명하는 주격 보어 자리이자 부사 very의 수식을 받는 형용사 자리이므로 형용사 (C) appreciative가 정답이다.

어휘 | reduce 줄이다 amount 양 unsolicited 원치 않는 receive 받다 appreciative 고마워하는

10 (C)

번역 | 새로 제조된 알레르기 약이 기존 알레르기 약보다 더 효과적이라는 설득력 있는 증거는 없다.

해설 | 빈칸은 앞의 no와 be동사 is의 보어인 명사 evidence 사이에서 명사를 수식하는 형용사 자리이므로 형용사 (C) persuasive가 정답이다.

어휘 | evidence 증거 reformulate 새로 만들다 medication 약 effective 효과적인 existing 기존의 persuade 설득하다 persuasive 설득력 있는

[11-14] 정보문

> **신문 광고 관련**
>
> <벨모어 타임즈> 주간지를 광고 매체로 선택해 주셔서 감사합니다. **11투자를 최대한 활용하려면 다음 팁을 고려하세요.** 명확하고 단순한 말로 된 광고는 제품이나 서비스에 대한 필요한 정보를 제공하면서 독자들의 주목을 끌 수 있는 가장 **12신뢰할 수 있는** 방법입니다. **13반대로,** 너무 장황하고 빽빽한 광고는 종종 외면당합니다. 평균적인 신문 독자는 한 페이지에 쓰는 시간이 5분 미만이라는 점을 유념하세요. 따라서 몇 초 안에 손쉽게 **14이해할 수 있는** 광고가 최상의 결과를 얻을 수 있습니다.
>
> **어휘 |** advertise 광고하다 attention 주목 necessary 필요한 wordy 장황한 dense 빽빽한 overlook 간과하다 individual 개별의 readily 손쉽게 achieve 얻다 result 결과

11 (D)

번역 | (A) 구독자 번호가 현저하게 바뀔 경우, 고객님께 알려 드리겠습니다.
(B) 광고를 당사에 제출하는 방법에는 여러 가지가 있습니다.
(C) 온라인 마케팅과는 매우 다를 수 있다는 점에 유의하세요.
(D) 투자를 최대한 활용하려면 다음 팁을 고려하세요.

해설 | 빈칸 앞 문장에서 이 업체는 잡지사로 다른 기업의 광고를 게재하고 있음을 알 수 있다. 빈칸 뒤 문장에서 독자들의 주목을 끌 가장 신뢰할 수 있는 광고 문구에 대해 설명하는 것으로 보아 빈칸에는 효율적인 광고를 위한 팁에 대해 언급하는 것이 글의 흐름상 자연스러우므로 (D)가 정답이다.

어휘 | subscriber 구독자 significantly 현저하게 alert 알리다 submit 제출하다 make the most of ~을 최대한 활용하다

12 (A)

해설 | 빈칸은 the most와 명사 way 사이에서 명사를 수식하는 형용사 자리이므로 (A) reliable이 정답이다. 명사 (C) reliability와 (D) reliableness는 의미상 way와 복합명사를 이루지 못한다.

어휘 | reliable 신뢰할 수 있는

13 (B)

해설 | 빈칸 앞에서 명확하고 단순한 말로 된 광고가 효과적임을 언급한 후 빈칸 뒤 문장에서 너무 장황하고 빽빽한 광고의 단점을 말하고 있다. 따라서 빈칸에는 앞 문장의 내용과 대조적이라는 의미가 자연스러우므로 (B) In contrast(반대로)가 정답이다. 나머지 (A) Later on(나중에), (C) As a result(그 결과), (D) Despite this(이것에도 불구하고)는 모두 의미상 적합하지 않다.

14 (D)

해설 | 빈칸 앞 문장 Keep in mind that the average newspaper reader spends fewer than five minutes on an individual page.에서 신문 독자들이 짧은 시간 동안 신문을 읽는다고 언급하고 있다. 따라서 광고는 쉽게 이해가 되어야 한다는 의미가 어울리므로 (D) comprehended가 정답이다. 나머지 (A) printed(인쇄된), (B) distributed(배포된), (C) downloaded(다운로드 받는)는 모두 의미상 적합하지 않다.

Unit 05 부사

① 부사의 개념과 역할

● **실전 도움닫기**   본책 p. 161

1 (B)   **2** (B)   **3** (B)   **4** (B)   **5** (D)   **6** (D)
7 (B)   **8** (D)

1 (B)

번역 | 당신은 그 문제에 관해 동료와 전혀 다른 견해를 가질 수 있다.

해설 | 빈칸은 부정관사 a와 형용사 different 사이에서 형용사 different를 수식하는 부사 자리이므로 부사 (B) completely가 정답이다.

2 (B)

번역 | 이륙 전에 모든 승객들의 안전벨트는 단단히 매여 있다.

해설 | 빈칸은 be동사 are와 과거분사 fastened 사이에서 과거분사 fastened를 수식하는 부사 자리이므로 부사 (B) securely가 정답이다.

3 (B)

번역 | 소리가 너무 크지 않도록 음량 스위치를 살짝 조정해 주세요.

해설 | 주어 없이 시작하는 명령문이다. 따라서 빈칸은 동사원형 adjust와 목적어 the volume knob으로 이뤄진 완전한 문장 뒤에서 동사 adjust를 수식하는 부사 자리이므로 부사 (B) slightly가 정답이다.

4 (B)

번역 | 시의 도로 재포장 공사는 현재 일정대로 진행되고 있다.

해설 | 빈칸은 be동사 is의 주어를 보충하는 전치사구 on schedule을 수식하는 부사 자리이므로 부사 (B) currently가 정답이다. 빈칸이 be동사 is 뒤에 있다고 해서 성급하게 형용사 (A) current를 고르지 않도록 주의해야 한다.

5 (D)

번역 | 우리의 매출액이 지난 사분기에 증가하기는 했지만 이 추세는 쉽게 바뀔 수 있다.

해설 | 빈칸은 조동사 could와 동사원형 change 사이에서 동사원형 change를 수식하는 부사 자리이므로 부사 (D) easily가 정답이다.

6 (D)

번역 | 키바 비즈니스 센터가 3년의 공사 끝에 마침내 문을 연다.

해설 | 빈칸은 be동사 is와 현재분사 opening 사이에서 현재분사 opening을 수식하는 부사 자리이므로 부사 (D) finally가 정답이다.

7 (B)

번역 | 인세 대금은 공저 작가들 사이에 균등하게 분배될 것이다.

해설 | 빈칸은 주어 Royalty payments와 동사 will be divided로 이뤄진 수동태 문장 뒤에서 동사를 수식하는 부사 자리이므로 부사 (B) equally가 정답이다.

8 (D)

번역 | 박미선 씨의 작품은 고전적인 요소들을 현대적인 재료와 솜씨 있게 접목하고 있다.

해설 | 빈칸은 주어 Mi-Sun Park's artwork와 동사 combines 사이에서 동사를 수식하는 부사 자리이므로 부사 (D) skillfully가 정답이다.

② 빈출 부사 정리

● 실전 도움닫기
본책 p.163

1 (A) **2** (A) **3** (A) **4** (A) **5** (A) **6** (C)
7 (C) **8** (A)

1 (A)

번역 | 하청업체들은 내일 오전 8시 직전에 보수공사를 시작할 것이라고 말한다.

해설 | 빈칸은 시간 표현인 before 8 A.M. tomorrow를 강조하는 부사 자리이다. '내일 오전 8시 직전에'라는 의미가 적절하므로 부사 (A) shortly가 정답이다. shortly before[after]는 '~ 직전[직후]'라는 뜻이다. (B) short는 '짧은'이라는 형용사와 '짧게'라는 부사, 둘 다 쓰인다.

2 (A)

번역 | 북쪽 부속 건물의 엘리베이터들은 다음 주에 정비 작업을 위해 임시로 폐쇄될 것이다.

해설 | '임시로 폐쇄될 것이다'라는 의미가 적절하므로 부사 (A) temporarily가 정답이다. (B)는 cautiously는 '조심스럽게'라는 뜻이다.

3 (A)

번역 | 신차들의 판매가 이번 분기에 거의 5퍼센트 하락했다.

해설 | 빈칸은 숫자 표현인 five percent를 강조하는 부사 자리이다. '거의 5퍼센트'라는 의미가 적절하므로 부사 (A) nearly가 정답이다. (B) quite는 '꽤'라는 뜻이다.

4 (A)

번역 | 원래 소규모 관광호텔로 문을 연 아가피야 인은 현재 풀 서비스 리조트다.

해설 | 빈칸은 과거분사 opened를 수식하는 부사 자리이므로 부사 (A) Originally가 정답이다.

5 (A)

번역 | 커피 기계가 테이버 건물 2층의 편리한 곳에 위치해 있다.

해설 | 빈칸은 과거분사 located를 수식하는 부사 자리이다. '편리하게 위치한'이라는 의미가 적절하므로 부사 (A) conveniently가 정답이다. (B) slightly(약간), (C) considerably (상당히), (D) eventually(결국)는 의미상 적합하지 않다.

6 (C)

번역 | 회의실에 의자 6개만 두고 여분은 모두 치우세요.

해설 | 주어 없이 시작하는 명령문이다. 빈칸은 동사원형 leave와 목적어 six chairs 사이에서 숫자 six를 강조하는 부사 자리이다. '6개의 의자만'이라는 의미가 적절하므로 부사 (C) just가 정답이다.

7 (C)

번역 | 크리스티 드라이버 씨는 잘 알려진 치료사로, 그녀의 치료는 매우 합리적으로 가격이 책정된다.

해설 | 빈칸은 과거분사 priced를 수식하는 부사 자리이다. '합리적으로 가격이 책정된'이라는 의미가 적절하므로 (C) reasonably가 정답이다. (A) strongly(강하게), (B) internally(내적으로), (D) repeatedly(반복적으로)는 의미상 적합하지 않다.

8 (A)

번역 | 그래핀 씨는 프로젝트 세부사항을 마무리하기 위해 곧 뉴욕으로 돌아올 예정이다.

해설 | 빈칸은 주어 Mr. Grappin과 동사 will be returning과 수식어구 to New York으로 이뤄진 완전한 문장 뒤에서 현재분사 returning을 수식하는 부사 자리이다. '곧 돌아갈 것이다'라는 의미가 적절하므로 부사 (A) soon이 정답이다. 나머지 (B) quite(꽤), (C) closely(면밀히), (D) lately(최근에)는 모두 의미상 부적절하다.

● ETS 실전문제
본책 p.164

1 (C) **2** (A) **3** (B) **4** (D) **5** (D) **6** (A)
7 (D) **8** (B) **9** (A) **10** (D) **11** (B) **12** (D)
13 (B) **14** (C)

1 (C)

번역 | 시몬스 씨는 <노리스 위클리 서큘러>에서 일하는 동안 작문 세미나를 자주 진행했다.

해설 | 빈칸은 주어 Ms. Simmons와 동사 conducted 사이에서 동사 conducted를 수식하는 부사 자리이므로 (C) frequently가 정답이다.

어휘 | conduct 진행하다 employ 고용하다 frequently 자주

2 (A)

번역 | 시뷰 가구에서 소파 세일이 거의 끝나가서 할인된 물건을 살 수 있는 날이 하루밖에 남지 않았다.

해설 | 빈칸은 be동사 is와 부사 over 사이에서 부사 over를 수식하는 부사 자리로 '거의 끝났다'라는 의미를 나타내는 (A) almost가 정답이다. 나머지 (B) slightly(약간), (C) only(오직), (D) already(이미, 벌써)는 모두 의미상 부적절하다.

어휘 | almost 거의

3 (B)

번역 | 모든 기계를 한꺼번에 교체하는 대신, 하트퍼드 공장의 기술자들은 향후 5년에 걸쳐 기계를 차차 교체하기로 결정했다.

해설 | 빈칸은 to부정사 to replace와 목적어 it으로 이뤄진 구 뒤에서 동사 replace를 수식하는 부사 자리이므로 (B) gradually가 정답이다.

어휘 | replace 교체하다 machinery 기계 at once 한꺼번에 gradually 차차 familiarly 친하게 previously 이전에

4 (D)

번역 | 비록 그 일을 완료하는 데 6시간밖에 걸리지 않았지만, 직원들은 8시간 근무에 대한 보수를 받게 된다.

해설 | 빈칸은 동사 took과 목적어 six hours 사이에서 숫자 six를 강조하는 부사 자리이다. '겨우 6시간만 걸렸다'라는 의미가 적절하므로 부사 (D) only가 정답이다. 전치사 (A) during(~동안)과 (B) until(~까지)은 품사상 적합하지 않고 부사로도 사용되는 (C) right(정확히)는 의미상 적합하지 않다.

어휘 | complete 완료하다 shift (교대) 근무

5 (D)

번역 | 몬스타드 건설은 우리 호텔 로비를 개조할 회사로, 적극 추천하는 사람이 많다.

해설 | 빈칸은 동사 comes와 과거분사 recommended 사이에서 과거분사 recommended를 수식하는 부사 자리이므로 부사 (D) highly가 정답이다. (A) high(높이)도 부사로 사용할 수 있지만 의미상 적합하지 않다.

어휘 | renovate 개조하다 highly recommend 적극 추천하다

6 (A)

번역 | 레저코어 소프트웨어 제품은 대규모 회계법인의 요구를 충족하기 위해 특별히 고안되었다.

해설 | 빈칸은 동사 are designed를 수식하는 부사 자리이므로 부사 (A) specifically가 정답이다.

어휘 | meet the needs of ~의 요구를 충족하다 large-scale 대규모의 accounting firm 회계법인 specifically 특별히

7 (D)

번역 | 어제 연설은 음향 시스템에 문제가 생겨 차질을 빚었지만, 그럼에도 불구하고 사장의 메시지는 청중들에게 전달됐다.

해설 | 빈칸은 be 동사 was와 과거분사 communicated 사이에서 communicated를 수식하는 부사 자리이다. '그럼에도 불구하고 전달됐다'라는 의미가 적절하므로 부사 (D) nevertheless가

정답이다.

어휘 | disrupt 지장을 주다 communicate (정보를) 전달하다 audience 청중 likewise 똑같이 furthermore 더욱이 nevertheless 그럼에도 불구하고

8 (B)

번역 | 최근 자료들은 불경기에 그 나라의 화폐 가치가 급격히 하락했음을 보여준다.

해설 | 빈칸은 동사 fell을 수식하는 부사 자리이므로 (B) sharply가 정답이다.

어휘 | currency 통화, 화폐 recession 불경기, 불황 sharp 날카로운, 급격한 sharply 급격히 sharpen 날카롭게 하다

9 (A)

번역 | 공장이 완전 가동되려면 400명의 인력이 필요할 것이다.

해설 | 빈칸은 be동사 is와 형용사 operational 사이에서 형용사 operational을 수식하는 부사 자리이므로 부사 (A) fully가 정답이다.

어휘 | factory 공장 operational 가동하는 require 필요하다 workforce 인력 fully 완전히

10 (D)

번역 | 리버시티 도심지 아파트 값은 크게 달라졌지만 다른 지역에선 가격이 그대로 유지됐다.

해설 | 빈칸은 동사 have changed를 수식하는 부사 자리이므로 부사 (D) dramatically가 정답이다.

어휘 | dramatically 크게

[11-14] 기사

3월 허쉬랜드 통근철도가 개통된 이후, 승객수가 **11**꾸준히 증가하고 있다. 이제 허쉬랜드 시는 철도 서비스가 모든 승객을 수용하려면 변화가 필요하다는 점을 인지했다. "현재 **12**모든 사람을 위한 충분한 공간이 없습니다." 열차 기관사 허먼 와그너 씨는 말한다. "가장 혼잡한 시간대에는 열차가 매우 **13**붐빕니다. 종종 입석만 있고, 때로는 새 승객이 탑승할 수 있는 공간이 전혀 없는 경우도 있죠." 허쉬랜드 시는 철도 운행 정원을 늘리기 위한 계획을 수립했다. 연방 보조금 지원으로 시는 철도 차량을 추가로 입수할 것이다. **14**구매 협상은 내년에 있을 예정이다.

어휘 | ridership 승객수 realize 인지하다 accommodate 수용하다 passenger 승객 train conductor 열차 기관사 board 타다 capacity 정원 grant 보조금 acquire 입수하다 additional 추가의

11 (B)

해설 | 빈칸은 완전한 문장 뒤에서 동사 has been growing을 수식하는 부사 자리이므로 부사 (B) steadily가 정답이다.

어휘 | steady 꾸준한 steadily 꾸준하게

12 (D)

해설 | 앞 문장 Now, the City of Hershland has realized that some changes need to be made if the rail service is to accommodate all passengers.에서 모든 승객 수용을 위해서는 변화가 필요하다고 언급하고 있다. 따라서 현재는 모두를 수용할 수 없다는 것이 의미상 자연스러우므로 (D) everybody가 정답이다. (A) him, (B) either one, (C) both는 모두 의미상 적합하지 않다.

13 (B)

해설 | 빈칸 뒤 문장 Often there is standing room only, and sometimes there is no room at all for new passengers to board.에서 종종 입석만 있고 새 승객이 탑승할 공간이 없기도 하다고 했다. 따라서 빈칸에는 열차가 붐빈다는 의미로 연결하는 것이 자연스러우므로 (B) crowded가 정답이다.

어휘 | reliable 신뢰할 수 있는 crowded 붐비는 accessible 접근[이용]할 수 있는 urgent 긴급한

14 (C)

번역 | (A) 지금까지 통근자들은 편안한 좌석을 칭찬해 왔다.
(B) 철도 선로에 대한 추가 개선은 발표되지 않았다.
(C) 구매 협상은 내년에 있을 예정이다.
(D) 지원은 www.hershland.gov/hcrs에서도 가능하다.

해설 | 빈칸 앞 문장 With the aid of a federal grant, it will acquire additional railcars.에서 철도 차량의 추가 입수를 언급하고 있다. 이어서 빈칸에서는 구매에 대한 세부사항을 언급하는 것이 글의 흐름상 자연스러우므로 (C)가 정답이다.

어휘 | commuter 통근자 improvement 개선 purchase 구매 negotiate 협상하다 assistance 지원 available 이용할 수 있는

Unit 06 동사의 형태와 종류

① 동사의 형태

● 실전 도움닫기   본책 p. 167

1 (B)	**2** (A)	**3** (B)	**4** (A)	**5** (B)	**6** (C)
7 (C)	**8** (C)				

1 (B)

번역 | 외출할 때는 프런트 데스크에 호텔 열쇠를 맡기세요.

해설 | 빈칸은 주어 없이 Please로 시작하는 명령문이므로 동사원형 (B) leave가 정답이다

2 (A)

번역 | 몇 주 앞서 호텔 예약을 해야 한다.

해설 | 빈칸이 조동사 should 뒤에 있으므로 동사원형 (A) make가 정답이다.

3 (B)

번역 | 달링스톤 호텔은 모든 손님들에게 무료 아침식사를 제공하고 있다.

해설 | 빈칸은 문장의 동사 자리이고 주어가 3인칭 단수 The Darlingstone Hotel이므로 단수동사인 (B) is offering이

정답이다. 준동사인 (A) offering은 동사 자리에 올 수 없다.

4 (A)

번역 | 후 씨의 획기적인 아이디어들은 베르시어 그룹의 마케팅 직원들로부터 열렬하게 환영을 받았다.

해설 | 빈칸 앞에 be동사가 있으므로 동사원형인 (B)는 올 수 없다. be동사 다음에는 현재분사나 과거분사가 올 수 있으므로 여기서는 수동(be+p.p.)의 과거분사 (A) received가 정답이다.

5 (B)

번역 | 펙앤서버의 법률 사무소들은 공휴일이라서 이미 문을 닫았다.

해설 | 빈칸에는 부사 already의 수식을 받으면서 앞의 동사 have와 결합하여 완료를 나타낼 수 있는 과거분사가 와야 하므로 (B) closed가 정답이다.

6 (C)

번역 | 세탁물을 신속하게 돌려받고자 한다면, 제공된 꼬리표에 객실 번호를 써 주십시오.

해설 | 빈칸은 주어 없이 시작하는 명령문의 동사원형 자리이므로 동사원형 (C) write가 정답이다. 문장 끝에 있는 provided(제공된)는 the tag를 수식하는 과거분사이다. 동사의 과거형과 과거분사형은 형태가 같은 것이 많으므로 주의해야 한다.

7 (C)

번역 | 전 직원은 건설 프로젝트 마감일을 맞추기 위해 최선을 다하고 있다.

해설 | 빈칸 앞에 be동사 are가 있다. be동사 뒤에는 분사가 올 수 있으므로 현재분사 (C) doing이 정답이다. their best를 목적어로 취해 '최선을 다하고 있다'는 진행 시제를 나타낸다.

8 (C)

번역 | 사무실 비품 관련 모든 주문서는 목요일 정오까지 리튼 씨에게 제출해야 한다.

해설 | 문맥상 '모든 주문서가 제출되어야 한다'는 수동적 의미를 나타내고 있으므로 과거분사 (C) submitted가 정답이다. 현재분사 (A) submitting이 들어가면 '제출하는 중이다'라는 능동태 진행형이 되므로 어색하다.

② 자동사와 타동사

● 실전 도움닫기   본책 p. 169

1 (A)	**2** (B)	**3** (B)	**4** (B)	**5** (C)	**6** (A)
7 (D)	**8** (A)				

1 (A)

번역 | 모든 팀원은 새로운 규정을 준수해야 한다.

해설 | 빈칸은 뒤에 전치사 with와 결합하여 the new regulations를 목적어로 취할 수 있는 자동사 자리이므로 자동사 (A) comply가 정답이다. 타동사 (B) keep(지키다)은 전치사 없이 바로 목적어를 취한다.

2 (B)

번역 | 신제품은 분명 많은 고객을 끌어 모을 것이다.

해설 | 빈칸은 뒤에 a lot of customers를 목적어로 바로 취할 수 있는 타동사 자리이므로 타동사 (B) attract가 정답이다. 자동사 appeal(마음에 들다, 호소하다, 항의하다)은 전치사 to와 결합하여 목적어를 취할 수 있다.

3 (B)

번역 | 전 직원이 매년 12월에 연간 (직무) 평가서를 완성해야 한다.

해설 | 빈칸은 뒤에 annual evaluations를 목적어로 바로 취할 수 있는 타동사 자리이므로 (B) complete이 정답이다. 자동사 (A) agree(동의하다)는 주로 전치사 on 또는 with와 결합하여 목적어를 취할 수 있다.

4 (B)

번역 | 이시무라 씨는 친절하게도 초대장을 직접 전달하겠다고 했다.

해설 | 빈칸은 뒤에 the invitation을 목적어로 바로 취할 수 있는 타동사 자리이므로 타동사 (B) deliver가 정답이다. 자동사 (A) respond(응답하다)는 전치사 to와 결합하여 목적어를 취할 수 있다.

5 (C)

번역 | 함 식료품으로 만드는 특별한 요리법을 보시려면 저희 웹사이트를 방문해 주세요.

해설 | 빈칸은 뒤에 our Web site를 목적어로 바로 취할 수 있는 타동사 자리이므로 타동사 (C) visit이 정답이다. 타동사 (D) take(가지고 가다, 취하다)는 의미상 적합하지 않다. 자동사 (A) come과 (B) go는 전치사와 결합하여 목적어를 취할 수 있다.

6 (A)

번역 | 빌리카 주민 대부분은 생계를 위해 농업에 의존한다.

해설 | 빈칸에는 agriculture를 목적어로 취하면서 자동사 rely와 결합하여 '농업에 의존한다'라는 의미를 나타내는 전치사 (A) on이 들어가야 한다.

7 (D)

번역 | 메다텔리 푸즈는 건강에 좋은 비타민과 미네랄이 풍부한 제품 제조를 전문으로 한다.

해설 | 빈칸은 뒤에 전치사 in과 결합하여 crafting products를 목적어로 취할 수 있는 자동사 자리이므로 자동사 (D) specializes가 정답이다.

8 (A)

번역 | 건설 근로자들은 차질 없이 마감 시한을 맞추기 위해 동료들과 협조한다.

해설 | 빈칸은 문장의 동사 자리이고 주어가 3인칭 복수 The construction workers이므로 복수동사인 (A) collaborate가 정답이다. 자동사 collaborate는 주로 전치사 with 또는 on과 결합하여 쓰인다.

● ETS 실전문제

본책 p.170

1 (D)	2 (D)	3 (B)	4 (B)	5 (A)	6 (D)
7 (B)	8 (B)	9 (D)	10 (A)	11 (B)	12 (C)
13 (B)	14 (A)				

1 (D)

번역 | 재정 검토 위원회는 예산 제안서가 10페이지를 넘기지 않아야 한다고 말했다.

해설 | 빈칸은 조동사 may 뒤에 있으므로 동사원형 (D) exceed가 정답이다.

어휘 | board 위원회 state 언급하다 budget 예산 excessive 과도한 excess 초과 exceed 초과하다

2 (D)

번역 | 모든 신입사원은 3일간의 오리엔테이션에 참석해야 한다.

해설 | 빈칸은 뒤에 전치사 in과 결합하여 the three-day orientation sessions를 목적어로 취할 수 있는 자동사 자리이므로 자동사 (D) participate가 정답이다. 타동사 (A) attend(참석하다)와 (B) take(취하다, 가지고 가다)는 전치사 없이 바로 목적어를 취한다. 자동사 (C) inquire(문의하다)는 주로 전치사 about과 결합하여 목적어를 취한다.

3 (B)

번역 | 지난 15년 동안 타텔라 사는 지속적으로 전국 상위 10개의 완구 제조업체 안에 들었다.

해설 | 빈칸에는 부사 consistently의 수식을 받으면서 앞의 동사 has와 결합하여 완료를 나타낼 수 있는 과거분사가 필요하므로 (B) ranked가 정답이다.

어휘 | consistently 지속적으로 leading 선두의, 일류의 manufacturer 제조자, 제조업체 rank 위치하다, 순위를 차지하다

4 (B)

번역 | 만약 20명이 넘는 집단이라면, 더 큰 테이블을 준비할 수 있도록 연회 진행자에게 통지해야 한다.

해설 | 빈칸 뒤의 목적어 the catering coordinator와 결합하여 '연회 진행자에게 통지하다'라는 의미를 나타내므로 타동사 (B) notify가 정답이다. 나머지 (A) display, (C) publish, (D) reveal은 모두 의미상 부적절하다.

어휘 | catering coordinator (음식이 준비된 행사의) 연회 진행자 arrange 준비하다 display 전시하다 notify 통지하다 publish 출판하다 reveal 드러내다

5 (A)

번역 | 조경가들은 앤스턴 아파트의 새 정원에 대한 설계안을 제출해 주십시오.

해설 | 빈칸 뒤의 목적어 designs와 결합하여 '설계안을 제출하다'라는 의미를 나타내므로 타동사 (A) submit이 정답이다. 자동사 (B) agree는 전치사 about 또는 on 없이 바로 목적어를 취할 수 없다.

어휘 | landscape architect 조경가 be invited to ~하도록 요청받다 submit 제출하다 agree 동의하다

6 (D)

번역 | 글라이드라인 테크놀로지스는 기록을 보관하고 손상된 데이터를 복구하는 것을 전문으로 한다.

해설 | 빈칸은 뒤에 전치사 in과 결합하여 archiving records and retrieving lost data를 목적어로 취할 수 있는 자동사 자리이므로 자동사 (D) specializes가 정답이다. 자동사 (A) consists는 전치사 in과 결합하여 '~에 있다'의 의미로, 전치사 of와 결합하여 '~로 구성되다'의 의미로 쓰일 수 있지만 의미상 적합하지 않다.

어휘 | archive 기록을 보관하다 retrieve 복구하다 specialize 전문으로 하다

7 (B)

번역 | 타인사이드 레크리에이션부는 이달 말까지 새 프로그램에 대한 제안을 받아들일 예정이다.

해설 | 빈칸은 문장의 동사 자리이고 미래를 나타내는 until the end of this month가 있으므로 미래 시제인 (B) will be accepting이 정답이다.

어휘 | accept 받아들이다

8 (B)

번역 | 케이요먼 식당은 도심에서 해안 마을들에 이르기까지 아주 다양한 지역에서 볼 수 있다.

해설 | 빈칸은 be동사 다음에 나오므로 분사가 들어갈 수 있는데, 식당들이 '발견된다'는 수동적 의미를 나타내고 있으므로 과거분사 (B) found가 정답이다. 현재분사 (A) finding은 '발견하는 중이다'라는 능동태 진행형을 나타낸다.

어휘 | urban 도시의 coastal 해안의

9 (D)

번역 | 최상의 결과를 얻으려면 반드시 접착제가 나무 표면에 들러붙도록 20분간 건조하세요.

해설 | 빈칸은 뒤의 전치사 to와 결합하여 the surface of the wood를 목적어로 취할 수 있는 자동사 자리이므로 자동사 (D) adheres가 정답이다. 타동사 (A) utilizes와 (B) polishes는 전치사 없이 바로 목적어를 취한다. 자동사 (C) complies는 주로 전치사 with와 결합하여 목적어를 취한다.

어휘 | glue 접착제 ensure 확실하게 하다 surface 표면 utilize 활용하다 polish 닦다 comply 따르다 adhere 들러붙다

10 (A)

번역 | 재무 이사와 인사부 이사는 예산 인상에 대한 질문에 아주 다르게 반응했다.

해설 | 빈칸은 부사 quite의 수식을 받으면서 자동사 responded를 수식하는 부사 자리이므로 부사 (A) differently가 정답이다. respond는 자동사이므로 전치사 to와 함께 쓰여 '~에 반응하다'라는 의미를 나타낸다는 것도 알아두자.

어휘 | respond to ~에 반응하다 budget 예산

[11-14] 회람

> 수신: 모든 공장 직원
> 발신: 자크 피노, 운영 관리자
> 날짜: 11월 7일
> 제목: 밀봉 장비 문제
>
> 어제 감자칩 포장을 밀봉하기 위해 사용하는 장비의 **11**온도 조절 스위치가 제대로 작동하지 않는 것이 발견되었습니다.
>
> 밀봉기는 제어 스위치 설정에 표시된 것보다 사실은 더 차갑습니다. **12**다행히 밀봉기 기계장치 자체는 가동되는 듯합니다.
>
> 기술자가 오늘 오후에 스위치를 살피기 위해 나올 예정입니다. 그 동안 배송부에 보내기 전에 각 포장지를 주의 깊게 **13**점검하세요. 밀봉 결함이 발견되면 라인에서 제품을 치우고 폐기통 중 **14**하나에 넣으세요.

어휘 | sealing 밀봉 equipment 장비 knob 스위치 properly 제대로 actually 실제로 technician 기술자 be scheduled to ~할 예정이다 in the meantime 그동안 shipping 배송 faulty 결함이 있는 remove 치우다 discard bin 폐기통

11 (B)

해설 | 빈칸 뒤의 문장 The sealer is actually cooler than the control knob setting indicates.에서 더 차가운 밀봉기를 언급하고 있다. 따라서 온도 조절 스위치에 대한 내용이 문맥상 자연스러우므로 (B) temperature(온도)가 정답이다. 나머지 (A) speed(속도), (C) timing(시기), (D) pressure(압력)는 모두 의미상 적합하지 않다.

12 (C)

번역 | (A) 이런 식으로 돌리는 것은 권장되지 않습니다.
(B) 사용자 설명서에는 소음을 해석하는 방법이 설명되어 있습니다.
(C) 다행히 밀봉기 기계장치 자체는 가동되는 듯합니다.
(D) 따라서 일단 조립 라인 전체가 폐쇄되었습니다.

해설 | 빈칸 앞 문장 The sealer is actually cooler than the control knob setting indicates.에서 밀봉기가 더 차갑다고 언급하고 있다. 따라서 빈칸에는 이 밀봉기의 상태나 작동과 관련된 내용을 제시하는 것이 글의 흐름상 자연스러우므로 (C)가 정답이다.

어휘 | recommend 권장하다 user manual 사용자 설명서 interpret 해석하다 mechanism 기계 장치 appear ~으로 보이다 functional 가동되는 assembly line 조립 라인

13 (B)

해설 | 빈칸은 주어 없이 please로 시작하는 명령문의 동사원형 자리이므로 동사원형 (B) inspect가 정답이다.

어휘 | inspect 점검하다

14 (A)

해설 | 빈칸 앞 절 If a faulty seal is found, remove the product from the line에서 결함이 발견되면 제품을 치우라고 했다. 따라서 빈칸은 '폐기통 중 하나에 버려라'라는 의미가 되어야 하므로 (A) one이 정답이다.

Unit 07 수 일치

① 수 일치의 개념과 동사의 형태

● 실전 도움닫기

본책 p.173

1 (A)　**2** (B)　**3** (B)　**4** (B)　**5** (A)　**6** (C)
7 (B)　**8** (B)

1 (A)

번역 | 도서관의 이메일 시스템은 이용자들에게 새로운 운영 시간을 공지했다.

해설 | 빈칸은 문장의 동사 자리이고 주어가 3인칭 단수 The library's e-mail system이므로 단수동사 (A) has가 정답이다. 여기서 has는 과거분사 notified와 결합하여 완료형을 나타낸다.

2 (B)

번역 | 우리 연구 결과가 <브레이크스루> 7월호에 실렸다.

해설 | 빈칸은 be동사의 복수형인 were의 주어 자리이므로 복수명사 (B) results가 정답이다.

3 (B)

번역 | 그 제조사는 최신 카메라 모델들의 품질 보증을 12개월까지 연장했다.

해설 | 빈칸은 문장의 동사 자리이고 주어가 3인칭 단수 The manufacturer이므로 단수동사 (B) has extended가 정답이다.

4 (B)

번역 | 2/4분기 수익은 우리의 기대치를 훨씬 웃돌았다.

해설 | 빈칸은 be동사의 복수형인 were의 주어 자리이므로 복수명사 (B) earnings가 정답이다.

5 (A)

번역 | 행사 기획자들은 올해 예술제에 참가하는 판매 업체의 수가 증가할 것으로 기대한다.

해설 | 빈칸은 문장의 동사 자리이고 주어가 3인칭 복수 Event organizers이므로 복수동사 (A) anticipate이 정답이다.

6 (C)

번역 | 선 씨는 다가오는 이사진 회의에서 8월 수익을 부각시킬 계획이다.

해설 | 빈칸은 문장의 동사 자리이고 주어가 3인칭 단수 Ms. Seon 이므로 단수동사 (C) plans가 정답이다.

7 (B)

번역 | 올해 우리의 가장 중요한 목표는 경비를 줄이고 돈을 절약하는 것이다.

해설 | 빈칸은 문장의 동사 자리이고 주어가 3인칭 단수 Our most important goal이므로 단수동사 (B) is가 정답이다.

8 (B)

번역 | 쥬비리 신발회사는 공장 실험을 통해서 자사의 운동화 디자인을 개선할 수 있었다.

해설 | 빈칸 뒤에 복수동사 have helped가 왔으므로 빈칸은 복수 주어가 되는 (B) tests가 정답이다.

② 주의해야 할 수 일치

● 실전 도움닫기

본책 p.175

1 (B)　**2** (A)　**3** (B)　**4** (B)　**5** (B)　**6** (A)
7 (D)　**8** (C)

1 (B)

번역 | 테데시 슈즈는 브링클리 대학교 학생들에게 할인을 제공한다.

해설 | 빈칸은 문장의 동사 자리이고 주어가 3인칭 단수 Tedeschi Shoes이므로 단수동사 (B) offers가 정답이다. 대문자로 쓰여진 회사명은 복수 형태라도 단수 취급하므로 주의해야 한다.

2 (A)

번역 | 스마트폰 이용자들의 수가 올해 30퍼센트까지 증가할 것으로 예상된다.

해설 | 빈칸은 문장의 동사 자리이고 주어가 전치사구 of smartphone users의 수식을 받는 3인칭 단수 The number 이므로 단수동사 (A) is가 정답이다.

3 (B)

번역 | 동료들과 디자인 아이디어를 공유하면 그들로부터 피드백을 받을 수 있다.

해설 | 빈칸은 문장의 동사 자리이고 주어가 단수 취급하는 동명사구 Sharing design ideas with co-workers(동료들과 디자인 아이디어를 공유하는 것)이므로 단수동사 (B) enables가 정답이다. 명사 역할을 하는 동명사와 형용사 역할을 하는 현재분사는 형태가 같으므로 주의해야 한다.

4 (B)

번역 | 목요일 저녁에 열리는 재즈 콘서트의 할인 티켓은 클라인 씨 사무실에서 구입할 수 있다.

해설 | 빈칸은 be동사의 복수형인 are의 주어 자리이므로 복수명사 (B) tickets가 정답이다. for Thursday evening's jazz concert는 주어를 수식하는 전치사구이다. discount ticket(할인 티켓)과 같은 복합명사는 뒤에 나오는 명사가 수를 결정한다.

5 (B)

번역 | 그린필드 프로젝트에 연관된 모든 사람은 사택에 거주한다.

해설 | 빈칸은 문장의 동사 자리이고 주어가 3인칭 단수 Everyone이므로 단수동사 (B) resides가 정답이다. 빈칸 앞의 involved는 주어 Everyone을 수식하는 과거분사이다. 동사의 과거형과 과거분사형은 형태가 같은 것이 많으므로 주의해야 한다.

RC

PART 5&6

129

6 (A)

번역 | 조지아 버네의 최근 CD에 수록된 노래들 대부분이 10대들에게 크게 인기를 얻고 있다.

해설 | Most가 주어 자리에 나올 때, <Most of the + 복수명사>는 복수동사로, <Most of the + 셀 수 없는 명사>는 단수동사로 받는다. 여기서는 복수명사 the songs가 왔으므로 (A) are가 정답이다. (D) have 역시 복수형이지만 타동사이므로 주어를 보충 설명할 때 쓰이는 형용사 popular와 어울리지 않는다.

7 (D)

번역 | 시의 엄격한 규정에도 불구하고 많은 차량들이 매일 밤 불법 주차되어 있다.

해설 | 빈칸은 문장의 동사 자리이고 주어가 한정사 A number of(많은) 뒤의 복수명사 vehicles이므로 복수동사 (D) are가 정답이다. 빈칸 뒤의 parked는 be동사와 결합해 '차량이 주차되어 있다'는 수동적 의미를 나타내는 과거분사이다.

8 (C)

번역 | 그 컨설턴트가 제공한 제안 사항들은 직원 생산성을 높일 것으로 추측된다.

해설 | 빈칸은 과거분사구 provided by the consultant의 수식을 받는 주어 자리이다. 동사 are가 복수형이므로 복수명사 (C) suggestions가 정답이다.

● ETS 실전문제
본책 p.176

1 (A)	**2** (A)	**3** (A)	**4** (D)	**5** (A)	**6** (A)
7 (B)	**8** (A)	**9** (B)	**10** (D)	**11** (B)	**12** (A)
13 (C)	**14** (D)				

---

1 (A)

번역 | 그뤼빌행 열차는 월요일부터 금요일까지 아침 9시에 출발한다.

해설 | 빈칸은 문장의 동사 자리이고 주어가 전치사구 for Gruyville의 수식을 받는 3인칭 복수명사인 Trains이므로 복수동사 (A) depart가 정답이다. 나머지 (B) is departed, (C) departs, (D) is departing은 모두 단수동사이다.

어휘 | depart 출발하다

2 (A)

번역 | 로이스 유리 사의 무료 설치 제공은 5월 1일부터 8월 31일까지다.

해설 | 빈칸은 문장의 동사 자리이고 주어가 3인칭 단수 Royce Glass Company's free installation offer이므로 단수동사 (A) extends가 정답이다.

어휘 | installation 설치 extend 미치다

3 (A)

번역 | 직무 관련 강좌 중 하나를 등록해야 하는 마감일은 2월 10일이다.

해설 | 빈칸은 문장의 동사 자리이고 주어가 3인칭 단수 The

deadline이므로 단수동사 (A) is가 정답이다. The deadline을 수식하는 to부정사구는 수 일치에 영향을 미치지 않는다.

어휘 | deadline 마감일, 마감기한 sign up for ~에 등록하다 job-related 직무와 관련된

4 (D)

번역 | 이 보고서의 세부 사항은 지난 업무 회의의 토론 결과이다.

해설 | 빈칸은 문장의 동사 자리이고 주어가 전치사구 of this report의 수식을 받는 3인칭 복수 The details이므로 복수동사 (D) are가 정답이다.

어휘 | detail 세부 사항 result 결과

5 (A)

번역 | 사무 단지는 보행자 쇼핑 구역 주변에 건설될 것이다.

해설 | 빈칸은 주어인 The office complex 뒤의 동사 자리이다. 빈칸 뒤에 목적어가 없는 것으로 보아 수동태이면서 흐름상 사무 단지는 보행자 쇼핑 구역 주변에 건설될 것이다라는 미래의 의미를 나타내는 것이 적절하므로 미래동사 (A) will be built가 정답이다.

어휘 | outskirts 주변, 근교 pedestrian 보행자

6 (A)

번역 | 맥닐 프로젝트의 일정표가 1층 회의실 벽에 걸려 있다.

해설 | 빈칸은 동사 is hanging의 주어 자리이자 for the MacNeill project의 수식을 받는 명사 자리이므로 명사 (A) schedule이 정답이다. 명사 (D) scheduler(일정 관리 프로그램)는 의미상 적합하지 않다.

어휘 | hang 걸리다, 매달리다 schedule 일정(표); 일정[시간 계획]을 잡다

7 (B)

번역 | 이번 주에 한해, 200달러 이상 주문하시면 주문품을 무료로 익일 배송해 드립니다.

해설 | 빈칸은 명령문 뒤에 and로 이어지는 절에서 동사 자리이고 주어가 3인칭 단수 your order이므로 단수동사 (B) qualifies가 정답이다. qualify는 자동사로 쓰일 때 주로 전치사 for와 결합하여 쓰인다.

어휘 | order 주문(품); 주문하다 overnight shipping 익일 배송 qualify for ~의 자격을 얻다, ~ 대상으로 적합하다

8 (A)

번역 | 파일 보관함에 있는 서류들은 알파벳순으로 정리되어야 한다.

해설 | 빈칸은 문장의 동사 자리이고 주어가 전치사구 in the filing cabinet의 수식을 받는 3인칭 복수 The documents이므로 복수동사 (A) need가 정답이다.

어휘 | filing cabinet 파일 보관함 alphabetically 알파벳순으로

9 (B)

번역 | 최근 통과된 세법은 그 지방의 가족 소유 업체들 대부분에게 혜택을 주었다.

해설 | 빈칸은 문장의 동사 자리이고 주어가 3인칭 복수 Tax laws

이므로 복수동사 (B) have benefited가 정답이다. 빈칸 앞의 passed recently는 주어 Tax laws를 수식하는 과거분사구이다.

어휘 | tax law 세법 pass 통과시키다 majority 대부분 family-owned 가족 소유의 province 지방 benefit 혜택을 주다

10 (D)

번역 | 작가 미치코 히로타가 한 연설은 에르간 사 직원들의 호평을 받았다.

해설 | 빈칸은 과거분사구 given by author Michiko Hirota의 수식을 받는 문장의 주어 자리이다. 동사 was가 단수형이므로 단수명사 (D) address가 정답이다.

어휘 | be received well by ~의 호평을 받다 addressable 다룰 수 있는 address 연설, 주소

[11-14] 편지

데보라 수 의원
포레스트 플레이스 451번지, 1층
헉스턴, 로드아일랜드 02310

수 의원님께,

제 지역 주민들을 대표해서 시내에 더 많은 자전거 도로를 요청하기 위해 편지를 씁니다. 주거 지역 근처에 새로운 비즈니스 시설들이 생겨나면서 통근 거리가 **11줄어들었습니다**. 홀리힐 가에 자전거 점포가 문을 열었다는 점이 자전거 사용량의 증가를 입증해 줍니다. 사실 올해 초에는 <헉스턴 데일리>지의 한 기사에 **12이것이** 실리기도 했습니다.

9월 6일 의회에서 티스데일 가와 포트 대로에 자전거 도로 개발 계획을 승인한 것으로 알고 있습니다. 저는 이러한 **13조치들을** 전적으로 지지합니다. **14사실 더 많은 자전거 도로가 만들어져야 한다고 생각합니다**. 자전거 도로를 추가해서 도로의 안전과 효율성을 높여 주시기 바랍니다.

감사합니다.

가브리엘 리차드 드림

어휘 | council 의회 on behalf of ~을 대표[대신]해 fellow 동료 community member 지역 주민 bicycle lane 자전거 도로 development 개발 residential area 주거 지역 distance 거리 commute 통근하다 attest to ~을 입증하다 usage 사용(량) make note of ~을 기록하다 article 기사 approve 승인하다 fully 전적으로 efficiency 효율성 add 추가하다

11 (B)

해설 | 빈칸은 문장의 동사 자리이고 주어가 전치사구 of new business facilities near residential areas의 수식을 받는 3인칭 단수 The development이므로 단수동사 (B) has shortened가 정답이다. (C) shortening과 (D) to shorten은 문장의 동사 자리에 나올 수 없다.

어휘 | shorten 줄이다

12 (A)

해설 | 빈칸은 전치사 of의 목적어 자리이자 앞 문장 The opening of a bicycle shop on Holleyhill Avenue attests to the

increase in bicycle usage. 전체를 받을 수 있는 대명사 자리이므로 (A) this가 정답이다. 앞에 나온 내용 전체를 가리킬 때 지시대명사 this나 that을 쓴다.

13 (C)

해설 | 빈칸 앞 문장의 the council approved plans on September 6 for bicycle lane development on Teasdale Street and Port Avenue에서 위원회가 자전거 도로 개발 계획들을 승인했다고 언급하고 있다. 따라서 빈칸에는 이러한 위원회의 조치들을 전적으로 지지한다는 내용이 이어져야 자연스러우므로 (C) measures(조치)가 정답이다. 나머지 (A) companies(회사들), (B) groups(단체들), (D) factories(공장들)는 모두 의미상 부적합하다.

14 (D)

번역 | (A) 사실 더 많은 자전거 안전 교육이 제공되어야 합니다.
(B) 또한 새로운 자전거 가게들이 문을 열었습니다.
(C) 다시 말씀드리면, 자전거 타기는 좋은 운동입니다.
(D) 사실 더 많은 자전거 도로가 만들어져야 한다고 생각합니다.

해설 | 빈칸 앞 문장 I fully support these measures.에서 이러한 조치들 즉 위원회의 자전거 도로 개발 계획을 지지한다고 언급하고 있다. 따라서 빈칸에는 더 많은 자전거 도로가 만들어져야 한다는 의견을 제시하는 것이 글의 흐름상 자연스러우므로 (D)가 정답이다.

어휘 | in other words 즉, 다시 말해서 follow 뒤따르다

Unit 08 시제

① 현재 / 과거 / 미래 시제

● 실전 도움닫기
본책 p.179

1 (B) **2** (A) **3** (A) **4** (A) **5** (D) **6** (C)
7 (A) **8** (A)

1 (B)

번역 | 강 씨는 25년 전에 한국의 부산에서 인쇄 사업을 시작했다.

해설 | 빈칸은 문장의 동사 자리이고 과거를 나타내는 25 years ago가 있으므로 과거 동사 (B) started가 정답이다.

2 (A)

번역 | 젤라코 소프트웨어 사는 정보기술 전문가들을 수시로 고용한다.

해설 | 빈칸은 문장의 동사 자리이고 반복을 나타내는 부사 frequently(빈번하게, 자주)가 동사를 수식하고 있으므로 현재 시제 (A) hires가 정답이다. (B) hiring은 문장의 동사 자리에 올 수 없다.

3 (A)

번역 | 회사 정찬 파티가 오는 토요일 로얄 호텔에서 열릴 예정이다.

해설 | 빈칸은 문장의 동사 자리이고 미래를 나타내는 this coming Saturday가 있으므로 미래 시제인 (A) will be가 정답이다.

4 (A)

번역 | 어젯밤 만찬에서 히로시 스즈키에게 상이 수여되었다.

해설 | 빈칸은 문장의 동사 자리이고 과거를 나타내는 at last night's dinner가 있으므로 과거 동사 (A) was presented가 정답이다.

5 (D)

번역 | 엘로리 가에 있는 사업체들은 인부들이 거리를 재포장할 수 있도록 어제 일찍 문을 닫았다.

해설 | 빈칸은 문장의 동사 자리이고 과거를 나타내는 early yesterday가 동사를 수식하고 있으므로 과거 동사 (D) closed가 정답이다.

6 (C)

번역 | 현 시스템에서는 사용자들이 비밀번호를 입력해 온라인 뱅킹 계좌에 접속하도록 허용한다.

해설 | 빈칸 앞에 current(현재의)가 있고 주어가 The current system으로 3인칭 단수이므로 단수동사인 (C) allows가 정답입니다.

7 (A)

번역 | 모든 엠버트 어플라이언스 제품들에 대한 새로운 주문 절차가 다음 달부터 시행될 것이다.

해설 | 빈칸은 문장의 동사 자리이고 미래를 나타내는 as of next month가 있으므로 미래 시제인 (A) will come이 정답이다.

8 (A)

번역 | 지난해 한스퍼드 자동차 회사 카탈로그에는 에어컨이 전 차종의 기본 사양으로 포함되었다.

해설 | 빈칸은 문장의 동사 자리이고 과거를 나타내는 Last year가 있으므로 과거 동사 (A) listed가 정답이다.

② 진행 시제

● 실전 **도움닫기**　　　　　　　본책 p. 181

1 (A)	2 (A)	3 (B)	4 (B)	5 (D)	6 (D)
7 (C)	8 (A)				

1 (A)

번역 | 초과 예약 때문에 텔코 버스의 일부 승객들은 지금 다섯 시간 넘게 기다리고 있다.

해설 | 빈칸은 문장의 동사 자리이다. 현재를 나타내는 now가 있으므로 waiting과 결합하여 현재진행 시제를 나타내는 be동사 (A) are가 정답이다.

2 (A)

번역 | 포항 시민들은 다음 주 이 시간에 새 시장을 선출하기 위해 투표하고 있을 것이다.

해설 | 빈칸은 조동사 will 뒤의 동사원형 자리이다. 미래를 나타내는 this time next week이 있으므로 조동사 will과 결합하여 미래진행

시제를 나타내는 (A) be voting이 정답이다.

3 (B)

번역 | 윤 씨는 목요일에 돌아왔을 때 시차로 고생하고 있었다.

해설 | 빈칸은 문장의 동사 자리이다. 부사절 when she returned on Thursday가 과거를 나타내므로 과거진행 시제인 (B) was suffering이 정답이다. 과거진행 시제는 과거 시점에 동작이 진행 중임을 강조하기 위해 쓴다.

4 (B)

번역 | 방문자들은 내일 아침 10시에 우리 생산 시설을 둘러볼 예정이다.

해설 | 빈칸은 문장의 동사 자리이다. 미래를 나타내는 at 10 A.M. tomorrow morning이 있으므로 touring과 결합하여 미래진행 시제를 나타내는 동사 (B) will be가 정답이다.

5 (D)

번역 | PX 카피타임에서 온 서비스 기술자는 지금 고장난 복사기를 수리하고 있다.

해설 | 빈칸은 문장의 동사 자리이다. at the moment(바로 지금)를 써서 지금 현재의 순간을 강조하고 있으므로 현재진행 시제인 (D) is repairing이 정답이다. 현재 시제인 (B) repairs는 주로 반복적인 동작을 나타낼 때 쓰인다.

6 (D)

번역 | 브류 음료 회사는 다음 주 식료품점에서 무료 시음을 제공할 것이다.

해설 | 빈칸은 문장의 동사 자리이고 미래를 나타내는 next week이 있으므로 미래 시제인 (D) will be providing이 정답이다.

7 (C)

번역 | 팩스톤 엔터프라이즈가 섬유 부문을 구조 조정했을 때 중간 관리자 몇 명이 해고되었다.

해설 | 빈칸은 접속사 When이 이끄는 부사절의 동사 자리이다. 동사의 주어가 3인칭 단수 Paxton Enterprises이고 주절의 동사가 were laid off로 과거를 나타내고 있으므로 과거진행 시제인 (C) was restructuring이 정답이다.

8 (A)

번역 | 모르느세 하드웨어는 다음 주 금요일에 선착순 50명의 고객들에게 무료 손전등을 제공할 예정이다.

해설 | 빈칸은 문장의 동사 자리이고 미래를 나타내는 next Friday가 있으므로 가까운 미래를 대신할 수 있는 현재진행 시제인 (A) is offering이 정답이다.

③ 완료 시제

● 실전 **도움닫기**　　　　　　　본책 p. 183

1 (B)	2 (A)	3 (A)	4 (A)	5 (B)	6 (B)
7 (B)	8 (B)				

1 (B)

번역 | 신임 CEO가 루파 인베스트먼츠에 합류한 이후로 근무 환경이 훨씬 좋아졌다.

해설 | 빈칸은 문장의 동사 자리이고 과거부터 현재까지의 기간을 나타내는 부사절 since the new CEO joined Loopa Investments가 있으므로 현재완료 시제인 (B) have improved가 정답이다.

2 (A)

번역 | 두 회사는 한 달 전에 합병 계획에 합의했다.

해설 | 빈칸은 문장의 동사 자리이고 과거를 나타내는 one month ago가 있으므로 과거동사 (A) reached가 정답이다. 명확한 과거 시점을 나타내는 부사는 현재완료 시제와 함께 쓸 수 없다.

3 (A)

번역 | 지난 세 분기 동안 이몰라 씨의 순수익률이 약간 상승했다.

해설 | 빈칸은 문장의 동사 자리이고 과거부터 현재까지의 기간을 나타내는 for the last three quarters가 있으므로 과거분사 risen과 결합하여 현재완료 시제를 나타내는 동사 (A) has가 정답이다. (B) was를 쓰면 수동태가 되는데, rise는 자동사이므로 수동태가 불가능하다.

4 (A)

번역 | 최근 타이거 짐 헬스클럽 여러 곳이 시내 중심지에 문을 열었다.

해설 | 빈칸은 문장의 동사 자리이고 과거나 현재완료 시제와 어울리는 부사 recently(최근에)가 동사를 수식하고 있으므로 현재완료 시제인 (A) have opened가 정답이다.

5 (B)

번역 | 지난 5년 동안 과거 어느 때보다 많은 대학생들이 인턴 프로그램에 참가했다.

해설 | 빈칸은 문장의 동사 자리이고 과거부터 현재까지의 기간을 나타내는 in the last five years가 있으므로 현재완료 시제인 (B) have participated가 정답이다.

6 (B)

번역 | 오전 10시 17분 기차는 아바키 씨 팀이 역에 도착하기 전에 이미 떠났다.

해설 | 빈칸은 문장의 동사 자리로 부사절 before Mr. Abaki's team arrived at the station이 나타내는 과거보다 더 전에 일어난 일을 나타내고 있으므로 left와 결합하여 과거완료 시제를 나타내는 동사 (B) had가 정답이다.

7 (B)

번역 | 우리는 지난주에 신문 광고를 낸 이래로 10건의 문의를 받았다.

해설 | 빈칸은 문장의 동사 자리이고 과거부터 현재까지의 기간을 나타내는 부사절 since the advertisement ran in last week's edition of the newspaper가 있으므로 현재완료 시제인 (B) have received가 정답이다.

8 (B)

번역 | 발스파 씨는 퇴직할 무렵까지 회사의 시장 점유율을 상당히 높일 수 있을 것이다.

해설 | 빈칸은 문장의 동사 자리이고, 부사절 By the time Ms. Valspar retires는 현재 시제를 쓰고 있지만 실제로 미래를 의미하여 미래의 특정 시점까지 완료되는 것을 나타낸다. 따라서 미래완료 시제인 (B) will have managed가 정답이다.

● **ETS 실전문제** 본책 p.184

1 (B)	**2** (A)	**3** (B)	**4** (A)	**5** (D)	**6** (B)
7 (C)	**8** (B)	**9** (C)	**10** (B)	**11** (D)	**12** (B)
13 (C)	**14** (A)				

1 (B)

번역 | 구매 관리자인 매기 윌리엄스는 현재 매주 말에 요청 받은 비품을 주문한다.

해설 | 빈칸은 문장의 동사 자리로 주어가 3인칭 단수 Maggie Williams이고 부사 currently(현재)와 반복을 나타내는 at the end of each week가 있으므로 현재 시제인 (B) orders가 정답이다.

어휘 | purchasing manager 구매 담당자 currently 현재 requested 요청 받은 supplies 비품, 보급품 order 주문하다

2 (A)

번역 | 다음 직원회의에서 요시히로 미우라는 개발 중인 가장 유망한 상품에 대해 논의할 것이다.

해설 | 빈칸은 문장의 동사 자리이고 미래를 나타내는 At the next staff meeting이 있으므로 미래 시제인 (A) will discuss가 정답이다. 준동사인 (C) discussing과 (D) to discuss는 동사 자리에 올 수 없다.

어휘 | promising 유망한 under development 개발 중인

3 (B)

번역 | 하튼 패션 크로니클에 따르면, 많은 디자이너들이 올해의 가을 신상품에 녹색과 갈색 직물들을 사용할 것이라고 한다.

해설 | 빈칸은 문장의 동사 자리로 미래를 나타내는 this year가 있으므로 미래 시제가 되어야 하는데, 보기에 미래 시제가 없다. 가까운 미래는 현재진행 시제로 대신할 수 있으므로 (B) are using이 정답이다.

어휘 | fabric 천, 직물 collection (의류) 신상품, 신작 발표회

4 (A)

번역 | 폴란스키 데이터 인터내셔널은 다음 주 리버풀에서 열리는 디지털 미디어 회의에 참석하는 모든 직원을 위해 교통편을 마련했다.

해설 | 빈칸은 문장의 동사 자리이고 교통편 마련을 완료했다는 의미를 나타내는 현재완료 시제인 (A) has arranged가 정답이다.

어휘 | transportation 교통(편) arrange 마련하다

5 (D)

번역 | 스즈키 박사는 기차가 20분 늦게 출발했는데도 불구하고 시상식에 제시간에 도착했다.

해설 | 빈칸은 접속사 even though가 이끄는 부사절의 동사 자리이다. 주절의 동사가 arrived로 과거를 나타내고 의미상 그 과거보다 더 전에 일어난 일을 나타내고 있으므로 과거완료 시제인 (D) had left가 정답이다.

어휘 | awards ceremony 시상식 on time 제시간에 even though 비록 ~한다 하더라도, ~에도 불구하고

6 (B)

번역 | 주택 보안장치에 관한 잡지 기사가 가판대에 나왔을 무렵, 그 가격 정보는 이미 낡은 정보였다.

해설 | 빈칸은 접속사 By the time이 이끄는 부사절의 동사 자리이고 주절의 동사가 was로 과거를 나타내고 있으므로 과거동사 (B) appeared가 정답이다.

어휘 | article 기사 security device 보안장치 newsstand 가판대, 신문 판매점 outdated 시대에 뒤진, 구식의

7 (C)

번역 | 스트랜튼의 부동산 중개업자들은 내년에 부동산 가치가 오를 것으로 전망한다.

해설 | 빈칸은 접속사 that이 이끄는 명사절의 동사 자리이다. 미래를 나타내는 in the coming year가 있으므로 미래 시제인 (C) will increase가 정답이다.

어휘 | real estate agent 부동산 중개업자 anticipate 전망하다 property 부동산 increasingly 점점 increase 오르다

8 (B)

번역 | 솔즈베리 네이처 클럽의 회계 담당자는 다음 회계분기의 예산을 검토하고 수정을 제안했다.

해설 | 빈칸은 문장의 동사 자리이다. 동사 두 개를 연결한 등위 접속사 and가 있으므로 빈칸의 동사도 suggested와 같은 형태여야 하므로 현재완료 시제인 (B) has examined가 정답이다. suggested 앞에 has가 생략되어 있다.

어휘 | treasurer 회계 담당자 revision 수정 budget 예산 financial quarter 회계분기 examine 검토하다

9 (C)

번역 | 라흐만 산업은 곧 헬싱키에 있는 제조 설비를 확장할 준비가 될 것이라고 발표했다.

해설 | 빈칸은 조동사 will과 동사 be prepared 사이에서 동사 be prepared를 수식하는 부사 자리로 '곧 준비될 것이다'라는 의미가 적절하므로 부사 (C) soon이 정답이다. 나머지 (A) once(언젠가), (B) recently(최근에), (D) newly(새로이)는 모두 의미상 부적절하다.

어휘 | disclose 발표하다 expand 확장하다 manufacturing facility 제조 설비

10 (B)

번역 | 매출 급감 때문에 미켈슨 의류는 현재의 광고 캠페인을 중단했고 대폭 수정할 예정이다.

해설 | 빈칸은 문장의 동사 자리이다. 등위접속사 and는 두 문장을 연결하고 있는데, 주어가 동일할 경우 and 뒤에 오는 문장에서는 주어를 생략할 수 있다. '현재의 광고 캠페인을 중단했고 수정할 예정이다'라는 의미가 자연스러우므로 미래 동사 (B) will be modifying이 정답이다.

어휘 | decrease 감소 suspend 중단하다 current 현재의 substantially 대폭 modify 수정하다

[11-14] 이메일

수신: kjackson@oldcornerjewelry.co.uk
발신: mgmt@haverstrawwatches.ch
제목: 주문 #445A2
날짜: 2월 1일

잭슨 씨께,

더 일찍 답신하지 못한 점 사과드리니 받아 주세요. 고객님의 주문에 무슨 일이 일어났는지 밝히려고 **11**애썼습니다. **12**안타깝게도, 배송업체에서 이틀이 지나 제 전화에 답했습니다. 배송 경로에 발생한 심한 눈보라 때문에 지연되었다는 소식을 들었습니다. 그 결과, 고객님의 시계 24개는 2월 10일까지 **13**배달될 예정입니다. **14**다시 한 번 지연에 대해 사과드립니다. 그럼에도 불구하고, 귀하의 고객들이 하버스트로 시계의 신뢰성과 정밀함을 높이 평가하리라 확신합니다. 거래해 주시고 인내해 주셔서 감사합니다.

줄리언 하버스트로

어휘 | apology 사과 determine 밝히다 shipper 배송업체 nevertheless 그럼에도 불구하고 appreciate 높이 평가하다 reliability 신뢰성 elegance 정확함 patience 인내

11 (D)

해설 | 빈칸 앞 문장 Please accept my apologies for not getting back to you sooner.에서 늦은 답신에 대해 사과하고 있다. 따라서 늦은 이유를 대면서 문제 발생시부터 지금까지 주문 상황을 파악해 왔다는 의미가 되어야 하므로 현재완료 진행 시제인 (D) have been trying이 정답이다.

12 (B)

해설 | 빈칸 뒤 it took the shipper two days to return my phone call에서 이틀이 지나서야 받은 연락을 언급하고 있으므로, 유감스러운 상황을 표현한 부사 (B) Unfortunately(안타깝게도)가 정답이다. 나머지 (A) Supposedly(아마), (C) In the meantime(그동안), (D) On the other hand(반면)는 모두 의미상 적합하지 않다.

13 (C)

해설 | 빈칸 앞 문장 I was informed that the delay was caused by a heavy snowstorm on the shipping route.에서 배송은 눈보라로 지연되었다고 알리고 있다. 따라서 빈칸에는 늦어진 배달 날짜를 언급하는 것이 자연스러우므로 (C) delivered가 정답이다. 나머지 (A) sold(판매된), (B) repaired(수리된), (D) manufactured(제조된)는 모두 의미상 적합하지 않다.

14 (A)

번역 | (A) 다시 한 번 지연에 대해 사과드립니다.
(B) 당사 웹페이지에는 모든 기능이 나열되어 있습니다.
(C) 해마다 이맘때면 눈보라가 흔히 발생합니다.
(D) 저희는 곧 본사를 이전할 예정입니다.

해설 | 빈칸 앞 문장에서 배달이 지연되었음을 알 수 있다. 따라서 빈칸 뒤에서 그럼에도 제품의 우수성에 만족할 것이라고 말하기 전에 지연에 대해 사과를 하는 것이 글의 흐름상 자연스러우므로 (A)가 정답이다.

어휘 | feature 기능 common 흔히 발생하는 relocate 이전하다 headquarters 본사

Unit 09 능동태와 수동태

① 수동태의 개념과 형태

● **실전 도움닫기** 본책 p.187

1 (A)	2 (B)	3 (B)	4 (B)	5 (D)	6 (A)
7 (D)	8 (A)				

1 (A)
번역 | 그 자리에 지원하는 사람들은 이달 말까지 지원서를 제출해야 한다.

해설 | 빈칸은 조동사 must 뒤의 동사원형 자리이고 주어 Candidates가 목적어 their applications를 제출하는 주체이므로 능동태인 (A) submit이 정답이다.

2 (B)
번역 | 디자인상 후보로 지명된 엔지니어 목록이 본 이메일에 첨부되어 있다.

해설 | 주어 A list가 첨부되는 대상이므로 수동태를 이루는 과거분사 (B) attached가 정답이다.

3 (B)
번역 | 요청 정보는 제공된 공간에 신중하게 기입되어야 한다.

해설 | 주어 The requested information이 작성되는 대상이므로 수동태를 이루는 과거분사 (B) written이 정답이다.

4 (B)
번역 | 세미나에는 외식산업에 관련된 전문가들이 참석할 것이다.

해설 | 수동태 문장에서 빈칸 뒤의 professionals가 동사 attend의 주체가 되므로 '~에 의해'라는 뜻으로 행위자를 나타내는 전치사 (B) by가 정답이다.

5 (D)
번역 | 항공사 파업으로 자벨라 씨는 로마 여행 계획을 연기해야 했다.

해설 | 빈칸은 문장의 동사 자리이고 주어 Mr. Jarvela가 목적어 his plans를 연기하는 주체이므로 능동태인 (D) had to postpone이

정답이다. 준동사인 (A) postponing과 (B) to postpone은 동사 자리에 올 수 없다.

6 (A)
번역 | 우리 회사의 품질 관리부는 소매업자들에게 발송되기 전에 모든 제품을 검사한다.

해설 | 접속사 before가 이끄는 부사절에서 주어 they(= all products)가 배송되는 대상이므로 수동태를 이루는 과거분사 (A) shipped가 정답이다.

7 (D)
번역 | 시의 열차 시스템에 대한 보고서는 지난 화요일 일반인들에게 공개되었다.

해설 | 주어 The report on the city's train system이 발표되는 대상이므로 수동태인 (D) was released가 정답이다.

8 (A)
번역 | 아일랜드 호퍼의 웹페이지에 업데이트된 취업기회 목록이 게시되어 있다.

해설 | 주어 An updated list of job opportunities가 게시되는 대상이므로 수동태인 (A) is posted가 정답이다.

② 능동태와 수동태 구별하기

● **실전 도움닫기** 본책 p.189

1 (B)	2 (A)	3 (B)	4 (B)	5 (B)	6 (A)
7 (B)	8 (D)				

1 (B)
번역 | 사내 지침서는 급여 및 상여금, 초과 근무 등의 주제를 다루고 있다.

해설 | 빈칸은 문장의 동사 자리인데, 뒤에 목적어 the topics가 나오므로 능동태 (B) covers가 정답이다.

2 (A)
번역 | 소형 보트를 위한 최고의 트레일러는 토우-웰 제조사에 의해 제조된다.

해설 | 빈칸은 문장의 동사 자리로, 뒤에 make의 목적어가 없이 전치사가 나오므로 수동태 (A) is made가 정답이다.

3 (B)
번역 | 더 나은 마케팅 전략들이 항상 개발될 수 있다.

해설 | 빈칸은 조동사 can 뒤의 동사원형 자리이고 뒤에 타동사 develop의 목적어가 없으므로 수동태 (B) be developed가 정답이다.

4 (B)
번역 | 디자이너들과 사진작가들 모두 가을 카탈로그에 만족해 한다.

해설 | 빈칸은 the fall catalog를 목적어로 취하면서 수동태 동사

are satisfied와 결합하여 '가을 카탈로그에 만족한다'라는 의미를 나타내는 전치사 (B) with가 정답이다. be satisfied with는 '~에 만족하다'라는 뜻이다.

5 (B)

번역 | 링 씨는 초청 연사들과 쇼 진행자에게 수정된 일정표를 나눠 주고 있다.

해설 | 빈칸 뒤에 목적어 a revised schedule이 있으므로 진행형 능동태를 이루는 현재분사 (B) distributing이 정답이다.

6 (A)

번역 | 팀원 대다수가 곧 있을 워크숍에 관심을 갖고 있다.

해설 | 빈칸은 the upcoming workshop을 목적어로 취하면서 수동태 동사 are interested와 결합하여 '다가오는 워크숍에 관심이 있다'는 의미를 나타내는 전치사 (A) in이 정답이다. be interested in은 '~에 관심이 있다'라는 뜻이다.

7 (B)

번역 | 모든 시계의 뒷면에는 모델 번호와 일련 번호가 둘 다 새겨져 있다.

해설 | 빈칸은 문장의 동사 자리이고 주어 Both the model number and the serial number가 새겨지는 대상이므로 수동태 (B) are engraved가 정답이다.

8 (D)

번역 | 자물쇠에 자주 발생하는 문제들은 간단한 수리나 조절로 해결할 수 있다.

해설 | 빈칸은 문장의 동사 자리이고 주어 Many problems가 해결되는 대상이므로 수동태 동사 (D) can be solved가 정답이다.

● ETS 실전문제
본책 p. 190

1 (D)	2 (D)	3 (B)	4 (A)	5 (B)	6 (B)
7 (C)	8 (A)	9 (D)	10 (A)	11 (C)	12 (D)
13 (B)	14 (A)				

1 (D)

번역 | 알세이저 출신의 변호사 데이브 민센트는 시의회에 복무하도록 선출되었다.

해설 | 주어 Dave Minsent, a lawyer from Alsager는 선출하는 주체가 아니라 선출되는 대상이므로 '알세이저 출신의 변호사 데이브 민센트는 선출되었다'라는 수동의 의미가 적절하다. 따라서 과거분사 (D) elected가 정답이다. 빈칸 뒤에 목적어가 없는 구조로도 수동태 문장임을 판단할 수 있다.

어휘 | serve 복무하다 council 의회 election 선거 electoral 선거의 elect 선출하다

2 (D)

번역 | 현재 실바우 디비전은 시 바로 외곽에 있는 새로운 현대적 시설에서 모든 종류의 철강 제품을 생산하고 있다.

해설 | 빈칸은 a full line of steel products를 목적어로 취하면서

'모든 종류의 철강 제품을 생산하고 있다'는 능동적 의미를 나타내는 현재분사 (D) manufacturing이 정답이다.

어휘 | facility 시설, 설비 manufacture 생산하다

3 (B)

번역 | 모든 승객은 버스가 이동하는 동안 자리에 앉아 있어야 한다.

해설 | 빈칸은 문장의 동사 자리로, 뒤에 타동사 require의 목적어가 없으므로 수동태 (B) are required가 정답이다.

어휘 | passenger 승객 be required to ~해야 한다

4 (A)

번역 | 재 권의 사진집은 산 경관을 가로지르는 빛의 미묘한 변화를 드러낸다.

해설 | 빈칸은 문장의 동사 자리이고 주어 Jae Kwon's collection이 3인칭 단수명사이자 목적어 the subtle changes of light를 드러내는 주체이므로 능동태 단수동사 (A) exposes가 정답이다.

어휘 | collection 모음집, 소장품 photograph 사진 subtle 미묘한 landscape 경치 expose 드러내다

5 (B)

번역 | 최근 개조한 실험실은 최첨단 연구 장비와 보안 카메라를 갖추고 있다.

해설 | 빈칸은 state-of-the-art research equipment and security cameras를 목적어로 취하면서 수동태 동사 is equipped와 결합하여 '최첨단 연구 장비와 보안 카메라를 갖추고 있다'라는 의미를 나타내는 전치사 (B) with가 정답이다. be equipped with는 '~를 갖추다' 라는 뜻이다.

어휘 | newly 최근 laboratory 실험실, 연구실 state-of-the-art 최첨단의 equipment 장비 security 보안

6 (B)

번역 | 트루 포토 프린터용 기술 설명서들은 A-랭귀지 사의 계약자들에 의해 스페인어로 번역되었다.

해설 | 빈칸은 문장의 동사 자리이고 주어 The technical manuals가 번역이 되는 대상이므로 수동태 (B) were translated가 정답이다.

어휘 | technical manual 기술 설명서 contractor 계약자, 도급업자 translate 번역하다

7 (C)

번역 | 그레이몬트 식료품점은 다양한 상품으로 교환할 수 있는 쿠폰을 발행한다.

해설 | 관계대명사 that이 이끄는 형용사절의 주어 coupons가 교환되는 대상이므로 수동태를 이루는 과거분사 (C) redeemed가 정답이다.

어휘 | issue 발행하다 a variety of 다양한 redeem (상품권 등을) 상품과 교환하다

8 (A)

번역 | 연봉 인상을 결정하는 데 사용되는 다양한 척도를 공적 기준 이라고 한다.

해설 | 빈칸은 문장의 동사 자리이고 뒤에 타동사 refer의 목적어가 없으므로 수동태 (A) are referred가 정답이다.

어휘 | measure 척도 determine 결정하다 annual 연간의 salary increase 급여 인상 merit 공적 criteria 기준 refer to as ~라고 부르다

9 (D)

번역 | 회사 지역 봉사 클럽의 겨울 안건은 이따가 오늘 오후에 배포될 것이다.

해설 | 빈칸은 문장의 동사 자리로, 주어 The winter agenda of the company's community service club이 유포되는 대상이고 미래를 나타내는 later this afternoon이 있으므로 수동태 미래동사 (D) will be circulated가 정답이다.

어휘 | agenda 안건 community 지역 circulate 배포하다

10 (A)

번역 | 휴가 신청은 적어도 2주 전에 미리 부서장에게 제출해야 한다.

해설 | 빈칸은 문장의 동사 자리로, 뒤에 submit의 목적어가 없이 전치사가 나오므로 수동태를 이루는 과거분사 (A) submitted가 정답이다.

어휘 | request 요청 leave of absence 휴가 supervisor 관리자 at least 적어도 in advance 미리 submit 제출하다

[11-14] 가이드라인

<오팔우드 트리뷴>은 독자 여러분의 편지를 환영합니다. 공간에 제약이 있어 저희가 받는 **11**모든 제출물을 인쇄할 수는 없습니다. 저희는 지역 관심사에 대해 새로운 시각을 제공하는 편지에 우선권을 부여하는데 특히, 이 문제가 최근 기사에서 **12**언급된 경우 우선권이 부여됩니다. 저희는 또한 200단어를 넘지 않는 편지를 선호합니다. **13**그보다 긴 제출물은 편집될 수 있습니다.

편지가 **14**선정되어 출판되면 편집자가 통지할 수 있도록 이름과 연락처 정보를 반드시 넣으세요.

어휘 | limited 제약이 있는 submission 제출(물) priority 우선권 perspective 시각 interest 관심 particularly 특히 recent 최근의 exceed 넘다 editor 편집자 notify 통지하다 publication 출판

11 (C)

해설 | 빈칸 앞 문장 Because space is limited에서 공간이 제한되어 있다는 이유를 대고 있다. 따라서 빈칸에는 모든 제출물을 인쇄할 수 없다는 내용이 자연스러우므로 (C) all이 정답이다. 나머지 (A) any(어느), (B) total(전체의), (D) original(원래의)은 모두 의미상 적합하지 않다.

12 (D)

해설 | 빈칸은 접속사 if가 이끄는 부사절에서 동사 자리이고 뒤에 목적어가 없으므로 수동태가 되어야 하므로 (D) was mentioned가 정답이다. (C) being mentioned는 동사 자리에 올 수 없다.

13 (B)

번역 | (A) 따라서 저희는 익명의 편지는 출판하지 않습니다.

(B) 그보다 긴 제출물은 편집될 수 있습니다.
(C) 저희 출판물에서는 그런 말을 사용하는 것이 허용되지 않습니다.
(D) 이보다 더 자주 저희에게 편지하지 마세요.

해설 | 빈칸 앞 문장 We also prefer letters that do not exceed 200 words.에서 200단어를 넘지 않는 편지를 선호한다고 언급하고 있다. 따라서 빈칸에는 200자를 초과하는 원고에 대한 대응을 나타내는 것이 글의 흐름상 자연스러우므로 (B)가 정답이다.

어휘 | therefore 따라서 anonymous 익명의 edit 편집하다 publication 출판(물) frequently 자주

14 (A)

해설 | Please be sure to include your name and contact information so the editors can notify you에서 편집자가 통지할 수 있도록 이름과 연락처 정보를 요구하고 있다. 따라서 '출판을 위해 선정된다면'이라는 의미가 되어야 하므로 (A) selected(선정된)가 정답이다. 나머지 (B) completed(완성된), (C) opened(열린), (D) continued(계속되는)는 모두 의미상 적합하지 않다.

Unit 10 to부정사와 동명사

① to부정사의 형태와 역할

● **실전 도움닫기** 　　　　　　　　　본책 p.193

1 (B)	**2** (B)	**3** (B)	**4** (A)	**5** (A)	**6** (D)
7 (D)	**8** (A)				

1 (B)

번역 | 관리팀은 예산의 제약 때문에 그 프로젝트를 취소하기로 결정했다.

해설 | 빈칸은 동사 decided의 목적어 자리로 the project를 목적어로 취하면서 명사 역할을 할 수 있는 to부정사 (B) to cancel이 정답이다. decide는 to부정사를 목적어로 취한다.

2 (B)

번역 | 컴퓨터 프로그래머로서 당신의 임무 중 하나는 우리 웹 사이트를 업데이트하는 것이다.

해설 | 빈칸은 be동사 is의 주어인 One of your tasks와 동일한 대상을 나타내는 주격 보어 자리로 our Web site를 목적어로 취하면서 명사 역할을 할 수 있는 to부정사 (B) to update가 정답이다.

3 (B)

번역 | 도슨 씨는 완료해야 할 임무가 너무 많아서 하루 휴가를 낼 수가 없다.

해설 | 빈칸은 명사구 so many assignments를 수식하는 수식어 자리로 동사원형 complete와 결합하여 형용사 역할을 할 수 있는 to부정사의 (B) to가 정답이다.

4 **(A)**

번역 | 훌륭한 가구를 만들기 위해, 테일러 씨는 상점에서 구할 수 없는 특별한 목재를 사용한다.

해설 | 빈칸은 fine furniture를 목적어로 취하면서 '~하기 위하여'라는 목적의 의미를 나타낼 수 있는 to부정사 (A) To build가 정답이다.

5 **(A)**

번역 | 보석 상자에 진열된 반지는 어떤 손가락에도 맞도록 치수를 바꿀 수 있다.

해설 | 빈칸 앞이 완전한 절이므로, 빈칸 이하는 수식어구가 된다. 동사원형 fit과 결합하여 부사 역할을 할 수 있는 (A) to가 정답이다. 참고로, <to부정사(~하기 위해서)>는 <in order + to부정사>나 <so as + to부정사>로 바꿔 쓸 수 있다.

6 **(D)**

번역 | 라라도어 병원 관계자들은 병원 자원봉사자들에게 감사하는 뜻에서 다과를 제공할 것이다.

해설 | 빈칸은 to부정사를 이루는 To 뒤의 동사원형 자리로 동사원형 (D) thank가 정답이다. to부정사의 to와 전치사 to는 형태가 같으므로 빈칸 앞의 to를 전치사로 오인하여 동명사를 고르지 않도록 주의해야 한다.

7 **(D)**

번역 | 이 기계는 제대로 작동하려면 정기적으로 서비스를 받아야 한다.

해설 | 빈칸은 In order to 뒤의 동사원형 자리로 동사원형 (D) function이 정답이다. <in order to + 동사원형(~하기 위해)>은 부사 역할을 한다.

8 **(A)**

번역 | 로봇은 여러 가지 일을 동시에 하는 것이 가능하다.

해설 | 빈칸은 be동사 is의 주어 자리로 문장의 진짜 주어인 for a robot to carry out several tasks at the same time을 대신하는 가주어 (A) It이 정답이다.

② 자주 출제되는 to부정사 표현

● 실전 도움닫기
본책 p.195

| **1** (A) | **2** (B) | **3** (A) | **4** (A) | **5** (B) | **6** (B) |
| **7** (C) | **8** (C) | | | | |

1 **(A)**

번역 | 애드리나 씨는 재무 보고서를 마치는 마감일을 연장하기를 바란다.

해설 | 빈칸은 to부정사를 이루는 to 뒤의 동사원형 자리로 동사원형 (A) extend가 정답이다. hope는 to부정사를 목적어로 취한다. to부정사의 to와 전치사 to는 형태가 같으므로 빈칸 앞의 to를 전치사로 오인하여 동명사를 고르지 않도록 주의해야 한다.

2 **(B)**

번역 | 선생님들은 신입생을 맞이하기 위해 월요일에 일찍 출근할 것으로 예상된다.

해설 | 빈칸은 be동사 are의 주어인 Teachers를 보충하는 주격 보어 자리이자 '선생님들은 일찍 출근할 것으로 예상된다'는 수동의 의미를 나타내고 있으므로 과거분사 (B) expected가 정답이다. expect는 능동태에서 주로 <expect + 목적어 + 목적격 보어(to부정사)>의 구조로 쓰이며, 수동태로 바꾸면 <be expected to부정사>의 구조가 된다.

3 **(A)**

번역 | 던칸 엔터프라이즈는 올해 마닐라에 첫 점포를 열 계획이다.

해설 | 빈칸은 동사 plans의 목적어 자리로 its first store를 목적어로 취하면서 명사와 같은 역할을 할 수 있는 to부정사 (A) to open이 정답이다. plan은 to부정사를 목적어로 취한다.

4 **(A)**

번역 | 우리는 관심사에 대한 구독자들의 편지를 독자들에게 보여줄 수 있게 되어 기쁩니다.

해설 | 빈칸은 과거분사 pleased를 수식하는 자리로 subscribers' letters를 목적어로 취하면서 부사 역할을 할 수 있는 to부정사 (A) to publish가 정답이다. be pleased to부정사는 '~하게 되어 기쁘다'의 의미이다.

5 **(B)**

번역 | 저희 TPG 파이낸셜 플래닝에서는 귀사에 사업상 도움을 드릴 기회를 갖게 되어 기쁩니다.

해설 | 빈칸은 명사 the opportunity를 수식하는 자리로 you를 목적어로 취하면서 형용사 역할을 할 수 있는 to부정사 (B) to assist가 정답이다.

6 **(B)**

번역 | 내셔널 은행 임원진은 컴퓨터 시스템 장애의 재발을 막는 데 필요한 조치를 취했다.

해설 | 빈칸은 명사구 the necessary steps를 수식하는 자리로 another computer system failure를 목적어로 취하면서 형용사 역할을 할 수 있는 to부정사 (B) to prevent가 정답이다.

7 **(C)**

번역 | 시 합창단은 신축 도서관 건물 개관식에서 공연할 예정이다.

해설 | 빈칸은 과거분사 scheduled를 수식하는 자리로 부사 역할을 할 수 있는 to부정사 (C) to perform이 정답이다. be scheduled to부정사는 '~할 예정이다'의 의미이다.

8 **(C)**

번역 | 리 앤 장 사 이사회는 컴퓨터 네트워크를 업그레이드할 때라고 결론 내렸다.

해설 | 빈칸은 명사 time을 수식하는 자리로 the computer network를 목적어로 취하면서 형용사 역할을 할 수 있는 to부정사 (C) to upgrade가 정답이다.

③ 동명사의 개념과 명사와의 차이점

● 실전 도움닫기
본책 p.197

1 (A)　**2** (B)　**3** (A)　**4** (A)　**5** (D)　**6** (B)
7 (D)　**8** (D)

1 (A)

번역 | 연체료를 지불하지 않으려면 기한일까지 도서를 반납해야 한다.

해설 | 빈칸은 avoid의 목적어 자리로 a late fee를 목적어로 취하면서 명사 역할을 할 수 있는 동명사 (A) paying이 정답이다. avoid는 동명사를 목적어로 취한다.

2 (B)

번역 | 청중에게 자신을 소개하는 것이 프레젠테이션의 첫 번째 단계이다.

해설 | 빈칸은 문장의 주어 자리로 yourself를 목적어로 취하면서 명사 역할을 할 수 있는 동명사 (B) Introducing이 정답이다.

3 (A)

번역 | 공항에 도착하는 대로 호텔 마로이스행 무료 셔틀 버스를 타세요.

해설 | 동명사 arriving을 목적어로 취하면서 '~하자마자'의 의미를 나타내는 전치사 (A) On이 정답이다.

4 (A)

번역 | 영양사들은 매일 균형 잡히고 건강에 좋은 아침 식사를 하라고 권한다.

해설 | 빈칸은 동사 recommend의 목적어 자리로 a well-balanced and healthy breakfast를 목적어로 취하면서 명사 역할을 할 수 있는 동명사 (A) eating이 정답이다. recommend는 동명사를 목적어로 취한다.

5 (D)

번역 | 직원들은 보관실에서 기밀 문서를 꺼내기 전에 기록부에 서명해야 한다.

해설 | before 뒤에 주어가 없으므로, 여기서 before는 전치사로 쓰이고 있음을 알 수 있다. 전치사 뒤에는 명사(removal)와 동명사(removing)가 올 수 있지만 뒤에 목적어 any confidential papers가 나오기 때문에 동명사 (D) removing이 정답이다.

6 (B)

번역 | 매가 일렉트로닉스 사는 지난해 1백만 달러가 넘는 돈을 신형 휴대전화를 개발하는 데 썼다.

해설 | 빈칸은 생략된 전치사 in의 목적어 자리로 new mobile phones를 목적어로 취하면서 명사 역할을 할 수 있는 동명사 (B) developing이 정답이다. spend는 <spend+시간[돈]+(in) 동명사(~하는 데 시간[돈]을 쓰다)>의 구조로 주로 쓰인다.

7 (D)

번역 | 고위 경영진은 회사 컴퓨터의 사적인 사용을 금지하는 조치를 고려해 왔다.

해설 | 빈칸은 동사 has considered의 목적어 자리로 a ban을 목적어로 취하면서 명사 역할을 할 수 있는 동명사 (D) instituting이 정답이다. consider는 동명사를 목적어로 취한다.

8 (D)

번역 | 플레이오 건설은 우리 회사가 모든 프로젝트에서 목표를 성취하도록 돕는 데 중대한 역할을 한다.

해설 | 빈칸에는 뒤에 온 동명사 helping을 목적어로 취할 수 있는 말이 들어가야 한다. '~하는 데 (중요한) 역할을 하다'는 play a (critical) role in -ing로 표현하므로, (D) in이 정답이다.

● ETS 실전문제
본책 p.198

1 (C)　**2** (B)　**3** (A)　**4** (C)　**5** (A)　**6** (A)
7 (A)　**8** (B)　**9** (C)　**10** (A)　**11** (B)　**12** (A)
13 (D)　**14** (B)

1 (C)

번역 | 비즈니스 컨설턴트는 협상이 시작되기 전에 합병안을 세밀하게 검토하라고 제안한다.

해설 | 빈칸은 동사 suggests의 목적어 자리로 the merger plan을 목적어로 취하면서 명사 역할을 할 수 있는 동명사 (C) reviewing이 정답이다. suggest는 동명사를 목적어로 취한다.

어휘 | merger 합병　negotiation 협상

2 (B)

번역 | 오디오 북을 추가로 구입하는 것은 도서관 장서들을 현대화하려는 도서관장 계획의 일환이다.

해설 | 빈칸은 be동사 is의 주어 자리로 additional audio books를 목적어로 취하면서 명사 역할을 할 수 있는 동명사 (B) Purchasing이 정답이다.

어휘 | head librarian 도서관장　modernize 현대화하다　collection 소장품

3 (A)

번역 | 히베이루 에이전시는 고객과 모든 의사소통을 명확하고 간결하게 하도록 노력한다.

해설 | 빈칸은 동사 strive의 목적어 자리로 all communication with our clients를 목적어로 취하면서 명사 역할을 할 수 있는 to부정사 (A) to make가 정답이다. strive는 to부정사를 목적어로 취한다.

어휘 | strive to ~하기 위해 노력하다　to the point 간결한

4 (C)

번역 | 퓨처 스타일즈 사의 모든 직원들은 새로운 디자이너들을 만나기를 기대하고 있다.

해설 | 빈칸은 전치사 to의 목적어 자리로 their new designers를 목적어로 취하면서 명사 역할을 할 수 있는 동명사 (C) meeting이 정답이다. to부정사의 to와 전치사 to는 형태가 같아 주의를 해야 하는데, 여기서 look forward(~을 기대하다)와 함께 쓰이는 to는

전치사이다.

5 (A)

번역 | 전체 영업팀은 실적 성과급 수령 자격을 갖추려면 연간 목표를 달성해야 한다.

해설 | 빈칸 앞이 완전한 절이므로, 빈칸 이하는 수식어구가 된다. 동사원형 qualify와 결합하여 부사 역할을 할 수 있는 (A) in order to가 정답이다. <in order+to부정사(~하기 위해서)>는 <so as+to 부정사>로 바꿔 쓸 수 있다. 부사절 접속사 (C) even if(~에도 불구하고)과 (D) so that(~하기 위해서) 다음에는 주어와 동사가 모두 있는 완전한 절이 나온다.

어휘 | entire 전체의, 전부의 qualify for ~에 자격이 있다 performance 성과, 수행, 공연

6 (A)

번역 | 출판사의 목표는 내년도까지 일일 판매 부수 8만 부를 넘기는 것이다.

해설 | 빈칸은 be동사 is의 주어인 The publisher's goal과 동일한 대상을 나타내는 주격 보어 자리로 the daily circulation figure를 목적어로 취하면서 명사 역할을 할 수 있는 to부정사 (A) to surpass가 정답이다. 동명사 (D) surpassing도 보어 역할을 할 수 있지만 goal과 같이 미래 지향적 주어의 보어로는 동명사가 아닌 to부정사를 쓴다는 것을 알아두자.

어휘 | publisher 출판사 circulation figure 판매 부수 surpass 능가하다

7 (A)

번역 | 정 씨는 마케팅 조사 결과를 검토하는 기회를 가진 후 사장에게 보고할 것이다.

해설 | 빈칸은 명사 chance를 수식하는 자리로 them을 목적어로 취하면서 형용사 역할을 할 수 있는 to부정사 (A) to review가 정답이다.

어휘 | result 결과 review 검토하다

8 (B)

번역 | 신용카드를 이용해 이번 컴퓨터 워크숍 비용을 지불하려면 린다 와그너에게 555-4236번으로 연락하세요.

해설 | 빈칸은 전치사 by의 목적어 자리로 your credit card를 목적어로 취하면서 명사 역할을 할 수 있는 동명사 (B) using이 정답이다. 전치사 by는 동명사와 결합하여 주로 '~함으로써'의 의미를 나타낸다.

어휘 | pay for ~의 비용을 지불하다

9 (C)

번역 | 기업들은 자격을 갖춘 직원들을 보유하려면 전문성을 개발할 기회를 제공하는 것이 중요하다.

해설 | 빈칸은 가주어 It의 진짜 주어 자리로 professional development opportunities를 목적어로 취하면서 명사 역할을 할 수 있는 to부정사 (C) to offer가 정답이다. 동명사 (A) offering도 명사 역할을 할 수 있지만 가주어 it으로 바꿔 쓰지 않는다.

어휘 | professional development 전문성 개발 in order to do ~하기 위해 retain 보유하다 qualified 자격이 있는 staff (집합적) 직원, 사원

10 (A)

번역 | 머콕스 화장품은 시장을 확대하여 고객 수 증가 면에서 1위를 유지하길 바란다.

해설 | 빈칸은 동사 hopes의 목적어 자리로 its number one ranking을 목적어로 취하면서 명사 역할을 할 수 있는 to부정사 (A) to defend가 정답이다. hope는 to부정사를 목적어로 취한다.

어휘 | ranking 순위 consumer 소비자 growth 성장 expand 확장하다 defend 방어하다, 지키다

[11-14] 정보문

> ### 로우즈 대서양 항공 수하물 방침
>
> 승객들은 각자 무료로 하나의 수하물만 가지고 탑승**11**할 수 있습니다. 기내 휴대용 수하물은 손잡이와 바퀴를 포함해 56cm x 45cm x 25cm의 크기를 넘지 않아야 합니다. 기내 휴대용 수하물은 23kg를 초과해서는 안 됩니다. 승객들은 도움을 받지 않고 가방을 머리 위 짐칸에 올릴 **12**수 있어야 합니다. 서비스 데스크에서 부친 가방에는 이러한 **13**규정이 적용되지 않습니다.
>
> 휴대용 컴퓨터 가방, 책가방, 핸드백 또한 기내로 가져갈 수 있습니다. **14**이런 것을 사용하지 않을 때는 좌석 밑에 보관하셔야 합니다.
>
> ----
>
> **어휘 |** hand baggage (휴대 가능) 수하물 without charge 무료로 carry-on item 기내 휴대용 수하물 exceed 초과하다 dimension 치수, 크기 weigh 무게가 ~이다 lift 들어 올리다 overhead storage bin 머리 위 짐칸 unaided 도움을 받지 않고 apply to ~에 적용되다 check in (짐을) 부치다 school backpack 책가방 on board 기내에

11 (B)

해설 | 빈칸은 문장의 동사 자리이다. 현재의 규정에 따라 주어 Each passenger는 허락을 받는 대상이므로 수동태 현재 시제 동사 (B) is allowed가 정답이다. 준동사인 (C) allowing은 동사로 쓸 수 없고 수동태 과거완료 시제 (D) had been allowed는 시제가 적합하지 않다.

12 (A)

해설 | 빈칸은 동사 should be의 주어 Passengers를 보충 설명하는 주격 보어 자리로 형용사 (A) able이 정답이다. 나머지 부사 (B) ably(능숙하게)와 명사 (D) ability(능력)는 품사 면에서 적합하지 않고, 형용사 (C) abled(강건한)는 의미상 적합하지 않다.

13 (D)

해설 | 빈칸 앞에서 기내용 수하물에 적용되는 몇몇 규정들에 대해서 언급하고 있다. 이어서 이러한 규정들이 부친 가방에는 적용되지 않는다는 내용이 자연스러우므로 빈칸은 (D) restrictions가 정답이다. 나머지 (A) transfers(이동), (B) suggestions(제안), (C) duties(의무)는 모두 의미상 부적절하다.

어휘 | restriction 규정, 제한사항

14 (B)

번역 | (A) 그것이 기내에 반입이 될지는 서비스 창구에서 문의해
주십시오.
(B) 이런 것을 사용하지 않을 때는 좌석 밑에 보관하셔야 합니다.
(C) 승무원의 일원이 되신 점에 감사드립니다.
(D) 그러므로 소정의 추가 비용으로 이용 가능할 것입니다.

해설 | 빈칸 앞 문장 A laptop computer bag, school
backpack, or handbag may also be brought on
board.에서 기내로 가져갈 수 있는 물건들을 언급하고 있다. 따라서
빈칸에는 이러한 물건들의 보관에 대해 언급하는 것이 글의 흐름상
자연스러우므로 (B)가 정답이다.

어휘 | inquire 문의하다 permit 허락하다 store 저장하다,
보관하다 available 이용 가능한, 시간이 있는 fee 요금, 비용

Unit 11 분사

① 분사의 형태와 역할

● 실전 도움닫기
본책 p.201

1 (B) **2** (A) **3** (B) **4** (A) **5** (B) **6** (D)
7 (D) **8** (D)

1 (B)
번역 | 그 국가의 감소하는 수출은 경제 전문가들 사이에서 큰 우려를
야기했다.

해설 | 빈칸은 소유격 The country's 뒤에서 명사 exports를
수식하는 자리로 형용사 역할을 할 수 있는 현재분사 (B)
decreasing이 정답이다.

2 (A)
번역 | 시의 건축 법규는 따르기에 무척 복잡해졌다.

해설 | 빈칸은 주어 The city's building codes를 보충하는 주격
보어 자리로, '복잡해졌다'라는 수동적 의미를 나타내면서 형용사
역할을 할 수 있는 과거분사 (A) complicated가 정답이다. 참고로
complicated는 '복잡한'이라는 의미의 형용사로 관용적으로
쓰인다.

3 (B)
번역 | 법률 소송에 연루된 사람은 누구나 변호사와 상담할 것을 권한다.

해설 | 빈칸은 주어 Any person을 수식하는 자리로 '관련된 사람'
이라는 수동적 의미를 나타내면서 형용사 역할을 할 수 있는
과거분사 (B) involved가 정답이다. 현재분사 (A) involving은
능동적 의미를 나타낸다. 동사의 과거형과 과거분사형은 형태가 같은
것이 많으므로 주의해야 한다.

4 (A)
번역 | 이 광고가 게재되기 전에 구입한 표에 대해서는 할인이 유효하지
않습니다.

해설 | 빈칸은 전치사 on의 목적어 tickets를 수식하는 자리로
'구매된 표'라는 수동적 의미를 나타내면서 형용사 역할을 할 수 있는
과거분사 (A) purchased가 정답이다.

5 (B)
번역 | 다음 주 시의원 선거의 유력 후보들이 TV에 출연할 것이다.

해설 | 빈칸은 정관사 the 뒤에서 명사 candidates를 수식하는
자리로 '유력한 후보자'라는 의미를 나타내면서 형용사 역할을 할
수 있는 과거분사 (B) distinguished가 정답이다. 현재분사 (C)
distinguishing(구별하고 있는)은 의미상 적합하지 않다. 참고로
distinguished는 '저명한, 두드러진'이라는 의미의 형용사로
관용적으로 쓰인다.

6 (D)
번역 | 귀하의 디지털 파일은 저희 온라인 서버에 안전하게 저장되어
있을 것입니다.

해설 | 빈칸은 주어 Your personal digital files를 보충 설명하는
주격 보어 자리로 '저장된'이라는 수동적 의미를 나타내면서 형용사
역할을 할 수 있는 과거분사 (D) stored가 정답이다. 동사의
과거형과 과거분사형은 형태가 같은 것이 많으므로 주의해야 한다.

7 (D)
번역 | 그 도서관에는 이 유명한 연구소의 역사를 기록한 방대한 자료가
있다.

해설 | 빈칸은 동사 contains의 목적어 many items를 수식하는
자리로 the history를 목적어로 취하면서 형용사 역할을 할 수 있는
현재분사 (D) documenting이 정답이다. 분사가 명사를 뒤에서
수식하는 경우 분사 뒤에 목적어가 있으면 현재분사를, 목적어가
없으면 과거분사를 주로 쓴다.

8 (D)
번역 | 바르가스 씨는 신입사원을 위한 환영 카드에 잊지 않고 손으로 쓴
메모를 포함시킨다.

해설 | 빈칸은 동명사 including의 목적어인 명사 notes를 수식하는
자리로 형용사 역할을 할 수 있는 과거분사 (D) handwritten이
정답이다.

② 현재분사 vs. 과거분사

● 실전 도움닫기
본책 p.203

1 (A) **2** (B) **3** (B) **4** (B) **5** (B) **6** (A)
7 (C) **8** (B)

1 (A)
번역 | 분실되거나 파손된 수하물을 신고하시려면, 넥스트레어 수하물
서비스 부스를 방문하세요.

해설 | 빈칸은 to부정사의 목적어인 baggage를 수식하는 자리로
'파손된 수하물'이라는 수동적 의미를 나타내면서 형용사 역할을 할
수 있는 과거분사 (A) damaged가 정답이다. 참고로 damaged는
'파손된'이라는 의미의 형용사로 관용적으로 쓰인다.

2 (B)

번역 | 정부는 소유주들이 세입자들에게 재활용 서비스를 제공하도록 요구하는 규정을 공표했다.

해설 | 빈칸은 동사 has published의 목적어 regulations를 수식하는 자리로 owners를 목적어로 취하면서 능동의 의미로 형용사 역할을 할 수 있는 현재분사 (B) requiring이 정답이다.

3 (B)

번역 | 3월에 시 오케스트라는 재능 있는 신입 멤버인 마리아 크루즈가 출연하는 흥미진진한 오페라를 선보일 예정이다.

해설 | 빈칸은 부정관사 an 뒤에서 명사 opera를 수식하는 자리이다. 감정을 유발하는 주체인 opera가 '흥미롭게 하는'이라는 능동적 의미를 나타내면서 형용사 역할을 할 수 있는 현재분사 (B) exciting이 정답이다. 감정을 유발하는 주체인 사물은 현재분사와, 감정을 느끼는 대상인 사람은 과거분사와 결합하여 주로 쓰인다.

4 (B)

번역 | 그 영업 직원은 고객들의 부정적인 의견에 실망했다.

해설 | 빈칸은 주어 The sales representative를 보충하는 주격 보어 자리이다. 감정을 느끼는 대상인 The sales representative가 '실망했다'는 수동적 의미를 나타내면서 형용사 역할을 할 수 있는 과거분사 (B) disappointed가 정답이다.

5 (B)

번역 | 이토 씨는 국제 거래를 관리한 경력이 있기 때문에 해외 지사를 담당할 것이다.

해설 | 빈칸은 전치사 Because of의 목적어 his experience를 수식하는 자리로 international accounts를 목적어로 취하면서 형용사 역할을 할 수 있는 현재분사 (B) supervising이 정답이다. 분사가 명사를 뒤에서 수식하는 경우 분사 뒤에 목적어가 있으면 현재분사를, 목적어가 없으면 과거분사를 주로 쓴다.

6 (A)

번역 | 나오파카 코브 리조트에는 매일 재미있는 활동들로 가득하다.

해설 | 빈칸은 전치사 with의 목적어 activities를 수식하는 자리이다. '재미있는 활동들'이라는 능동적 의미를 나타내면서 형용사 역할을 할 수 있는 현재분사 (A) amusing이 정답이다. 과거분사 (B) amused는 수동적 의미를 나타낸다.

7 (C)

번역 | 불필요한 수수료를 줄이기 위해 관광부에서 제시한 계획은 큰 호응을 얻었다.

해설 | 빈칸은 명사 The plan을 수식하는 자리로 '제시된 계획'이라는 수동적 의미를 나타내면서 형용사 역할을 할 수 있는 과거분사 (C) presented가 정답이다.

8 (B)

번역 | <월간 앨런 비즈니스> 다음 판에는 비즈니스 모델의 변화에 관한 기사가 특집으로 실릴 것이다.

해설 | 빈칸은 정관사 The 뒤에서 명사 edition을 수식하는 형용사 자리로 '다음 판'이라는 의미를 나타내는 형용사 (B) upcoming이 정답이다.

③ 분사구문

● **실전 도움닫기**　　　　　　　　본책 p.205

1 (B)　**2** (B)　**3** (A)　**4** (B)　**5** (A)　**6** (A)
7 (C)　**8** (C)

1 (B)

번역 | 그 호텔은 시 관광 명소 중 하나에 인접해 있어서 많은 관광객들을 유치하고 있다.

해설 | 분사구문의 의미상 주어 the hotel이 '위치되어 있다'는 수동적 의미를 나타내고 있으므로 과거분사 (B) Located가 정답이다. 빈칸 앞에는 '~ 때문에'라는 의미의 부사절 접속사가 생략되어 있다.

2 (B)

번역 | 케빈 씨는 계약서 초안을 살펴보다가 잘못된 부분을 몇 군데 발견했다.

해설 | 분사구문의 생략된 주어 Mr. Kelvin이 동사 review의 주체로서 능동적 의미를 나타내고 있으므로 현재분사 (B) Reviewing이 정답이다. 빈칸 앞에는 '~ 하는 동안'이라는 의미의 부사절 접속사가 생략되어 있다. 동사원형 (A)가 들어가면 콤마 앞이 명령문이 되는데, 이 경우 뒷문장과 이어지기 위해 접속사가 필요하다.

3 (A)

번역 | 모든 전기 장치의 코드를 뺀 후 그 시설 관리자는 퇴근했다.

해설 | 분사구문에서 생략된 주어는 주절의 주어와 같다. 주절의 주어 the facility manager가 동사 unplug의 주체로서 능동적 의미를 나타내고 있으므로 현재분사 (A) Unplugging이 정답이다. 빈칸 앞에는 '~ 후에'라는 의미의 부사절 접속사가 생략되어 있다.

4 (B)

번역 | 그 전시회장은 30년 전에 건설되었기 때문에 보수 공사가 필요하다.

해설 | 분사구문의 의미상 주어인 the exhibition hall이 '건설되었다'는 수동적 의미를 나타내고 있으므로 과거분사 (B) Constructed가 정답이다. 빈칸 앞에는 '~ 때문에'라는 의미의 부사절 접속사가 생략되어 있다.

5 (A)

번역 | 주요 업계 보고서를 인용하면서 임원진은 트럭 타이어 생산을 늘리기로 결정했다.

해설 | 콤마 앞부분은 접속사와 주어 없이 뒷문장과 이어지고 있으므로 분사구문이다. 빈칸 뒤에 목적어가 있으므로 현재분사 (A) Citing이 정답이다. 빈칸 앞에는 '~하면서'라는 의미의 부사절 접속사가 생략되어 있다.

6　(A)

번역 | 건강과 영양을 다루는 그 잡지는 쉬운 말로 쓰여져서 읽기 쉽다.

해설 | 분사구문의 형태는 뒤의 목적어 유무를 통해 결정할 수 있다. 빈칸 뒤에 목적어 없이 전치사구가 나오므로 과거분사 (A) Written이 정답이다. 빈칸 앞에는 '~ 때문에'라는 의미의 부사절 접속사가 생략되어 있다.

7　(C)

번역 | JK 일렉트로닉 사는 아시아 시장까지 확장해 국제 시장에서의 시장 점유율을 높였다.

해설 | 빈칸 이하는 연속 동작을 나타내는 분사구문이다. 분사구문의 생략된 주어 JK Electronics, Inc.가 its market share를 '증가시킨다'는 능동적 의미를 나타내고 있으므로 현재분사 (C) increasing이 정답이다.

8　(C)

번역 | ZJA 회의에 등록할 때는 회원 번호를 제공해야 한다.

해설 | 분사구문에서 주어만 생략된 경우다. 생략된 주어는 주절의 주어와 같다. 주절의 주어 you가 동사 register의 주체로서 능동적 의미를 나타내고 있으므로 현재분사 (C) registering이 정답이다. register는 주로 전치사 for와 함께 쓰인다.

● ETS 실전문제 본책 p.206

1 (C)	**2** (D)	**3** (B)	**4** (D)	**5** (B)	**6** (B)
7 (C)	**8** (D)	**9** (D)	**10** (C)	**11** (C)	**12** (A)
13 (B)	**14** (B)				

1　(C)

번역 | 피치파워 소프트웨어의 신입사원들은 채용 시 매우 빠듯한 2주간의 연수 코스에 참가해야 한다.

해설 | 빈칸은 동사 attend의 목적어 two-week training course를 수식하는 자리이다. '매우 빠듯한 2주간의 연수 코스'라는 능동적 의미를 나타내는 현재분사 (C) demanding이 정답이다.

어휘 | employee 사원　hire 채용하다　demand 요구하다 demanding 빠듯한, 요구 사항이 많은

2　(D)

번역 | 호텔 투숙객들이 룸 서비스를 주문하면 잊지 말고 예상 배달 시간을 알려 주세요.

해설 | 빈칸은 관사 the 뒤에서 명사 time을 수식하는 자리이다. '예상되는 배달 시간'이라는 수동적 의미를 나타내면서 형용사 역할을 할 수 있는 과거분사 (D) estimated가 정답이다. 현재분사 (B) estimating은 능동적 의미를 나타낸다.

어휘 | delivery 배달　estimate 예상하다

3　(B)

번역 | 광고팀은 늦게 시작했음에도 불구하고 놀라울 정도로 만회하여 예정보다 일주일 앞당겨 프로젝트를 끝냈다.

해설 | 빈칸은 부정관사 an 뒤에서 형용사처럼 명사 recovery를 수식하는 자리이다. 감정을 유발하는 주체인 recovery가 '놀라게 하는'이라는 능동적 의미를 가지므로 현재분사 (B) amazing이 정답이다. 감정을 유발하는 주체인 사물은 현재분사와, 감정을 느끼는 대상인 사람은 과거분사와 결합하여 주로 쓰인다.

어휘 | recovery 회복　ahead of schedule 일정보다 앞서

4　(D)

번역 | 최근의 졸업생들은 하넘 사가 좋은 승진 기회를 제공하기 때문에 그 회사에 지원한다.

해설 | 빈칸은 동사 offers의 목적어 opportunities를 수식하는 자리로, '좋은, 뛰어난'이라는 의미의 형용사 (D) outstanding이 정답이다. 참고로 outstanding은 '미결제된'이라는 의미로도 쓰인다.

어휘 | apply for ~에 지원하다　advancement 승진, 발전

5　(B)

번역 | 오토 테크 컴퓨터는 유지 보수 패키지와 함께 구입하면 3년간 보증된다.

해설 | 접속사 When 뒤에 주어가 없으므로 분사구문임을 알 수 있다. 분사구문의 생략된 주어 the Auto Tech Computer가 '구매되는' 대상이므로 과거분사 (B) purchased가 정답이다. 동사 (A) was purchasing, (C) is purchased, (D) purchases는 모두 앞에 주어가 있어야 한다.

어휘 | in combination with ~와 결합하여　maintenance 유지 보수　warranty 품질 보증

6　(B)

번역 | 지난밤 로레인에서는 폭풍우가 몰아치는 날씨로 정전이 발생해 일부 주민은 전기 없이 지내야 했다.

해설 | 빈칸 이하는 연속 동작을 나타내는 분사구문이다. 빈칸 뒤에 목적어 some residents가 있으므로 현재분사 (B) leaving이 정답이다. 동사 (A) will leave, (C) have left, (D) leaves는 빈칸 앞에 접속사가 필요하다.

어휘 | stormy 폭풍우가 몰아치는　power outage 정전　resident 거주자, 주민　electricity 전기

7　(C)

번역 | 구내식당이 수리를 위해 문을 닫는 동안, <오스턴 데일리 가젯> 직원들은 부지 밖으로 나가도록 점심시간을 연장 받을 수 있다.

해설 | 빈칸은 동사 take의 목적어인 lunch breaks를 수식하는 형용사 자리이다. '연장된 점심시간'이라는 의미를 나타내며 형용사 역할을 할 수 있는 과거분사 (C) extended가 정답이다.

어휘 | repair 수리　off-site 부지 밖으로　qualifying 제한하는 extended 연장된　secured 확보된

8　(B)

번역 | 베이징과 리스본에 있는 팀들은 긴밀히 협조해야 하므로, 이메일이 이 프로젝트를 위해 가장 선호되는 의사소통 수단이다.

해설 | 빈칸은 정관사 the 뒤에서 명사 method를 수식하는 자리로

'선호되는 수단'이라는 수동적 의미를 나타내면서 형용사와 같은 역할을 할 수 있는 과거분사 (B) preferred가 정답이다.

어휘 | closely 긴밀하게 method 방법, 방식 preferred 선호되는, 바람직한

9 (D)

번역 | 새 아야메 꽃집 자리로 제안된 장소 근처에 꽃 시장이 있어서 다른 장소를 물색하고 있다.

해설 | 빈칸은 정관사 the와 명사 site 사이에서 명사를 수식하는 형용사 자리이다. '제안된 장소'라는 수동의 의미를 나타내며 형용사 역할을 할 수 있는 과거분사 (D) proposed가 정답이다.

어휘 | exist 있다 location 장소 seek 물색하다 obliged 고마운 voluntary 자발적인 deliberate 의도적인 proposed 제안된

10 (C)

번역 | 큐랩 사에서 보람 있게 9년을 보낸 로젠 씨는 전무이사 직에서 사임하고 새로운 벤처사업을 추진할 예정이다.

해설 | 빈칸은 전치사 After의 목적어인 years를 수사 nine 뒤에서 수식하는 형용사 자리이다. '보람 있는 9년'이라는 의미를 나타내며 형용사 역할을 할 수 있는 현재분사 (C) rewarding이 정답이다.

어휘 | resign 사임하다 executive director 전무이사 pursue 추진하다 reward 보상하다 rewarding 보람 있는

[11-14] 이메일

발신: 데브레이 시 역사박물관(devrayupdates@d-museum.org 로 보냄)
수신: 전 회원

회원 여러분께,

데브레이 시 역사박물관은 새로운 '디지털 탐험관'을 공개하게 되어 자랑스럽습니다. 이것은 지역사회에 무료로 교육용 자원을 제공하기 위해 ¹¹제작된 양방향 온라인 박물관입니다. 이 사이트에 ¹²접속하시려면, 웹사이트 www.d-museum.org에 접속하시고 '탐험관 입장하기'를 클릭하시면 됩니다. 온라인 상의 박물관 갤러리를 열람하시려면 메뉴로 가서 '소장품 둘러보기'를 클릭하십시오. ¹³그러면 가상 박물관을 견람하실 수 있습니다. 전시품 아래에 있는 카메라 아이콘을 클릭하면 특정 전시품을 클로즈업으로 보실 수도 있습니다. 게다가 사이트의 '보관소' 항목으로 가면 지난 5년간 해왔던 특별 전시회 전체를 ¹⁴다시 보실 수 있습니다. 이 모든 기능을 마음껏 이용하시기 바랍니다!

어휘 | unveil 공개하다 interactive 상호작용의 resource 자원 particular 특정한 exhibit 전시품, 전시 exhibition 전시회 feature 특징, 기능

11 (C)

해설 | 빈칸은 앞의 명사 online museum을 수식하는 자리이다. '제작된 온라인 박물관'이라는 수동적 의미를 나타내면서 형용사 역할을 할 수 있는 과거분사 (C) created가 정답이다.

어휘 | creative 창의적인 create 만들다

12 (A)

해설 | 빈칸 앞 문장 The Devray City History Museum is

144

proud to unveil its new Digital Discovery Space, an interactive online museum에서 양방향 온라인 박물관을 공개한다고 했다. 따라서 빈칸에는 '그 온라인 사이트를 접속하기 위해서'라는 내용이 이어지는 것이 자연스러우므로 타동사 (A) access(접속하다)가 정답이다. 나머지 (B) close(닫다), (C) modify(수정하다), (D) rate(평가하다)는 모두 의미상 적합하지 않다.

13 (B)

번역 | (A) 회원들의 후원금으로 그 보수 공사의 자금을 댔습니다.
(B) 그러면 가상 박물관을 견람하실 수 있습니다.
(C) 모든 갤러리에서 사진 촬영은 금지되어 있습니다.
(D) 행사 입장권은 곧 매진될 것입니다.

해설 | 빈칸 앞 문장 To view the online museum's galleries, go to the menu and click "Explore our Collections."에서 온라인 박물관의 갤러리를 열람하는 방법을 언급하고 있다. 따라서 빈칸에는 '그러면 가상의 박물관을 견람할 수 있다'라 는 내용이 이어지는 것이 글의 흐름상 자연스러우므로 (B)가 정답이다.

어휘 | fund 자금을 대다 virtual 가상의 photography 사진 촬영 allow 허용하다

14 (B)

해설 | 빈칸 뒤의 all of our special exhibitions from the past five years와 결합하여 '지난 5년간 해왔던 특별 전시회 전체를 다시 방문할 수 있다(다시 볼 수 있다)'라는 의미를 나타내므로 타동사 (B) revisit이 정답이다. 나머지 (A) organize(조직하다), (C) plan(계획하다), (D) donate(기부하다)는 모두 의미상 적합하지 않다.

Unit 12   전치사와 접속사

① 전치사의 개념과 역할

● **실전 도움닫기**   본책 p. 209

1 (A)	2 (A)	3 (B)	4 (B)	5 (D)	6 (D)
7 (A)	8 (A)				

1 (A)

번역 | 자원봉사자들은 성공적인 모금 행사를 위해 열심히 일하고 있다.

해설 | 빈칸은 a successful fund-raising event를 목적어로 취하면서 '~을 위해'를 의미하는 전치사 (A) for가 정답이다.

2 (A)

번역 | 귀하의 신용카드 유효기한을 알려 주시기 바랍니다.

해설 | your credit card를 목적어로 취하면서 the expiration date를 수식하는 형용사 역할을 할 수 있는 전치사 (A) of가 정답이다.

3 (B)

번역 | 모로 카메라의 판매량이 지난 사분기에 3퍼센트 하락했다.

해설 | 빈칸은 the last quarter를 목적어로 취하면서 '~ 동안'을 의미하는 전치사 (B) during이 정답이다.

4 (B)

번역 | 모든 여행객은 적절한 여행 서류들을 구비할 책임이 있다.

해설 | 빈칸은 전치사 for의 목적어 자리로 proper travel documents를 목적어로 취하는 동명사 (B) obtaining이 정답이다.

5 (D)

번역 | 세 군데 주요 시장이 우리의 주 생산 공장으로부터 반경 500마일 이내에 있다.

해설 | a five-hundred-mile radius를 목적어로 취하면서 '~ 이내에'를 의미하는 전치사 (D) within이 정답이다.

6 (D)

번역 | 우리는 전액 환불 서면 요청서와 함께 파손된 상품을 동봉했다.

해설 | 빈칸은 a written request를 목적어로 취하는 전치사 자리로 '서면 요청서와 함께'라는 의미를 나타내는 소지의 전치사 (D) with가 정답이다.

7 (A)

번역 | 어떤 제휴 협약을 체결하든 그 전에 모든 선택 사항을 철저히 검토하세요.

해설 | 빈칸은 signing any partnership agreement를 목적어로 취해 콤마 뒤 문장 전체를 수식하는 부사 역할을 하는 전치사 (A) Before가 정답이다.

8 (A)

번역 | 야마구치 씨는 기차가 지연되어 역에서 두 시간 넘게 기다려야만 했다.

해설 | 빈칸은 the station을 목적어로 취하면서 to부정사를 수식하는 전치사 자리로 '역에서'라는 의미를 나타내는 장소의 전치사 (A) at이 정답이다. wait는 뒤에 기다리는 대상이 올 때 for를 쓰므로 의미 파악 없이 (B) for를 고르지 않도록 유의해야 한다.

② 전치사의 종류와 의미

● **실전 도움닫기**　　　　　　　본책 p. 211

1 (A)　**2** (B)　**3** (A)　**4** (A)　**5** (C)　**6** (C)
7 (A)　**8** (B)

1 (A)

번역 | 새로 장만한 브라이트스타 사진기에 대해 보다 자세한 정보를 원하시면 저희 웹사이트를 방문해 주세요.

해설 | 빈칸은 your new Brightstar camera를 목적어로 취하는 전치사 자리로, '사진기에 대한'이라는 의미를 만드는 전치사 (A) about이 정답이다.

2 (B)

번역 | 데일리타운 병원은 성인들과 아이들을 대상으로 영양에 관한 무료 강좌를 제공한다.

해설 | '성인들과 아이들에게'라는 의미가 되도록 전치사 (B) to가 정답이다.

3 (A)

번역 | 감독관들은 기밀 문서들을 이달 말까지 검토해야 한다.

해설 | 전치사 (A) by와 (B) until 모두 '~까지'의 의미가 있지만 by는 완료의 의미를 나타내는 동사를 수식하고 until은 계속의 의미를 나타내는 동사를 수식한다. review(검토하다)는 완료의 의미를 나타내므로 (A) by가 정답이다.

4 (A)

번역 | JHB 은행은 적절한 서류 없이는 대출 신청을 처리할 수 없다.

해설 | 빈칸은 the proper documentation을 목적어로 취하는 전치사 자리로 '적절한 서류 없이'라는 의미를 이루는 (A) without이 정답이다.

5 (C)

번역 | 이 목록에 없는 제품의 가격은 판매상에서 직접 알아볼 수 있다.

해설 | 빈칸은 the vendors를 목적어로 취하면서 '판매상으로부터'라는 뜻을 나타내는 전치사 (C) from이 정답이다.

6 (C)

번역 | 고어 사는 지난 6개월 동안 품질 개선 운동을 벌여 왔다.

해설 | '지난 6개월 동안'이라는 뜻을 나타내는 전치사 (C) for가 정답이다.

7 (A)

번역 | 작업 환경은 동료들 간의 협업을 촉진하도록 설계되었다.

해설 | 빈칸은 coworkers를 목적어로 취하면서 '~ 사이에서'를 의미하는 전치사 (A) among이 정답이다.

8 (B)

번역 | 시 보건부는 일년 내내 의료 종사자를 대상으로 몇 가지 무료 강습을 운영한다.

해설 | 빈칸은 the year를 목적어로 취하는 전치사 자리로 '일년 내내'라는 의미를 나타내는 기간의 전치사 (B) throughout이 정답이다.

③ 등위접속사와 상관접속사

● **실전 도움닫기**　　　　　　　본책 p. 213

1 (B)　**2** (A)　**3** (A)　**4** (B)　**5** (D)　**6** (A)
7 (C)　**8** (B)

1 (B)

번역 | 암바니 씨는 프랑스어는 하지 못하지만 구자라트어와 표준 중국어는 유창하다.

해설 | 빈칸은 앞뒤에 있는 대등한 절과 절을 연결하는 등위접속사 자리로 문맥상 앞뒤가 대조적 의미를 나타내고 있으므로 등위접속사 (B) but이 정답이다.

2 (A)

번역 | 야카모토 씨는 오노 씨와 시몬 씨 둘 다를 승진 대상으로 추천했다.

해설 | 빈칸 뒤의 and와 함께 짝을 이루어 'A와 B 둘 다'의 의미를 나타내는 (A) both가 정답이다.

3 (A)

번역 | 합격자들은 뉴욕이나 파리에 배치될 것이다.

해설 | 빈칸 앞의 either와 함께 짝을 이루어 'A나 B 둘 중 하나'의 의미를 나타내는 (A) or가 정답이다.

4 (B)

번역 | 탱 씨와 쑤리 씨 모두 환경 정책에 관한 기자회견에 참석하지 않았다.

해설 | 빈칸 앞의 Neither와 함께 짝을 이루어 'A도 B도 아닌'의 의미를 나타내는 (B) nor가 정답이다.

5 (D)

번역 | 최 씨는 훌륭한 대중 연설가일 뿐만 아니라 재능 있는 작가이기도 하다.

해설 | 빈칸 앞의 not only와 함께 짝을 이루어 'A뿐만 아니라 B도'의 의미를 나타내는 (D) but이 정답이다. 빈칸 뒤의 부사 also는 생략할 수 있다.

6 (A)

번역 | 경력 개발 세미나에는 시간제 직원과 정규직 직원 모두 참석할 수 있다.

해설 | 빈칸 앞의 both와 함께 짝을 이루어 'A와 B 둘 다'의 의미를 나타내는 (A) and가 정답이다.

7 (C)

번역 | 직원들은 교육 과정에 참가하거나 온라인 개별 학습을 이수하는 것 중에서 선택할 수 있다.

해설 | 빈칸은 전치사 of의 목적어인 attending a training class와 completing an online tutorial을 연결하는 등위접속사 자리로 문맥상 앞뒤가 선택 대상을 나타내고 있으므로 '또는'을 뜻하는 (C) or가 정답이다.

8 (B)

번역 | 귀하의 주문이 곧 발송될 예정입니다만 오늘 오후 2시까지 주문을 취소할 수 있습니다.

해설 | 빈칸은 앞뒤에 있는 대등한 동사와 동사를 연결하는 등위접속사 자리로 문맥상 앞뒤가 대조적 의미를 나타내고

있으므로 등위접속사 (B) but이 정답이다. 부사절 접속사 (D) although(~에도 불구하고), 접속부사 (A) however(그러나)와 (C) still(그럼에도, 여전히)은 품사면에서 적합하지 않다. 참고로 and나 but 뒤에서 주어는 앞에 나온 주어와 동일한 경우 생략할 수 있다.

● ETS 실전문제

본책 p.214

1 (A)	**2** (C)	**3** (D)	**4** (B)	**5** (B)	**6** (D)
7 (B)	**8** (A)	**9** (C)	**10** (A)	**11** (A)	**12** (C)
13 (C)	**14** (A)				

1 (A)

번역 | 벤델 백화점은 1년간의 시설 개조 후 10월 17일 재개장을 맞이할 예정이다.

해설 | 빈칸은 a year of renovations to its facility를 목적어로 취하는 전치사 자리로 '1년간의 시설 개조 후'라는 의미를 나타내는 시간의 전치사 (A) After가 정답이다.

어휘 | renovation 개조 facility 시설 celebrate 맞이하다, 기념하다

2 (C)

번역 | 모든 에어프레시 에어컨은 구입일로부터 1년 이내에 고장나면 무료로 수리되거나 교체된다.

해설 | 빈칸은 one year of the purchase date를 목적어로 취하는 전치사 자리로 '구입일로부터 1년 이내에'라는 의미를 이루는 (C) within이 정답이다.

어휘 | repair 수리하다 replace 교체하다 free of charge 무료로 malfunction 고장나다 purchase 구매

3 (D)

번역 | 정 씨는 테슬러 씨나 사토 씨 중 한 사람이 다음 달에 열릴 회의에 참석해야 한다고 제안했다.

해설 | 빈칸 뒤의 or와 함께 짝을 이루어 'A나 B 둘 중 하나'의 의미를 나타내는 (D) either가 정답이다.

어휘 | attend 참석하다 conference 회의, 회담

4 (B)

번역 | 아르카 사의 주요 목표 중 하나는 전 직원이 각자 전문성을 개발하도록 고취하는 것이다.

해설 | 빈칸은 its entire staff를 목적어로 취하는 전치사 자리로 '전직원 사이에'라는 의미를 나타내는 전치사 (B) among이 정답이다. 참고로 '~ 사이에'라는 의미의 전치사는 범위가 둘일 때는 between을, 셋 이상이면 among을 쓴다.

어휘 | primary 주된 promote 고취하다 individual 개인의; 개인 professional 전문적인; 전문가 entire 전체의

5 (B)

번역 | 호수 지구는 공원 북쪽 가장자리를 지나 곧바로 로저 산기슭까지 뻗어 있다.

해설 | 빈칸은 the northern edge를 목적어로 취하면서 '북쪽 가장자리를 지나'라는 뜻을 나타내는 전치사 (B) through가 정답이다.

어휘 | extend 뻗어 있다 foot 기슭

6 (D)

번역 | 지난 두 달 동안 에지메 극장의 관객이 극적으로 증가했다.

해설 | '지난 2개월 동안'이라는 뜻을 나타내는 전치사 (D) During이 정답이다.

어휘 | attendance 관객 increase 증가하다 dramatically 극적으로

7 (B)

번역 | 오늘 루이스 리지 광업 주주들은 카시아스 메탈에 구리 사업부를 매각하는 안을 승인하거나 기각할 것이다.

해설 | 빈칸은 이 문장의 동사 approve와 reject를 연결하는 등위접속사 자리로 문맥상 앞뒤가 선택 대상을 나타내고 있으므로 '또는'을 뜻하는 (B) or가 정답이다.

어휘 | shareholder 주주 approve 승인하다 reject 기각하다 copper 구리

8 (A)

번역 | 요나손 도서관은 필요한 건물 정비로 2월 4일 월요일 정오까지 문을 열지 않습니다.

해설 | 빈칸은 necessary building maintenance를 목적어로 취하면서 '필요한 건물 정비 때문에'라는 뜻을 나타내는 전치사 (A) due to가 정답이다.

어휘 | necessary 필요한 maintenance 정비 due to ~ 때문에 instead of ~ 대신에 even though 비록 ~이지만 now that ~이므로

9 (C)

번역 | 이사회 회장인 시몬스 씨는 금요일 오후 5시 이전에 모든 이사 후보 추천서를 제출할 것을 요청한다.

해설 | '오후 5시 이전에'라는 의미가 되도록 전치사 (C) before가 정답이다.

어휘 | chairman 의장 board of directors 이사회 trustee 이사 nomination 추천(서) submit 제안하다

10 (A)

번역 | 플라이 라이트의 전체 가방 제품군은 내구성이 뛰어나면서도 멋지다.

해설 | 빈칸 앞에 both가 있고 뒤에 and가 있다. 여기서 and는 같은 품사를 연결한다. and 뒤에 형용사 stylish가 있으므로 형용사 (A) durable이 정답이다.

어휘 | luggage 가방 durable 내구성이 뛰어난 durability 내구성 durably 튼튼하게 durableness 내구성이 있음

[11-14] 이메일

날짜: 6월 22일 금요일
수신: 키이스 올리버 <koliver@allmail.ca>
발신: 니라 스콧 <nscott@auxo.ca>
제목: 주문 #CA203AL29

올리버 씨께,

최근에 비타민을 구입해 주셔서 감사합니다. 6월 8일 금요일 주문한 물건은 6월 11일 월요일에 **11**배송이 나갔습니다. 저희 기록에 따르면 물건은 6월 20일 수요일에 배송되었습니다. 고객님의 주문이 **12**총 35달러가 넘었으므로 무료 배송을 받을 수 있다는 점을 알려 드리려고 편지를 씁니다. 안타깝게도 사무상의 실수**13**로 인해 배송비가 청구되었습니다. **14**이 과오를 시정하기 위해 환불금을 지불하겠습니다. 다음 은행 입출금 명세서에 입금으로 표시될 것입니다. 불편을 끼친 점을 사과드리니 받아주십시오.

니라 스콧, 경리부장

어휘 | recent 최근의 purchase 구매(품) deliver 배송하다 entitled to ~할 자격이 있는 clerical 사무의 charge 청구하다 credit 입금 inconvenience 불편

11 (A)

해설 | 빈칸 뒤 문장 Our records show that it was delivered on Wednesday, 20 June.에서 배송 도착 날짜를 알리고 있다. 따라서 빈칸에는 배송이 나간 날짜를 언급하는 것이 자연스러우므로 (A) shipped(배송된)가 정답이다. 나머지 (B) modified(수정된), (C) canceled(취소된), (D) misplaced(둔 곳을 잊어버리는)는 모두 의미상 적합하지 않다.

12 (C)

해설 | 빈칸은 접속사 since가 이끄는 부사절의 동사 자리로 문맥상 이미 지불한 금액을 말하고 있으므로 과거동사 (C) totaled가 정답이다. 참고로 total은 자동사로 사용될 수 있다. (A) total은 단수 명사 your order와 수 일치가 되지 않는다. 준동사 (B) totaling과 (D) to total은 동사 자리에 올 수 없다.

13 (C)

해설 | 빈칸 앞 문장 you were entitled to free shipping에서 무료 배송을 언급하고 있다. 따라서 빈칸에는 요금이 부과된 이유에 대한 내용이 자연스러우므로 (C) because of가 정답이다.

어휘 | as a result 그 결과 after all 결국

14 (A)

번역 | (A) 이 과오를 시정하기 위해 환불금을 지불하겠습니다.
(B) 당사 웹사이트를 방문해 이 문제를 해결하세요.
(C) 저희 제품에 이런 결함이 있는 경우는 드뭅니다.
(D) 이 실수를 알려 주셔서 감사합니다.

해설 | 빈칸 뒤 문장 It should appear as a credit on your next bank statement.에서 입출금 명세서에 입금으로 표시될 것이라고 했다. 따라서 빈칸에는 무엇이 왜 입금되는지를 알리는 것이 글의 흐름상 자연스러우므로 (A)가 정답이다.

어휘 | correct 시정하다 oversight 과오 resolve 해결하다 defect 결함

Unit 13 | 관계대명사

① 관계대명사의 개념과 종류

● 실전 도움닫기

본책 p. 217

1 (B)　**2** (A)　**3** (A)　**4** (B)　**5** (A)　**6** (D)
7 (D)　**8** (B)

---

1 (B)

번역 | 인터뷰를 한 많은 사람들은 더 큰 자동차가 필요 없다고 생각했다.

해설 | 빈칸은 뒤에 있는 동사 were interviewed의 주어 역할을 하면서 앞의 사람 명사 Many people을 수식하는 관계대명사 자리로 주격 관계대명사 (B) who가 정답이다.

2 (A)

번역 | 약 2,000명의 사람들이 지난달에 열린 취업 박람회에 참석했다.

해설 | 빈칸은 뒤에 있는 동사 was held의 주어 역할을 하면서 앞의 사물 명사 the job fair를 수식하는 관계대명사 자리로 주격 관계대명사 (A) which가 정답이다.

3 (A)

번역 | 이 부츠는 내구성이 강하고 세탁하기 쉬운 합성피혁으로 제작되었다.

해설 | 빈칸은 뒤에 있는 동사 is의 주어 역할을 하면서 앞의 사물명사 synthetic leather를 수식하는 관계대명사 자리로 주격 관계대명사 (A) that이 정답이다. 참고로 that은 주격과 목적격 관계대명사 둘 다로 쓰이며 또한 사물 명사(which)와 사람 명사(who)를 모두 수식할 수 있다.

4 (B)

번역 | 여권을 검사하는 세관 직원은 방문 비자를 발급할 권한도 갖고 있다.

해설 | 빈칸은 뒤에 있는 동사 inspects의 주어 역할을 하면서 앞의 사람 명사 The customs agent를 수식하는 관계대명사 자리로 주격 관계대명사 (B) who가 정답이다.

5 (A)

번역 | 레스턴 씨와 판쑹 씨는 지난주에 고객들을 방문했던 사장들 중 두 사람이다.

해설 | 빈칸은 뒤에 있는 동사 visited의 주어 역할을 하면서 앞의 사람 명사 the senior partners를 수식하는 관계대명사 자리로 주격 관계대명사 (A) who가 정답이다.

6 (D)

번역 | <월간 스튜디오 세라믹스>는 이전에 출판된 적이 있는 원고는 받지 않습니다.

해설 | 빈칸은 뒤에 있는 동사 have appeared의 주어 역할을 하면서 앞의 사물 명사 manuscripts를 수식하는 관계대명사

자리로 주격 관계대명사 (D) that이 정답이다. that 대신 which도 가능하다.

7 (D)

번역 | 토요일에 있을 창고 정리 세일로 곧 입고될 다음 시즌 상품을 보관할 공간을 마련할 것이다.

해설 | 빈칸은 뒤에 있는 동사 will arrive의 주어 역할을 하면서 앞의 사물 명사 next season's products를 수식하는 관계대명사 자리로 주격 관계대명사 (D) which가 정답이다.

8 (B)

번역 | 포델 자동차 공장에서, 크리스틀 씨는 리빌트 엔진을 자동차에 설치하는 직원들을 감독한다.

해설 | 빈칸은 앞의 사람 명사 workers를 수식하는 주격 관계대명사 who가 이끄는 관계대명사절에서 동사 자리로, who가 대신하는 앞의 사람 명사 workers가 복수이므로 복수동사 (B) install이 정답이다. 일반적으로 주격 관계대명사 다음에 오는 동사의 수는 선행사의 수에 일치시킨다.

② 목적격 관계대명사와 소유격 관계대명사

● 실전 도움닫기

본책 p. 219

1 (B)　**2** (B)　**3** (A)　**4** (B)　**5** (D)　**6** (C)
7 (D)　**8** (C)

---

1 (B)

번역 | 오가와 씨가 수행해야 하는 임무는 그녀의 고용 계약서에 설명되어 있다.

해설 | 빈칸은 뒤에 있는 동사 must carry out의 목적어 역할을 하면서 앞의 사물 명사 The tasks를 수식하는 관계대명사 자리로 목적격 관계대명사 (B) that이 정답이다. 참고로 that은 주격과 목적격 관계대명사 둘 다로 쓰이며 또한 사물 명사(which)와 사람 명사(who)를 모두 수식할 수 있다. 또한 목적격 관계대명사는 생략할 수 있다.

2 (B)

번역 | 배송 중 주문품이 파손된 모든 고객에게 환불을 해줄 것이다.

해설 | 빈칸은 뒤에 있는 동사 are damaged의 주어인 orders를 수식하면서 앞의 사람 명사 all customers를 수식하는 관계대명사 자리로 소유격 관계대명사 (B) whose가 정답이다. 여기서 all customers와 orders는 '모든 고객들의 주문'이라는 소유 관계를 나타낸다.

3 (A)

번역 | 귀하께서 어제 주문하신 책은 내일 오전에 배송될 것입니다.

해설 | 빈칸은 앞의 The book을 수식하는 관계대명사절에서 주어 자리로 주격 인칭대명사 (A) you가 정답이다. The book 뒤에는 목적격 관계대명사 which[that]가 생략되어 있다.

4 (B)

번역 | 이 이메일에 첨부된 파일은 면밀히 검토되어야 한다.

해설 | 빈칸은 뒤에 있는 동사 must be examined의 주어 The file을 수식하는 수식어 자리로 '첨부된 파일'이라는 수동적 의미를 나타내는 과거분사 (B) attached가 정답이다. 이때, 빈칸 앞에는 주격 관계대명사 which[that]와 동사 is가 생략되어 있다고 볼 수 있다.

5 (D)

번역 | 그 교수가 추천한 지원자가 곧 면접을 보러 올 것이다.

해설 | 빈칸은 뒤에 있는 동사 recommended의 목적어 역할을 하면서 선행사 The applicant를 수식하는 관계대명사 자리로 목적격 관계대명사 (D) that이 정답이다.

6 (C)

번역 | 아직 제목이 확정되지 않은 아키라 쓰카다의 소설은 내년에 출간될 것이다.

해설 | 빈칸은 뒤에 있는 동사 hasn't been finalized의 주어인 title을 수식하면서 앞의 사물 명사 Akira Tsukada's novel을 수식하는 관계대명사 자리로 소유격 관계대명사 (C) whose가 정답이다. 여기서 Akira Tsukada's novel과 title은 '아키라 쓰카다 소설의 제목'이라는 소유 관계를 나타낸다.

7 (D)

번역 | 폴라 코는 규정 준수를 보장하기 위해 크린사이드 호텔 주변 지역을 점검하는 계약을 맺었다.

해설 | 빈칸은 앞에 있는 명사 the area를 수식하는 수식어 자리로 '크린사이드 호텔을 둘러싸고 있는 지역'이라는 능동적 의미를 나타내면서 형용사 역할을 할 수 있는 현재분사 (D) surrounding이 정답이다. 이때, 빈칸 앞에는 주격 관계대명사 which[that]와 동사 is가 생략되어 있다고 볼 수 있다.

8 (C)

번역 | 계약서에 포함된 품질 관리 절차들은 기술부장의 검토를 받아야 한다.

해설 | 빈칸은 주어인 The quality-control procedures를 수식하는 자리로 '포함된 품질 관리 절차'라는 수동적 의미를 나타내면서 형용사 역할을 할 수 있는 과거분사 (C) included가 정답이다.

● ETS 실전문제

본책 p.220

1 (C)	**2** (B)	**3** (A)	**4** (B)	**5** (C)	**6** (A)
7 (A)	**8** (C)	**9** (C)	**10** (B)	**11** (D)	**12** (D)
13 (C)	**14** (D)				

1 (C)

번역 | 퍼버 시스템즈의 총괄 비서직에 지원한 후보자들 중 많은 사람이 충분한 자격을 갖추고 있었다.

해설 | 빈칸은 뒤에 있는 동사 applied for의 주어 역할을 하면서 앞의 사람 명사 the candidates를 수식하는 관계대명사 자리로 주격 관계대명사 (C) who가 정답이다.

어휘 | candidate 후보자, 지원자 administrative assistant 총괄 비서 highly qualified 충분한 자격을 갖춘

2 (B)

번역 | 런버러 최초의 교원 사택으로 쓰였던 메인 가의 헴튼 하우스가 사적으로 지정되었다.

해설 | 빈칸은 뒤에 있는 동사 served의 주어 역할을 하면서 앞의 사물 명사 Hemton House를 수식하는 관계대명사 자리로 주격 관계대명사 (B) which가 정답이다. 일반적으로 주격 관계대명사 바로 뒤에는 동사가 나온다.

어휘 | schoolhouse 교원 사택 designate 지정하다 historical landmark 사적

3 (A)

번역 | 산업 장비를 조작하는 공장 직원은 1년에 한 번 안전 교육에 참석해야 한다.

해설 | 빈칸은 뒤에 있는 be동사 is의 주어인 job을 수식하는 동시에 앞의 사람 명사 Factory personnel을 수식하는 관계대명사 자리로 소유격 관계대명사 (A) whose가 정답이다. 여기서 Factory personnel과 job은 '공장 직원의 일'이라는 소유관계를 나타낸다.

어휘 | personnel (조직의) 직원 operate (기계를) 조작하다 industrial machinery 산업 장비 attend 참석하다 safety 안전 once a year 1년에 한 번

4 (B)

번역 | 마케팅 부장에 의해 검토된 모든 사업 계획서 중에서 마틴 씨의 안이 가장 인상적이다.

해설 | 빈칸은 전치사 of의 목적어 all the business plans를 수식하는 수식어 자리이다. '검토된 모든 사업 계획서'라는 수동적 의미를 나타내면서 형용사 역할을 할 수 있는 과거분사 (B) reviewed가 정답이다. 이때, 분사 앞에는 주격 관계대명사 which[that]와 동사 were가 생략되어 있다고 볼 수 있다.

어휘 | impressive 인상적인 review 검토하다, 비평하다

5 (C)

번역 | 바타미 금융그룹은 경제 연구와 분석을 토대로 한 전문가 컨설팅 서비스를 제공한다.

해설 | 빈칸은 뒤에 있는 동사 are based의 주어 역할을 하는 동시에 앞의 사물 명사 expert consulting services를 수식하는 관계대명사 자리로 주격 관계대명사 (C) that이 정답이다.

어휘 | expert 전문가 research 연구 analysis 분석

6 (A)

번역 | 스카이타운 항공사는 승객들에게 그들이 겪은 지연에 대해 사과했다.

해설 | 빈칸은 앞의 사물 명사 the delays를 수식하는 관계대명사절에서 주어 자리로 주격 인칭대명사 (A) they가 정답이다. 명사(the delays) 뒤에 (대)명사와 동사가 연달아

나오므로 빈칸 앞에 목적격 관계대명사가 생략됐음을 알 수 있다.

어휘 | apologize 사과하다

7 (A)

번역 | 기조연설자는 J. M. 림이었는데, 림의 풍력에 관한 연구는 대체 에너지 산업이 틀을 갖추는 데 일조했다.

해설 | 빈칸은 뒤에 있는 동사 has helped의 주어인 research on wind power를 수식하는 동시에 앞의 사람 명사 J. M. Lim을 수식하는 관계대명사 자리로 소유격 관계대명사 (A) whose가 정답이다. 여기서 J. M. Lim과 research on wind power는 'J. M. 림의 풍력에 관한 연구'라는 소유 관계를 나타낸다.

어휘 | keynote speaker 기조연설자 alternative 대체의

8 (C)

번역 | ZG치과는 지난주 피츠버그에서 열린 전국치과엑스포에서 마케팅 자료를 배부한 모든 직원들에게 감사드립니다.

해설 | 빈칸은 앞의 사람 명사 all staff members를 수식하는 주격 관계대명사 who가 이끄는 관계대명사절에서 동사 자리이다. who가 이끄는 절에 과거를 나타내는 at last week's National Dentistry Expo가 있으므로 과거동사 (C) distributed가 정답이다. 일반적으로 주격 관계대명사 바로 뒤에는 동사가 나온다.

어휘 | dentistry 치과학 distribute 배포하다

9 (C)

번역 | 화니타는 우리가 데리고 있는 직원 중 가장 믿음직해서, 그녀가 이 계약을 처리하도록 믿고 맡길 수 있다.

해설 | 빈칸은 뒤에 있는 동사 have의 목적어 역할을 하면서 앞의 사람 명사 the most reliable employee를 수식하는 관계대명사 자리로 목적격 관계대명사 (C) that이 정답이다. 선행사가 최상급의 수식을 받고 있으면, who와 which보다 that이 주로 쓰인다.

어휘 | depend on ~에 의존하다 handle 다루다, 처리하다

10 (B)

번역 | 코크 카운티 의회는 여행자들을 더욱 많이 수용하겠다고 약속하는 공항 확장 프로젝트를 승인했다.

해설 | 빈칸은 앞의 사물 명사 an airport expansion project를 수식하는 주격 관계대명사 that이 이끄는 관계대명사절에서 동사 자리이다. that이 대신하는 주어인 앞의 사물 명사 an airport expansion project가 단수이고 목적어 to better accommodate를 약속하는 주체이므로 능동태인 단수동사 (B) promises가 정답이다.

어휘 | approve 승인하다 expansion 확장 accommodate 수용하다

[11-14] 회람

수신: 제프리 지한
발신: 앤 메켈
제목: 데스크 허브 컨설팅

이번 주 브리핑 때 언급했듯이, 우리 고객인 데스크 허브는 지난 3분기 동안 고객 수 감소를 경험했습니다. 3년 전 이 회사가 처음 개업했을 때 상하이에서 임시 사무 공간을 제공하는 업체는 이 회사가 유일했습니다. 현재 그 시장에는 **11경쟁업체**들이 다수 있습니다. 그 결과, 데스크 허브의 수익은 꾸준히 감소하고 있습니다.

상황을 수습하기 위해 저는 오늘 아침 마케팅 팀과 만났습니다. **12토의 중에 몇 가지 아이디어가 떠올랐습니다.** 첫 번째 단계로, 전반적인 사무 공간 수요를 더 정확하게 추산하기 위한 시장 조사 연구를 실시할 예정입니다. **13또한** 데스크 허브가 컨설팅 현장에 참가할 것을 제안하는 사안에 대해 논의했습니다. 이 분야에서 우리가 그들을 위해 기업 고객들을 준비할 수 있고, **14**이들 중 많은 고객이 이미 직원을 위한 대체 근무 공간을 만드는 일에 관심을 표명했습니다.

진행 상황을 계속 알려 드리겠습니다.

어휘 | decrease 감소, 하락 quarter 분기 temporary 임시의 decline 감소 profit 수익 remedy 수습하다 estimate 추산하다 overall 전반적인 demand 수요 line up 준비하다 corporate 기업의 alternative 대체의 employee 직원

11 (D)

해설 | 빈칸 앞 문장 it was the only one of its kind to offer temporary office space in Shanghai에서 과거에 유일하게 임시 사무 공간을 제공한 업체였다고 언급하고 있다. 따라서 빈칸에는 현재 시장에서의 경쟁에 대한 내용이 자연스러우므로 (D) competitors(경쟁업체들)가 정답이다. 나머지 (A) products(제품들), (B) branches(지사들), (C) employees(직원들)는 모두 의미상 적합하지 않다.

12 (D)

번역 | (A) 우리는 비용 인상을 고려할 수 있습니다.
(B) 팀이 회의에 늦었습니다.
(C) 서비스의 질이 향상되었습니다.
(D) 토의 중에 몇 가지 아이디어가 떠올랐습니다.

해설 | 빈칸 앞 문장 To help remedy the situation, I met with the marketing team this morning.에서 수습을 위해 마케팅 팀을 만났다고 했다. 따라서 빈칸에는 수습을 위한 논의 내용이 이어지는 것이 글의 흐름상 자연스러우므로 (D)가 정답이다.

어휘 | improve 향상되다

13 (C)

해설 | 빈칸에는 문맥상 '또한 제안 사안에 대해 논의했다'라고 하는 것이 자연스러우므로 (C) In addition(또한)이 정답이다. 나머지 (A) However(그러나), (B) Therefore(그러므로), (D) On the contrary(반대로)는 모두 의미상 적합하지 않다.

14 (D)

해설 | 빈칸은 전치사 of의 목적어 역할을 하면서 선행사 corporate clients for them에 대해 부가적인 설명을 하는 계속적 용법의 관계대명사 자리로 (D) whom이 정답이다. (A) that은 계속적 용법으로 쓰인 관계대명사로 대체될 수 없다.

Unit 14 명사절 접속사

① 명사절 접속사 that, whether, if

● 실전 도움닫기
본책 p. 223

1 (A)	**2** (A)	**3** (B)	**4** (A)	**5** (C)	**6** (C)
7 (A)	**8** (C)				

1 (A)

번역 | 그 위원회의 의견은 우리가 탁아 시설을 지어야 한다는 것이다.

해설 | 빈칸은 앞의 be동사 is의 보어 역할을 하는 명사절 접속사 자리로 '~라는 것'이라는 의미를 나타내는 명사절 접속사 (A) that이 정답이다.

2 (A)

번역 | 글래드삭 직원들은 올해 상여금을 받을지 여부를 알지 못한다.

해설 | 빈칸은 뒤에 있는 완전한 절을 이끌면서 앞의 동사 do not know의 목적어 역할을 하는 명사절 접속사 자리로 '~인지 아닌지'의 의미를 나타내는 명사절 접속사 (A) if가 정답이다. 등위접속사 (B) and는 대등한 구조를 연결한다.

3 (B)

번역 | 귀하가 서명할 계약서 한 부가 이 편지와 같이 들어 있음에 유의해 주십시오.

해설 | 빈칸은 동사 note의 목적어 역할을 하는 명사절 접속사 자리로 '~것'의 의미를 나타내는 (B) that이 정답이다.

4 (A)

번역 | 함 플라스틱 사는 현재 제주 시에 새로운 지사를 개설할지 여부를 결정하고 있다.

해설 | 빈칸은 뒤에 있는 to부정사 구문을 이끌면서 앞의 동사 is deciding의 목적어 역할을 하는 명사절 접속사 자리로 '~인지 아닌지'의 의미를 나타내는 명사절 접속사 (A) whether가 정답이다. 명사절 접속사 whether는 <whether+완전한 절> 또는 <whether+to부정사>의 형태로 쓰일 수 있다. (B) if도 '~인지 아닌지'의 명사절 접속사로 쓰이지만, to부정사가 뒤에 나올 수는 없다.

5 (C)

번역 | 그 경쟁사가 트롤만 사를 상대로 소송을 제기할지 여부는 두고 보아야 한다.

해설 | 빈칸은 뒤에 동사 remains의 주어 역할을 하는 명사절 접속사 자리로 '~인지 아닌지'의 의미를 나타내는 명사절 접속사 (C) Whether가 정답이다.

6 (C)

번역 | 영업 사원들은 자신들의 분기 매출 목표치를 달성해야 한다는 것을 알고 있다.

해설 | 빈칸은 뒤에 있는 완전한 절을 이끌면서 앞의 동사 know의 목적어 역할을 할 수 있는 명사절 접속사 자리로 '~라는 것'의 의미를 나타내는 명사절 접속사 (C) that이 정답이다. (B) what도 '~것'의 의미를 나타내지만, 뒤에 불완전한 절이 나온다. 전치사 (A) about과 대명사 (D) it은 품사상 적합하지 않다.

7 (A)

번역 | 톰슨 씨가 그 프로젝트를 이끌 최선의 사람인지 아닌지를 결정하기 어렵다.

해설 | 빈칸은 뒤에 있는 완전한 절을 이끌면서 앞의 to determine의 목적어 역할을 할 수 있는 명사절 접속사 자리로 '~인지 아닌지'의 의미를 나타내는 명사절 접속사 (A) whether가 정답이다. (B) what 뒤에는 불완전한 절이 나온다. 부사절 접속사 (C) so that(~하기 위해)은 목적어 역할을 할 수 없고 전치사 (D) for는 품사상 적합하지 않다.

8 (C)

번역 | 지원자를 고용할지 여부에 대한 회사의 결정은 추천서 검토 결과에 영향을 받을 것이다.

해설 | 빈칸은 a candidate를 목적어로 취하면서 명사절 접속사 whether와 결합하여 전치사 on의 목적어 역할을 할 수 있는 to부정사 (C) to hire가 정답이다. 명사절 접속사 whether는 <whether+완전한 절> 또는 <whether+to부정사>의 형태로 쓰일 수 있다.

② 의문사 형태의 명사절 접속사

● 실전 도움닫기
본책 p. 225

1 (A)	**2** (A)	**3** (B)	**4** (B)	**5** (B)	**6** (C)
7 (D)	**8** (D)				

1 (A)

번역 | 인사부장은 누가 서울 사무실로 전근될지 결정하지 못했다.

해설 | 빈칸은 뒤에 있는 동사 will be transferred의 주어가 없는 불완전한 절을 이끌면서 앞의 동사 has not decided의 목적어 역할을 하는 명사절 접속사 자리로 '누가'의 의미를 나타내는 (A) who가 정답이다. (B) when 뒤에는 완전한 절이 나온다.

2 (A)

번역 | 회의 참석자 대부분이 지금 발표자가 하는 말을 이해하지 못한다.

해설 | 빈칸은 뒤에 있는 동사 is saying의 목적어가 없는 불완전한 절을 이끌면서 앞의 동사 do not understand의 목적어 역할을 하는 명사절 접속사 자리로 '~하는 것, 무엇'의 의미를 나타내는 (A) what이 정답이다. 명사절 접속사 (B) that도 '~라는 것'의 의미를 나타내지만 뒤에 완전한 절이 이어져야 한다.

3 (B)

번역 | 무료 바이러스 보호 소프트웨어는 아직 그 소프트웨어가 없는 사람은 누구든지 이용할 수 있다.

해설 | 빈칸은 뒤에 있는 동사 does not have의 주어가 없는
불완전한 절을 이끌면서 앞의 전치사 to의 목적어 역할을 하는
명사절 접속사 자리로 '~한 사람은 누구든지'의 의미를 나타내는 (B)
whoever가 정답이다. 참고로 whoever는 anyone who(주격
관계대명사)로 분리해 쓸 수 있다.

4 (B)

번역 | 능 출판사에서 고객들은 표현하고 싶은 것은 무엇이든지 쓰
도록 독려 받는다.

해설 | 빈칸은 뒤에 있는 to express의 목적어가 없는 불완전한 절을
이끌면서 앞의 to write의 목적어 역할을 하는 명사절 접속사 자리로
'~한 것은[을] 무엇이든지'의 의미를 나타내는 (B) whatever가
정답이다.

5 (B)

번역 | 내일 (교육)시간에는 참가자들에게 해외 배송 컨테이너를
준비하는 방법에 대해 교육할 것이다.

해설 | 빈칸은 뒤에 있는 to부정사 구문을 이끌면서 앞의 전치사
on의 목적어 역할을 하는 명사절 접속사 자리로, '~하는 방법'이라는
의미를 나타내는 (B) how가 정답이다. how는 <how + 완전한 절>
또는 <how + to부정사>의 형태로 쓰인다. (A) what도 <what +
to부정사>의 형태로 쓰이지만 what 뒤에는 목적어가 없는 불완전한
to부정사 구문이 나온다.

6 (C)

번역 | 직원 명부에는 이용자들에게 다양한 부서 관련 질문에 누가
대답할 수 있는지를 말해 주는 부분이 있다.

해설 | 빈칸은 뒤에 있는 동사 can answer의 주어가 없는 불완전한
절을 이끌면서 앞의 동사 tells의 직접목적어 역할을 할 수 있는
명사절 접속사 자리로 '누가'라는 의미를 나타내는 (C) who가
정답이다. 명사절 접속사 (A) if와 (B) how 뒤에는 완전한 절이
나온다.

7 (D)

번역 | 프리모 출판사는 아직 신제품 소프트웨어의 최신 기능을 언제
소개할지 결정하지 못했다.

해설 | 빈칸은 뒤에 있는 완전한 절을 이끌면서 앞의 동사 has
not decided의 목적어 역할을 할 수 있는 명사절 접속사 자리로
'언제'라는 의미를 나타내는 (D) when이 정답이다. (A) which, (B)
who, (C) what 뒤에는 불완전한 절이 나온다.

8 (D)

번역 | 식당 설문조사에 응답하는 사람은 모두 랭글리 카페의
10달러짜리 상품권을 받을 것이다.

해설 | 빈칸은 동사 will receive의 주어 자리로, 뒤에 있는
responding to the restaurant survey의 수식을 받아 '식당
설문조사에 응답하는 모든 사람'이라는 의미를 나타내는 대명사 (D)
Everyone이 정답이다. (A) Whoever와 (B) Whose 뒤에는 절이
나와야 하고, 대명사 (C) Someone(누군가)은 의미상 적합하지
않다.

● **ETS 실전문제**　　　　　　　　　　　본책 p. 226

1 (D)	2 (B)	3 (C)	4 (D)	5 (B)	6 (A)
7 (C)	8 (C)	9 (C)	10 (C)	11 (B)	12 (C)
13 (B)	14 (B)				

1 (D)

번역 | 이번 연구는 논톡 카운티에 새 우물을 뚫는 것이 지하수 수위에
상당한 영향을 미칠지 여부를 판단할 것이다.

해설 | 빈칸은 뒤에 있는 완전한 절을 이끌면서 앞의 동사 will
determine의 목적어 역할을 하는 명사절 접속사 자리로 '~인지
아닌지'의 의미를 나타내는 명사절 접속사 (D) whether가
정답이다. 명사절 접속사 whether는 <whether + 완전한 절> 또는
<whether + to부정사>의 형태로 쓰일 수 있다.

어휘 | determine 판단하다 drill 뚫다 significant 상당한
impact 영향 groundwater 지하수

2 (B)

번역 | 만능 조리기구 사용 설명서에 따르면 이 기구는 곡물과 채소
모두에 사용할 수 있다.

해설 | 빈칸은 뒤에 있는 완전한 절을 이끌면서 앞의 동사
indicates의 목적어 역할을 할 수 있는 명사절 접속사 자리로
'~라는 것'의 의미를 나타내는 명사절 접속사 (B) that이 정답이다.
(A) but과 (D) so는 대등한 구조를 연결한다. 부사절 접속사 (C)
while도 완전한 두 개의 절을 연결한다.

어휘 | instruction manual 사용 설명서 food processor 만능
조리기구 indicate 나타내다 grain 곡물

3 (C)

번역 | 이사진은 핵심 기술을 어떻게 관리할지에 대해 논의하고 있다.

해설 | 빈칸은 뒤에 있는 완전한 절을 이끌면서 앞의 동사 is
discussing의 목적어 역할을 할 수 있는 명사절 접속사 자리로
'어떻게'의 의미를 나타내는 (C) how가 정답이다. (A) who, (B)
which, (D) what 뒤에는 불완전한 절이 나온다.

어휘 | maintain 유지하다, 관리하다 core technology 핵심 기술

4 (D)

번역 | 제품 개발팀은 그 제품의 신규 라인이 언제 출시될지 알려 주지
못하고 있다.

해설 | 빈칸은 뒤에 있는 완전한 절을 이끌면서 앞의 동사 cannot
say의 목적어 역할을 할 수 있는 명사절 접속사 자리로 '언제'라는
의미를 나타내는 (D) when이 정답이다. (A) which, (B) who, (C)
what 뒤에는 불완전한 절이 나온다.

어휘 | release 출시하다, 공개하다

5 (B)

번역 | <농업협회보>에 실린 한 보고서에 따르면, 소비자들은 농산물이
어디에서 재배되는지에 대해 점점 더 많은 관심을 쏟고 있다.

해설 | 빈칸은 뒤에 있는 완전한 절을 이끌면서 앞의 전치사 about의 목적어 역할을 할 수 있는 명사절 접속사 자리로 '어디에서'라는 의미를 나타내는 (B) where가 정답이다. (C) what 뒤에는 불완전한 절이 나오고 명사절 접속사 (D) that은 전치사 뒤에 나올 수 없다.

어휘 | increasingly 점점 더 be concerned about ~에 관심을 쏟다, 걱정하다 produce 농산물; 생산하다

6 (A)

번역 | <젠킨스 비즈니스 리뷰> 지는 다양한 직업의 사람들 수천 명에게 자신들의 직업에 수반되는 것이 무엇인지 물었다.

해설 | 빈칸은 뒤에 있는 동사 entail의 목적어가 없는 불완전한 절을 이끌면서 앞의 to describe의 목적어 역할을 할 수 있는 명사절 접속사 자리로 '~한 것, 무엇'의 의미를 나타내는 (A) what이 정답이다. (B) how와 (C) when 뒤에는 완전한 절이 나오고, (D) which 뒤에는 불완전한 절이 올 수 있지만 의미상 적합하지 않다.

어휘 | thousands of 수천의, 많은 a wide range of 광범위한, 다양한 profession 직업, 직종 entail 수반하다

7 (C)

번역 | 남 씨는 우리 작업반이 수행한 조경 공사를 점검해 회사 기준에 부합하는지 여부를 판단한다.

해설 | 빈칸은 뒤에 있는 완전한 절을 이끌면서 to determine의 목적어 역할을 하는 명사절 접속사 자리로 '~인지 아닌지'의 의미를 나타내는 명사절 접속사 (C) whether가 정답이다. (A) because, (B) so, (D) while은 모두 목적어 역할을 하는 절을 이끌 수 없다.

어휘 | inspect 점검하다 landscaping 조경 perform 수행하다 determine 판단하다 conform 부합하다

8 (C)

번역 | 협상에 관련된 당사자들이 조건에 동의할지 여부가 결정적으로 중요한 문제이다.

해설 | 빈칸은 뒤에 있는 완전한 절을 이끌면서 뒤의 be동사 is의 주어 역할을 할 수 있는 명사절 접속사 자리로 '~인지 아닌지'의 의미를 나타내는 명사절 접속사 (C) Whether가 정답이다. (A) Where 뒤에는 완전한 절이 나올 수 있지만 의미상 적합하지 않다. 부사절 접속사 (D) While은 주어 역할을 할 수 없다. 참고로 여기서 involved는 the parties를 수식하는 과거분사로, 동사의 과거형과 과거분사형은 형태가 같은 것이 많으므로 주의해야 한다.

어휘 | party 당사자 involved in ~에 관련된 negotiation 협상 agree with ~에 동의하다 terms 조건 crucially 결정적으로

9 (C)

번역 | 딤킨네 아이스크림 가게의 개점 행사에 가장 먼저 오는 사람은 누구든지 무료 티셔츠를 받을 것이다.

해설 | 빈칸은 뒤에 있는 동사 arrives의 주어가 없는 불완전한 절을 이끌면서 뒤의 동사 will receive의 주어 역할을 할 수 있는 명사절 접속사 자리로 '~한 사람은 누구든지'의 의미를 나타내는 (C) Whoever가 정답이다. (A) Who와 (B) What 뒤에는 불완전한 절이 올 수 있지만 의미상 적합하지 않고, (D) That 뒤에는 완전한 절이 나온다.

어휘 | grand opening 개업

10 (C)

번역 | 회사 임원들은 하노이 공장에서 비용 절감을 위해 쓸 수 있는 모든 선택사항을 조사하라고 응우옌 씨에게 요청했다.

해설 | 빈칸은 have requested의 목적어 역할을 하는 that절에서 주어 Ms. Nguyen의 동사 자리이다. requested처럼 요청을 나타내는 that절에서는 동사원형을 사용해야 하므로 동사 (C) investigate가 정답이다. 주어와 동사 사이에 should가 생략되어 있다.

어휘 | officer 임원 reduce 절감하다 investigate 조사하다

[11-14] 보도자료

> **긴급 보도자료**   **11월 18일**
>
> 트레퍼드 시 - 시 폐기물 관리국(CWMA)은 재활용을 목적으로 전자 쓰레기를 수거하기 위해 지역 재활용 처리 시설인 GDA 폐기물 솔루션즈와 손을 잡았다.
>
> 이 **11**협력 관계로 주민들은 휴대전화와 노트북 같은 오래된 기기를 퍼 가는 주민센터에 수거용으로 내버릴 수 있게 됐다. **12**물건은 주민센터의 정규 운영 시간에 접수 가능하다. 주민들은 센터가 문을 닫은 후에는 센터 밖에 물건을 놓지 말아야 한다. "회수 프로그램은 우리의 새로운 '청정 도시' 캠페인의 일환입니다." CWMA 국장 로이드 잉그램 씨가 말했다. "이제 **13**어떻게 이 캠페인을 활성화할지는 주민들이 결정할 때입니다." 그 목적을 달성하기 위해 다음 주 목요일 오후 7시 시청 B 회의실에서 활성화 방안에 대한 지역주민 의견을 수렴하기 위한 공청회가 **14**열릴 예정이다.
>
> 더 많은 정보는 www.cwma-ewaste.org에서 볼 수 있다.
>
> ---
>
> **어휘 |** authority 당국 team up with ~와 협력하다 recycling facility 재활용 처리 시설 collect 모으다, 수거하다 resident 주민 drop off 수거용으로 특정 장소에 버리다 leave 놓아두다 promote 촉진하다, 활성화하다 to that end 그 목적을 달성하기 위해 public meeting 공청회 seek 구하다, 찾다 input 조언, 의견

11 (B)

해설 | 빈칸 바로 앞 문장 The City Waste Management Authority(CWMA) has teamed up with GDA Waste Solutions, a local recycling facility, to collect electronic waste for recycling.에서 재활용 목적으로 전자 쓰레기를 수거하기 위해 지역 재활용 처리 시설과 손을 잡았다고 언급하고 있다. 따라서 빈칸에는 이러한 제휴로 인해서 가능한 일을 설명하는 것이 자연스러우므로 (B) partnership(제휴, 협력 관계)이 정답이다. 나머지 (A) modification(수정, 변경), (C) separation(분리), (D) law(법)는 모두 의미상 적합하지 않다.

12 (C)

번역 | (A) 이 기기들은 이번에는 재활용품으로 분류되지 않는다.
(B) 서면 견적서에는 총 수리 비용이 포함될 것이다.
(C) 물건은 주민센터의 정규 운영 시간에 접수 가능하다.
(D) 이 회사의 신제품은 더 에너지 효율이 높아졌다.

해설 | 빈칸 뒤 Residents are asked not to leave items outside the center after it has closed.에서 센터가 문을 닫은 후에는 센터 밖에 물건을 내놓지 말아야 한다고 언급하고 있다.

따라서 빈칸에는 접수 가능한 센터의 정규 운영 시간에 관한 내용이 글의 흐름상 자연스러우므로 (C)가 정답이다.

어휘 | consider 간주하다 recyclable 재활용이 가능한 estimate 견적, 견적서 repair 수리 accept 받아들이다 energy-efficient 에너지 효율적인

13 (B)

해설 | 빈칸 뒤에 있는 to부정사 구문을 이끌면서 앞의 to decide의 목적어 역할을 할 수 있는 명사절 접속사 자리로 '~하는 방법'을 나타내는 (B) how가 정답이다. how는 <how + 완전한 절> 또는 <how + to부정사>의 형태로 쓰인다.

14 (B)

해설 | 빈칸은 문장의 동사 자리로 미래를 나타내는 next Thursday가 동사를 수식하고 있으므로 미래 시제 (B) will be held가 정답이다.

Unit 15　부사절 접속사

① 시간·조건의 부사절 접속사

● **실전 도움닫기**　　　본책 p.229

| **1** (A) | **2** (B) | **3** (B) | **4** (A) | **5** (C) | **6** (D) |
| **7** (A) | **8** (B) | | | | |

1 (A)

번역 | 다음 회의가 열릴 때 프로젝트 매니저는 모든 직원의 노고를 치하할 예정이다.

해설 | 빈칸은 뒤에 있는 완전한 절을 이끌면서 콤마 뒤의 완전한 문장 전체를 수식하는 부사절 접속사 자리로 '회의가 있을 때'의 의미를 나타내는 시간의 부사절 접속사 (A) When이 정답이다.

2 (B)

번역 | 새로운 시간 관리 소프트웨어가 설치된 이후 직원들은 생산성이 향상되었다.

해설 | 빈칸은 앞뒤로 완전한 절이 나오므로 부사절 접속사 자리이다. '설치된 이래로'의 의미를 나타내는 시간의 부사절 접속사 (B) since가 정답이다. 참고로 부사절 접속사 since는 주절의 시제가 현재완료, 부사절의 시제가 과거일 때, '~ 이래로, 이후'의 의미를 나타내고 그 외의 시제가 나올 경우 '~ 때문에'의 의미를 나타낸다.

3 (B)

번역 | 신분증이 2개 있을 경우 고객들은 수표를 발행할 수 있다.

해설 | 빈칸은 앞뒤로 완전한 절이 나오므로 부사절 접속사 자리이다. '가지고 있다면'이라는 의미를 나타내는 조건의 부사절 접속사 (B) if가 정답이다.

4 (A)

번역 | 셀렉트 소프트웨어에 등록하면 고객 식별 번호를 받게 됩니다.

해설 | 빈칸은 뒤에 있는 완전한 절을 이끌면서 콤마 뒤의 완전한 문장 전체를 수식하는 부사절 접속사 자리로 '일단 등록하면'의 의미를 나타내는 조건의 부사절 접속사 (A) Once가 정답이다. 부사 (B) Next는 절을 이끌지 못한다.

5 (C)

번역 | 모든 지원서들이 접수된 후에 위원회는 면접 대상자 명단을 확정할 것이다.

해설 | 빈칸은 뒤에 있는 완전한 절을 이끌면서 콤마 뒤의 완전한 문장 전체를 수식하는 부사절 접속사 자리로 '접수된 후에'라는 의미를 나타내는 시간의 부사절 접속사 (C) After가 정답이다. 전치사 (A) About, (B) Except, (D) With는 품사상 적합하지 않다.

6 (D)

번역 | 부장이 구입 주문서에 서명하지 않는 한 펜틀러 책상을 배송할 수 없습니다.

해설 | 빈칸은 앞뒤로 완전한 절이 나오므로 부사절 접속사 자리이다. '서명되지 않는 한'이라는 의미를 나타내는 조건의 부사절 접속사 (D) unless가 정답이다. 전치사 (A) despite와 (B) without은 품사상 적합하지 않다.

7 (A)

번역 | 회의가 시작되기 전에 욜란다 그리스 MOSA 사장은 연사들의 일정을 발표했다.

해설 | 빈칸 뒤에 있는 완전한 절을 이끌면서 콤마 뒤의 완전한 문장 전체를 수식하는 부사절 접속사 자리로 '시작하기 전에'의 의미를 나타내는 시간의 부사절 접속사 (A) Before가 정답이다. 부사절 접속사 (D) Since(~ 이래로, ~ 때문에)는 의미상 적합하지 않다.

8 (B)

번역 | 저희는 일단 관련 서류를 받는 즉시 발레호 씨의 대출 신청을 처리할 것입니다.

해설 | 빈칸은 앞뒤로 완전한 절이 나오므로 부사절 접속사 자리로 '받자마자'의 의미를 나타내는 조건의 부사절 접속사 (B) once가 정답이다. 부사 (A) just(막)와 (D) still(여전히), 전치사 (C) upon(~위에, ~하자마자)은 품사상 적합하지 않다.

② 이유·양보·기타의 부사절 접속사

● **실전 도움닫기**　　　본책 p.231

| **1** (A) | **2** (A) | **3** (A) | **4** (A) | **5** (A) | **6** (C) |
| **7** (D) | **8** (A) | | | | |

1 (A)

번역 | 호제 씨는 원거리 통근에 지쳐서 시내로 이사했다.

해설 | 빈칸은 앞뒤로 완전한 절이 나오므로 부사절 접속사 자리이다. '지쳤기 때문에'라는 의미를 나타내는 이유의 부사절 접속사 (A) because가 정답이다.

2 (A)

번역 | 티아넨 씨 팀은 부지런히 보고서를 작성하고 있음에도 불구하고 아직 보고서는 끝나지 않았다.

해설 | 빈칸은 뒤에 있는 완전한 절을 이끌면서 콤마 뒤의 완전한 문장 전체를 수식하는 부사절 접속사 자리로 '부지런히 보고서를 작성하고 있음에도 불구하고'의 의미를 나타내는 양보의 부사 접속사 (A) Even though가 정답이다.

3 (A)

번역 | 그 제품은 너무 비싸서 쇼핑객들 대부분이 그것을 구입하기를 주저한다.

해설 | 빈칸은 be동사 is의 주격 보어인 형용사 expensive를 수식하는 부사 자리로 뒤에 접속사 that과 결합하여 '너무 ~해서 …하다'라는 의미를 나타내는 부사 (A) so가 정답이다. 참고로 '너무 ~해서 …하다'는 <so + 형용사/부사 + that + 완전한 절>이나 <such a(n) + (형용사) + 명사 + that + 완전한 절>의 형태로 쓰인다.

4 (A)

번역 | 아야 코두라는 전국 투어 중에도 엄격한 연습 일정을 유지했다.

해설 | 빈칸은 뒤에 있는 명사구 her national tour를 목적어로 취하는 전치사 자리로 '전국 투어 동안'이라는 의미를 나타내는 기간의 전치사 (A) during이 정답이다. 부사절 접속사 (B) while 뒤에는 완전한 절이 나온다.

5 (A)

번역 | 지난 분기에 인건비가 현저히 낮아졌음에도 불구하고 에넥스 사는 여전히 수익을 내지 못했다.

해설 | 빈칸은 뒤에 있는 완전한 절을 이끌면서 콤마 뒤의 완전한 문장 전체를 수식하는 부사절 접속사 자리로 '낮았음에도 불구하고'라는 의미를 나타내는 양보의 부사절 접속사 (A) Even though가 정답이다. 전치사 (B) In light of(~에 비추어, 고려하여)와 접속부사 (C) Nevertheless(그럼에도 불구하고), (D) Therefore(그래서)는 품사상 적합하지 않다.

6 (C)

번역 | 토요일에 있을 콘서트의 취소는 예상치 못한 음향 시스템의 문제 때문이었다.

해설 | 빈칸은 명사구 unexpected problems를 목적어로 취하면서 앞의 be동사 was의 주어인 The cancellation을 보충 설명하는 주격 보어 자리로 '예상치 못한 문제 때문에'라는 의미를 나타내는 이유의 전치사 (C) due to가 정답이다. 부사절 접속사 (A) because, (B) as if, (D) unless 뒤에는 완전한 절이 나온다.

7 (D)

번역 | 션 맥크리는 보고서 초안을 입력하는 반면에 마리오 다미코는 사실들을 확인하는 업무를 맡았다.

해설 | 빈칸은 앞뒤로 완전한 절이 나오므로 부사절 접속사 자리이다. '입력하는 반면에'라는 의미를 나타내는 대조의 부사절 접속사 (D) while이 정답이다. 부사 (A) also(또한)와 (C) moreover(게다가, 더욱이)는 품사상 적합하지 않다.

8 (A)

번역 | 1년 이상 된 실제 파일은 보관 시설로 옮길 수 있도록 상자에 넣어야 한다.

해설 | 빈칸은 부사절 접속사 자리로 '보관 시설로 옮길 수 있도록'이라는 의미를 나타내는 목적의 부사절 접속사 (A) so that이 정답이다. (B) contrary to(~에 반해서)와 (C) because of (~ 때문에)는 품사상 적합하지 않고 (D) if so(만일 그렇다면)는 의미상 적합하지 않다.

● ETS 실전문제
본책 p.232

1 (A)	**2** (B)	**3** (C)	**4** (A)	**5** (A)	**6** (C)
7 (B)	**8** (C)	**9** (C)	**10** (C)	**11** (A)	**12** (C)
13 (D)	**14** (C)				

1 (A)

번역 | 재무 담당 최고책임자가 업무 차 자리를 비웠기 때문에 예산 회의는 월요일로 변경되었다.

해설 | 빈칸은 뒤에 있는 완전한 절을 이끌면서 콤마 뒤의 완전한 문장 전체를 수식하는 부사절 접속사 자리로 '자리를 비웠기 때문에'의 의미를 나타내는 이유의 부사절 접속사 (A) Since가 정답이다. 대명사 (B) Either(어느 하나의)는 품사상 적합하지 않다.

어휘 | chief financial officer 재무 담당 최고책임자(CFO) budget 예산 reschedule 일정을 변경하다

2 (B)

번역 | 코시모 식료품은 구매한 식품을 최대한 활용할 수 있도록 고객에게 실용적인 요리 비법을 제공한다.

해설 | 빈칸은 부사절 접속사 자리로 '활용할 수 있도록'이라는 의미를 나타내는 목적의 부사절 접속사 (B) so that이 정답이다. so that 대신 in order that으로 바꿔 쓸 수 있다.

어휘 | practical 실용적인 make the most of ~을 최대한 활용하다 purchase 구매하다 in addition 게다가 so that ~ can ~가 …할 수 있도록 in case 만약 ~이면

3 (C)

번역 | 바랑기아 마케팅 서비스는 고작 4년 동안 영업해 왔음에도 불구하고 기업 광고의 선두주자가 되었다.

해설 | 빈칸은 앞뒤로 완전한 절이 나오므로 부사절 접속사 자리이다. '영업해 왔음에도 불구하고'라는 의미를 나타내는 양보의 부사절 접속사 (C) even though가 정답이다. 전치사 (A) owing to와 부사 (D) instead는 품사상 적합하지 않고 시간의 부사절 접속사 (B) before는 의미상 적합하지 않다.

어휘 | advertising 광고 in business 영업하는 owing to ~ 덕분에 instead 대신에

4 (A)

번역 | 음악이 건물 내의 다른 입주자들에게 방해만 되지 않는다면, 세입자는 악기를 연주할 수 있다.

해설 | 빈칸은 부사절 접속사 자리로 '방해하지 않는다면'이라는 의미를 나타내는 조건의 부사절 접속사 (A) provided that이 정답이다. 이때 that은 생략할 수 있다. 전치사 (B) such as(~와 같은), (C) in case of(~ 경우에), (D) owing to(~ 때문에)는 모두 품사상 적합하지 않다.

어휘 | tenant 세입자, 임차인 musical instrument 악기 disturb (작업·수면 등을) 방해하다 resident 거주자, 주민 provided that 만일 ~이라면, ~라는 조건으로

5 (A)

번역 | 이번 주말에 카펫 청소가 예정되어 있으니 오늘 퇴근 전에 사무실 바닥에서 물건을 모두 치워 주십시오.

해설 | 빈칸은 뒤에 있는 완전한 절을 이끌면서 빈칸 앞의 so가 이끄는 완전한 문장 전체를 수식하는 부사절 접속사 자리로 '퇴근 전에'라는 의미를 나타내는 시간의 부사절 접속사 (A) before가 정답이다. 전치사 (D) upon은 품사상 적합하지 않다.

어휘 | remove 치우다

6 (C)

번역 | 칼스톤 시의 대중교통 시스템을 확장하기 위한 몇 가지 아이디어가 제시되었지만, 예산 범위 내에 있는 것은 하나도 없다.

해설 | 빈칸은 뒤에 있는 완전한 절을 이끌면서 콤마 뒤의 완전한 문장 전체를 수식하는 부사절 접속사 자리로 '제시되었지만'이라는 의미를 나타내는 양보의 부사절 접속사 (C) Although가 정답이다.

어휘 | expand 확장하다 public transportation 대중교통 budget 예산

7 (B)

번역 | 인사과에서 휴가 정책을 수정한 것은 많은 직원이 과거 정책이 혼란스럽다고 생각했기 때문이다.

해설 | 빈칸은 앞뒤로 완전한 절이 나오므로 부사절 접속사 자리이다. '혼란스럽다고 생각했기 때문에'라는 의미를 나타내는 이유의 부사절 접속사 (B) because가 정답이다. 부사 (D) thus(따라서)는 품사상 적합하지 않다.

어휘 | revise 수정하다 policy 정책 employee 직원 confusing 혼란스러운

8 (C)

번역 | 정화 활동이 끝났으므로 작업장에서 대형 쓰레기통을 치울 것이다.

해설 | 빈칸은 뒤에 있는 완전한 절을 이끌면서 콤마 뒤의 완전한 문장 전체를 수식하는 부사절 접속사 자리로 '끝났으므로'라는 의미를 나타내는 이유의 부사절 접속사 (C) Now that이 정답이다.

어휘 | trash 쓰레기 remove 치우다 in particular 특히 now that ~이므로 for instance 예를 들어

9 (C)

번역 | 엘름우드의 상업센터는 새로운 상점 주인들에게 영업 첫 해 동안 지원 서비스를 제공한다.

해설 | 빈칸은 their initial year of business를 목적어로 취하면서 '~동안'을 의미하는 전치사 (C) during이 정답이다. (A)

since(~부터)는 의미상 적합하지 않고, 접속사 (B) though(~이긴 하지만)와 (D) while(~하는 동안)은 품사상 적합하지 않다.

어휘 | commerce 상업 provide 제공하다 support 지원 initial 처음의

10 (C)

번역 | 산티니 씨가 10분 안에 공항에 도착하지 않으면 나중 비행기를 타야 할 것이다.

해설 | 빈칸은 뒤에 있는 완전한 절을 이끌면서 콤마 뒤의 완전한 문장 전체를 수식하는 부사절 접속사 자리로 '도착하지 않는다면'의 의미를 나타내는 조건의 부사절 접속사 (C) Unless가 정답이다. 부사 (A) Regardless(개의치 않고)와 (D) Rather(꽤, 오히려)는 품사상 적합하지 않다.

어휘 | take a later flight 나중 비행기를 타다

[11-14] 공지

클리어데일 아파트 입주민들께 알려 드립니다:

보일러 연간 정비 및 청소가 10월 18일에 실시될 예정임을 안내드립니다. **11**이 프로젝트는 오전 10시부터 대략 오후 1시까지 계속될 예정입니다. 이 시간 동안 건물 전체의 수도 공급이 중단됩니다. **12**따라서 세탁실은 폐쇄됩니다.

이번 일이 **13**야기할 수 있는 불편함에 대해 사과드립니다. 이 중요한 작업을 완성하는 **14**데 협조해 주셔서 미리 감사드립니다.

루이스 베렐라, 건물 관리자

어휘 | tenant 입주민, 세입자 annual 연간의 maintenance 정비 take place 일어나다 supply 공급 entire 전체의 laundry 세탁 apologize for ~에 대해 사과하다 inconvenience 불편 cooperation 협조

11 (A)

번역 | (A) 이 프로젝트는 오전 10시부터 대략 오후 1시까지 계속될 예정입니다.
(B) 잔디 위 쓰레기를 줍기 위해 자원봉사자 몇 사람을 구하고 있습니다.
(C) 모든 연체 임대료는 이 날짜까지 제출해야 합니다.
(D) 새 기계는 더욱 강력하고 신뢰할 수 있을 것입니다.

해설 | 빈칸 앞 the annual maintenance and cleaning of the boiler has been scheduled to take place on October 18에서 연간 정비 및 청소 실시 날짜를 알리고 있다. 따라서 글의 흐름상 빈칸에는 이 작업의 소요 시간에 관한 내용이 자연스러우므로 (A)가 정답이다.

어휘 | approximately 대략 trash 쓰레기 overdue 연체된 submit 제출하다 reliable 신뢰할 수 있는

12 (C)

해설 | 빈칸은 문장 전체를 수식하는 부사 자리이다. 문맥상 '따라서 세탁실은 폐쇄된다'라고 하는 것이 자연스러우므로 (C) Consequently(따라서)가 정답이다. 나머지 (A) Nevertheless(그럼에도 불구하고), (B) Elsewhere(다른 곳에), (D) Alternatively(대신에)는 모두 의미상 적합하지 않다.

13 (D)

해설 | 빈칸은 앞의 사물 명사 any inconvenience를 수식하는 관계대명사절에서 동사 자리로 '이것이 야기할 수 있는'이라는 의미를 나타내는 것이 자연스러우므로 (D) may cause가 정답이다. any inconvenience 뒤에는 목적격 관계대명사 which[that]가 생략되어 있다.

14 (C)

해설 | 빈칸은 앞뒤로 완전한 절이 나오므로 부사절 접속사 자리이다. '이 중요한 작업을 완성할 때'라는 의미를 나타내는 시간의 부사절 접속사 (C) as가 정답이다. (A) so와 (D) that은 의미상, (B) also는 품사상 적합하지 않다.

Unit 16 비교구문

① 비교급과 원급

● **실전 도움닫기**　　　　　　　本책 p. 235

1 (A)	**2** (B)	**3** (A)	**4** (A)	**5** (A)	**6** (B)
7 (C)	**8** (A)				

1 (A)

번역 | 새로운 바이러스 방지 소프트웨어는 과거 버전보다 훨씬 성능이 좋다.

해설 | 빈칸 앞의 비교급 형용사 more powerful과 결합하여 '~보다 더 강력한'의 의미를 나타내는 (A) than이 정답이다.

2 (B)

번역 | 레드 배지 사는 현재 경쟁업체인 테일로 시큐리티만큼 유명하다.

해설 | 빈칸은 형용사 famous를 수식하는 부사 자리로 뒤에 있는 <형용사+as>와 결합하여 '~만큼 유명한'의 의미를 나타내는 (B) as가 정답이다.

3 (A)

번역 | 플라스틱은 오늘날 예전보다 훨씬 더 용도가 다양한 건축 자재이다.

해설 | 빈칸은 뒤의 비교급 형용사 more versatile을 수식하는 부사 자리로 비교급 강조 부사 (A) much가 정답이다. (B) very는 원급 형용사를 수식하는 부사이다. 참고로 비교급 강조 부사로는 much, even, still, far, a lot 등이 있다.

4 (A)

번역 | 의료비 상환은 가능한 한 빨리 지급될 것입니다.

해설 | 빈칸은 동사 will be paid를 수식하는 부사 자리로 빈칸 앞의 as, 뒤의 as possible과 결합하여 '가능하면 빨리'의 의미를 나타내는 원급 부사 (A) quickly가 정답이다. <as+원급+as possible>의 관용적 표현을 기억한다.

5 (A)

번역 | 그 편집직에는 학력만큼이나 업무 경력이 중요하다.

해설 | 빈칸은 형용사 important를 수식하는 부사 자리로 뒤에 있는 <형용사+as>와 결합하여 '~만큼 중요한'의 의미를 나타내는 (A) as가 정답이다.

6 (B)

번역 | 내일 교육은 입사한 지 1년 미만인 직원들을 대상으로 마련된 것이다.

해설 | 빈칸은 뒤의 숫자 표현 one year를 수식하는 부사 자리로 '1년보다 더 적은'이라는 의미를 나타내는 (B) less than이 정답이다. 나머지 (A) rather than(~보다는), (C) no longer(더 이상 ~않은), (D) by far(훨씬, 단연)는 모두 의미상 적합하지 않다.

7 (C)

번역 | 설문에 참여한 소비자는 제품의 새로운 포장에 대해 예상보다 훨씬 더 호의적으로 반응했다.

해설 | 빈칸은 부사 even의 수식을 받으면서 앞의 동사 responded를 수식하는 부사 자리로 뒤의 than과 결합하여 '~보다 훨씬 더 호의적으로'라는 의미를 나타내는 비교급 부사 (C) more favorably가 정답이다.

8 (A)

번역 | 좌석은 선착순으로 배정되므로 오전 11시까지는 도착하는 것이 최선입니다.

해설 | 빈칸은 앞의 no, 뒤의 than과 결합하여 '~보다 더 늦지 않게'의 의미를 나타내는 비교급 부사 (A) later가 정답이다. 비교급 표현 <no later than+시간>은 최상급 표현 <by+시간+at the latest>로 바꿔 쓸 수 있다.

② 최상급

● **실전 도움닫기**　　　　　　　本책 p. 237

1 (B)	**2** (A)	**3** (B)	**4** (B)	**5** (D)	**6** (A)
7 (A)	**8** (B)				

1 (B)

번역 | AC 오토즈 사의 NX 2016 모델은 세상에서 가장 빠른 자동차 중 하나다.

해설 | 빈칸은 전치사 of의 목적어인 cars를 수식하는 형용사 자리로 앞의 정관사 the, 뒤의 in the world와 결합하여 '세상에서 가장 빠른'이라는 의미를 나타내는 최상급 형용사 (B) fastest가 정답이다. 최상급은 <one of the+최상급 형용사+복수명사>의 형태로 자주 쓰인다.

2 (A)

번역 | 어제 축제는 팰리스 극장이 여태껏 주최한 것 중 가장 활기 넘치는 공연 몇몇을 보여 줬다.

해설 | 빈칸은 전치사 of의 목적어인 performances를 수식하는 형용사 자리로 앞에 정관사 the와 결합하여 '가장 활기찬'의 의미를 나타내는 최상급 형용사 (A) most lively가 정답이다.

3 (B)

번역 | 부장이 면접한 지원자들 중에서 포위트 씨가 가장 적합한 자격을 갖췄다.

해설 | 빈칸 앞에 정관사 the가 있는데 빈칸 뒤에 명사가 없다. 따라서 여기서 the는 최상급 앞에 붙는 것임을 알 수 있으므로 최상급을 이루는 (B) most가 정답이다.

4 (B)

번역 | 발표된 세 개의 프레젠테이션 중에서 샨티 그룹의 것이 가장 인상적이었다.

해설 | 빈칸은 be동사 was의 주어인 the one을 보충 설명하는 주격 보어 자리로 콤마 앞의 Of the three presentations, 바로 앞의 정관사 the와 결합하여 '셋 중 가장 인상적인'이라는 의미를 나타내는 최상급 형용사 (B) most impressive가 정답이다.

5 (D)

번역 | 소린스 레이크뷰 그릴은 우리가 지금까지 스웬센 시에서 가 본 곳 중에서 가장 큰 식당이다.

해설 | 빈칸은 명사 restaurant을 수식하는 형용사 자리로 앞의 정관사 the, 뒤의 형용사절 that we've ever been to in the city of Swensen과 결합하여 '가 본 적이 있는 가장 큰'의 의미를 나타내는 최상급 형용사 (D) largest가 정답이다.

6 (A)

번역 | 써니덱 리조트는 몇몇 업체들로부터 받은 제안서를 검토하고 있으며, 가장 적절한 입찰가를 선택할 것이다.

해설 | 빈칸은 명사 bid를 수식하는 형용사 자리로, 빈칸 앞의 정관사 the와 결합하여 '제안서들 중 가장 저렴한'이라는 의미를 나타내는 최상급 형용사 (A) most affordable이 정답이다.

7 (A)

번역 | 광고 캠페인을 위한 모든 출품작들 중에서, 앤드류 씨의 디자인이 가장 창의적이다.

해설 | 빈칸은 be동사 is의 주어인 Mr. Andrew's design을 보충 설명하는 주격 보어 자리로 콤마 앞의 Of all the entries, 빈칸 앞의 정관사 the와 결합하여 '출품작들 중에서 가장 창의적인'의 의미를 나타내는 최상급 형용사 (A) most creative가 정답이다.

8 (B)

번역 | 에드워즈 앤 선즈 플러밍은 올해의 설문에서 고객 만족 부분에 대해 가장 높은 평가를 받았다.

해설 | 빈칸은 명사 ratings를 수식하는 형용사 자리로 빈칸 앞의 정관사 the, 뒤에 있는 in this year's survey와 결합하여 '~ 설문에서 가장 높은'의 의미를 나타내는 최상급 형용사 (B) highest가 정답이다.

● ETS 실전문제

본책 p.238

1 (B)	**2** (B)	**3** (B)	**4** (D)	**5** (C)	**6** (B)
7 (A)	**8** (C)	**9** (D)	**10** (D)	**11** (A)	**12** (B)
13 (A)	**14** (B)				

1 (B)

번역 | 기술 지원 사무소에 이메일을 보내면 대체로 전화보다 더 빨리 응답 받는다.

해설 | 빈칸은 부정관사 a와 명사 response 사이에서 명사를 수식하는 형용사 자리로 빈칸 뒤의 than과 결합하여 '~보다 더 빠른 응답'의 의미를 나타내는 비교급 형용사 (B) quicker가 정답이다.

어휘 | assistance 지원 generally 대체로 response 응답

2 (B)

번역 | 종합건설업자는 마운틴 오피스 공원이 늦어도 다음 달까지는 입주 준비가 되리라 예상한다.

해설 | 빈칸은 앞의 no, 뒤의 than과 결합하여 '~보다 더 늦지 않게'의 의미를 나타내는 비교급 부사 (B) later가 정답이다.

어휘 | general contractor 종합건설업자 expect 예상하다 occupancy 입주 no later than 늦어도 ~까지 lately 최근에

3 (B)

번역 | 봄 의류 판매 계획에 관해서 가능한 한 빨리 시리하르 씨에게 연락하십시오.

해설 | 빈칸은 동사 contact를 수식하는 부사 자리로 빈칸 앞의 as, 뒤의 as possible과 결합하여 '가능하면 빨리'의 의미를 나타내는 원급 부사 (B) soon이 정답이다.

어휘 | as soon as possible 가능한 한 빨리

4 (D)

번역 | 추가 인력은 예정되지 않았지만 재고 검토는 예상보다 빨리 마무리됐다.

해설 | 빈칸은 동사 was completed를 수식하는 부사 자리로 빈칸 뒤에 있는 than과 결합하여 '~보다 더 빨리'라는 의미를 나타내는 비교급 부사 (D) more rapidly가 정답이다.

어휘 | additional 추가의 inventory 재고 complete 마무리하다 than expected 예상보다

5 (C)

번역 | 일단 최신 업데이트가 설치되면 전화 플랫폼이 더 이상 이 애플리케이션을 지원하지 않게 된다.

해설 | 빈칸은 동사 support를 수식하는 부사 자리로 빈칸 뒤에 있는 longer와 결합하여 '더 이상 ~아닌'이라는 의미를 나타내는 (C) no가 정답이다.

어휘 | once 일단 ~하면 most recent 최신의 install 설치하다 support 지원하다

6 (B)

번역 | 제안된 다리에 관한 건축가들의 모형은 도면만 있을 때보다 훨씬 더 이해하기 쉽다.

해설 | 빈칸은 뒤의 비교급 형용사 easier를 수식하는 부사 자리로 비교급 강조 부사 (B) much가 정답이다. 나머지 (A) very, (C) so, (D) too는 모두 원급 형용사를 수식하는 부사이다. 참고로 비교급 강조 부사로는 much, even, still, far, a lot 등이 있다.

7 (A)

번역 | CCAR 미술감독 후보자 세 사람 중 쇼 씨가 가장 경력이 많다.

해설 | 빈칸은 뒤의 명사 the three candidates를 목적어로 취하면서 콤마 뒤의 최상급 the most experience를 한정할 수 있도록 the three candidates와 결합하여 '세 후보 중'이라는 의미를 나타내는 전치사 (A) Of가 정답이다. 부사와 접속사로 사용되는 (C) Yet과 (D) So는 품사상 적합하지 않다.

어휘 | candidate 후보자 experience 경력

8 (C)

번역 | 건축가를 찾을 때 로페즈 씨보다 더 정확한 디자이너를 찾기를 바랄 수는 없다.

해설 | 빈칸은 명사 designer를 수식하는 형용사 자리로 뒤에 있는 than과 결합하여 '~보다 더 정확한'이라는 의미를 나타내는 비교급 형용사 (C) more accurate이 정답이다.

어휘 | architect 건축가 accurately 정확하게 accurate 정확한

9 (D)

번역 | 연간 직원 설문조사에 따르면, 준타사 장난감 공장의 사기는 지난 5년 동안 점차 나아졌다.

해설 | 빈칸은 동사 become의 보어인 비교급 형용사 better를 수식하는 부사 자리이므로 부사 (D) progressively가 정답이다.

어휘 | according to ~에 따르면 annual 연간의 survey 설문조사 morale 사기 progress 발전하다 progressive 점진적인 progressively 점차

10 (D)

번역 | 새로 출시된 니비도 휴대전화는 그 회사의 다른 모델들보다 거의 2배 더 비싸다.

해설 | 빈칸은 원급 비교인 as expensive as를 수식하는 배수사 자리로 '2배만큼 비싼'의 의미를 나타내는 배수사 (D) twice가 정답이다. 유사한 의미의 double은 <as + 원급 + as> 앞에 쓰이지 않는다.

어휘 | released 출시된, 공개된 almost 거의

[11-14] 광고

파티, 회의 및 기타 사교 모임을 계획 중이시라면 인바이팅 디자인스를 이용하십시오. **11저희는 모든 손님을 품위 있게 초대하는 일을 도와 드립니다.** 저희는 미리 만들어진 초대장을 다양하게 구비해 놓고 있기 때문에 다른 카드 회사들보다 이용하시기에 **12**더 쉽습니다. 시간이 촉박한 분들은 수십 가지 각기 다른 행사에 완벽하게 적합한 이들 초대장 **13**견본 중에서 고르실 수 있습니다. 혹시 **14**특별한 디자인이 필요하시다면 오직 당신만을 위한 맞춤 패키지를 만들어 드릴 수도 있습니다. 어떤 것이 필요하시든 오늘 전화 주셔서 초대 받는 분이 외면할 수 없는 인바이팅 디자인스 초대장을 주문하십시오!

어휘 | extensive 폭넓은, 광범위한 premade 미리 만들어진 invitation 초대장 planner 기획자 in a rush 아주 바쁜, 바쁘게 be suited to ~에 적합하다 occasion 행사, 경우 customized 맞춤 제작된 ignore 무시하다

11 (A)

번역 | (A) 저희는 모든 손님을 품위 있게 초대하는 일을 도와 드립니다.
(B) 파티는 사람들에게 저희 서비스를 홍보할 적기입니다.
(C) 저희 초대장은 모두 당신을 위해 특별히 제작됩니다.
(D) 저희는 각종 행사 준비에 필요한 모든 용품을 제공합니다.

해설 | 빈칸 뒷 문장에서 이 업체가 초대장을 제작하는 카드 회사임을 알 수 있다. 따라서 빈칸 뒤에는 인바이팅 디자인스 사에서 제공하는 서비스에 대해 상세히 설명하기 전에 인바이팅 디자인스 사에서 하는 일을 언급하는 것이 글의 흐름상 자연스러우므로 (A)가 정답이다. 모든 카드가 특별 제작되는 것은 아니며, 모든 행사용품을 취급하는 것도 아니므로 (C)와 (D)는 적합하지 않다.

12 (B)

해설 | 빈칸은 be동사 are의 주어인 We를 보충 설명하는 주격 보어 자리로 빈칸 뒤의 to use than과 결합하여 '~보다 사용하기 더 쉬운'이라는 의미를 나타내는 비교급 형용사 (B) easier가 정답이다.

13 (A)

해설 | 빈칸은 앞의 choose from의 목적어로 앞의 명사 invitation과 결합하여 '초대장 견본 중에서 고를 수 있다'라는 의미를 나타내는 것이 자연스러우므로 (A) templates(템플릿, 견본)가 정답이다. 나머지 (B) fonts(폰트), (C) designers, (D) enhancements(향상, 강화)는 모두 의미상 적합하지 않다.

14 (B)

해설 | 빈칸 뒤에 있는 문장 we can create a customized package just for you에서 맞춤 패키지를 만들어 줄 수 있다고 언급하고 있다. 따라서 앞에는 '특화된 디자인이 필요하면'이라는 의미를 나타내는 것이 자연스러우므로 (B) specialized(특화된, 전문화된)가 정답이다. 나머지 (A) typical(전형적인), (C) reusable(재사용할 수 있는), (D) sensitive(세심한)는 모두 의미상 적합하지 않다.

Unit 17 어휘

기출 어휘 - 동사 1

● **실전 도움닫기**   본책 p.241

1 (B)	2 (B)	3 (A)	4 (B)	5 (B)	6 (B)
7 (C)	8 (C)				

1 (B)

번역 | 시장은 오늘 연설에서 도로 개선사업의 문제를 다룰 것이다.

해설 | 빈칸 뒤의 목적어 the issue와 결합하여 '문제를 다루다'라는

의미를 나타내므로 타동사 (B) address가 정답이다. 타동사 (A) educate(교육하다)는 의미상 적합하지 않다.

2 (B)

번역 | 다음 달 런던에서 개최되는 영업 전시회에 참가하고 싶은 직원들은 자신의 부장들에게 알려야 한다.

해설 | 빈칸 뒤의 목적어 the sales exposition과 결합하여 '영업 전시회에 참가하다'라는 의미를 나타내므로 타동사 (B) attend가 정답이다. (A) participate(참가하다)는 자동사로 전치사 in과 결합하여 목적어를 취할 수 있다.

3 (A)

번역 | 두 회사의 임원들은 곧 제안된 합병의 조건에 대해 확정할 준비가 될지도 모른다.

해설 | 빈칸 뒤의 목적어 the terms와 결합하여 '조건들을 확정하다'라는 의미를 나타내므로 타동사 (A) confirm이 정답이다. 자동사 (B) collaborate(협력하다)는 전치사 with 또는 on 없이 바로 목적어를 취할 수 없다.

4 (B)

번역 | 크로이돈 교통은 소포를 항상 제시간에 배송하겠습니다.

해설 | 빈칸 뒤의 목적어 your parcel과 결합하여 '당신의 소포를 배달하다'라는 의미를 나타내므로 타동사 (B) deliver가 정답이다. (A) exceed(초과하다)는 의미상 적합하지 않다.

5 (B)

번역 | 스캐그힐 수산은 작업장 안전 지침을 초과해 지역 당국에게 칭찬을 받았다.

해설 | 빈칸은 have been의 주어 Skaghill Fisheries를 보충 설명하는 주격 보어 자리로 뒤의 by local authorities와 결합하여 '지역 당국에게 칭찬 받은'이라는 의미를 나타내므로 과거분사 (B) commended가 정답이다.

6 (B)

번역 | 우리 협력업체에서 제작한 초기 모델은 우리가 그 업체에 제공한 사양을 준수하지 못했다.

해설 | 빈칸 뒤의 전치사구 with the specifications와 결합하여 '사양을 준수하다'라는 의미를 나타내므로 자동사 (B) comply가 정답이다. 자동사 (A) adhere(고수하다)와 (C) belong(속하다)은 주로 전치사 to와 함께 쓰고, (D) approach(접근하다)는 타동사로 전치사 없이 바로 목적어를 취할 수 있다.

7 (C)

번역 | 파웰 사는 올해 지역 고등학생들에게 15개 이상의 교육 장학금을 수여했다.

해설 | 빈칸 뒤의 목적어 more than fifteen educational scholarships와 결합하여 '15개 이상의 교육 장학금을 수여했다'라는 의미를 나타내므로 (C) awarded가 정답이다.

8 (C)

번역 | 어떻게 린더우드 공장의 가구 생산 속도를 높일지가 다음 감독 회의의 주제다.

해설 | 빈칸 뒤의 목적어 production과 결합하여 '생산 속도를 높이다'라는 의미를 나타내는 타동사 (C) accelerate가 정답이다. 자동사 (A) appeal(호소하다)과 (D) subscribe(구독하다)는 주로 전치사 to와 함께 쓴다.

기출 어휘 – 동사 2

● **실전 도움닫기**   본책 p.243

1 (A)	2 (B)	3 (B)	4 (B)	5 (D)	6 (D)
7 (D)	8 (D)				

1 (A)

번역 | 해외 기업과 제휴하는 것은 회사가 시장을 확대하는 효과적인 방법이다.

해설 | 빈칸 뒤의 목적어 its market과 결합하여 '시장을 확장하다'라는 의미를 나타내므로 (A) expand가 정답이다. (B) include(포함하다)는 의미상 적합하지 않다.

2 (B)

번역 | 메란 투자는 신규 본사를 매입하는 계약을 체결했다.

해설 | 빈칸 뒤의 목적어 an agreement와 결합하여 '동의서에 서명했다'라는 의미를 나타내므로 (B) signed가 정답이다.

3 (B)

번역 | 리워스의 커피 자회사는 지너스 빈스라는 이름으로 운영될 것이다.

해설 | 빈칸 뒤의 under the name of Genus Beans와 결합하여 '지너스 빈스라는 이름으로 운영되다'라는 의미를 나타내므로 (B) operate가 정답이다.

4 (B)

번역 | 아갈 사의 최고 경영자는 이번 주 늦게 언론에 성명서를 발표하리라 예상된다.

해설 | 빈칸 뒤의 목적어 a statement와 결합하여 '성명을 발표하다'라는 의미를 나타내므로 (B) issue가 정답이다. (A) speak은 '말하다'의 의미일 때, 주로 자동사로 쓰인다.

5 (D)

번역 | 우리는 모든 방문객들에게 건물에 들어오기 전에 사진이 부착된 신분증을 제시하도록 요구한다.

해설 | 빈칸 뒤의 목적어 photo identification과 결합하여 '신분증을 제시하다'라는 의미를 나타내므로 (D) present가 정답이다. (A) notify(통지하다)는 주로 통지를 받는 대상이 목적어 자리에 나온다. (B) assign(할당하다), (C) permit(허락하다)은 의미상 적합하지 않다.

6 (D)

번역 | 팀장들은 워크숍 참석자들이 서로 의견을 되풀이하지 않도록 노력해야 한다.

해설 | 빈칸 뒤의 목적어 workshop attendees와 from repeating과 결합하여 '워크숍 참석자들이 되풀이하는 것을 막다'라는 의미를 나타내므로 (D) prevent가 정답이다. prevent는 <prevent+목적어+from+-ing>의 구조를 취한다.

7 (D)

번역 | 호텔 피트니스 센터에 가려면 메인 로비 뒤쪽에 있는 계단을 이용하세요.

해설 | 빈칸 뒤의 목적어 the hotel fitness center와 결합하여 '호텔 피트니스 센터에 가다'라는 의미를 나타내므로 (D) reach(이르다)가 정답이다. 나머지 (A) feature(특징을 이루다), (B) invite(초대하다), (C) incline(기울이다)는 의미상 적합하지 않다.

8 (D)

번역 | 모든 프로그래머가 취업 면접을 잘 수행했지만, 수잔 트래포드는 나머지보다 돋보였다.

해설 | 빈칸 뒤의 수식어구 well in their job interviews와 결합하여 '취업 면접을 잘 수행했다'라는 의미를 나타내는 (D) performed가 정답이다. (A) treat(취급하다), (B) reveal(드러내다), (C) handle(취급하다)는 바로 뒤에 목적어가 온다.

기출 어휘 – 명사 1

● 실전 도움닫기
본책 p. 245

1 (A)　**2** (B)　**3** (B)　**4** (B)　**5** (D)　**6** (B)
7 (B)　**8** (D)

1 (A)

번역 | 디트리치 덴티스트리는 환자들에게 예약을 취소하기 위해 24시간 사전 통보를 제공하도록 요청한다.

해설 | 빈칸은 to cancel의 목적어 자리로 '예정된 예약을 취소하기 위하여'라는 의미를 나타내므로 (A) appointment가 정답이다.

2 (B)

번역 | 보조 통계학자의 업무는 자료 수집, 코딩, 통계 분석을 포함한다.

해설 | 빈칸에는 job과 결합하여 동사 includes의 주어가 될 말이 필요하다. includes의 목적어로 나열된 여러 예시가 '직무 내용'을 나타내므로 (B) description이 정답이다.

3 (B)

번역 | 프로젝트의 실제 비용에 대한 우려로 경기장 확장 계획이 지연됐다.

해설 | 빈칸은 동사 have delayed의 주어 자리로 뒤의 about the actual cost of the project와 결합하여 '실제 비용에 대한 우려'라는 의미를 나타내므로 (B) Concerns가 정답이다.

4 (B)

번역 | 권 회계와 선우 청소 서비스는 계약이 만료되기 전에 현재 계약을 재협상할 예정이다.

해설 | 빈칸에는 their current와 결합하여 동사 will renegotiate의 목적어가 될 말이 필요하다. before 이하가 '만료되다'를 나타내므로 이와 어울릴 수 있는 (B) contract이 정답이다.

5 (D)

번역 | 하울랜드 제조사가 발송하는 모든 물품은 가능한 결함에 대해 세심하게 검사 받는다.

해설 | 빈칸은 전치사 for의 목적어 자리로 앞의 possible과 결합하여 '가능한 결함'이라는 의미를 나타내므로 (D) defects가 정답이다. (A) inquiry(문의), (B) signs(간판), (C) scarcity(부족)는 의미상 적합하지 않다.

6 (B)

번역 | 파벨라 테스팅 랩의 회사 사무실 지도와 길 안내는 아래 링크를 클릭하세요.

해설 | 빈칸은 뒤의 전치사구 to Pavella Testing Lab's corporate office와 결합하여 '파벨라 테스팅 랩 회사 사무실로의 길 안내'라는 의미를 나타내므로 (B) directions가 정답이다. directions는 주로 전치사 to와 함께 쓰인다.

7 (B)

번역 | 드완 합병 프로젝트를 위해 지속적으로 노력해준 사우스필드 지사 팀의 노고에 감사합니다.

해설 | 빈칸은 뒤의 to the Dewan merger project와 결합하여 '합병 프로젝트에 대한 지속적인 기여'라는 의미를 나타내므로 (B) contributions가 정답이다. 참고로 contribution은 주로 전치사 to와 함께 쓰인다.

8 (D)

번역 | 은도리 산업은 시의회로부터 제안된 건설 프로젝트에 필요한 모든 승인을 받았다.

해설 | 빈칸은 동사 received의 목적어 자리로 all the necessary와 결합하여 '필요한 모든 승인'이라는 의미를 나타내므로 (D) approvals가 정답이다.

기출 어휘 – 명사 2

● 실전 도움닫기
본책 p. 247

1 (B)　**2** (B)　**3** (A)　**4** (B)　**5** (C)　**6** (A)
7 (C)　**8** (C)

1 (B)

번역 | 주모리토 타일 회사는 단계별 설치 지침을 제공하는 무료 DVD를 제공한다.

해설 | 빈칸은 관계대명사 that이 이끄는 절에서 동사 provides의 목적어 자리로, step-by-step의 수식을 받으며 installation과 복합명사 구조를 이루어 '단계별 설치 지침'이라는 의미를 나타내므로 (B) instructions가 정답이다.

2 (B)

번역 | 연구에 따르면 생명공학 산업이 다른 관련 분야보다 빠르게 성장하고 있다.

해설 | 빈칸은 that절에서 동사 is growing의 주어 자리로 the biotechnology와 복합명사 구조를 이루어 '생명공학 산업'의 의미를 나타내므로 (B) industry가 정답이다.

3 (A)

번역 | 어제 3/4분기 재무제표에서 바르가스 인더스트리즈 사는 주가의 15퍼센트 증가를 보고했다.

해설 | 빈칸은 뒤의 in value와 결합하여 '가치에서 15퍼센트 증가'의 의미를 나타내므로 (A) gain이 정답이다.

4 (B)

번역 | 노헤이븐 어소시에이츠 사는 3년 기간 동안 고객에게 전문적인 시장 전망을 제공한다.

해설 | 빈칸은 전치사 with의 목적어 자리로 expert의 수식을 받으며 market과 복합명사의 구조를 이루어 '전문적인 시장 전망'이라는 의미를 나타내므로 (B) forecasts가 정답이다.

5 (C)

번역 | 스탠퍼드 케이블은 여러 가지 결제 옵션을 제공하므로 고객들은 가장 편리한 납부 방법을 선택할 수 있다.

해설 | 빈칸은 동사 offers의 목적어 자리로 several의 수식을 받으며 payment와 복합명사 구조를 이루어 '여러 가지 결제 옵션'이라는 의미를 나타내므로 (C) options가 정답이다.

6 (A)

번역 | 디바드 사는 유망한 신인 음악가의 홍보를 전담하는 작은 홍보 회사다.

해설 | 빈칸은 뒤에 온 of promising new musicians와 결합하여 '유망한 신인 음악가의 홍보'라는 의미를 나타내므로 (A) promotion이 정답이다.

7 (C)

번역 | 대회 규칙을 준수하지 않는 출품작은 자동으로 실격될 것이다.

해설 | 빈칸은 관계대명사 that절이 수식하는 주어 자리로, that are out of compliance with contest rules와 결합하여 '대회 규칙을 준수하지 않는 출품작'이라는 의미를 나타내므로 (C) Submissions가 정답이다.

8 (C)

번역 | 회의 비용과 여행 경비는 디렉스코에서 지불하지만, 식사 비용은 참가자의 책임입니다.

해설 | 빈칸은 be동사 are의 주어인 dining expenses를 설명하는 주격 보어 자리다. '식사 비용은 참가자의 책임'이라는 의미를 나타내므로 (C) responsibility(책임)가 정답이다.

기출 어휘 – 형용사

● 실전 도움닫기

본책 p.249

1 (B)	**2** (B)	**3** (B)	**4** (A)	**5** (B)	**6** (A)
7 (C)	**8** (A)				

1 (B)

번역 | 그 엔터테인먼트 복합단지는 주말이면 개인적인 행사를 위해 이용할 수 있다.

해설 | 빈칸은 be동사 is의 주어인 The entertainment complex를 보충 설명하는 주격 보어 자리이다. 뒤의 for private functions와 결합하여 '사적인 행사를 위해 이용 가능한'이라는 의미를 나타내므로 (B) available이 정답이다.

2 (B)

번역 | 귀하가 선택한 물품들은 7일에서 10일 후에 도착할 예정이며, 뒤이어 매 6주마다 추가로 배송됩니다.

해설 | 빈칸은 전치사 by의 목적어인 deliveries를 수식하는 형용사 자리이다. 뒤의 every six weeks와 결합하여 '매 6주마다 추가적인 배송'이라는 의미를 나타내므로 (B) additional이 정답이다.

3 (B)

번역 | 톰킨스빌 도로 안내서는 상세한 전국 지도와 지방 지도를 바탕으로 편찬되었다.

해설 | 빈칸은 뒤에 온 national and local maps를 수식하는 형용사 자리이다. '상세한 전국 지도와 지방 지도'라는 의미를 나타내므로 (B) detailed가 정답이다.

4 (A)

번역 | 에디스 코직스 사는 임시직 직원들도 유급 휴가를 받을 자격이 있다는 것을 보장한다.

해설 | 빈칸은 temporary employees를 보충 설명하는 주격 보어 자리이다. 뒤의 for paid holidays와 결합하여 '유급 휴가를 받을 자격이 있는'의 의미를 나타내므로 (A) eligible이 정답이다. 형용사 eligible은 주로 전치사 for와 함께 쓰인다.

5 (B)

번역 | 실험실 직원은 이 설명서의 지침을 적힌 대로 정확하게 따르는 것이 극히 중요하다.

해설 | 빈칸은 be동사 is의 진짜 주어인 that laboratory employees follow the instructions in this manual exactly as written을 보충 설명하는 주격 보어 자리로 that 이하와 결합하여 '따르는 것이 극히 중요한'의 의미를 나타내므로 (B) critical이 정답이다.

6 (A)

번역 | <글로벌 플라이웨이즈>는 올란 항공 승객들에게 서비스로 제공되는 무료 잡지다.

해설 | 빈칸은 magazine을 수식하는 형용사 자리이다. '무료 잡지'라는 의미를 나타내므로 (A) complimentary가 정답이다.

7 (C)

번역 | JQT코퍼레이션의 사업 목표는 신뢰할 수 있는 시장조사 없이는 달성할 수 없다.

해설 | 빈칸은 market research를 수식하는 형용사 자리이다. '신뢰할 수 있는 시장조사'라는 의미를 나타내므로 (C) reliable이 정답이다.

8 (A)

번역 | 내일 세미나는 오전 9시 정각에 시작되므로 참석자들은 시간을 지키도록 노력해야 한다.

해설 | '시간을 지키도록 노력해야 한다'라는 의미를 나타내는 (A) punctual이 정답이다.

기출 어휘 – 부사

본책 p. 251

● **실전 도움닫기**

1 (B)	2 (A)	3 (B)	4 (B)	5 (D)	6 (D)
7 (C)	8 (D)				

1 (B)

번역 | 타이러덱스 조립라인 근로자들은 그들의 일을 신속하지만 정확하게 해낼 것으로 기대된다.

해설 | 빈칸은 앞의 to do를 수식하는 부사 자리이다. 뒤의 but accurately와 결합하여 '신속하지만 정확하게'의 의미를 나타내므로 (B) rapidly가 정답이다.

2 (A)

번역 | 변경된 작업 계획은 즉시 시작될 예정이며 최소 3개월 동안 유효할 것이다.

해설 | 빈칸은 to begin을 수식하는 부사 자리로 '즉시 시작할 것이다'라는 의미를 나타내므로 (A) immediately가 정답이다.

3 (B)

번역 | 만타르 사의 최근 결성된 고객 자문 부서가 현재 재무 전문가를 채용 중이다.

해설 | 빈칸은 명사를 수식하는 과거분사 formed를 수식하는 부사 자리이다. '최근에 결성된'이라는 의미를 나타내므로 (B) recently가 정답이다.

4 (B)

번역 | 새 사무 장비 요청은 처리에 보통 한 달 걸린다.

해설 | 빈칸은 문장의 동사 take를 수식하는 부사 자리로 one month to process와 결합하여 '처리에 보통 한 달 걸린다'라는 의미를 나타내므로 (B) generally가 정답이다.

5 (D)

번역 | 부서장에게 정식으로 소개되기 전, 로렌 씨는 일주일 동안 클로스 파이버스에서 근무했다.

해설 | 빈칸은 빈칸 뒤에 온 introduced를 수식하는 부사 자리로, '부서장에게 정식으로 소개되기 전'이라는 의미를 나타내므로 (D) formally가 정답이다.

6 (D)

번역 | 티호미르 토이즈 직원들은 회사 상품의 품질을 확보하기 위해 부지런히 일한다.

해설 | 빈칸은 동사 work를 수식하는 부사 자리로 '부지런히 일한다'라는 의미를 나타내므로 (D) diligently가 정답이다.

7 (C)

번역 | 빠른 처리를 위해 양식의 모든 부분들이 완전히 작성되게 하세요.

해설 | 빈칸은 동사 are filled out을 수식하는 부사 자리로 '완전히 작성되다'라는 의미를 나타내므로 (C) completely가 정답이다.

8 (D)

번역 | 현금 인출을 자주 하는 고객들은 우리의 신규 온라인 뱅킹 서비스에 관심이 있을지도 모른다.

해설 | 빈칸은 주격 관계대명사 who가 이끄는 형용사절에서 동사 make를 수식하는 부사 자리이다. '자주 현금 인출을 하는'이라는 의미를 나타내므로 (D) frequently가 정답이다.

● **ETS 실전문제**

본책 p. 252

1 (B)	2 (D)	3 (D)	4 (C)	5 (A)	6 (D)
7 (A)	8 (B)	9 (B)	10 (C)	11 (B)	12 (C)
13 (C)	14 (A)	15 (A)	16 (D)	17 (C)	18 (C)
19 (D)	20 (C)	21 (D)	22 (C)	23 (C)	24 (A)
25 (A)	26 (C)	27 (D)	28 (A)	29 (D)	30 (B)
31 (D)	32 (D)				

1 (B)

번역 | 여름 인턴 멘토 활동에 관심 있는 사람은 인사과 샤밀라 쿠마르에게 통보해야 한다.

해설 | 빈칸 뒤의 목적어 Sharmila Kumar와 결합하여 '샤밀라 쿠마르에게 통보하다'라는 의미를 나타내므로 (B) notify가 정답이다. (C) respond(응답하다)는 자동사로 전치사 to와 결합하여 목적어를 취할 수 있다.

어휘 | acquaint 숙지시키다 notify 통보하다 explain 설명하다

2 (D)

번역 | 우수한 고객 서비스에 대한 명성 덕분에 메이 미용실은 이 지역 동종 업계에서 가장 인기있는 사업체이다.

해설 | 빈칸은 뒤의 for outstanding customer service와 결합하여 '우수한 고객 서비스에 대한 명성'이라는 의미를 나타내므로 (D) reputation(명성, 평판)이 정답이다.

어휘 | outstanding 우수한 customer service 고객 서비스 hair salon 미용실 approval 승인 estimation 판단, 평가 probability 가능성, 개연성

3 **(D)**

번역 | 건축자재 비용을 상당히 절감한 것이 민브로 건설의 수익 증대에 기여했다.

해설 | 빈칸은 문장의 주어 savings를 수식하는 형용사 자리로 '상당한 절감'이라는 의미를 나타내므로 (D) Significant가 정답이다.

어휘 | contribute 기여하다 growth 증대 revenue 수익 virtual 가상의 tentative 잠정적인 observant 엄수하는 significant 상당한

4 **(C)**

번역 | 잉캠 카메라의 플래시는 자동으로 작동하므로 사진 찍는 사람이 플래시를 켤 필요가 없다.

해설 | 빈칸은 문장의 동사 activates를 수식하는 부사 자리로 '자동으로 작동하다'의 의미를 나타내므로 (C) automatically가 정답이다.

어휘 | activate 작동하다 potentially 잠재적으로 ultimately 마침내 automatically 자동으로 simultaneously 동시에

5 **(A)**

번역 | 피네 시의회는 내년 봄 버스정류장 근처에 쇼핑센터를 짓는 계획을 승인했다.

해설 | 빈칸 뒤의 목적어 a plan과 결합하여 '계획을 승인하다'라는 의미를 나타내므로 (A) approved가 정답이다. (B) cooperate (협력하다)는 주로 전치사 with와 함께 쓰인다.

어휘 | council 의회 approve 승인하다 treat 취급하다 connect 연결하다

6 **(D)**

번역 | 목요일에 CEO는 레미니 금융 서비스와의 합병 계획에 관한 기자회견을 열었다.

해설 | 빈칸은 plans를 목적어로 취하면서 a press conference를 수식하는 전치사 자리로, '계획에 관한'이라는 의미를 만드는 (D) concerning이 정답이다.

어휘 | press conference 기자회견 merge 합병 except ~을 제외하고 versus ~에 비해 concerning ~에 관한

7 **(A)**

번역 | 넬틴 코퍼레이션은 모든 고객 데이터를 무단 접근에서 보호하기 위해 적절한 보안 조치를 취한다.

해설 | 빈칸은 security measures를 수식하는 형용사 자리이다. '적절한 보안 조치'라는 의미를 나타내므로 (A) appropriate이 정답이다.

어휘 | measure 조치 safeguard 보호하다 unauthorized 무단의 access 접근 appropriate 적절한 dependent 의존적인 receptive 잘 수용하는 concerned 걱정하는

8 **(B)**

번역 | <실비나 상법>의 최신 디지털 판에는 전에 이용할 수 없었던 온라인 논평난이 있다.

해설 | 빈칸은 형용사 available을 수식하는 부사 자리로 not과 결합하여 '전에 이용할 수 없었던'이라는 의미를 나타내므로 (B) previously가 정답이다.

어휘 | available 이용할 수 있는 professionally 전문적으로 previously 전에 mainly 주로 thoughtfully 사려 깊게

9 **(B)**

번역 | 시내에 있는 식당들은 건강 및 안전 기준 준수 여부를 검증 받기 위해 검사관에 의해 자주 평가 받는다.

해설 | 빈칸은 주어 Eating establishments를 보충 설명하는 주격 보어 자리이다. frequently와 결합하여 '자주 평가 받는'이라는 의미를 나타내므로 (B) assessed가 정답이다.

어휘 | eating establishment 식당 frequently 자주 inspector 검사관 verify 검증하다 compliance 준수 invest 투자하다 assess 평가하다 conduct 이행하다 convey 전달하다

10 **(C)**

번역 | 임원들은 컴퓨터 시스템이 더 빨리 처리될 수 있도록 만드는 소프트웨어 업그레이드를 통해 서비스가 개선되었다고 본다.

해설 | attribute A to B(A를 B의 덕분으로 여기다) 구문에서 '소프트웨어 업그레이드 덕분에 서비스가 개선되었다'라는 해석이 자연스러우므로 (C) improvement가 정답이다.

어휘 | official 임원, 공무원 attribute A to B A를 B의 덕분으로 여기다 run 작동하다 exchange 교환; 교환하다 relief 경감, 안심 lift 승강기, 들어 올리다

11 **(B)**

번역 | 워크숍 참가자들은 발표자들을 위해 지정된 앞줄 좌석들을 제외하고는 강당에서 아무 좌석이나 선택할 수 있습니다.

해설 | 주격 관계대명사 which(those=seats)가 이끄는 절의 빈칸은 수동태를 이루는 과거분사가 들어갈 자리이다. 의미상 주어가 되는 선행사 those(=seats)와 어울리는 것은 '(자리 등을) 따로 잡아두다'라는 뜻의 reserve이므로 (B) reserved가 정답이다.

어휘 | auditorium 강당 front row 앞줄 presenter 발표자 chair 의장직을 맡다 substitute 대신하다, 대용하다 perform 공연하다, 수행하다

12 **(C)**

번역 | 사이토 박사의 연구 프로젝트는 점점 시간이 많이 걸리고 재정 부담이 커져서 중단되었다.

해설 | 빈칸은 형용사 time-consuming을 수식하는 부사 자리로 '점점 시간이 많이 걸리는'의 의미를 나타내므로 (C) increasingly가 정답이다.

어휘 | discontinue 중단하다 time-consuming 시간이 많이 걸리는 taxing 부담이 큰 poorly 형편 없이 thickly 두껍게 increasingly 점점 differently 다르게

13 **(C)**

번역 | 새 박물관의 건축 도급업자로 선정되려면 래퍼트 건설은 먼저 몇 군데 다른 건설회사들과 경쟁해야 한다.

해설 | 빈칸 뒤의 전치사구 against several other construction firms와 결합하여 '몇 군데 다른 건설회사들과 경쟁하다'라는 의미를 나타내므로 (C) compete이 정답이다. (A)

contribute(기여하다)는 주로 전치사 to와 함께 쓴다.

어휘 | contractor 도급업자 contribute 기여하다 decide 결정하다 compete 경쟁하다 associate 연합시키다

14 (A)

번역 | 델레스 테크에서 15년간 일한 덕택에 두바르 씨는 회사 정책을 철저하게 이해하고 있다.

해설 | 빈칸은 동사 has의 목적어인 understanding을 수식하는 형용사 자리이다. 뒤의 of company policies와 결합하여 '회사 정책의 철저한 이해'라는 의미를 나타내므로 (A) thorough가 정답이다.

어휘 | policy 정책 thorough 철저한 distracting 집중할 수 없는 prepared 준비된

15 (A)

번역 | 미나벳 카운티 산림청은 필요할 때 여가 구역을 조기 폐쇄할 수 있는 권한을 갖고 있다.

해설 | 빈칸은 뒤의 to close recreational areas early와 결합하여 '여가 구역을 조기 폐쇄할 수 있는 권한'의 의미를 나타내므로 (A) authority가 정답이다.

어휘 | forestry 삼림 necessary 필요한 authority 권한 consequence 결과 significance 중요성

16 (D)

번역 | 올해에만 V1X 자동차산업대상은 연비가 좋은 자동차를 생산하는 제조업체에게만 수여될 것이다.

해설 | 빈칸은 뒤의 전치사구 to manufacturers를 수식하는 부사 자리로 '오로지 제조업체에게'라는 의미를 나타내므로 (D) exclusively가 정답이다.

어휘 | manufacturer 제조업체 energy-efficient 연비가 좋은 vehicle 자동차 exceptionally 유난히 routinely 일상적으로 exclusively 오로지

17 (C)

번역 | 출장비를 환급 받으려면, 직원들은 출장에서 돌아온 후 30일 이내에 경비 보고서를 제출해야 한다.

해설 | 빈칸은 within 30 days of와 from their trip과 결합하여 '여행에서 돌아온 후 30일 이내에'의 의미를 나타내므로 (C) returning이 정답이다.

어휘 | reimbursement 환급 submit 제출하다 expense 비용 return 돌아오다 conduct 이행하다

18 (C)

번역 | 마즈덴 제조사는 더 많은 인력 자원에 대한 현재의 수요를 해결하기 위해 임시 직원을 고용하고 있다.

해설 | 빈칸은 to address의 목적어 자리로, 뒤의 for greater personnel resources와 결합하여 '더 많은 인력 자원에 대한 수요'라는 의미를 나타내므로 (C) demand가 정답이다.

어휘 | temporary worker 임시 직원 address (어려운 문제를)

다루다, 처리하다 personnel resources 인력 자원 measure 조치; 치수를 재다 denial 부정, 부인 demand 요구, 수요 claim 요구, 주장

19 (D)

번역 | 치과 보조직 지원자들은 뉴욕 주에서 유효한 자격증을 소지해야 합니다.

해설 | 빈칸은 주격 관계대명사 that이 이끄는 절에서 a license를 보충 설명하는 주격 보어 자리이다. '유효한 자격증'이란 의미를 나타내므로 (D) valid가 정답이다.

어휘 | applicant 지원자, 신청자 dental 치과의, 치아의 license 면허증, 자격증 respectful 공손한 actual 실제의, 사실상의 valid (법적·공식적으로) 유효한, 타당한

20 (C)

번역 | 여러 해 동안, 글렌뷰 래버러토리는 비용 효율이 높은 우수한 서비스를 한결같이 고객들에게 제공해 왔다.

해설 | 빈칸은 조동사와 과거분사 사이의 부사 자리로 '한결같이 제공해 왔다'는 의미를 나타내므로 (C) consistently가 정답이다.

어휘 | quality 양질의, 우수한; 품질 cost-effective 비용 효율이 높은 broadly 널리 formerly 전에 consistently 한결같이, 지속적으로 repetitiously 되풀이하여

21 (D)

번역 | 컴퓨터 기술자들은 영업 사원들에게 고객 데이터베이스 접근에 관한 상세한 설명을 제공한다.

해설 | 빈칸 뒤의 목적어 sales representatives와 결합하여 '영업 사원들에게 제공한다'라는 의미를 나타내므로 (D) provide가 정답이다. (A) offer는 전치사 with 없이 detailed instructions를 직접 목적어로 취할 수 있다.

어휘 | instruction 지시, 설명 access 접근하다, 이용하다; 접근, 이용 arrange 배치하다, 준비하다 contribute 기여하다, 공헌하다 provide A with B A에게 B를 제공하다

22 (C)

번역 | 레골로스 사는 고객 정보 보호의 중요성을 알기 때문에 자료 보호를 최우선 순위로 삼았다.

해설 | 빈칸은 동사 has made의 목적어인 data privacy를 설명하는 목적격 보어 자리이다. '자료 보호를 최우선 순위로 삼다'는 의미를 나타내므로 (C) priority가 정답이다.

어휘 | recognize 인식하다, 인정해 주다 importance 중요성 data privacy 정보 보호, 자료 보호 conformity 부응, 따름 liability 책임 seniority 연공서열

23 (C)

번역 | 분석가들은 웨스턴빌 파이낸셜이 오랫동안 지속적인 수익성을 올린 기록이 있기 때문에 안정적인 회사로 규정한다.

해설 | 빈칸은 전치사 as의 목적어인 company를 수식하는 형용사 자리이다. '안정적인 회사'라는 의미를 나타내므로 (C) stable이 정답이다.

어휘 | analyst 분석가 characterize 규정하다 sustained 지속적인 profitability 수익성 whole 전체의 stable 안정적인 routine 일상적인

24 (A)

번역 | 일요일 세션 중 시간을 절약하기 위해 원탁 토론은 회의 일정에서 의도적으로 생략되었다.

해설 | 빈칸은 be동사와 과거분사 사이의 부사 자리로 '의도적으로 생략되었다'는 의미를 나타내므로 (A) intentionally가 정답이다.

어휘 | omit 생략하다 intentionally 의도적으로 arguably 아마 틀림없이 commonly 흔히 vitally 불가결하게

25 (A)

번역 | 메타 전자는 호가에 맞는 제안을 기다리고 있기 때문에 오래된 건물을 팔지 않았다.

해설 | 빈칸은 전치사 for의 목적어 자리이자 관계대명사 that절의 수식을 받는 명사 자리이다. that meets the asking price와 결합하여 '호가에 맞는 제안'이라는 의미를 나타내므로 (A) offer가 정답이다.

어휘 | asking price 호가, 부르는 값 offer 제안 expense 비용 addition 추가 incident 사건

26 (C)

번역 | 주민센터 개보수 계획에 반대하는 주민들은 월요일 밤 회의에서 우려를 표명하면 된다.

해설 | 빈칸은 have의 목적어 자리로 뒤의 to the plan과 결합하여 '계획에 대한 반대'의 의미를 나타내므로 (C) objections가 정답이다.

어휘 | renovation 개보수 concerns 우려 decision 결정 offense 공격 objection 반대 installments 분할 불입, 할부

27 (D)

번역 | 업계 잡지 기자들은 여전히 에어리타의 신기술과 그것이 어떻게 시장에 막대한 영향을 끼칠 수 있는지를 대체로 인식하지 못하고 있다.

해설 | 빈칸은 동사 remain의 주어인 Trade magazine writers를 보충 설명하는 주격 보어 자리이다. '인식하지 못하고 있다'라는 의미를 나타내므로 (D) unaware(알지 못하는)가 정답이다. 참고로 형용사 unaware는 주로 전치사 of와 함께 쓰인다.

어휘 | trade magazine 업계 잡지 writer 기자, 필자 remain (여전히) ~한 상태로 있다 largely 대체로 drastically 막대하게, 급격하게 affect 영향을 끼치다 severe 심각한 indicative ~을 나타내는 subtle 미묘한

28 (A)

번역 | 지난 12월 수립된 스피디 프린트의 새로운 배출 감소 전략은 다음 달에 마침내 시행될 예정이다.

해설 | 빈칸은 조동사 will과 동사 be implemented 사이의 부사 자리로 '마침내 시행될 예정이다'는 의미를 나타내므로 (A) finally가 정답이다.

어휘 | emission (가스 등의) 배출 reduction 감소 strategy 전략 implement 시행하다 finally 마침내 recently 최근에 lastly 마지막으로 exactly 정확히

29 (D)

번역 | 고위 경영진은 직원들에게 직장 만족도를 높이기 위한 아이디어를 인사과에 제출하도록 독려한다.

해설 | 빈칸 뒤의 목적어 employees와 결합하여 '직원들을 독려하다'라는 의미를 나타내므로 (D) encourages가 정답이다. (A) respond(응답하다)는 전치사 to 없이 바로 목적어를 취할 수 없다.

어휘 | senior management 고위 경영진 submit 제출하다 increase 높이다 satisfaction 만족(도) respond 응답하다 excel 뛰어나다 maintain 유지하다 encourage 독려하다

30 (B)

번역 | 테크린드 사는 권한이 없는 사용자가 기밀 정보에 접근하는 것을 방지하기 위해 엄격한 보안 조치를 시행한다.

해설 | 빈칸은 동사 implements의 목적어 자리로 strict의 수식을 받으면서 명사 security와 복합명사 구조를 이루어 '엄격한 보안 조치'라는 의미를 나타내므로 (B) measures가 정답이다.

어휘 | implement 시행하다 strict 엄격한 prevent 방지하다 unauthorized 권한이 없는, 무단의 access 접근 confidential 기밀의 consent 동의 measure 조치 angle 각도 distance 거리

31 (D)

번역 | 이 설문지에 제공하신 정보는 엄격히 기밀 사항이며 다른 어떤 납품업체와도 공유하지 않습니다.

해설 | 빈칸은 be동사 is의 주어인 The information을 보충 설명하는 주격 보어 자리이다. 뒤의 and will not be shared with any other vendors와 결합하여 '정보는 기밀로 다른 업체와 공유되지 않는다'는 의미를 나타내므로 (D) confidential(기밀의)이 정답이다.

어휘 | questionnaire 설문지 strictly 엄밀히, 정확히 share 공유하다, 함께 쓰다 vendor 납품업체, 판매인 potential 잠재적인, 가능성 있는 concentrated 집중한, 응집된 dedicated 헌신적인, 몰두하는

32 (D)

번역 | 회사 연회에서 사진을 찍을 자원봉사자, 특히 행사 촬영 경험이 있는 사람들이 필요하다.

해설 | 빈칸 뒤의 절 those who have experience in event photography를 수식하는 부사 자리로 '특히 행사 촬영 경험이 있는 사람들'의 의미를 나타내므로 (D) specifically가 정답이다.

어휘 | experience 경험 gradually 점차 accordingly 따라서 constantly 계속 specifically 특히

Unit 18 편지 / 이메일

지문의 흐름 및 문제풀이 전략 ········· 본책 p.260

이메일

오스본 씨께

아프로디테 스포츠용품(ASG)은 최근 저희 파일에 있는 고객님의 주소로 여름 카탈로그 한 부를 발송했습니다. 안타깝게도 해당 물품은 "배송 불가"로 표시되어 반송되었습니다.

저희는 고객님께 카탈로그를 보내 드리고 싶습니다. 고객님이 그동안 주문하신 내역을 볼 때 고객님은 테니스 장비의 신규 상품에 관심이 있으실 것 같습니다. **고객님의 현재 우편물 발송 주소를 알려 주시면 유용한 쿠폰과 함께 카탈로그를 다시 보내 드리겠습니다.**

저희는 우편 주문 서비스도 개선했습니다. 이제 온라인 주문 추적 서비스를 제공하고 50달러 이상의 주문에 대해 더 이상 배송비를 청구하지 않습니다.

고객님의 답변을 기다리고 있겠습니다.

트랭 민 팜

Q 이메일의 목적은 무엇인가?
(A) 환불 받는 방법을 설명하려고
(B) 기프트 카드를 제공하려고
(C) 연락처 정보를 얻으려고
(D) 주문에 대한 세부 사항을 제공하려고

● 실전 도움닫기 ········· 본책 p.261

1 (A) **2** (B)

[1] 이메일

수신: warren.cluett@reva.org
발신: delia.kwon@reva.org
제목: 선적물 도착

안녕하세요 원렌,

우리가 내일 아침에 벽돌 선적물을 받을 겁니다. 트럭이 오전 7시 30분에 도착할 것이라고 제조업체에서 연락이 왔습니다. **트럭이 도착하면 선적물을 내리면서 재고 조사를 해주시고, 인수증 상의 물량이 정확한지 확인해 주세요. 또한 벽돌을 3개 이상 겹쳐 쌓지 마시기 바랍니다.**

델리아 권

Q 이메일의 목적은 무엇인가?
(A) 직원에게 지시 사항 전달 (B) 선적물에 대한 실수 처리

해설 | 주제/목적
지문 전체에 걸쳐 워렌 씨에게 재고 조사(take inventory), 인수증

상의 물량 확인(verify that the quantities on the receipt are accurate), 벽돌을 3개 이상 쌓지 말 것(make sure that the bricks are stacked no more than three bricks high) 등을 지시하고 있으므로 (A)가 정답이다.

[2] 편지

고메즈 씨께:

다음 달부터 영업부의 2개 국어 구사 고객 서비스 직에 공석이 생기리라 예상합니다. 지난해에 찾은 2개 국어 구사자 사무직 가용 인력 중에서 귀하의 지원서가 보관되어 있었습니다. 아직 관심이 있으신지, 또 올해 상근으로 일할 수 있으신지 알고 싶습니다. 만약 그러하시다면 5월 15일 금요일까지 604 555-0009로 저에게 연락하시면 상세 내용을 알려 드리겠습니다.

파멜라 핀치

Q 직위에 필요한 자격 요건은 무엇인가?
(A) 영업 경력　　　　　(B) 2개 국어 능통

해설 | 세부 사항
지문 첫 번째 문장 We anticipate an opening for a bilingual customer service associate in our sales department starting next month.에서 영업부의 2개 국어 구사 고객 서비스 직에 공석이 생길 것이라고 했다. 이를 통해 2개 국어에 능통한 것이 자격 요건이라는 것을 알 수 있으므로 (B)가 정답이다.

Paraphrasing
지문의 bilingual → 보기의 Fluency in two languages

● ETS 실전문제 ········· 본책 p.262

1 (B) **2** (C) **3** (A) **4** (D) **5** (B) **6** (A)
7 (A) **8** (A) **9** (B) **10** (D) **11** (B) **12** (D)
13 (C) **14** (B) **15** (D) **16** (A) **17** (B)

[1-2] 이메일

수신: ayang@winklightmail.net
발신: hughes@knowltoninn.com
날짜: 10월 20일
제목: 체류

양 씨께,

크놀턴 인에 머무르기로 결정해 주셔서 감사합니다. **2저희는 새로운 첨단 비즈니스 센터와 최근 리모델링된 식당 프레쉬 퍼스펙티브즈를 포함한 여관의 멋진 시설들에 자부심을 가지고 있습니다.**

1소중한 고객으로서, 고객님의 의견은 저희에게 중요합니다. 잠시 짬을 내 www.knowltoninn.com/guest_comments에서 간단한 **설문조사를 작성해 주세요.** 11월 1일까지 그렇게 하시면, 고객님이 다음 번 프레시 퍼스펙티브즈를 방문하실 때 쓸 수 있는 25퍼센트 할인 쿠폰을 우편으로 보내 드리겠습니다.

다시 한 번 크놀턴 여관을 선택해 주셔서 감사합니다. 체류가 즐거우셨기를 바랍니다.

해리스 휴즈, 매니저
크놀턴 인

1 휴즈 씨가 이메일을 보낸 이유는 무엇인가?

(A) 예약 확인   (B) 고객에게 의견 요청
(C) 고객 불만 응대   (D) 지불 요청

해설 | **주제 / 목적**
두 번째 단락 첫 번째 문장 As a valued customer,
your opinions are important to us.와 두 번째 문장
Please take a moment to fill out a brief survey at
www.knowltoninn.com / guest_comments.를 통해 고객에게
설문을 작성해 달라고 요청하고 있다는 것을 알 수 있으므로 (B)가
정답이다.

어휘 | reservation 예약   complaint 불만

Paraphrasing
지문의 a brief survey → 보기의 feedback

2 크놀턴 인에 대해 암시되는 것은 무엇인가?

(A) 시의 역사적 지역에 위치한다.
(B) 곧 웹사이트 디자인을 고칠 것이다.
(C) 최근에 변화를 겪었다.
(D) 합리적인 가격 책정으로 유명하다.

해설 | **추론**
첫 번째 단락 두 번째 문장 We are proud of the wonderful
facilities at our inn, including our new state-of-the-art
business center and our newly remodeled restaurant,
Fresh Perspectives.에서 새로운 첨단 비즈니스 센터와 최근
리모델링된 식당 등에 자부심을 가지고 있다고 했다. 이를 통해 최근
시설에 변화가 있었다는 것을 알 수 있으므로 (C)가 정답이다.

어휘 | recently 최근에   undergo 겪다   noted for ~으로 유명한
reasonable 합리적인

[3-4] 편지

5월 26일

켄 이즈무
웨스트레이크 마칭 밴드
웰스 포인트 대로 5443번지
킹스랜드, 미주리 64160

이즈무 씨께,

축하합니다! **3귀하의 밴드가 킹스랜드 여름 퍼레이드에서 연주하도록
선정되었습니다.** 퍼레이드는 6월 20일 토요일 오후 2시에 시작됩니다
연주자들에게 늦어도 오후 1시 30분까지 컨벤션 센터에 도착하라고
이야기해 주세요. **4공연자들은 컨벤션 센터 남문 근처에 모여서
출발해 서쪽 메인 스트리트를 향하다 시청을 지나 조플린 다리 쪽으로
향할 예정입니다.** 축제 행사는 페리우드 공원에서 끝나는데 이곳에서
컨벤션 센터로 돌아가는 셔틀버스를 이용할 수 있습니다.

거기서 뵙겠습니다!

메리앤 존스
행사 코디네이터

이즈무 씨는 누구이겠는가?

(A) 밴드 리더   (B) 버스 기사
(C) 컨벤션 센터 직원   (D) 퍼레이드 주최자

해설 | **추론**
Ken Izumu라는 이름이 편지의 첫 부분에서 나오므로 편지를 받는
사람이다. 지문 두 번째 문장 Your marching band has been
selected to perform in the Kingsland summer parade.에서
이즈무 씨의 밴드가 퍼레이드에서 연주하도록 선정되었다고
했다. 이를 통해 이즈무 씨는 밴드 리더임을 알 수 있으므로 (A)가
정답이다.

어휘 | organizer 주최자

4 퍼레이드는 어디에서 시작되는가?

(A) 시청   (B) 조플린 다리 밑
(C) 페리우드 공원   (D) 컨벤션 센터

해설 | **세부 사항**
지문 중반의 Performers will gather near the south gate
of the convention center to start를 통해 퍼레이드는 컨벤션
센터에서 시작된다는 것을 알 수 있으므로 (D)가 정답이다.

[5-7] 이메일

수신: llawson@sieraflux.net
발신: customerservice@ervingutilities.com
제목: 12월 납부
날짜: 12월 1일

로슨 씨께,

저희 기록에 따르면 고객님은 어빙 유틸리티즈 청구서 납부기한 전에
매달 이메일을 요청하셨습니다. **5총액을 12월 15일 오후 5시까지
납부하세요. 6이보다 늦게 지불한 납부에는 5달러 또는 총 납부액의
5퍼센트 중 더 큰 금액으로 서비스 요금이 부과됩니다.** 서비스 요금은
다음 달 어빙 유틸리티즈 청구서에 표시됩니다.

계좌번호: L5902-880-91

총 납부액 : 22.50달러

**5온라인으로 요금을 지불하려면 www.ervingutilities.com/
payment를 방문하세요.** 아니면 701-555-1175로 직원 중
한 사람에게 전화해 신용카드로 지불할 수도 있고, 우편을 통해
사서함으로 납부금을 부칠 수도 있습니다.

**7B기타 문제는 웹사이트 www.ervingutilities.com/cs/chat을
방문해 고객 서비스 담당자와 온라인 채팅을 하거나, 7C위의 번호로
전화, 또는 7D이메일을 보내세요.**

감사합니다.

고객 서비스 팀
어빙 유틸리티즈

5 로슨 씨에게 이메일을 보낸 이유는 무엇인가?

(A) 방침 변경 발표   (B) 납부 알림
(C) 청구 오류 수정   (D) 계정 정보 요청

해설 | **주제 / 목적**
지문 전체에 걸쳐 로슨 씨에게 청구서 납부 기한(pay the total
amount no later than 5:00 P.M. on December 15), 요금 연체

납부 시 추가요금(will be subject to a service charge), 요금 지불 방법 등을 알리고 있으므로 (B)가 정답이다.

6 서비스 요금에 대해 언급된 것은 무엇인가?

(A) 연체 납부에 적용된다.　　(B) 12월 15일에 폐지된다.
(C) 매월 같은 금액이다.　　(D) 즉시 지불해야 한다.

해설 | Not/True
첫 번째 단락 세 번째 문장 Payments received later than this will be subject to a service charge of $5.00 or 5% of the total amount due, whichever is greater.에서 이보다 늦게 지불한 납부에는 5달러나 총 납부액의 5퍼센트 중 더 큰 금액으로 서비스 요금이 부과될 것이라고 했으므로 (A)가 정답이다.

어휘 | eliminate 폐지하다　**immediately** 즉시

7 서비스 문제에 대해 회사에 연락할 수 있는 방법으로 제안되지 않은 것은 무엇인가?

(A) 엽서　　　　　　　(B) 온라인 채팅
(C) 전화　　　　　　　(D) 이메일

해설 | Not/True
지문 마지막 단락 please visit our Web site at www.ervingutilities.com/cs/chat to have an online chat with a customer service representative를 통해 (B)를, call us at the number above를 통해 (C)를, send us an e-mail을 통해 (D)를 확인할 수 있지만, 엽서에 대한 언급은 없으므로 (A)가 정답이다.

Paraphrasing
지문의 call us at the number above → 보기의 By phone

[8-10] 이메일

수신: <비공개 수신자>
발신: 이바나 로빈스
날짜: 2월 6일 오후 1시
제목: 업무지원부 티켓 #4456A

안녕하세요 여러분.

컴퓨터 업무지원부 관리자 케빈 길모어는 우리 지점 직원들이 오늘 인터넷과 이메일 시스템에 접근하는 데 어려움을 겪고 있다고 보고했습니다. **9그 부서의 기술자들이 오전 내내 문제를 풀기 위해 작업하고 있으며** 오후 5시까지 해결되기를 희망하고 있습니다. **8여기 회사 본사에 있는 우리 중 아무도 이 문제에 영향을 받지 않는 것처럼 보이지만,** 로린에 있는 영업부뿐만 아니라 급여부 전원에게 분명 영향을 미칩니다. **10이들 부서에 있는 누군가와 연락해야 하면 전화로 연락하면 됩니다.** 길모어 씨에게 동료들이 다시 온라인에 접속된다는 소식을 듣는 대로 알려 드리겠습니다.

이바나 로빈스
총괄 비서

8 누가 이메일을 받았겠는가?

(A) 회사 본사 직원　　　(B) 로린에 있는 영업사원
(C) 지점 관리자　　　　(D) 급여부 직원

해설 | 추론
지문 중반부 Though none of us here at corporate

headquarters seem to be affected by this problem을 통해 이메일을 받은 사람들은 본사 직원임을 알 수 있으므로 (A)가 정답이다.

9 이메일에 따르면 길모어 씨의 직원들이 노력하고 있는 일은 무엇인가?

(A) 구매 결정　　　　　(B) 인터넷 연결 복원
(C) 컴퓨터 지원 문서 개편　(D) 연락처 목록 확인

해설 | 세부 사항
지문의 두 번째 문장 His technicians have been working on the problem all morning을 통해 길모어 씨 부서의 기술자들이 인터넷과 이메일 시스템으로의 접근 문제 해결을 위해 작업하고 있다는 것을 알 수 있으므로 (B)가 정답이다.

어휘 | purchase 구매하다　**restore** 복원하다　**reorganize** 개편하다

Paraphrasing
지문의 working on the problem → 보기의 Restore Internet connections

10 이메일 수신자들이 권고 받은 행동은 무엇인가?

(A) 길모어 씨에게 기술적 문제 보고하기
(B) 직접 급여 수령하기
(C) 임시로 다른 컴퓨터로 작업하기
(D) 다른 통신 방법 사용하기

해설 | 세부 사항
지문 후반부 If you need to contact anyone in these departments, you can reach them by telephone.을 통해 인터넷 대신 전화로 연락할 것을 권고받고 있다는 것을 알 수 있으므로 (D)가 정답이다.

어휘 | in person 직접　**temporarily** 임시로　**method** 방법

Paraphrasing
지문의 reach them by telephone → 보기의 Use a different method of communication

[11-13] 이메일

발신: 알리사 쾨티그
수신: 댄코스티 배포부
날짜: 5월 2일
제목: 구독

<댄코스티 잡지> 구독 건으로 씁니다. **11구체적으로 말하면, 마지막 두 호가 체스터턴에 있는 옛 주소로 배송되었습니다.** 다행히 우체국에서 문제의 두 호를 추적해 베이츠빌에 있는 새 주소로 전달되도록 도움을 줬습니다. 하지만 저는 나아가 문제를 바로잡고 잡지가 제게 직접 배송되도록 하고 싶습니다.

122월에 새 아파트로 이사한 직후, 13제가 구독자를 위한 지침에 따라 웹사이트에 있는 온라인 사용자 계정에 새 주소를 추가했다는 점을 유념해 주십시오. 하지만 제대로 했는지는 확실치 않습니다. **13배포부가 새 주소를 받았는지 확인해 주시겠습니까?**

알리사 쾨티그

11 이메일의 목적은 무엇인가?

(A) 구독 취소　　　　　　(B) 배송 문제 보고
(C) 특약 문의　　　　　　(D) 웹사이트 이용 요청

해설 | 주제/목적
첫 번째 단락 두 번째 문장 Specifically, the last two issues were sent to my old address in Chesterton.에서 두 호가 체스터턴의 옛 주소로 배송되었다고 알리고 있으므로 (B)가 정답이다.

Paraphrasing
지문의 the last two issues were sent to my old address
→ 보기의 delivery problems

12 쾨티그 씨가 2월에 온라인 계정에 접속한 이유는 무엇인가?

(A) 대금 납부　　　　　　(B) 누락된 호 요청
(C) 고객 서비스 문의　　　(D) 개인 정보 업데이트

해설 | 세부 사항
두 번째 단락 첫 번째 문장 Please note that immediately after moving into my new apartment in February, I added the new address to my online user account on your Web site, following your instructions for subscribers.를 통해 이메일의 발신인 쾨티그 씨가 새로운 주소지를 추가하기 위해 온라인 사용자 계정에 접속했음을 알 수 있으므로 (D)가 정답이다.

Paraphrasing
지문의 added the new address to my online user account
→ 보기의 update personal information

13 [1], [2], [3], [4]로 표시된 곳 중에서 다음 문장이 가장 적합한 곳은 어디인가?

"하지만 제대로 했는지는 확실치 않습니다."

(A) [1]　　　　　　　　(B) [2]
(C) [3]　　　　　　　　(D) [4]

해설 | 문장 삽입
[3]번 앞 문장 I added the new address to my online user account on your Web site, following your instructions for subscribers에서 지시에 따라 새 주소를 추가했다고 했고, 뒤 문장 Could you please check to make sure that your distribution division has my new address?에서 확인해 달라는 요청을 하고 있다. 따라서 [3]번에서 제대로 했는지에 대한 불확실함을 표현하는 것이 문맥상 자연스러우므로 (C)가 정답이다.

[14-17] 편지

맥티어니 재단
더 아메리카스 애비뉴 4553번지
뉴욕, NY 10036

6월 16일

다이애나 산토소 씨
우타미 의료센터
잘란 코버 16, 치페테
자카르타 슬라탄, 인도네시아 12150

산토소 씨께,

[15]저는 지난해 동남아시아 건강계획회의에서 귀하의 병원 네트워크를 처음 알게 되었고, 그 이후로 작업 진척 상황을 면밀히 주시해 왔습니다. 귀하의 네트워크 확장은 놀랍습니다.

저희 재단은 최근 필리핀의 병원과 병동들에서 유사한 네트워크를 개발하는 프로젝트를 맡아 달라는 요청을 받았습니다. [16]이 프로젝트의 목표는 몇 군데 신규 병원과 기존의 의료 제공자들을 귀하처럼 하나의 밀착된 네트워크로 통합하는 것입니다. 지금까지 저희 재단의 업무는 주로 북미에 있는 개별 병원과 병동을 대상으로 했습니다. 따라서 저희는 여러 병원에서 프로젝트를 해 온 귀하 같은 관리자와 조직에서 가능한 한 많이 배우는 것이 중요합니다.

[14,17]따라서 저는 귀하와 귀하의 직원들을 만나고 병원을 둘러보기 위해 실태 조사 출장을 준비하는 일이 가능한지 여쭤보려고 편지를 씁니다. 구체적으로 귀하가 했던 것처럼 몇몇 시골 병원과 병동을 통합해 만든 병원 네트워크를 관리하는 일에 대해 더 배우고 싶습니다. [17]이상적으로는 귀하가 편한 시간에, 앞으로 석 달 안에 가고 싶습니다. 이것이 가능한지, 그리고 제가 가기에 가장 좋은 시기를 알려 주세요. 저희의 새로운 노력에 시간을 들여 도움을 주시고 이 특별한 요청을 고려해 주셔서 미리 감사드립니다.

존 쉐이커, 의학박사, 공중위생 석사

14 편지의 목적은 무엇인가?

(A) 산토소 씨에게 보조금 신청을 권유하려고
(B) 산토소 씨에게 전문지식 공유를 요청하려고
(C) 산토소 씨가 예상보다 빨리 보고서를 작성할 수 있는지 문의하려고
(D) 산토소 씨에게 정규직 일자리를 제공하려고

해설 | 주제/목적
세 번째 단락 첫 번째 문장 As a consequence, I am writing to ask whether it might be possible to arrange a fact-finding trip to meet with you and your staff and to see your hospitals.와 두 번째 문장 Specifically, I wish to learn more about managing a hospital network formed by incorporating several rural hospitals and clinics, as you have done.을 통해 편지 발신인 쉐이커 박사는 수신인 산토소 씨와 직원들을 만나 병원 네트워크를 관리하는 일에 대해 더 배우고 한다는 것을 알 수 있으므로 (B)가 정답이다.

어휘 | expertise 전문지식　**sooner than expected** 예상보다 빨리

Paraphrasing
지문의 learn more about managing a hospital network
→ 보기의 share her expertise

15 첫 번째 단락 2행의 "following"과 의미상 가장 가까운 것은 무엇인가?

(A) 준수하는　　　　　　(B) 성취하는
(C) 참여하는　　　　　　(D) 주목하는

해설 | 동의어
해당 문장 I first learned of your hospital network at the Southeast Asia Health Initiative conference last year and have been following the progress of your work closely since then.에서 문맥상 following은 '관심을 가지고 보았다'라는 뜻으로 쓰인 것이므로 (D)가 정답이다.

어휘 | obey 준수하다 accomplish 성취하다 participate in ~에 참여하다

16 쉐이커 박사가 재단의 새 프로젝트에 대해 지적한 것은 무엇인가?

(A) 복수 기관의 업무를 조율해야 한다
(B) 북미에 전문병원을 건설해야 한다.
(C) 인도네시아 정부의 자금 지원을 받고 있다.
(D) 수상 후보에 올랐다.

해설 | 세부 사항
두 번째 단락 두 번째 문장 The project's goal will be to integrate several new hospitals and existing care providers into one coherent network like yours.에서 편지 발신인 쉐이커 박사가 프로젝트의 목표가 신규 병원과 기존의 의료 제공자들을 하나의 네트워크로 통합하는 것이라고 했으므로 (A)가 정답이다.

어휘 | institution 기관

Paraphrasing
지문의 integrate several new hospitals and existing care providers into one coherent network → 보기의 involves coordinating the work of multiple institutions

17 편지에 의하면 쉐이커 박사가 3개월 안에 하고 싶은 일은 무엇인가?

(A) 재단 직원 확충   (B) 연구 목적의 해외 출장
(C) 뉴욕의 새 병원 방문   (D) 재단을 위해 새로운 자금원 찾기

해설 | 세부 사항
세 번째 단락 첫 번째 문장 As a consequence, I am writing to ask whether it might be possible to arrange a fact-finding trip to meet with you and your staff and to see your hospitals.와 세 번째 문장 Ideally, I'd like to make the trip sometime in the next three months에서 산토소 씨와 직원들을 만나 실태 조사차 출장을 가도 되는지 물은 후, 석 달 안에 가고 싶다고 했다. 이를 통해 쉐이커 박사는 연구 목적으로 산토소 씨가 있는 인도네시아를 방문하고 싶어 한다는 것을 알 수 있으므로 (B)가 정답이다.

어휘 | expand 확충하다

Unit 19   회람 / 공지 / 광고 / 기사

지문의 흐름 및 문제풀이 전략   본책 p.268

공지

맨테로 시 주민 센터
하계 요리 강좌

맨테로 시 주민 센터에서는 이번 여름에 다음과 같이 요리 강좌를 열 것입니다:

강좌	날짜	시간	비용
수프와 애피타이저	7월 9일	오후 4시 - 오후 6시	20달러
가금류와 육류 요리	7월 11일	오후 1시 - 오후 3시	35달러
간단한 파스타 요리	7월 13일	오전 9시 - 오전 11시	25달러

강좌는 맨테로 시 스프링데일 대로 3535번지에 위치한 맨테로 시 주민 센터에서 열립니다. 등록은 7월 1일에 시작됩니다. 자리를 예약하시려면 **D행정실을 방문해 주십시오.** 다른 방법으로는, **C로자 모랄레즈** 씨에게 928-555-0198번으로 귀하의 정보를 팩스로 보내시거나 **A**rmorales@manterocc.net으로 이메일을 보내실 수 있습니다. 성함, 수강하고자 하는 강좌명과 전화번호를 꼭 기재해 주십시오.

Q 독자들에게 응답 방법으로 제시하지 않은 것은 무엇인가?

(A) 이메일   (B) 전화
(C) 팩스   (D) 직접 방문

● 실전 도움닫기   본책 p.269

- -

1 (B)   **2** (A)

[1] 광고

코스털 팰럿
사무실에서 파티를 열 예정이신가요? 저희가 도와드리겠습니다!

코스털 팰럿은 간단한 사무실 파티에서 정식 만찬에 이르기까지 어떤 행사에도 맛있는 요리를 제공할 수 있습니다. 저희는 해산물 요리에 중점을 둔 프랑스, 이탈리아, 스페인 요리를 전문으로 합니다.

피드먼트 가 5600번지에 있는 저희 매장에 방문하셔서 전문가 중 한 분에게 이야기해 메뉴 품목을 공짜로 맛보세요. 화려한 만찬 경험과 관련해 저희가 회사 간부에게 최고의 선택인 이유를 확인해 보세요!

Q 어떤 종류의 업체가 광고되고 있는가?

(A) 주방용품점   (B) 음식 준비 서비스

해설 | 주제 / 목적
첫 번째 단락 첫 번째 문장 The Coastal Palate can provide delicious dishes for any occasion, from a simple office party to a formal dinner.를 통해 요리를 제공하는 업체가 광고되고 있음을 알 수 있으므로 (B)가 정답이다.

[2] 회람

발신: 하은미, 최고경영자
수신: 전 직원
제목: 1월 10일 회의
날짜: 1월 13일

에너지 비용 절감의 일환으로 대부분 직원들의 정규 근무 시간을 변경할 예정입니다. 대체로 연료비가 늦은 오후에 많이 들므로 오전에 더 많이 근무하는 것이 우리에게 유리할 것입니다. 따라서, 2월 24일 월요일부터 근무 시간은 공식적으로 오전 9시가 아니라 오전 8시에 시작할 것이며, 오후 5시가 아니라 오후 4시에 끝날 것입니다. 기존 일정은 2월 21일 금요일이 마지막이 될 것입니다.

Q 직원들은 어떻게 하도록 당부 받는가?

(A) 정규 근무 스케줄을 조정할 것
(B) 에너지 효율이 좋은 전구로 교체할 것

해설 | 세부 사항

지문의 첫 번째 문장 We will be changing the regular work hours for most employees as part of our initiative to reduce energy costs.에서 에너지 비용 절감의 일환으로 직원들의 정규 근무 시간을 변경할 예정이라고 하였으며, 이어지는 글에서 변경된 근무시간을 구체적으로 언급하고 있으므로 (A)가 정답이다.

Paraphrasing

지문의 changing the regular work hours → 보기의 Adjust their typical work schedules

● ETS 실전문제

1 (C)	2 (C)	3 (D)	4 (D)	5 (C)	6 (C)
7 (A)	8 (C)	9 (B)	10 (C)	11 (D)	12 (A)
13 (C)	14 (D)	15 (C)	16 (A)	17 (B)	

[1-2] 광고

> **WPI**
> **윌슨-프라이스 연구소**
> **[1]시카고/댈러스/뉴욕**
>
> 공인 약사 보조가 되세요
>
> 약사 보조는 아래처럼 등록 약사를 지원합니다:
> ➢ **[2A]처방전 수령 및 확인**
> ➢ **[2B]약품을 모아 조제**
> ➢ **[2D]환자 기록 유지**
>
> 윌슨-프라이스에서 1년이면 CPT 자격을 얻을 수 있습니다!
>
> *9월과 1월에 개강합니다.*
>
> 오늘 (872) 555-0143으로 전화 또는
> info@wilsonprice.com으로 이메일을 보내세요!

1 윌슨-프라이스 연구소에 대해 언급된 것은 무엇인가?
  (A) 온라인 강좌를 제공한다.
  (B) 등록 약사를 교육한다.
  (C) 두 군데 이상 지점이 있다.
  (D) 1년에 한 번만 학생을 등록한다.

해설 | 추론

지문의 WILSON-PRICE INSTITUTE 아래에 Chicago/Dallas/New York을 통해 윌슨-프라이스 연구소는 시카고, 댈러스, 뉴욕에 지점이 있다는 것을 알 수 있으므로 (C)가 정답이다.

어휘 | enroll 등록하다

2 공인 약사 보조가 수행하는 작업으로 언급되지 않은 것은 무엇인가?
  (A) 처방전 검토   (B) 의약품 준비
  (C) 환자와 연락   (D) 기록 유지

해설 | Not/True

지문 중반의 항목 중 Accepting and checking prescriptions를 통해 처방전 검토를, Assembling medications for dispensing을 통해 의약품 준비를,

Maintaining patient records를 통해 기록 유지를 수행한다는 것을 알 수 있지만, 환자 연락은 제시되지 않았으므로 (C)가 정답이다.

Paraphrasing

지문의 Accepting and checking prescriptions
→ 보기의 Reviewing prescriptions
지문의 Assembling medications for dispensing
→ 보기의 Preparing packages of medicine
지문의 Maintaining patient records
→ 보기의 Keeping records

[3-5] 회람

> 수신: 전 직원
> 발신: 스튜어트 웬트워스, 운영 부사장
> 날짜: **[4]1월 26일 월요일**
> 제목: 겨울 폭풍
>
> **[3], [4]눈보라가 임박한 관계로, 젤만 건축은 내일 문을 닫습니다.** 카운티 교통부는 긴급하지 않은 모든 차량은 도로에 나오지 말도록 요청했습니다.
>
> **[4]직원들은 정규 업무 시간에 집에서 업무를 수행하고, 이메일로 부서장과 계속 연락을 취해야 합니다.** 관리자는 모든 월말 마감일이 그대로 유효하다는 점 유의하십시오.
>
> 눈보라는 수요일 오전 일찍 그치리라 예상됩니다. **[5]제설 작업반에게 주차장을 치울 충분한 시간을 주기 위해, 직원들은 수요일 오전 10시 30분 이후에 도착하십시오.** 평소에 하는 수요일 오전 직원회의는 수요일 늦은 시간으로 옮길 예정입니다.
>
> 협조해 주셔서 감사합니다.

3 공지의 목적은 무엇인가?
  (A) 새로운 규정 설명
  (B) 직원에게 새로운 마감일 재차 알림
  (C) 직원에게 연장근무 요청
  (D) 직원에게 사무실 폐쇄 통지

해설 | 주제/목적

맨 처음 To: All staff를 통해 모든 직원들에게 보내는 공지임을 알 수 있고, 첫 번째 지문 Because of the impending snowstorm, Zelman Architects will be closed tomorrow.를 통해 젤만 건축이 내일 문을 닫을 것임을 알 수 있으므로 (D)가 정답이다.

어휘 | extended 연장된 notify 통지하다

4 관리자들이 1월 27일 화요일에 해야 하는 일은 무엇인가?
  (A) 오후에 직원회의 참석
  (B) 평소보다 늦게 출근
  (C) 수정된 일정에 대해 웬트워스 씨에게 문의
  (D) 직원과 이메일 소통 유지

해설 | 추론

초반부 Date: Monday, January 26를 통해 공지는 1월 26일 월요일에 쓰여졌다는 것을 알 수 있고 이날을 기준으로 하루 뒤에 업체는 문을 닫는다고 했다. 두 번째 단락 Employees are expected to work on assignments at home during regular business hours and to stay in touch with their department managers by e-mail.을 통해 1월 27일 화요일에 정규 업무 시간에 집에서 근무하면서 부서장과 이메일로 연락을 취해야 한다는 것을 알 수 있으므로 (D)가 정답이다.

어휘 | revised 수정된

Paraphrasing
지문의 stay in touch with their department managers by e-mail → 보기의 Maintain e-mail communication with staff

5 젤만 건축에 대해 암시된 것은 무엇인가?
(A) 교통부와 계약을 맺고 있다.
(B) 여러 곳에 사무소를 갖고 있다.
(C) 차로 통근하는 사람을 많이 고용하고 있다.
(D) 특별한 회사 행사를 연기해야 했다.

해설 | 추론
세 번째 단락 To give the snowplow crews enough time to clear the parking areas, employees are asked to arrive no earlier than 10:30 A.M. on Wednesday.에서 제설 작업반이 주차장을 치울 시간을 주기 위해 젤만 건축의 직원들은 수요일 오전 10시 30분 이후에 출근해 달라고 했다. 이를 통해 차로 통근하는 직원이 많다는 것을 알 수 있으므로 (C)가 정답이다.

어휘 | commute 통근하다

[6-7] 광고

> **고객층 확장을 기대하는 업주이십니까?**
>
> ⁶앨코브 사는 업체를 홍보하고 매출을 올리기 위한 웹사이트를 구축하는 데 필요한 모든 것을 제공합니다. 저희 서비스를 이용하시면 사용이 간편한 디자인 도구를 제어하게 됩니다. ⁷저희의 포인트 앤 클릭 편집 기능을 사용하시면 수백 가지 웹 디자인 견본과 사진 이미지 중에서 선택해 귀사만의 외관을 만들 수 있습니다. 사이트가 귀사를 위해 어떻게 수행하고 있는지를 정확하게 보여 주는 추적 도구로 웹사이트를 유지할 수 있습니다. 귀사의 제품과 서비스가 더 많은 청중에게 닿을 수 있도록 절차의 모든 단계에서 도움을 드릴 고객 서비스 기사들을 언제든지 활용하실 수 있습니다. 앨코브가 여러분의 사업을 다음 수준으로 끌어올리겠습니다. www.alcoveinc.com에서 더 자세히 알아보세요!
>
> **앨코브 사**

6 광고되고 있는 것은 무엇인가?
(A) 사진 업체　　　　(B) 직업소개소
(C) 웹사이트 디자인 서비스　(D) 컴퓨터 판매

해설 | 주제 / 목적
지문의 첫 문장 Alcove, Inc., provides everything you need to build a Web site that promotes your business and increases sales.에서 앨코브 사는 웹사이트 구축에 필요한 모든 것을 제공한다고 광고하고 있으므로 (C)가 정답이다.

Paraphrasing
지문의 everything you need to build a Web site
→ 보기의 A Web site design service

7 앨코브 사에 대해 알 수 있는 것은 무엇인가?
(A) 고객이 사용할 사진을 제공한다.
(B) 고객 서비스 기술자를 신규 채용한다.

(C) 대량 주문은 할인해 준다.
(D) 최근 웹사이트를 확장했다.

해설 | 세부 사항
지문 중반의 Using our point-and-click editing features, you can choose from our hundreds of Web design templates and stock photo images to create your own look.을 통해 고객은 수백 가지 웹 디자인 견본과 사진 이미지 중 선택해 외관을 만들 수 있다는 것을 알 수 있으므로 (A)가 정답이다.

Paraphrasing
지문의 photo images to create your own look
→ 보기의 photographs for customer use

[8-10] 공지

> **노스 카운티 교통부**
> **취업 기회**
>
> ⁸·⁹노스 카운티 교통부(NCDT)는 확대되고 있는 서비스 수요를 충족하기 위해 재능 있는 엔지니어를 모집하고 있습니다. 현재 교통 엔지니어링 관리자, 개발 엔지니어링 보조, 고속도로 프로젝트 관리자 직에 지원서를 받고 있습니다.
>
> ¹⁰NCDT는 중간 규모의 정부 부서로, 직원들은 도로, 다리, 경철도 건설 및 정비에 경력과 전문지식을 갖추고 있습니다. 팀의 추가 기량으로는 교통 계획과 측량 등이 있습니다.
>
> 저희는 상당한 수당, 훌륭한 근무 환경, 직무역량 개발 기회를 제공합니다. 이들 직책에 대한 더 자세한 정보 및 지원은 www.ncdt.gov/jobs를 방문하세요. 지원 마감은 3월 31일입니다.

8 공고의 목적은 무엇인가?
(A) 웹사이트 업데이트 설명　(B) 카운티 직원 소개
(C) 구인 공고　　　　　　(D) 신규 서비스 계획 요약

해설 | 주제 / 목적
지문의 첫 문장 North County Department of Transportation (NCDT) is recruiting talented engineers to meet the demand for its expanding services.에서 노스 카운티 교통부(NCDT)가 엔지니어를 모집하고 있다고 밝히고 있으므로 (C)가 정답이다.

어휘 | summarize 요약하다

Paraphrasing
지문의 recruiting talented engineers → 보기의 announce job openings

9 NCDT에 대해 언급된 것은 무엇인가?
(A) 작은 부서다.
(B) 업무량이 증가하고 있다.
(C) 최근에 예산이 승인되었다.
(D) 도로 공사만 작업한다.

해설 | Not / True
지문의 첫 문장 North County Department of Transportation (NCDT) is recruiting talented engineers to meet the demand for its expanding services.에서 확대되고 있는 서비스 수요를 충족하기 위해 엔지니어를 모집한다고 했다. 따라서 업무량이 증가하고 있다는 것을 알 수 있으므로 (B)가 정답이다.

Paraphrasing

지문의 the demand for its expanding services → 보기의 Its volume of work is increasing.

10 [1], [2], [3], [4]로 표시된 곳 중에서 다음 문장이 가장 적합한 곳은 어디인가?

"팀의 추가 기량으로는 교통 계획과 측량 등이 있습니다."

(A) [1]　　　　　　　　　(B) [2]

(C) [3]　　　　　　　　　(D) [4]

해설 | 문장 삽입

[3]번 앞 문장 NCDT is a mid-sized government department with staff members who have experience and expertise in roadway, bridge, and light rail construction and maintenance.에서 NCDT는 정부 부서로 직원들은 도로, 다리, 경철도 건설 및 정비에 경력과 전문지식을 갖고 있다고 했다. 그리고 [3]번 뒤 문장에서는 혜택에 대한 내용으로 넘어가고 있다. 문맥상 추가로 요구되는 기량에 대한 언급은 그 사이에 들어가는 것이 자연스러우므로 (C)가 정답이다.

[11-13] 회람

> 수신: 전 직원
> 발신: 닐 할데란, CEO, 할데란 파이낸셜 사
> 날짜: 1월 25일
> 제목: 구직
>
> **11,12많이들 아시겠지만, 당사는 최근 할데란 파이낸셜 사의 신임 부사장을 찾는 데 전력을 다했습니다. 치에코 사카이 씨가 그 자리에 임명되었다는 것을 알리게 되어 기쁩니다.**
>
> 사카이 씨는 지난 5년간 BRI 투자 그룹의 전무로 재직했습니다. 그 전에는 2년간 웰트 보험에서 하위직 영업사원으로 근무한 후 간부직에 올랐고 3년 동안 같은 회사에서 간부직 영업사원으로 근무했습니다. 그녀는 노스몬트 대학에서 경영학 학사, 경영학 석사 학위를 받았습니다.
>
> **13할데란 파이낸셜로 오신 사카이 씨를 환영하기 위해 2월 4일 금요일 오후 5시에서 7시 사이에 브로드 가에 있는 라운드 하우스 레스토랑에서 환영회를 열 예정이므로 전 직원은 참석하시기 바랍니다.** 사카이 씨는 오늘 새로운 직책을 맡았습니다.

11 공지를 보낸 이유는 무엇인가?

(A) 마케팅 계획 설명　　　　(B) 구인 공고

(C) 직원 오리엔테이션 준비　(D) 새 직원 소개

해설 | 주제 / 목적

첫 번째 단락 As many of you are aware, we have recently conducted a thorough search for a new vice president of Halderan Financial, Inc.와 We are pleased to announce that Ms. Chieko Sakai has been appointed to the position.을 통해 할데란 파이낸셜 사의 신임 부사장으로 치에코 사카이 씨가 임명되었다는 것을 알 수 있고 이후 사카이 씨에 대한 소개가 이어지고 있으므로 (D)가 정답이다.

12 사카이 씨의 현재 직함은 무엇인가?

(A) 부사장　　　　　　　(B) 전무

(C) 간부 영업사원　　　　(D) 하위직 영업사원

해설 | 세부 사항

첫 번째 단락 As many of you are aware, we have recently conducted a thorough search for a new vice president of Halderan Financial, Inc.와 We are pleased to announce that Ms. Chieko Sakai has been appointed to the position.을 통해 치에코 사카이 씨가 현재 할데란 파이낸셜 사의 부사장이라는 것을 알 수 있으므로 (A)가 정답이다.

13 2월 4일에 무슨 일이 있겠는가?

(A) 취업 면접을 실시한다.　　(B) 대학 강좌가 시작된다.

(C) 모임을 갖는다.　　　　　(D) 기업이 매각된다.

해설 | 세부 사항

마지막 단락 To welcome Ms. Sakai to Halderan Financial, we will be holding a reception at the Round House Restaurant on Broad Street between 5 and 7 P.M. on Friday, February 4, which all employees are invited to attend.를 통해 모든 직원을 초대한 환영회가 열린다는 것을 알 수 있으므로 (C)가 정답이다.

Paraphrasing

지문의 we will be holding a reception → 보기의 A gathering will be held.

[14-17] 기사

> **업계 지도자들 수상 예정**
>
> 제인 채드윅, <메트로 데일리> 기자
>
> 알프레드빌(3월 4일)—**14**4월 24일 수요일 사콜스키 호텔에서 열리는 혁신기술위원회(ITC) 연례 비즈니스 시상식 만찬에서 업계의 지도자와 혁신가들이 수상할 예정이다. **16**원래 ITC 회장 케이 칸 씨가 창설한 이 만찬에는 '최고의 신제품 소비자 전자제품', 그 해의 가장 혁신적인 회사의 지도자에게 수여되며 많은 이들이 탐내는 '올해의 혁신가' 상 등이 포함된다.
>
> ITC 대변인에 따르면, 올해의 혁신가 상 후보로 지명된 수많은 후보들 중에서 세 사람이 최종 후보로 선정되었다고 한다. **15**올해 상의 최종 후보는 온라인 광고 회사 스타일런 DX의 크레에이터인 마사 와일더, 웹사이트 디자인 서비스 아이픽틱스를 설립한 맥스웰 버나드, 그리고 지난 만찬의 최종 후보로, 무료 요리 강좌 영상을 제공하는 인기 웹사이트 쿡데모즈의 빅터 로차이다. **16**여느 때처럼 ITC 회장이 올해의 혁신가 상을 수여한다.
>
> 손님으로 행사에 참석하려면 ITC 회원일 필요는 없다. 비회원은 50달러에 표를 살 수 있다. 그러나 ITC 회원들은 30달러의 할인된 가격으로 표를 구입할 수 있다. 표는 972-555-0136으로 전화하거나 www.itc.com을 방문해 주문할 수 있다. **17**"기술에 관심 있는 사람이라면 올해 정말 회원이 되어야 합니다. 가입에 40달러밖에 들지 않으며 회원이 되면 관련 혜택도 매우 많습니다." ITC 대변인 클라라 오브라이언이 강조한다. 모든 손님은 갤러스 씨 리조트 2박 여행을 포함한 경품을 탈 수 있는 추첨에 응모하게 된다.

14 ITC 연례 비즈니스 시상식 만찬에 대해 암시된 것은 무엇인가?

(A) ITC 회원에게만 개방한다.

(B) 올해는 새로운 장소에서 개최되고 있다.

(C) 인터넷으로 방송될 것이다.

(D) 복수의 업계 혁신가에게 상을 준다.

해설 | 추론

지문 첫 번째 문장 Leaders and innovators from the business world will be honored during the Innovative Technology Committee (ITC) Annual Business Awards Dinner on Wednesday, April 24, at the Sakolsky Hotel.을 통해 혁신기술위원회(ITC) 연례 비즈니스 시상식 만찬에서 업계의 지도자와 혁신가들이 수상할 예정이라는 것을 알 수 있으므로 (D)가 정답이다.

Paraphrasing

지문의 Leaders and innovators from the business world will be honored → 보기의 It honors innovators from multiple industries.

15 두 번째 단락 9행의 "last"와 의미상 가장 가까운 것은 무엇인가?

(A) 최종의   (B) 현재의
(C) 이전의   (D) 다음의

해설 | 동의어

해당 문장 The finalists for this year's award are Martha Wilder, creator of the online advertising company Stylen DX; Maxwell Bernard, who founded the Web-site design service Ipictix; and a finalist from our last dinner, Victor Rocha, whose popular Web site, Cookdemoz, offers free cooking tutorial videos.에서 문맥상 last는 '지난번의'를 뜻하므로 (C)가 정답이다.

16 올해의 혁신가 상은 누가 수여하는가?

(A) 칸 씨   (B) 버나드 씨
(C) 로차 씨   (D) 와일더 씨

해설 | 추론

첫 번째 단락 The dinner, originally established by ITC president Kei Kan을 통해 케이 칸 씨가 ITC 회장이라는 것을 알 수 있고, 두 번째 단락 As usual, the Innovator of the Year award will be presented by the ITC president.에서 여느 때처럼 ITC 회장이 올해의 혁신가 상을 수여한다고 했으므로 (A)가 정답이다.

17 오브라이언 씨가 한 권고는 무엇인가?

(A) 갤러스 씨 리조트에 전화하기
(B) 회비 납부하기
(C) 후보자 지명하기
(D) 신제품 써 보기

해설 | 세부 사항

마지막 단락 "Anyone interested in technology should really become a member this year. It only costs $40 to join, and there are so many benefits associated with being a member," urges ITC spokesperson Clara O'Brien.을 통해 오브라이언 씨는 회비를 내고 회원이 될 것을 추천하고 있다는 것을 알 수 있으므로 (B)가 정답이다.

Unit 20   기타 양식

지문의 흐름 및 문제풀이 전략   본책 p.276

문자 메시지

폴라 말론	1월 23일 오전 8시 53분

부탁 좀 들어 주실래요? 제가 9시에 체육관에서 체육 수업이 있는데 늦을 거 같아요. 제가 탄 기차에 기계적 결함이 있어서 예정보다 15분 늦게 출발했거든요.

마틴 빌렉	1월 23일 오전 8시 54분

이런. 어떻게 도와 드릴까요?

폴라 말론	1월 23일 오전 8시 55분

수업을 취소하거나 학생들에게 제가 9시 15분쯤에 도착할 거라고 알려 주시겠어요?

마틴 빌렉	1월 23일 오전 8시 57분

학생들 대부분이 벌써 와 있어서 취소하기는 좀 그러네요. 수키도 오늘 근무라서 일찍 나와 있어요. 제가 수키에게 수업을 바꿔 달라고 **부탁하면 말론 씨가 10시에 수업을 할 수 있을 거예요.**

폴라 말론	1월 23일 오전 8시 58분

그럼 정말 좋죠. 고마워요.

Q 오전 8시 58분에 말론 씨가 '그럼 정말 좋죠'라고 쓸 때, 그 의미는 무엇이겠는가?

(A) 빌렉 씨의 아이디어가 마음에 든다.
(B) 아침 운동을 좋아한다.
(C) 새 직장에 대해 흥분된다.
(D) 비번이라서 기분이 좋다.

● 실전 도움닫기   본책 p.277

1 (B)   **2** (B)

[1] 표지판

> **틴턴 온 처웰**
>
> *고가구, 조명 장치, 유리 제품, 도자기류, 깔개, 기타 실내 장식용품*
>
> 개장 시간: 월요일-목요일 오전 9시-오후 6시, 토요일 정오-오후 5시
> 고가구 재장식 및 수리 서비스에 관해서는 매장 안에서 문의하세요.
> 점주: 마이클 그래스미어
> 노햄 뮤즈 13번지, 옥스퍼드 • 전화: (0306) 999 0164
> • www.tinternoncherwell.co.uk

Q 틴턴 온 처웰은 어떤 종류의 사업체인가?

(A) 건축 회사   (B) 가정용 가구점

해설 | 추론

상점 이름 바로 아래 *Antique furniture, lighting, glassware, ceramics, rugs, and other home decor items*라고 취급 품목들이 열거되어 있는데, 이런 품목들을 판매하는 업체는 가정용 가구점이므로 (B)가 정답이다.

[2] 양식

아멜리아 아줌마의 케이크
가정식 케이크, 타르트 등!

구매해 주셔서 감사합니다. 저희는 고객의 의견을 소중히 생각합니다. **잠시 시간을 내서 동봉된 설문지를 작성하신 후 저희가 제공해 드린, 주소가 명기된 반송용 봉투에 넣어 보내 주시기 바랍니다.** 답례로 고객께는 다음 구매 시 20퍼센트 가격 할인을 받으실 수 있는 쿠폰을 보내 드리겠습니다.

1을 '형편없다', 5를 '훌륭하다'라고 판단하여 다음 항목들을 1~5등급으로 평가해 주십시오.

맛	1	2	3	4	⑤
식감	1	2	3	4	⑤
장식(해당되는 경우)	①	2	3	4	5
전체 모양	①	2	3	4	5

Q 고객들은 무슨 요청을 받고 있는가?

(A) 케이크를 찾아가는 것　　(B) 서식을 우편으로 보내는 것

해설 | 세부 사항
지문의 세 번째 문장 Please take the time to fill out the enclosed survey and return it in the addressed, postage-paid envelope we have provided.에서 잠시 시간을 내서 설문지를 작성한 후 주소가 명기된 반송용 봉투에 넣어 보내 달라고 하므로 (B)가 정답이다.

Paraphrasing
지문의 survey, return → 보기의 form, Mail

● ETS 실전문제
본책 p.278

1 (D)　2 (C)　3 (C)　4 (A)　5 (B)　6 (A)

7 (C)　8 (D)　9 (A)　10 (B)　11 (A)　12 (C)

13 (D)　14 (B)　15 (C)　16 (A)

[1-2] 카드

---

[1]레인보우 윈도우즈

**[1]열대 및 아열대 기후에 맞게 설계된
맞춤형 교체 창문**

[2]주거 및 상업 수요에 부응

무료 견적

전시실을 방문하세요.
홀로무아 가 447번지, 힐로, HI 96720
월요일부터 토요일, 오전 10시-오후 6시
[1]조셉 칼라니
제품 컨설턴트

---

1 칼라니 씨는 어떤 분야에 종사하고 있는가?

(A) 보험　　　　　　(B) 청소 및 유지관리
(C) 상업 광고　　　 (D) 소매 판매

해설 | 추론
카드 후반부에 Joseph Kalani라는 이름이 나오므로 카드의

주인이다. 지문 초반의 Rainbow Windows와 Custom-fitted replacement windows designed for tropical and subtropical climates를 통해 칼라니 씨는 창문을 판매하는 업체에 종사하고 있다는 것을 알 수 있으므로 (D)가 정답이다.

2 레인보우 윈도우즈에 대해 언급된 것은 무엇인가?

(A) 기술자들을 새로 채용하고 있다.
(B) 전시실을 막 개조했다.
(C) 주택 소유자와 업체에게 서비스를 제공한다.
(D) 얼마 전 홀로무아 가로 옮겼다.

해설 | 추론
지문의 Serving Residential and Commercial Needs를 통해 주거용과 업체용 제품을 제공한다는 것을 알 수 있으므로 (C)가 정답이다.

Paraphrasing
지문의 Serving Residential and Commercial Needs
→ 보기의 serves homeowners and businesses

[3-4] 양식

---

http://www.rosnayassoc.com/facilities/workorder

로즈네 앤 어소시에이츠
시설부
내부 작업 주문 요청서

날짜:	2월 5일
요청한 사람:	나렌드라 시타라만
제목:	인사부장
이메일/전화:	sitharamann@rosnayassoc.com / 785-555-0131

설명:

[3]2월 17일 월요일, 유키 후지모토와 아서 탕이 회계부에 합류합니다. [4]그들의 사무실인 510호와 514호에 표준 품목 컴퓨터와 전화가 설치되어야 합니다. 514호에는 탁상용 프린터와 스캐너도 비치해야 합니다. 구매품과 인건비는 5876-02 계정으로 청구하세요.

요청 완료일:　2월 13일

제출

---

3 최근 로즈네 앤 어소시에이츠는 무엇을 했겠는가?

(A) 회계법인과 합병했다.
(B) 컴퓨터 시스템을 업그레이드했다.
(C) 직원을 추가로 채용했다.
(D) 구매 절차를 바꿨다.

해설 | 추론
지문의 설명 On Monday, February 17, Yuki Fujimoto and Arthur Tang will be joining our accounting department.를 통해 로즈네 앤 어소시에이츠는 유키 후지모토와 아서 탕을 회계부 직원으로 뽑았다는 것을 알 수 있으므로 (C)가 정답이다.

어휘 | merge 합병하다

4 무엇을 위한 주문인가?

(A) 장비 설치　　　(B) 가구 조립
(C) 프린터 수리　　(D) 사무실 청소

해설 | 세부 사항

지문 두 번째 문장 Standard-issue computers and telephones should be installed in their offices, 510 and 514.에서 510호와 514호에 컴퓨터와 전화를 설치해야 하며, 이어지는 문장 The latter office should also be furnished with a desk printer and scanner.에서 514호에는 프린터와 스캐너도 비치해야 한다고 했으므로, (A)가 정답이다.

Paraphrasing

지문의 computers and telephones should be installed / should also be furnished with a desk printer and scanner
→ 보기의 Equipment setup

[5-6] 문자 메시지

< 메시지	세부 내용
다니엘 산타로사 (오전 10:42) 안녕하세요 수옹. 이것 좀 봐주실래요? [5,6]**온라인 매장을 시험 운영해 봤는데 새 소프트웨어를 여러 개 주문하려고 했을 때 우리가 제공하는 할인을 받지 못했어요.**	
수옹 후인 (오전 10:43) 어디 보자. 계산할 때 자동으로 적용돼야 해요. 어쩌다 그렇게 됐는지 모르겠네요.	
다니엘 산타로사 (오전 10:44) 사이트가 개설되기 전에 고쳐 주시겠어요?	
수옹 후인 (오전 10:44) 지금 해보고 해법을 발견하면 알려 드릴게요.	
다니엘 산타로사 (오전 10:45) 좋아요. 고마워요.	

5 산타로사 씨에 대해 암시된 것은 무엇인가?

(A) 해운회사에서 일한다.　　(B) 소프트웨어 업계에서 일한다.
(C) 문제를 해결했다.　　(D) 신제품을 개발했다.

해설 | 추론

10시 42분 산타로사 씨의 메시지 I did a test run of our online store, but when I tried to order multiple copies of our new software, I wasn't given the discount we're offering.에서 온라인 매장 시험 운행을 위해 자신들의 새 소프트웨어를 주문하려 했을 때 제공된 할인을 받지 못했다고 했다. 이를 통해 산타로사 씨가 소프트웨어 업계에서 일한다는 것을 알 수 있으므로 (B)가 정답이다.

6 오전 10시 43분에 후인 씨가 "어디 보자"라고 쓴 의미는 무엇인가?

(A) 문제를 조사할 것이다.
(B) 할인을 결정할 것이다.
(C) 산타로사 씨의 고객이 주문하는 것을 돕고 있다.
(D) 산타로사 씨가 특정 웹페이지를 보여 줬으면 한다.

해설 | 의도 파악

앞의 10시 42분 산타로사 씨의 메시지 I did a test run of our online store, but when I tried to order multiple copies of our new software, I wasn't given the discount we're offering.에서 제공된 할인을 받지 못했다는 것을 언급하고 있고 후인 씨는 이 메시지에 대해 Let me see.라고 응답하고 있다. 이런 응답은 문제를 살펴보겠다는 의미이므로 (A)가 정답이다.

어휘 | investigate 조사하다

[7-9] 송장

발신:				캘든 사	

발신:
캘든 사
익스텐션 로드 5번지
모바일, 앨러배마 36606
전화: 251-555-0152

수신:
랜더스 레스토랑
W. 찰스 가 71번지
채플 힐, NC 27515

품번	명세	수량	단가	소계
121-B	샐러드 접시 (12/상자)	4	25.59달러	
[8]**782-A**	**조각 수프 스푼 (12/팩)**	**4**	**5.78달러**	**23.12달러**
78-K	수프 그릇 (48/상자)	1	58.19달러	58.19달러
59-C	천 냅킨 (12/팩)	8	13.29달러	106.32달러
193-W	5쿼트 스테인리스 스틸 프라이팬과 뚜껑	3	46.31달러	138.93달러

총 비용 326.56달러
배송 17.92달러
지불할 요금 344.48달러

메모: [7,8]**주문하신 조각 스푼은 저희 소매점 중 한 곳에서 별도로 직송됩니다.** 주문하신 샐러드 접시는 현재 재고가 없어 2-3주 동안은 구할 수 없습니다. [9]**이 품목은 배송 이후에 청구될 예정이며 배송비는 50퍼센트 할인됩니다.** 불편을 끼쳐 드려 죄송합니다.

7 캘든 사는 무엇이겠는가?

(A) 지역 급식 서비스　　(B) 주간 선박회사
(C) 주방용품 체인점　　(D) 고급 식당

해설 | 추론

지문 하단 Note란의 The engraved spoons you ordered will be shipped separately, directly from one of our retail locations.를 통해 발신자인 캘든 사는 주방용품 체인점이라는 것을 알 수 있으므로 (C)가 정답이다.

어휘 | exclusive 고급의

8 품목 782-A에 대해 언급된 것은 무엇인가?

(A) 카탈로그에 라벨이 잘못 붙어 있었다.
(B) 파손된 채 도착했다.
(C) 요청된 색상은 구할 수 없다.
(D) 소매점에서 발송되고 있다.

해설 | 추론

지문의 782-A Engraved soup spoons (12/pack)를 통해 782-A는 수프 수저임을 알 수 있고 Note의 The engraved spoons you ordered will be shipped separately, directly from one of our retail locations.를 통해 수저는 소매점에서 보내질 것을 알 수 있으므로 (D)가 정답이다.

Paraphrasing

지문의 will be shipped separately, directly from one of our retail locations → 보기의 is being sent from a retail store

9 물품 발송에 대해 언급된 것은 무엇인가?

(A) 한 품목은 할인 배송될 것이다.
(B) 한 품목은 기상 악화로 배송할 수 없었다.
(C) 일부 품목들은 익일 배송될 것이다.
(D) 일부 물품들은 엉뚱한 주소로 배송되었다.

해설 | Not/True
지문 하단 Note란의 You will not be charged for that item until it is shipped, and the shipping charge for that item will be reduced by 50 percent.를 통해 제품의 배송비가 할인되는 상품이 있다는 것을 알 수 있으므로 (A)가 정답이다.

Paraphrasing
지문의 the shipping charge for that item will be reduced
→ 보기의 One item will be shipped at a discount.

[10-12] 웹페이지

http://www.livonia.edu

리보니아 대학
디트로이트 캠퍼스

소개	길 안내	홈	연락처	교수진

10경영학과 교수진 프로필

디에고 만주르 박사

경영학 교수
dmanzur@livonia.edu

디에고 만주르는 멕시코시티 코요아칸 대학을 졸업했으며 경영학과 히스패닉 연구를 복수 전공했다. 11시애틀 에지워터 대학 대학원생 시절 경영학 입문 강좌 학생들을 가르치면서 교육자로 경력을 시작했다. 에지워터 대학에서 기업관리로 박사 학위를 받은 후 리보니아 대학 경영학 교수진에 합류했는데, 디트로이트 캠퍼스에서 학부생과 대학원생 강좌를 모두 가르치고 있다. 그는 <기업인들이 성공하는 이유>(리보니아 대학 출판부 출간 예정)의 저자이며 그레이트 레이크 기업인협의체의 컨설턴트이다. 12현재 만주르 교수는 리보니아 대학에서 휴가를 얻어 브라질 리우데자네이루에 있는 과나바라 비즈니스 업무 연구소에서 국제 비즈니스 세미나 시리즈를 진행하고 있다.

10 정보문의 목적은 무엇인가?

(A) 비즈니스 세미나 광고하기
(B) 직원 관련 사실 공표하기
(C) 기업인에게 책 구매 권유
(D) 입사 지원에 대한 세부 정보 제공

해설 | 주제/목적
지문의 BUSINESS FACULTY PROFILES에서 교수진의 약력이라고 했고 지문 전반에 걸쳐 교수의 학력과 경력을 나열하고 있으므로 (B)가 정답이다.

어휘 | publicize 공표하다

11 만주르 교수는 어디에서 교육자 경력을 시작하는가?

(A) 시애틀   (B) 디트로이트
(C) 멕시코시티   (D) 리우데자네이루

해설 | 세부 사항
지문 두 번째 문장 He embarked on his career as an educator when, as a graduate student at Edgewater University in Seattle, he tutored students in introductory business courses.를 통해 교육자 경력을 시애틀에서 시작했다는 것을 알 수 있으므로 (A)가 정답이다.

12 만주르 교수에 대해 언급된 것은 무엇인가?

(A) 현재 히스패닉 연구 교수다.
(B) 한때 그레이트 레이크 기업인협의체에서 일했다.
(C) 잠시 브라질에서 근무하고 있다.
(D) 업체를 소유하고 있다.

해설 | Not/True
지문 마지막 문장 Currently on leave from Livonia University, Professor Manzur is conducting a series of international business seminars at the Guanabara Business Affairs Institute in Rio de Janeiro, Brazil.을 통해 휴가 중에 브라질에서 세미나를 이끌고 있다는 것을 알 수 있으므로 (C)가 정답이다.

어휘 | temporarily 잠시

[13-16] 온라인 채팅

사라 로 [오전 9시 38분] 여러분 모두 안녕하세요. 여러분의 의견을 듣고 싶습니다. 13, 14영업부 조비타 윌슨 씨가 방금 한 말인데 그녀의 고객인 트란 씨가 일주일 빨리 주문품을 배달해 주면 좋겠답니다. 가능할까요?

알렉스 랜스턴 [오전 9시 40분] 14저희가 서두르면 이틀 만에 경재를 조립할 수 있습니다.

리코 기무라 [오전 9시 41분] 그리고 저희 부서는 쿠션 속을 덮을 천을 날염하고 자르는 데 하루면 됩니다.

미아 오초아 [오전 9시 42분] 15하지만 맨 먼저 디자인이 필요하겠죠, 그렇죠? 저희 팀은 오늘 퇴근 때까지 디자인 작업을 끝낼 수 있습니다.

사라 로 [오전 9시 43분] 좋아요. 그럼 수요일 퇴근 때까지 마무리 단계를 밟을 준비가 되겠네요. 알렉스, 일단 천을 받으면 쿠션을 만들고 속을 채우고 프레임에 부착하는 데 얼마나 걸릴까요?

알렉스 랜스턴 [오전 9시 45분] 그 작업은 이틀이 걸릴 겁니다. 만약 저희 팀이 그 일을 위해 평상시 작업을 미뤄둔다면요.

사라 로 [오전 9시 46분] 제가 그렇게 하도록 해 드릴게요. 빌, 그쪽 부서는 주문품을 포장해서 배송하는 데 얼마나 걸릴까요?

빌 벨모어 [오전 9시 48분] 그 작업은 월요일 아침에 완료할 수 있습니다.

사라 로 [오전 9시 49분] 좋아요. 16여러분 모두 고맙습니다. 제가 조비타 씨에게 이야기해서 고객에게 알리도록 할게요.

13 9시 38분에 로 씨가 "여러분의 의견을 듣고 싶습니다"라고 말한 의도는 무엇인가?

(A) 몇 가지 수치로 된 자료가 필요하다.
(B) 어느 정도 금전적 기부를 필요로 한다.
(C) 몇 가지 프로젝트를 개발하고 싶다.
(D) 몇몇 의견을 모으고 싶다.

해설 | 의도 파악

지문의 I'd like your input.은 여러분의 의견을 듣고 싶다는 의미로 문맥상 직원들의 의견을 알고 싶다는 의미이므로 (D)가 정답이다.

어휘 | numerical 숫자로 나타낸 financial 금융의, 재정의 contribution 기부, 기여 gather 모으다

Paraphrasing

지문의 input → 보기의 opinions

14 로 씨는 어떤 종류의 회사에 다니겠는가?

(A) 소포 배달 업체 　　　(B) 가구 제조업체

(C) 미술용품점 　　　　　(D) 건설회사

해설 | 추론

9시 38분 메시지 Jovita Wilson in sales just told me that her client, Mr. Tran, wants us to deliver his order a week early. Can we do that?에서 로 씨가 윌슨 씨의 고객이 일주일 빨리 주문품을 배달해 주길 원한다고 하면서 이것이 가능할지를 다른 직원들에게 물어봤다. 이에 대해 9시 40분 메시지 If we rush, we can assemble the hardwood frames in two days.에서 알렉스 랜스턴 씨가 서두르면 이틀 만에 경재틀을 조립할 수 있다고 했으므로 (B)가 정답이다.

어휘 | delivery 배달 art supply 미술용품 construction 건설

15 논의에 따르면 누구의 부서가 먼저 작업을 완료해야 하는가?

(A) 벨모어 씨의 부서 　　　(B) 기무라 씨의 부서

(C) 오초아 씨의 부서 　　　(D) 랜스톤 씨의 부서

해설 | 세부 사항

9시 42분 메시지 But initially you need the designs, right? My team can finish that by end of day today.에서 오초아 씨가 맨 먼저 디자인이 필요할 텐데 오늘 퇴근 때까지 디자인 작업을 끝낼 수 있다고 했으므로 (C)가 정답이다.

16 윌슨 씨는 트란 씨에게 무슨 말을 하겠는가?

(A) 그녀가 작업을 서둘러 달라는 그의 요청을 들어줄 수 있다.

(B) 주문을 완료하는 데 추가 비용이 들 것이다.

(C) 그의 주문은 금요일에 배달 준비가 될 것이다.

(D) 그녀는 다음 주 월요일에 자신의 사무실에서 그를 만날 것이다.

해설 | 추론

메시지 마지막 Thanks all. I'll let Jovita know so she can inform the client.에서 로 씨가 모두에게 고맙다고 말하며 조비타 윌슨 씨에게 이야기해서 고객에게 알리도록 하겠다고 했다. 그렇다면 윌슨 씨는 고객인 트란 씨에게 작업을 서둘러 완료할 수 있다고 말할 것이 예측되므로 (A)가 정답이다.

Unit 21 복수 지문

지문의 흐름 및 문제풀이 전략

본책 p.284

공지 + 편지

예술가들이여, 모여라!

아마추어 혹은 전문 그래픽 작가이십니까? 렐링 교통(RT) 센터는 창사 이래 첫 로고 콘테스트를 개최하고 있습니다. 8월 2일부터 22일까지

렐링 터미널에 위치한 렐링 교통 본부에서 버스 또는 열차 여행과 관련된 로고들을 접수합니다. 예선을 통과한 30점을 유니온 스트리트 역 내부 벽면에 전시할 예정입니다. 9월 1일부터 30일까지 일반 대중들은 가장 마음에 드는 로고에 투표할 수 있습니다. 총 4개의 상을 수여할 예정입니다.

1위: 옐로 패스. 5일간 렐링 교통의 지역 열차 또는 버스를 무제한 탑승할 수 있는 자유승차권

2위: 블루 패스. 3일간 렐링 교통의 지역 열차를 무제한 탑승할 수 있는 자유승차권

3위: 그린 패스. 목적지를 불문하고 렐링 교통의 급행열차 1회 왕복탑승권

4위: 레드 패스. 목적지를 불문하고 렐링 교통의 급행버스 1회 왕복탑승권

이반코바 씨께:

렐링 교통 센터의 로고 콘테스트 당선을 축하드립니다. 동봉한 것은 귀하께 드리는 부상입니다. 이 패스는 정해진 개시일이 없음을 양지하시기 바랍니다. **언제든 원하시는 날짜부터 5일간 유효합니다.**

렐링 교통 센터를 대표하여 콘테스트를 빛내 주셔서 감사하다는 말씀을 전합니다.

리타 라잘
렐링 교통 센터, 지역사회 연계 프로그램 담당자

Q　이반코바 씨는 무엇을 받았는가?

(A) 옐로 패스 　　　　　(B) 블루 패스

(C) 그린 패스 　　　　　(D) 레드 패스

● 실전 도움닫기

본책 p.285

1 (B)　**2** (A)

[1-2] 광고 + 공지

앤더슨 프로덕션은 언론 전공 학생에게 오데사의 지역 텔레비전 방송국에서 인턴으로 근무할 수 있는 기회를 제공합니다. 인턴은 7, 8월 두 달 동안 시급을 받게 되며, **[1]최근 시작한 스페인어 채널인 레스코 TV**의 스포츠 뉴스 프로그램 제작을 보조하게 됩니다.

관련 강좌를 수강하였거나 수상 경력이 있으면 적어도 지원서를 5월 1일과 15일 사이에 **[2]광고부 옆에 있는 에이버리 홀 1층 인사부 사무실**에 접수하면 됩니다. 지원서와 이력서를 openings@hr.andersonproductions.org에 '인턴십'이라는 제목의 이메일로 제출할 수도 있습니다. 면접은 5월 25일에 2층 E30호실과 E67호실에서 진행됩니다.

인턴십은 영어와 스페인어에 유창한 적격 지원자에게 돌아갈 것입니다. 컴퓨터와 인터넷 검색 기술은 필수입니다. 이 인턴직에 대한 문의 전화는 받지 않습니다.

리모델링

[2]에이버리 홀에 있는 인사부 사무실과 광고부 사무실은 5월 10일에서 5월 15일 사이에 리모델링으로 문을 닫습니다. 인사부 사무실은

임시로 에이버리 홀 D20호에서, 광고부 사무실은 D22호에서 업무를 수행하게 됩니다. 해당 부서들의 정규 업무 수행에 이러한 변화가 영향을 끼치지 않으리라 예상합니다. 앤더슨 프로덕션을 첨단 시설로 만들기 위해 노력하고 있는 바, 이 일에 대한 여러분의 인내에 감사드립니다.

파티마 추아바, 운영 담당자
앤더슨 프로덕션

1 앤더슨 프로덕션에 대해 언급된 것은 무엇인가?

(A) 지역 소식을 주로 다룬다.　(B) 새 채널을 시작했다.

해설 | Not/True

첫 번째 지문인 광고의 첫 번째 단락 The intern will be paid on an hourly basis for the two months of July and August and will assist in the production of sports news programs for the recently launched Spanish-language channel, Lesco TV.를 통해 새로운 채널을 시작했다는 것을 알 수 있으므로 (B)가 정답이다.

Paraphrasing

지문의 the recently launched Spanish-language channel
→ 보기의 has started a new channel

2 리모델링에 대해 암시되는 것은 무엇인가?

(A) 1층에서 이루어질 것이다.　(B) 건물을 폐쇄해야 한다.

해설 | 연계

두 번째 지문인 공지의 The human resources office and the advertising office in Avery Hall will be closed for remodeling from May 10 to May 15.을 통해 인사부와 광고부 사무실이 리모델링으로 폐쇄되는 것을 알 수 있고, 첫 번째 지문인 광고의 두 번째 단락 Applications listing relevant courses completed and any awards received will be accepted between May 1 and May 15 by the human resources office on the first floor of Avery Hall, next to the advertising office.를 통해 두 부서 모두 1층에 있다는 것을 확인할 수 있으므로 (A)가 정답이다.

● ETS 실전문제

본책 p. 286

1 (D)	**2** (B)	**3** (D)	**4** (C)	**5** (A)
6 (B)	**7** (D)	**8** (A)	**9** (A)	**10** (C)
11 (C)	**12** (B)	**13** (C)	**14** (D)	**15** (C)
16 (A)	**17** (B)	**18** (D)	**19** (A)	**20** (D)

[1-5] 공지 + 이메일

이번 주 "북 토크"

2월 7일 수요일 오후 1시, 책과 저자들을 맞이하는 KNAE-FM의 주간 라디오 쇼, <북 토크>를 청취하세요. **1,4A이번 주 프로그램에서 <북 토크> 진행자 파블로 아라야는 앤 킨달과 함께 그녀의 최근 소설인 <펠리즈 블루>에 대해 이야기를 나눕니다.**

2킨달 씨는 브라질을 여행하는 동안 영감을 받아 브라질 음악의

다양한 스타일에 이끌려 그곳에서 휴가를 보내는 음악가들에 대한 이야기를 지어내고 조사했습니다. 그들은 곧 등장인물들 중 한 명인 젊은 예술가의 데뷔 앨범 녹음을 돕기 시작합니다. **4D킨달 씨가 녹음한 브라질 음악의 일부를 듣고** 페루 교환학생 시절부터 시작돼 오랫동안 지속된 남미 문화의 매혹에 대해 알게 될 것입니다.

매주 수요일 오후 1시 KNAE-FM의 <북 토크>를 들어보세요.

---

* 이메일 *

날짜: 2월 21일
수신: 앤 킨달 <akindall@burland.edu>
발신: 파블로 아라야 <pablo.araya@knae-fm.com>
제목: 다가오는 시청자 전화 참여 프로그램

앤에게,

이메일 응답으로 미루어 볼 때, 최근 <북 토크> 인터뷰는 청취자들의 많은 관심을 받았습니다. 3월 14일 처음 생방송되는 <북 토크> 쇼를 위해 이곳에 오시면 많은 사람이 전화와 문자로 질문하리라 기대합니다. **3방송을 준비할 시간이 있도록 정오에 라디오 방송국에 오세요. 4B항상 그렇듯이, 방송을 통해 전송되고 동시에 웹사이트에 스트리밍됩니다.**

그런데 <퍼블리셔스 매거진>에서 보니 <펠리즈 블루>가 극찬을 받았더군요. 축하해요! **5이 책이 당신의 첫 번째 소설보다 더 오랫동안 베스트셀러 목록에 머물기 바랍니다.**

파블로

---

1 아라야 씨는 누구인가?

(A) 작가　　　　　　　(B) 교환학생
(C) 음악가　　　　　　(D) 라디오 진행자

해설 | 세부 사항

첫 번째 지문인 공고의 첫 번째 단락 On this week's program, *Book Talk* host Pablo Araya talks with Anne Kindall about her latest novel, *Feliz Blue*.를 통해 아라야 씨는 라디오 프로그램 진행자임을 알 수 있으므로 (D)가 정답이다.

2 <펠리즈 블루>에 대해 언급된 것은 무엇인가?

(A) 페루어로 저술되었다.　　(B) 브라질에서 일어난다.
(C) 텔레비전 쇼에 광고되었다.　(D) 조각가가 주인공이다.

해설 | Not/True

첫 번째 지문인 공고의 두 번째 단락 While traveling in Brazil, Ms. Kindall was inspired to create and research a story about musicians vacationing there who find themselves drawn to the various styles of Brazilian music.에서 킨달 씨가 브라질을 여행하는 동안 영감을 받아 그곳에서 휴가를 보내는 음악가들에 대한 이야기를 지어내고 조사했다고 하므로 (B)가 정답이다.

3 아라야 씨가 킨달 씨에게 요청한 일은 무엇인가?

(A) 자신의 책 한 권 보내기　　(B) 여행 사진 제공
(C) 소설 쓰기에 대한 조언　　　(D) 방송 준비를 위해 일찍 도착하기

해설 | 세부 사항

두 번째 지문인 이메일의 첫 번째 단락 Please be at the radio station at noon so we have time to set up for the

---

broadcast에서 이메일 발신인 아라야 씨는 수신인 킨달 씨에게 방송 준비 시간을 갖도록 정오까지 와 달라고 했다. 이를 통해 방송 준비를 위해 일찍 와 줄 것을 요청했다는 것을 알 수 있으므로 (D)가 정답이다.

Paraphrasing

지문의 be at the radio station at noon → 보기의 Arrive early

지문의 set up → 보기의 prepare

4 2월 7일 <북 토크> 쇼에서 일어나지 않은 일은 무엇인가?
  (A) 작가가 자신의 작품 중 하나에 대해 논의했다.
  (B) 프로그램이 인터넷으로 방송되었다.
  (C) 청취자들이 전화를 걸어 질문했다.
  (D) 녹음된 음악이 방송되었다.

해설 | 연계
첫 번째 지문인 공고의 첫 번째 단락 On this week's program, *Book Talk* host Pablo Araya talks with Anne Kindall about her latest novel, *Feliz Blue*.를 통해 (A)를, 두 번째 단락 You will hear some of Ms. Kindall's recordings of Brazilian music을 통해 (D)를, 두 번째 지문인 이메일의 첫 번째 단락 Please be at the radio station at noon so we have time to set up for the broadcast, which, as always, will be transmitted over the air and simultaneously streamed on our Web site.를 통해 (B)를 확인할 수 있지만, 청취자가 전화를 해서 질문을 했다는 언급은 없으므로 (C)가 정답이다.

Paraphrasing

지문의 talks with Anne Kindall about her latest novel → 보기의 An author discussed one of her works.

지문의 streamed on our Web site → 보기의 aired on the Internet

지문의 hear some of Ms. Kindall's recordings of Brazilian music → 보기의 Recordings of music were broadcast.

5 킨달 씨의 첫 소설에 대해 암시된 것은 무엇인가?
  (A) 많은 사람이 읽었다.　　(B) 광범위한 조사가 필요했다.
  (C) 남미에서 출판되었다.　　(D) 그녀의 학교 경험을 묘사했다.

해설 | 추론
두 번째 지문인 이메일의 마지막 단락 I hope it stays on the best-seller list even longer than your first novel did.를 통해 킨달 씨의 첫 번째 소설이 베스트셀러였다는 것을 알 수 있으므로 (A)가 정답이다.

어휘 | extensive 광범위한

[6-10] 광고 + 이메일

본 베이케이션즈

오늘 휴양지를 예약하세요! **10본 베이케이션즈가 다음 패키지에 30퍼센트 할인 가격을 제공합니다.**

편안한 도피: 도시를 벗어나고 싶으세요? **9버몬트 스노우 픽스 호텔과 스파에서 편안한 주말을 예약하세요. 6A패키지에는 대형 스위트룸과 가이드 동반 등산이 포함됩니다.** 부지 내에 수상 경력이 있는 식당.

겨울 낙원: 푸에르토리코의 해변을 즐기세요. **6C일주일 패키지에는 아과스 보니타스 호텔의 아름다운 해변 숙소, 수상 스포츠 강습, 야간 오락이 포함됩니다.** 1년 내내 완벽한 날씨. 단체 할인 가능!

가족의 즐거움: 온 가족을 위한 멋진 여행을 찾으시나요? **6D부모와 자녀가 4일 동안 아름다운 콜로라도에 있는 브라이어스필드 호텔과 놀이공원에서 활동과 유람을 즐기세요.** 공원 곳곳에서 음식 노점을 이용할 수 있습니다.

햇살 가득한 기쁨: 4박 5일 동안 카리브 해의 수정 같이 푸른 바다를 즐기세요. **6B패키지에는 세인트 토마스에 있는 선샤인 빌라에서 매일 즐기는 유람과 고급 식사, 호화로운 객실, 탁월한 서비스가 포함됩니다.**

10특가는 12월 1일부터 1월 31일까지 여행에 유효합니다. 710월 31일까지 예약하셔서 목적지 무료 여행 가이드와 토트백을 받으세요. 샌더스 광장에 있는 저희 사무실을 방문하시거나 (518) 555-0133으로 전화, 또는 info@vaughnvacations.net으로 이메일을 보내세요. 상세한 가격 정보는 저희 웹사이트 http://www.vaughnvacations.com을 방문하세요.

발신: AllisonGelden@ridgeford_hospital.org
수신: info@vaughnvacations.net
날짜: 12월 4일
제목: 12월 17일부터 12월 19일까지 휴양지

안녕하세요,

제 동료에게 들으니 귀사에서 휴가 패키지 판촉을 많이 제공한다고 해서요. **10촉박한 통지라는 건 알지만, 12월 17일 금요일 저녁부터 12월 19일 일요일까지 판촉 휴가 중 하나를 예약하는 것이 아직 가능한지 궁금했어요. 8남편과 저는 정말 빨리 떠나고 싶지만, 둘 다 의사고 그때가 일하지 않거나 회의에 참석하지 않는 유일한 주말이에요. 9가능하면 산에서 조용한 곳을 방문하고 싶어요.** 이용 가능한 것이 있으면 알려 주세요.

감사합니다.

신경과 전문의 앨리슨 겔든
리지퍼드 병원

6 햇살 가득한 기쁨 휴가 패키지에만 포함된 것은 무엇인가?
  (A) 유람　　　　　　　　(B) 식사
  (C) 오락　　　　　　　　(D) 탁아

해설 | 추론
첫 번째 지문인 광고의 첫 번째 단락 Our package includes a large suite and a guided hike in the mountains.를 통해 유람을, 두 번째 단락 Our weeklong package includes beautiful beachside accommodations at the Aguas Bonitas Hotel, water sports lessons, and nighttime entertainment.를 통해 오락을, 세 번째 단락 Enjoy activities and excursions for parents and children with our four-day trip to the Briarsfield Hotel and Amusement Park in beautiful Colorado.를 통해 탁아를 확인할 수 있다. 네 번째 단락 Package includes daily excursions, gourmet meals, a deluxe room, and outstanding service at Sunshine Villas in Saint Thomas.를 통해 식사가 유일하게 포함되어 있다는 것을 알 수 있으므로 (B)가 정답이다.

Paraphrasing

지문의 a guided hike in the mountains → 보기의 Excursions

지문의 excursions for parents and children → 보기의 Child care

7 샌더스 광장에서 발견할 수 있는 것은 무엇인가?

(A) 진료소   (B) 호텔

(C) 식당   (D) 여행사

해설 | 추론

첫 번째 지문인 광고의 마지막 단락 Book by October 31 to receive a free travel guide for your destination and a tote bag.을 통해 업체는 여행사라는 것과 Visit our office in Sanders Square를 통해 샌더스 광장에 사무소가 있다는 것을 알 수 있으므로 (D)가 정답이다.

8 겔든 부부가 12월 17일부터 19일까지 여행을 원하는 이유는 무엇인가?

(A) 그들이 한가한 유일한 시간이다.

(B) 날씨가 쾌청할 것으로 예보된다.

(C) 그들이 회의에서 발표하고 있다.

(D) 그들이 병원 개원식에 참석하고 있다.

해설 | 세부 사항

두 번째 지문인 이메일의 중반 My husband and I would really like to get away soon, but we are both physicians, and that is the only weekend we are not working or attending a conference.에서 발신인인 겔든 박사가 그 주말이 유일하게 부부가 일을 하지 않거나 회의에 참석하지 않는 날이라고 했다. 이를 통해 유일하게 시간이 되는 날임을 알 수 있으므로 (A)가 정답이다.

Paraphrasing

지문의 the only weekend we are not working or attending a conference → 보기의 the only time they are free

9 겔든 부부는 어디로 가겠는가?

(A) 버몬트   (B) 푸에르토리코

(C) 콜로라도   (D) 세인트 토마스

해설 | 연계

두 번째 지문인 이메일의 후반 We would prefer to visit a quiet spot in the mountains, if possible.을 통해 산에서 조용한 곳 방문을 원한다는 것을 알 수 있다. 첫 번째 지문인 광고의 첫 번째 단락 Book a relaxing weekend at the Snow Peaks Hotel and Spa in Vermont.와 Our package includes a large suite and a guided hike in the mountains.를 통해 버몬트로 가는 여행상품에 등산이 포함되어 있다는 것을 알 수 있으므로 (A)가 정답이다.

10 겔든 박사가 휴가 패키지를 예약하면 받게 될 것은 무엇인가?

(A) 토트백과 여행 가이드

(B) 행사 티켓

(C) 할인

(D) 향후 여행에 쓸 수 있는 쿠폰

해설 | 연계

첫 번째 지문인 광고의 Vaughn Vacations is offering 30 percent off the price of the following packages.와 Offer valid for travel from December 1 until January 31.을 통해 업체가 12월 1일부터 1월 31일까지의 여행에 한해 할인된 휴가 패키지를 제공하고 있다는 것을 알 수 있다. 두 번째 지문인 이메일의 두 번째 문장 I know this is short notice, but I wondered if it might still be possible to book one of your promotional vacations from the evening of Friday, December 17, to Sunday, December 19?을 통해 겔든 박사는 휴가 패키지 상품을 예약하고 싶어 한다는 것을 알 수 있으므로 (C)가 정답이다.

[11-15] 이메일 + 웹사이트 + 일정표

수신: 다이신 아마가스
발신: 나리아 존스
날짜: 2월 1일
제목: 조절 가능한 책상

아마가스 씨께,

피린 출판사 인체공학위원회는 정기적으로 회사 직원들의 근무 환경을 평가하고 있습니다. **11**일부 직원들이 컴퓨터 앞에 장시간 앉아 있다는 점을 알고 있습니다. 연구에 따르면 오래 앉아 있는 자세가 건강에 부정적인 영향을 미칠 수 있다고 합니다.

이런 우려를 해결하기 위해 **13**위원회는 조절 가능한 책상의 사용에 관한 연구를 검토했습니다. **11**이 책상으로 직원들은 앉거나 서서 업무를 할 수 있습니다. **13**고용주들은 직원 생산성 증가로 이익을 얻는데, 이는 결국 회사가 더 많은 수익을 창출하는 데 기여합니다.

11이에 따라 위원회는 평판이 높은 판매처인 데스코마티카에서 조절 가능한 책상을 구매하기로 했습니다. **14**또한 새로운 작업공간 사용에 대한 그룹 교육을 제공하기 위해 데스코마티카에서 인체공학 평가자를 고용하기로 결정했습니다. **12**마지막으로, 움직임을 늘리는 데 도움되는 전략을 채택할 것을 전 직원에게 제안합니다. 예를 들어, 직원들은 점심시간이나 근무일 시작이나 종료 시에 체력단련실을 이용하거나 운동 수업에 참가할 수 있습니다.

나리아 존스, EC 의장

---

http://www.deskomatica.com

데스코마티카

13당사의 조절 가능한 작업공간은 다음 사항에 도움이 됩니다.

13(1) 직원 생산성 증대

(2) 잦은 결근 감소

(3) 허리 통증 감소

(4) 기분 및 에너지 향상

작업공간은 3가지 다른 유형과 다양한 기준 소매가격으로 이용할 수 있습니다. 720-555-0101로 전화해 귀하의 필요에 적합한 작업공간에 관해 전문가와 상담하세요.

피린 출판사
¹⁴데스코마티카의 자비에 씨 교육 세션

2월 25일 월요일	
오전 9:00-10:00	회계부—438호
오전 10:15-11:15	번역부—323호
오후 12:00-1:00	교열부—102호

¹⁵2월 26일 화요일	
¹⁵오전 10:30-11:30	급여부—216호
오후 12:00-1:00	미술부—112호

11 이메일의 한 가지 목적은 무엇인가?

(A) 정책 변경 정당성 설명
(B) 연구 참가자들 면담 요청
(C) 구매 설명
(D) 수익 증가 보고

해설 | 주제/목적
지문 전체에 걸쳐 오래 앉아 있는 직원(some employees sit for long hours at their computers), 건강에 부정적 영향(a prolonged sedentary position may negatively affect one's health), 문제를 해결할 책상(These desks allow employees to perform their duties either seated or standing.), 구입 결정(has decided to purchase adjustable desks) 등을 알리고 있으므로 (C)가 정답이다.

어휘 | justify 정당성을 설명하다

12 위원회가 직원들에게 권고한 일은 무엇인가?

(A) 경영진에게 연락
(B) 운동 활동 참여
(C) 데스코마티카 웹사이트 방문
(D) 인체공학 키보드 요청

해설 | 세부 사항
첫 번째 지문인 이메일의 마지막 단락 Finally, we suggest that all workers adopt strategies to help them increase their movement.에서 위원회는 움직임을 늘리는 데 도움되는 전략을 채택할 것을 전 직원에게 제안하고 있으므로 (B)가 정답이다.

Paraphrasing
지문의 increase their movement → 보기의 Participate in athletic activities

13 존스 씨의 이메일과 웹페이지에서 모두 언급된 조절 가능한 책상의 장점은 무엇인가?

(A) 근로자의 결근에 미치는 영향
(B) 사용자의 집중력 향상
(C) 직원 생산성에 미치는 영향
(D) 직원의 기분에 미치는 영향

해설 | 연계
첫 번째 지문인 이메일의 두 번째 단락 the committee reviewed studies about the use of adjustable desks와 Employers benefit from increased worker productivity를 통해 조절

가능한 책상이 직원의 생산력을 증대시킨다는 것을 알 수 있다. 두 번째 지문인 웹사이트 Our adjustable workstations can help to do the following.의 (1) Increase employee productivity를 통해 직원의 생산성 증대를 언급하고 있다는 것을 알 수 있으므로 (C)가 정답이다.

어휘 | concentration 집중 **effect** 영향

Paraphrasing
지문의 increased worker productivity, Increase employee productivity → 보기의 Their effect on employees' productivity

14 자비에 씨에 대해 암시된 것은 무엇인가?

(A) 피린 출판사의 출판인이다.
(B) 겹치는 일정을 해결했다.
(C) 최근 새로운 일을 시작했다.
(D) 직원에게 교육을 실시한다.

해설 | 연계
첫 번째 지문인 이메일의 마지막 단락 We have also decided to hire an ergonomics evaluator from Deskomatica to provide a group training session on the use of the new workstations.를 통해 데스코마티카의 인체공학 평가자에게 교육을 받을 것임을 알 수 있다. 세 번째 지문의 Training Sessions with Mr. Xavier of Deskomatica를 통해 자비에 씨가 직원을 교육할 데스코마티카의 인체공학 평가자임을 알 수 있으므로 (D)가 정답이다.

어휘 | conflict (일정) 겹침

15 화요일 오전에 자비에 씨는 어떤 부서와 만날 것인가?

(A) 회계   (B) 교열
(C) 급여   (D) 미술

해설 | 세부 사항
세 번째 지문의 Tuesday, February 26 일정표의 10:30 - 11:30 A.M. Payroll Department – Room 216을 통해 급여부 교육이 있다는 것을 알 수 있으므로 (C)가 정답이다.

[16-20] 이메일 + 인보이스 + 이메일

발신: 토드 굿윈 <t.goodwin@ossieofficesupply.com>
수신: OOS 운영팀 <management@ossieofficesupply.com>
날짜: 7월 2일
제목: 팀회의 안건
첨부: 🔗 쿠르미노프 기사

팀원 여러분, 안녕하세요.

오늘 운영 회의의 안건입니다. 오후 1시에 봬요!

1. 신입사원 교육 일정. ¹⁶이번 주 카렌 파크가 채용돼 7월 8일부터 교육을 시작합니다. 회의 전에 일정을 확인하고 교육 교대 근무 준비를 해서 오세요.
2. 2분기 판매 결과. 훌리오 고메스가 매장 내 판매에 대해 논평합니다. 저는 온라인 판매를 논의합니다.

3. 온라인 판매. 온라인 판매 신장에 관한 첨부된 기사를 읽고 아이디어 토론 준비를 갖추고 회의에 오세요. **[18]온라인 판매를 늘려야 하므로 저는 무료 배송이나 반품, 원플러스원 특가, 또는 재구매 고객을 위한 10퍼센트 충성고객 할인 제공을 고려해야 한다고 생각합니다.**

4. 새 배송업체 물색 진행 상황. 지난달 6월 14일 저는 고객 설문조사 결과를 발표했습니다. 조사에 따르면 고객들은 소포 추적이 되기를 바랍니다. 고객들은 배송비 인하도 원합니다. **[17]줄리 린트가 고려할 만한 배송업체 몇 군데에 관해 발표합니다.**

토드 굿윈
오시 사무용품 본부장

발신: 오시 사무용품 <invoice@ossieofficesupply.com>
수신: 시마 샤 <s.shah@gopromail.com>
날짜: 8월 18일
제목: 청구서 #08912

오시 사무용품에서 구매해 주셔서 감사합니다! 아래 청구서를 보세요.

품목	수량	단가	총 가격
검정 볼펜(8팩)	10	2.99달러	29.90달러
빨강 볼펜(8팩)	2	2.99달러	5.98달러
백색 인쇄용지(500매)	20	4.29달러	85.80달러
		소계	121.68달러
		[18]할인: (10% 할인)	12.17달러
		세금: 5%	6.08달러
		배송: (특송)	10.00달러
		지불 금액:	125.59달러

온라인 주문은 배송 전까지 수정 또는 취소할 수 있습니다. 변경이 필요하면 (413) 555-0130으로 전화 주세요. **[19]배송 진행 상황은 짚 쉽 웹사이트에서 추적 번호 0008971을 사용해 추적할 수 있습니다**(zipship.com/trackmypackage).

발신: 시마 샤 <s.shah@gopromail.com>
수신: OOS 고객 서비스 <customerservice@ossieofficesupply.com>
[20]날짜: 8월 22일
제목: 없어진 주문품

안녕하세요,

청구서 #08912와 관련하여 씁니다. **[20]오늘 도착 예정이었지만 이제 업무종료 시간인데 아직 도착하지 않았습니다.** 전에는 귀사에서 주문품을 제시간에 받는 데 문제가 한 번도 없었습니다. **[19]주문품 도착 시간을 알 수 있는 방법을 알려 주세요.** 금요일 전에 받지 못하면 주문을 취소하고 매장으로 가야 합니다.

감사합니다.

시마 샤
고 프로 이그제큐티브, 사무장

---

16 굿윈 씨가 운영팀 팀원들에게 요청한 일은 무엇인가?
(A) 신입사원 교육 돕기 (B) 팀별 판매 결과 제출
(C) 기사 편집 (D) 반품 정책 검토

해설 | 세부 사항
첫 번째 지문인 이메일의 운영 회의 안건 1의 Karen Park was hired this week and will begin training on July 8.와 Please

---

look at your schedules before the meeting and come prepared to take a training shift.를 통해 이메일의 발신인 굿윈 씨가 수신인 운영팀에게 신입 직원의 교육을 위해 교대 근무를 준비해 달라고 요청하고 있다는 것을 알 수 있으므로 (A)가 정답이다.

17 배송업체에 관해 발표할 사람은 누구인가?
(A) 파크 씨 (B) 린트 씨
(C) 굿윈 씨 (D) 고메스 씨

해설 | 세부 사항
첫 번째 지문인 이메일의 운영 회의 안건 4의 Julie Lindt will present on a few shipping companies for us to consider.에서 린트 씨가 배송업체에 관해 발표를 할 것이라고 했으므로 (B)가 정답이다.

18 굿윈 씨의 제안 중 그룹이 찬성한 것은 무엇이었겠는가?
(A) 무료 배송 (B) 무료 반품
(C) 원플러스원 특가 (D) 충성고객 할인

해설 | 연계
첫 번째 지문인 이메일의 운영 회의 안건 3의 We need to boost online sales, so I think we should consider offering free shipping or returns, a buy-one-get-one-free special, or a 10 percent loyalty discount for return customers.를 통해 굿윈 씨는 재구매 고객에게 무료 배송이나 반품, 원플러스원 특가, 10퍼센트의 충성고객 할인 제공을 제안했다는 것을 알 수 있다. 그리고 두 번째 지문인 인보이스의 Discount: (10% off)를 통해 고객이 10퍼센트 할인을 받았다는 것을 확인할 수 있으므로 (D)가 정답이다.

19 고객 지원 담당자는 샤 씨에게 무엇을 하라고 요청하겠는가?
(A) 짚 쉽 웹사이트 방문 (B) 주문 취소
(C) 오시 사무용품 매장 방문 (D) 고객 서비스 번호로 전화하기

해설 | 연계
세 번째 지문인 이메일 Please let me know how I can find out when our order will arrive.에서 메일 발신인 샤 씨는 수신인 고객 서비스 부서에 주문 도착 시간을 어떻게 알 수 있는지 묻고 있다. 두 번째 지문인 인보이스 하단 The progress of your shipment can be tracked on Zip Ship's Website using tracking number 0008971을 통해 짚 쉽 웹사이트에서 배송 진행 상황을 추적할 수 있다는 것을 알 수 있다. 이를 통해 고객 지원 담당자는 샤 씨에게 짚 쉽 웹사이트 방문을 요청할 것임을 알 수 있으므로 (A)가 정답이다.

20 샤 씨의 배송품은 언제 도착하기로 되어 있었는가?
(A) 6월 14일 (B) 7월 2일
(C) 8월 18일 (D) 8월 22일

해설 | 추론
세 번째 지문인 이메일 It was due to arrive today, but it is now the close of business, and it has not yet arrived.를 통해 샤 씨의 주문품은 이메일을 쓴 날짜에 도착하기로 되어 있었다는 것을 알 수 있고, 이메일은 August 22에 쓰여졌다는 것을 확인할 수 있으므로 (D)가 정답이다.

YBM

최신 출제 경향 반영

토익 단기공략 650⁺

실전 모의고사

시험 직전 최종 점검

www.ybmbooks.com

🎧 LC MP3 파일　　📄 LC 스크립트　　⬇ 정답과 해설 무료 다운로드

YBM

토익
단기공략 **650⁺**

실전
모의고사

LISTENING TEST

In the Listening test, you will be asked to demonstrate how well you understand spoken English. The entire Listening test will last approximately 45 minutes. There are four parts, and directions are given for each part. You must mark your answers on the separate answer sheet. Do not write your answers in your test book.

PART 1

Directions: For each question in this part, you will hear four statements about a picture in your test book. When you hear the statements, you must select the one statement that best describes what you see in the picture. Then find the number of the question on your answer sheet and mark your answer. The statements will not be printed in your test book and will be spoken only one time.

Statement (C), "They're sitting at a table," is the best description of the picture, so you should select answer (C) and mark it on your answer sheet.

1.

2.

GO ON TO THE NEXT PAGE

3.

4.

5.

6.

GO ON TO THE NEXT PAGE

PART 2

Directions: You will hear a question or statement and three responses spoken in English. They will not be printed in your test book and will be spoken only one time. Select the best response to the question or statement and mark the letter (A), (B), or (C) on your answer sheet.

7. Mark your answer on your answer sheet.

8. Mark your answer on your answer sheet.

9. Mark your answer on your answer sheet.

10. Mark your answer on your answer sheet.

11. Mark your answer on your answer sheet.

12. Mark your answer on your answer sheet.

13. Mark your answer on your answer sheet.

14. Mark your answer on your answer sheet.

15. Mark your answer on your answer sheet.

16. Mark your answer on your answer sheet.

17. Mark your answer on your answer sheet.

18. Mark your answer on your answer sheet.

19. Mark your answer on your answer sheet.

20. Mark your answer on your answer sheet.

21. Mark your answer on your answer sheet.

22. Mark your answer on your answer sheet.

23. Mark your answer on your answer sheet.

24. Mark your answer on your answer sheet.

25. Mark your answer on your answer sheet.

26. Mark your answer on your answer sheet.

27. Mark your answer on your answer sheet.

28. Mark your answer on your answer sheet.

29. Mark your answer on your answer sheet.

30. Mark your answer on your answer sheet.

31. Mark your answer on your answer sheet.

Directions: You will hear some conversations between two or more people. You will be asked to answer three questions about what the speakers say in each conversation. Select the best response to each question and mark the letter (A), (B), (C), or (D) on your answer sheet. The conversations will not be printed in your test book and will be spoken only one time.

32. What are the speakers mainly discussing?

(A) A sales deal
(B) A newsletter article
(C) A performance evaluation
(D) A job application

33. What does the woman offer to do?

(A) Write a recommendation letter
(B) Help with an assignment
(C) Drive a car to a site
(D) Provide regular status updates

34. Who is the woman?

(A) A supervisor
(B) A recruiter
(C) A professor
(D) A client

35. Where is the conversation taking place?

(A) At a bank
(B) At a hotel
(C) At an airport
(D) At a theater

36. What problem does the woman tell the man about?

(A) Some food was not delivered.
(B) An area is very crowded.
(C) Some machines have been damaged.
(D) A reservation has been lost.

37. What does the man say he wants to do?

(A) Take a nap
(B) Check some records
(C) Eat a meal
(D) Upgrade some tickets

38. What does the woman give the man?

(A) A schedule of events
(B) A ticket for a drawing
(C) A name tag
(D) A facility map

39. Why does the man have a Gold Pass?

(A) He won it as a prize.
(B) He paid extra for it.
(C) He is an invited speaker.
(D) He is an association member.

40. According to the woman, what can only Gold Pass holders do?

(A) Receive a gift
(B) Go to any workshop
(C) Enter the exposition early
(D) Meet some officials

41. Why is the man calling?

(A) To give some feedback
(B) To report a found item
(C) To arrange a tour
(D) To modify a reservation

42. What type of business does the woman work for?

(A) A museum
(B) A bookstore
(C) A catering company
(D) An automobile rental agency

43. What does the man mean when he says, "we said we'd pack everything up"?

(A) He is sorry about a mess.
(B) He will work long hours tomorrow.
(C) He does not want to leave anything behind.
(D) He will need more packing materials.

GO ON TO THE NEXT PAGE

44. Where are the speakers?

(A) In an office
(B) In a retail store
(C) In a factory
(D) In a photography studio

45. What does the man mention about a computer model?

(A) It is compact.
(B) It is currently sold out.
(C) It is difficult to repair.
(D) It is used by professionals.

46. Who does the woman say she will call?

(A) A supplier
(B) A coworker
(C) A technician
(D) A delivery driver

47. Who is the man?

(A) A receptionist
(B) An event organizer
(C) A company owner
(D) A journalist

48. What does Ms. Beverly say she will do during her presentation?

(A) Play a video recording
(B) Give a skills demonstration
(C) Encourage posting on social media
(D) Bring audience members onstage

49. What does Ms. Beverly ask Da-Hee to prepare?

(A) Some printed handouts
(B) Some extra seats
(C) Some refreshments
(D) Some audio equipment

50. Why is the woman calling?

(A) To make a complaint
(B) To place an order
(C) To propose a partnership
(D) To ask about a job opening

51. What problem does the man mention?

(A) An advertisement contained an error.
(B) A business is fully staffed.
(C) A manager is unavailable.
(D) A product has been discontinued.

52. What does the woman say she will do?

(A) Drop off a form
(B) Mark her calendar
(C) Pay for a special service
(D) Wait for a phone call

53. How does the man say he learned about Canvass Cellular?

(A) From a television commercial
(B) From a newspaper article
(C) From a Web page post
(D) From a telemarketing call

54. What does the woman say is special about Canvass Cellular?

(A) Its customer support
(B) Its data usage limits
(C) Its coverage area
(D) Its service prices

55. What does the woman offer to do for the man?

(A) Call him back at a later time
(B) Purchase his used mobile phone
(C) Connect him to a salesperson
(D) Waive a sign-up charge

56. Why does the woman say, "I finished my assessment of the Washburn property"?

(A) To volunteer to help the man
(B) To explain where she has been
(C) To indicate that she needs a new assignment
(D) To bring up a topic of discussion

57. What does the man say he will do in the afternoon?

(A) Speak with a builder
(B) Visit a construction site
(C) Purchase gardening supplies
(D) Prepare for an inspection

58. What problem does the woman mention?

(A) Some ground is unstable.
(B) A budget has been reduced.
(C) Some data is inaccurate.
(D) A building is being renovated.

59. What are the men in charge of planning?

(A) A holiday banquet
(B) A charity auction
(C) A management retreat
(D) A press conference

60. Why is the woman concerned?

(A) The weather could make a venue inaccessible.
(B) Many people have accepted an invitation.
(C) A strategy has not been finalized yet.
(D) The company's busy season is approaching.

61. What does Russell agree to do?

(A) Prepare an alternative activity
(B) Make a telephone inquiry
(C) Double the size of an order
(D) Clear his afternoon schedule

Payroll Department

Name	Ext.	Specialty
Ross Simpson	501	Timekeeping
Joe Cobb	502	Benefit administration
Crystal Ruiz	503	Expense reimbursement
Jenny Daltry	504	Tax compliance

62. What problem is the man having?

(A) A calculation seems incorrect.
(B) He did not receive a payment.
(C) He cannot find a folder.
(D) A device is malfunctioning.

63. Look at the graphic. Who most likely contacted the man?

(A) Mr. Simpson
(B) Mr. Cobb
(C) Ms. Ruiz
(D) Ms. Daltry

64. What does the woman tell the man to do?

(A) Go to a department in person
(B) Request a deadline extension
(C) Send a document over the Internet
(D) Read company memos more carefully

GO ON TO THE NEXT PAGE

Schedule for: *Carol Hampton*

Wednesday, November 19	
8:00 A.M.	Conference call
9:00 A.M.	
10:00 A.M.	Interview with job candidate
11:00 A.M.	
Noon	Lunch
1:00 P.M.	

Library Floor Plan

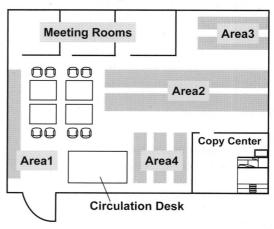

65. What does the man tell the woman?

(A) He has begun attending a class.
(B) He has visited a distributor's office.
(C) He has finished making some graphics.
(D) He has been working on the weekends.

66. What will the speakers do when they meet?

(A) Practice giving a joint presentation
(B) Discuss expanding the man's job duties
(C) Evaluate some freelancers' qualifications
(D) Brainstorm ideas for a sales promotion

67. Look at the graphic. What time will the speakers meet?

(A) At 9:00 A.M.
(B) At 10:00 A.M.
(C) At 11:00 A.M.
(D) At 12:00 P.M.

68. What does the woman say she has just done?

(A) She reviewed some survey results.
(B) She went to a committee meeting.
(C) She read an academic journal.
(D) She toured another library.

69. Look at the graphic. Which area does the woman suggest removing shelves from?

(A) Area 1
(B) Area 2
(C) Area 3
(D) Area 4

70. What does the woman propose doing to some books?

(A) Disposing of them
(B) Relocating them to other shelves
(C) Converting them to a digital format
(D) Putting them in storage

Directions: You will hear some talks given by a single speaker. You will be asked to answer three questions about what the speaker says in each talk. Select the best response to each question and mark the letter (A), (B), (C), or (D) on your answer sheet. The talks will not be printed in your test book and will be spoken only one time.

71. What is the purpose of the call?

(A) To ask for directions
(B) To suggest an additional service
(C) To apologize for an error
(D) To confirm an appointment

72. What does the speaker say he will bring to Tele-Heights Tower?

(A) A large appliance
(B) A moving truck
(C) Some cleaning supplies
(D) Some potted plants

73. What does the speaker ask the listener to do?

(A) Pay a security deposit
(B) Contact a building superintendent
(C) Choose a time for a meeting
(D) Leave a review online

74. What does the speaker's store sell?

(A) Housewares
(B) Security equipment
(C) Musical instruments
(D) Medical goods

75. What will the new policy prohibit store employees from doing?

(A) Using scented products
(B) Trading shifts with each other
(C) Wearing clothing that is in poor condition
(D) Complaining about the store on social media

76. What does the speaker mean when he says, "Brenda will be checking"?

(A) The policy will be strictly enforced.
(B) The listeners will receive assistance.
(C) Brenda will make sure that an estimate is correct.
(D) Brenda will take over one of his responsibilities.

77. What is the broadcast mainly about?

(A) A construction project
(B) An athletic event
(C) A new business
(D) A local politician

78. What is the reason for some criticism?

(A) A plan is complicated.
(B) A location is inconvenient.
(C) A celebration was canceled.
(D) A cost has increased.

79. What will listeners most likely hear next?

(A) An interview
(B) A weather report
(C) An advertisement
(D) A musical performance

80. What type of event is taking place?

(A) A product launch
(B) An office party
(C) A store opening
(D) A fund-raiser

81. According to the speaker, what field has Mr. Cashwell mainly made contributions to?

(A) Finance
(B) Education
(C) Publishing
(D) Engineering

82. What will Mr. Cashwell speak about?

(A) A class
(B) A colleague
(C) An invention
(D) A trip

GO ON TO THE NEXT PAGE

83. What is causing a problem?

    (A) A machine is performing poorly.
    (B) An employee is late to work.
    (C) A facility is very small.
    (D) A part is too expensive.

84. What does the speaker suggest doing?

    (A) Apologizing to a client
    (B) Redistributing a workload
    (C) Hiring a new technician
    (D) Replacing some equipment

85. What does the speaker imply when she says, "you're the regional manager, though"?

    (A) She is surprised by a request.
    (B) The listener must make a decision.
    (C) She knows that the listener is very busy.
    (D) The listener can draw more attention to an issue.

---

86. What is the topic of the radio program?

    (A) Sports
    (B) Music
    (C) Business
    (D) Technology

87. What does the speaker say Mr. Yoshida did recently?

    (A) He released an album.
    (B) He moved to a new city.
    (C) He appeared on television.
    (D) He created a Web site.

88. What does the speaker encourage listeners to do?

    (A) Enter a local contest
    (B) Take some photographs
    (C) Join an online community
    (D) Watch a news program

---

89. Who are the listeners?

    (A) New hires
    (B) Team leaders
    (C) Board members
    (D) University students

90. What does the speaker mean when she says, "there's been a lot of talk about our current curriculum"?

    (A) Many institutions use the curriculum.
    (B) A news report featured the curriculum.
    (C) There is some criticism of the curriculum.
    (D) A consulting firm designed the curriculum.

91. What should listeners do with some training materials?

    (A) Suggest revisions to them
    (B) Recommend them to others
    (C) Study them to gain tips
    (D) Make an outline of them

---

92. Where does the speaker work?

    (A) At a fitness center
    (B) At a technical support center
    (C) At an Internet service provider
    (D) At a news publisher

93. What does the speaker offer to give the listener?

    (A) A free trial
    (B) An upgrade
    (C) A discounted price
    (D) An accessory

94. Why does the speaker encourage the listener to return a call?

    (A) To learn some details
    (B) To provide feedback
    (C) To renew a subscription
    (D) To schedule an appointment

Fulton Airline Services

In-flight meal	$15
One checked bag	$25
Two checked bags	$50
Airport shuttle service	$65

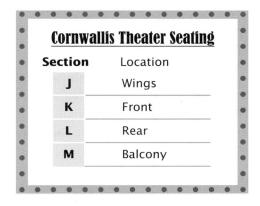

Cornwallis Theater Seating

Section	Location
J	Wings
K	Front
L	Rear
M	Balcony

95. What does the speaker mention about Sharpton City?

(A) Its airport is large.
(B) Its traffic is currently bad.
(C) It is experiencing cold weather.
(D) It has many tourist attractions.

96. According to the speaker, why should a passenger speak to a flight attendant?

(A) To obtain more snacks
(B) To submit a travel document
(C) To ask about gate information
(D) To buy a duty-free gift

97. Look at the graphic. How much money can a Fulton Frequent Flier save on every flight?

(A) $15
(B) $25
(C) $50
(D) $65

98. According to the speaker, what did the production win an award for?

(A) Its script
(B) Its acting
(C) Its costumes
(D) Its set decoration

99. What does the speaker ask listeners to do?

(A) Silence communication devices
(B) Remain seated after the play
(C) Make a financial contribution
(D) Fill out a satisfaction survey

100. Look at the graphic. Where are annual ticket holders sitting?

(A) In Section J
(B) In Section K
(C) In Section L
(D) In Section M

This is the end of the Listening test. Turn to Part 5 in your test book.

GO ON TO THE NEXT PAGE

READING TEST

In the Reading test, you will read a variety of texts and answer several different types of reading comprehension questions. The entire Reading test will last 75 minutes. There are three parts, and directions are given for each part. You are encouraged to answer as many questions as possible within the time allowed.

You must mark your answers on the separate answer sheet. Do not write your answers in your test book.

PART 5

Directions: A word or phrase is missing in each of the sentences below. Four answer choices are given below each sentence. Select the best answer to complete the sentence. Then mark the letter (A), (B), (C), or (D) on your answer sheet.

101. None of the job applicants ------- that the position requires night-shift work.

(A) to realize
(B) realized
(C) realizing
(D) realization

102. Mr. Howell was promoted twice ------- his first six months at JRT Telecom.

(A) by
(B) toward
(C) within
(D) until

103. Ward Gym's weight room has ------- a weightlifter needs.

(A) everything
(B) wherever
(C) either
(D) many

104. All merchandise must be packaged ------- to avoid any accidental damage during shipping.

(A) careful
(B) cared
(C) care
(D) carefully

105. After holding just two functions, we have ------- reached our fund-raising goal for this year.

(A) always
(B) ever
(C) then
(D) already

106. Heavenly Fragrance is known for its wide ------- of scented candles.

(A) assort
(B) assortment
(C) assorting
(D) assorts

107. Present this coupon to one of our sales ------- at checkout to claim your discount.

(A) events
(B) clerks
(C) goods
(D) reports

108. The blueprint for the new apartment complex has had ------- modifications made to it since the first draft.

(A) multiple
(B) multiply
(C) multiplies
(D) multiplied

109. ------- the success of her collection of short stories, Marjorie Duplass announced that she would write her first full novel.

(A) Following
(B) Consequently
(C) Because
(D) Provided

110. According to the manual, it is important ------- the printer toner before it runs out completely.

(A) refill
(B) to refill
(C) refilled
(D) refills

111. Interns may earn ------- wages than advertised if they take on additional tasks.

(A) highest
(B) high
(C) highly
(D) higher

112. Aquamarine Waterpark charges reduced admission fees ------ September 1 to October 31.

(A) soon
(B) between
(C) when
(D) from

113. While employees are typically entitled to take no more than three consecutive days of leave, we can make an ------- in certain cases.

(A) oversight
(B) exception
(C) assumption
(D) objective

114. The city's proposal for traffic management measures has met with widespread -------.

(A) approved
(B) approvingly
(C) approval
(D) approves

115. After opening another manufacturing plant, Manford Plastics is now ------- Sheffield's largest employers.

(A) over
(B) along
(C) among
(D) upon

116. To increase the efficiency of call center operators, Ms. Wi recommended ------- attend monthly training workshops.

(A) them
(B) themselves
(C) they
(D) their

117. Aspiring homeowners ------- find obtaining a mortgage to be a complicated process.

(A) understandably
(B) understanding
(C) understood
(D) understand

118. Most eateries close on the holiday, ------- the owner of Lyons Café sees it as a business opportunity.

(A) whether
(B) rather
(C) or
(D) but

119. Critics agreed that the cello player ------- especially well at the concert.

(A) appealed
(B) performed
(C) experienced
(D) equipped

120. Aylesbury Recreation Center boasts an ------- climbing wall that is used by both beginners and advanced climbers.

(A) impressive
(B) enthusiastic
(C) unlimited
(D) informed

GO ON TO THE NEXT PAGE

121. Ms. Paton decided to go ahead with her presentation ------- the projection screen was malfunctioning.

(A) regardless of
(B) even though
(C) without
(D) still

122. If you had attended Monday's meeting, you ------- a printed copy of the project plan.

(A) would have received
(B) will receive
(C) received
(D) had received

123. The president of Blixa Chemicals recognized Mr. Ogawa for boosting ------- at the factory in Syracuse.

(A) produced
(B) produces
(C) production
(D) productive

124. The interior designer is unable to visit in person this week, so he will ------- provide carpet samples by express mail.

(A) likewise
(B) previously
(C) instead
(D) except

125. Members of the judging committee must vote for award winners ------- by filling out and submitting an unsigned form.

(A) approximately
(B) improperly
(C) incidentally
(D) anonymously

126. The company will implement pay increases to ------- its existing workforce rather than hiring new employees.

(A) exceed
(B) retain
(C) practice
(D) compete

127. The charity match in Hyde Stadium will be streamed live in its ------- on our Web site.

(A) entirety
(B) capacity
(C) demand
(D) rate

128. Please return the defective product ------- your original proof of purchase in order to obtain a full refund.

(A) in addition
(B) such as
(C) yet
(D) as well as

129. ------- to rumors of a potential merger, the CEO of APT Foods assured staff that the company would remain independent.

(A) Respond
(B) Responded
(C) Responses
(D) Responding

130. To find the most suitable individual for the role, the board of directors held interviews with ------- senior executives.

(A) extensive
(B) mandatory
(C) numerous
(D) applicable

PART 6

Directions: Read the texts that follow. A word, phrase, or sentence is missing in parts of each text. Four answer choices for each question are given below the text. Select the best answer to complete the text. Then mark the letter (A), (B), (C), or (D) on your answer sheet.

Questions 131-134 refer to the following article.

BELLTOWN (May 25)—Sindel Biotech and Asix Agriculture Inc. ------- on a project to develop and
131.

study a new variety of corn that has increased resistance to inclement weather. This exciting

partnership is set to commence in early July. The new type of corn is to be a hybrid of two existing

varieties, one of ------- grows well in strong winds and rain, while the other has a particularly
132.

robust stem. Sindel and Asix hope to publish the results of their research in two years. ------- .
133.

Farmers in the Belltown area are suffering from falling crop yields due to worsening weather

patterns. Assuming the project is a success, ------- issues will no longer have such a negative
134.

impact on local corn crops.

131. (A) have been collaborating
(B) will be collaborating
(C) have collaborated
(D) are collaborated

132. (A) which
(B) whose
(C) those
(D) that

133. (A) Global exports of corn are expected to continue rising.
(B) In fact, the first year was spent selecting appropriate seeds.
(C) Several scientists have questioned the accuracy of this data.
(D) At that time, the corn may be made available to local farms.

134. (A) soil
(B) technology
(C) labor
(D) climate

GO ON TO THE NEXT PAGE

To: Brian Taylforth <btaylforth@azmail.com>
From: Amir Diswali <adiswali@deerman.com>
Date: December 29
Subject: Your Recent Stay
Attachment: Form #102

Dear Mr. Taylforth,

At the Deerman Hotel, we strive to find ways ------- our amenities and services. One of the most
135.

effective methods we have developed for doing this is contacting recent guests to inquire about

their stay. ------- . We would greatly appreciate it if you could fill out the attached survey and
136.

return it to us at your convenience. ------- , we encourage guests to post a review of our hotel on
137.

the popular Travel Sense Web site at www.travelsenseonline.co.uk.

We thank you in advance for your ------- and look forward to seeing you again in the near future.
138.

Sincerely,

Amir Diswali
Guest Services Manager
Deerman Hotel

---

135. (A) improve
  (B) of improvement
  (C) improved
  (D) to improve

136. (A) We have been unable to find the
      items you reported as lost.
  (B) Many of our rooms have been
      renovated in the past year.
  (C) According to our records, we
      welcomed you on December 23.
  (D) Our hotel is consistently praised by
      business travelers.

137. (A) For example
  (B) Nevertheless
  (C) Therefore
  (D) Furthermore

138. (A) application
  (B) feedback
  (C) payment
  (D) reservation

Questions 139-142 refer to the following notice.

Attention All Winslow Accounting Staff:

It has been brought to the attention of management that several employees have been chatting with friends and family on the phone when they are supposed to be working.

------- you have an acceptable reason, personal calls are not allowed during work hours. If you do
139.
feel that you have a valid reason to make such a call, please seek the office manager's

permission in advance. ------- . Any employee caught repeatedly ------- these rules will face
140.   141.

disciplinary action and the possible loss of personal leave days.

We welcome questions about this issue. Please ------- them to Ms. Harper in the personnel
142.

department.

---

139. (A) Besides
 (B) Despite
 (C) Unless
 (D) So that

140. (A) Any authorized calls should then be
 made in the break room.
 (B) In other words, workers should
 delete all messaging software.
 (C) All staff disputes will be mediated
 by the office manager.
 (D) This has resulted in a pleasing
 increase in productivity.

141. (A) disregards
 (B) disregarding
 (C) disregarded
 (D) disregard

142. (A) direct
 (B) accompany
 (C) assign
 (D) grant

GO ON TO THE NEXT PAGE

Have you been considering adopting a "meat-free" diet?

These days, a lot of people want to eliminate meat from their diet, but they are concerned about what they would eat as an ------- . If this sounds like you, then you absolutely must try Garden
     143.
Burgers!

One of the most common complaints about meat-free products is that they taste bland and are in

no way ------- to their meat counterparts. That's ------- our research and development team work
   144.   **145.**

hard to make our meatless burgers taste as delicious as regular beef burgers. And the best part:

you can order Garden Burgers from www.gogreenfoods.com and have them delivered directly to

your door! ------- .
      146.

---

143. (A) alternative
(B) opposition
(C) expense
(D) inclusion

144. (A) having compared
(B) comparable
(C) compares
(D) to compare

145. (A) when
(B) where
(C) why
(D) how

146. (A) Book your table today for a fantastic dining experience.
(B) Seize this exciting investment opportunity.
(C) Take the first step towards a healthier lifestyle.
(D) To join our dynamic team, simply click on "Careers."

Directions: In this part you will read a selection of texts, such as magazine and newspaper articles, e-mails, and instant messages. Each text or set of texts is followed by several questions. Select the best answer for each question and mark the letter (A), (B), (C), or (D) on your answer sheet.

Questions 147-148 refer to the following online notice.

▲

To Harvey's Electrical customers,

Visitors to our Web site over the last month may have encountered frequent error messages. Our technical team has worked hard to resolve these issues and is planning to install some vital software on June 19. The Web site will be unavailable on that day until this process is complete.

During that period, customers can call our special hotline at 555–0129, extension 491, and speak to a sales operative who will process any purchases. However, our customer support team will not have access to their e-mail accounts to respond to queries.

▼

147. What will happen on June 19?

(A) New inventory will be delivered.
(B) Computer software will be installed.
(C) A facility will be cleaned.
(D) A training session will take place.

148. According to the notice, how can customers place an order on June 19?

(A) By sending an e-mail
(B) By going to a physical store
(C) By using a mobile app
(D) By making a call

GO ON TO THE NEXT PAGE

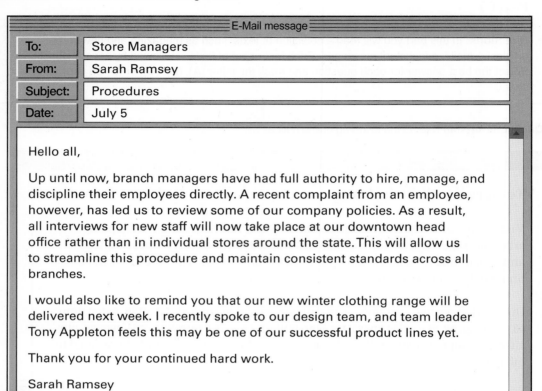

E-Mail message	
To:	Store Managers
From:	Sarah Ramsey
Subject:	Procedures
Date:	July 5

Hello all,

Up until now, branch managers have had full authority to hire, manage, and discipline their employees directly. A recent complaint from an employee, however, has led us to review some of our company policies. As a result, all interviews for new staff will now take place at our downtown head office rather than in individual stores around the state. This will allow us to streamline this procedure and maintain consistent standards across all branches.

I would also like to remind you that our new winter clothing range will be delivered next week. I recently spoke to our design team, and team leader Tony Appleton feels this may be one of our successful product lines yet.

Thank you for your continued hard work.

Sarah Ramsey
Human Resources Director

149. What will the company change?

(A) The salary it offers to new employees
(B) Its policy on travel reimbursement
(C) Its process for disciplining staff
(D) The site of its hiring interviews

150. Who is Mr. Appleton?

(A) A clothing designer
(B) A branch manager
(C) A job candidate
(D) A human resources supervisor

Irene Reid (10:36 A.M.)
Hi Anthony. Could you e-mail me the sales figures from the last quarter? I need to include them in my end-of-year report.

Anthony Cipriani (10:41 A.M.)
I'm away on a skiing trip, so I don't have access to my computer files until next week. Sorry.

Irene Reid (10:47 A.M.)
I understand. Do you know where I could find them?

Anthony Cipriani (10:50 A.M.)
I think I saved them on the shared drive. They should be in a folder marked 'Finances' in the management folder.

Irene Reid (10:55 A.M.)
Okay. Thanks for your help. I'll look for that now.

Anthony Cipriani (11:01 A.M.)
No problem. Let me know if you find it.

151. What is most likely true about Mr. Cipriani?

(A) He is currently on vacation.
(B) His computer has malfunctioned.
(C) He no longer works for the company.
(D) He forgot to compile some sales figures.

152. At 11:01 A.M., what does Mr. Cipriani most likely mean when he writes, "No problem"?

(A) He is not disappointed by a mistake.
(B) He does not need Ms. Reid's assistance.
(C) He is acknowledging Ms. Reid's gratitude.
(D) He is agreeing to take on a task.

GO ON TO THE NEXT PAGE

MEMO

To: All BioWell Staff
From: Sheila Butler
Date: February 25
Re: Announcement

The recent government inspection determined that the security protocols at our laboratory are outdated. Therefore, we will be implementing the following updates to them. Starting on Friday, access to the laboratory will be by keycard only. Under no circumstances will employees be granted access without their keycard. Also, ID badges must be worn by all employees at all times. Lastly, all dangerous chemicals will now be stored in a special room that can be accessed only by entering a keycode, which will be sent to you by e-mail. Entering the wrong code three times will result in a facility lockdown, so please take extreme care when inputting the code.

Sheila Butler

153. Why was the memo sent out?

(A) To prepare staff for an upcoming inspection
(B) To describe changes to security procedures
(C) To announce the renewal of a contract
(D) To explain a new piece of equipment

154. What should employees do to obtain a keycode?

(A) Read a notice board
(B) Scan an ID badge
(C) Check their e-mails
(D) Speak to their manager

Questions 155-157 refer to the following e-mail.

	E-Mail message
To:	Kurt Duquette <k.duquette@lockwoodinc.com>
From:	Irene Renwick <i.renwick@lockwoodinc.com>
Date:	February 4
Subject:	Follow-up

Dear Mr. Duquette,

Regarding our conversation about our sales team's needs to better communicate with international clients, I have investigated videoconferencing programs as you asked. Based on my findings, I believe our best option would be Altura-2000, a program made by Brady Essentials. — [1] —. It can handle up to thirty videoconference participants at once. The interface is very user-friendly, so we won't have to invest a lot of time in training employees how to use it. — [2] —. And reviews say it almost never has problems with disconnection or poor video and sound quality. Finally, although its functions are similar to those in other programs I checked out, Altura-2000 has the best record for cybersecurity, so we can rest assured that our files will not be compromised while sending them back and forth.

Altura-2000 costs $149.99 per month, which is at the top end of our budget. Fortunately, prospective customers can try it out this month at no cost. — [3] —. I will talk to Amber Garon to make sure that our company computers have the necessary specifications to run the program. I think she's in the office today, so I'll get back to you as soon as she confirms that she can install it. — [4] —. I will then give you an update and await your approval for going forward with this.

Irene

---

155. What is NOT mentioned as a benefit of Altura-2000 ?

(A) It is compatible with other programs.
(B) It can be used without much training.
(C) It sends files securely.
(D) It works very reliably.

156. Who most likely is Ms. Garon?

(A) A prospective client
(B) A Brady Essentials salesperson
(C) An information technology technician
(D) Mr. Duquette's boss

157. In which of the positions marked [1], [2], [3], and [4] does the following sentence best belong?

"That will give us the opportunity to see whether it suits our purposes before we spend any money."

(A) [1]
(B) [2]
(C) [3]
(D) [4]

GO ON TO THE NEXT PAGE

18 October

Greg Walsh
Regent Furniture
475 Marston Road
Aberdeen
AB2 T3W

Dear Mr. Walsh,

You brought in one of your delivery vans last month, explaining that you needed some urgent work to get it back on the road the same day so that you could complete your furniture delivery. However, I am very unhappy to report that we have still not received compensation for this work nearly four weeks later. My team and I worked extremely hard on the vehicle, replacing vital engine parts and changing the oil as requested. You contacted me that evening to tell me your delivery was successfully completed and stated that payment would be transferred immediately.

We find this situation to be extremely disappointing. Your standing balance was £990.00, and now a £50.00 late payment fee brings the total to £1,040.00. If we do not receive payment by the end of the working week, we will have to pursue legal action. Please call our administrator at 01224 393842 to arrange this by Friday at the latest.

Sincerely,

Stan Chaser, Owner
Chaser Solutions

158. What kind of business does Mr. Chaser own?

(A) A law firm
(B) A delivery company
(C) An auto repair shop
(D) A furniture store

159. What is one purpose of the letter?

(A) To provide driving directions
(B) To make a complaint
(C) To give the status of some work
(D) To express appreciation

160. What is Mr. Walsh asked to do?

(A) Contact Mr. Chaser's employee
(B) Collect a vehicle
(C) Attend a celebration
(D) Issue a refund to Mr. Chaser

To:	<patrickstokes@quicknet.com>
From:	<customerservice@sixstarleisure.com>
Subject:	Account 4832
Date:	May 17

Dear Mr. Stokes,

Thank you for opening a business account with us. Here are your account details:

> **Account number:** <u>4832</u>
> **Web site username:** <u>Pstokes4832</u>
> **Password:** <u>Entry1</u>

You will be able to change your password after you log in.

Also, when we spoke in the store, you inquired about some products you are interested in purchasing. I have included details about these below:

FlameGas Camping Stove
Runs on natural gas and is lit using a spark button. Full instructions for assembly are included.

Jumbo Tent
Available in green, orange, or blue. Comes with a built-in mosquito net. Please note that there is a mistake with the dimensions listed in our Web site description; the length is 340 cm, not 320 cm.

X430 Portable Radio
Comes with a waterproof casing. Capable of picking up all national frequencies. Temporarily out of stock.

I have placed these products on hold for you, which you will see when you log in to your account. Since we have your shipping and payment information on file, you should just press the "Submit" button to go ahead with your order. The available items would be dispatched the next working day.

Regards,

Frank Leach
Customer Service Manager
Six Star Leisure

---

161. What is indicated about Mr. Stokes?

(A) He has met Mr. Leach in person.
(B) He changed his password.
(C) He recently started a business.
(D) He goes camping with his family.

162. What does Mr. Leach mention about the Jumbo Tent?

(A) It is difficult to assemble.
(B) It is not currently in stock.
(C) One of its colors is no longer available.
(D) Its size is different than advertised.

163. What is Mr. Stokes encouraged to do?

(A) Update some payment details
(B) Finalize an order
(C) Keep an invoice on file
(D) Upgrade an account

Asheville Food Festival

· **July 4–July 10 (Monday–Sunday)** ·

Our summer food festival is approaching! As the festival has become increasingly popular, we have decided to host it in the Smithson Convention Center rather than the downtown area as in previous years. We are hoping to attract our highest number of visitors yet. A limited amount of tickets is still available.

Food Stall Opening Hours

——— ★ ★ ★ ———

Weekdays: 12 P.M. - 5 P.M.
Saturday: 10 A.M. - 4 P.M.
Sunday: 12 P.M. - 2 P.M.

Festival Highlights

——— ★ ★ ★ ———

July 7: Lecture on Food Truck Businesses, 3 P.M. - 5 P.M.

Ellen Raddles of the Asheville Office of Economic Development will give helpful tips on permit requirements and more for locals thinking of starting a food truck.

July 9: Cooking Demonstration, 1 P.M. - 2 P.M.

Ryan Pietersen, the owner of Asheville's Sushi To Go, will take the stage to show off his mastery in the art of preparing sushi.

July 10: Chili Cook-off, 2 P.M. - 4 P.M.

Amateur chefs from around Asheville will compete to impress food critic Jose Sanchez. Afterwards, festivalgoers can sample the entries. A spicy way to spend your day!

164. What is indicated about this year's food festival?

(A) It is being held at a different venue.
(B) It had to be postponed to a later season.
(C) Food stalls will open at noon every day.
(D) Tickets for it have sold out.

165. What will Mr. Raddles' lecture most likely include?

(A) Statistics from health care research
(B) Facts about business regulations
(C) The history of a local specialty
(D) Tips on improving cooking skills

166. Who is Mr. Pietersen?

(A) A festival organizer
(B) A food critic
(C) A government official
(D) A restaurant owner

167. What is suggested about the Chili Cook-off?

(A) There is a $10 charge to enter it.
(B) It will take place on a Sunday.
(C) It will be judged by an Asheville resident.
(D) There will be more than one winner.

GO ON TO THE NEXT PAGE

— □ X ▲

Vicki Walters [10:06 A.M.]
Hey everybody, we should get the decorations for Ruth's retirement party at Trotter Party Supplies — they're having a sale.

Hyeong-Min Ko [10:07 A.M.]
Actually, at Monday's Events Committee meeting, we decided against decorations. We think Ruth would prefer that we spend the budget on better catering.

Vicki Walters [10:08 A.M.]
Oh, that makes sense. I'm sorry that I wasn't able to come on Monday. Did I miss anything else important?

Lance Easton [10:09 A.M.]
You should check the meeting minutes. They're in the Events Committee folder on the company's internal network.

Vicki Walters [10:09 A.M.]
Thanks, I'll do that now.

Vicki Walters [10:13 A.M.]
Wow, the slide show of pictures is a great idea! I'll look through my files. You know, Ruth and I went to a conference in Hawaii together.

Hyeong-Min Ko [10:14 A.M.]
Really? When was that?

Vicki Walters [10:14 A.M.]
A long time ago! At least 15 years.

Lance Easton [10:15 A.M.]
That's cool. If you have any stories from that trip, you should share them at the party too.

▼

168. Why does Ms. Walters start the chat?

(A) To make a recommendation
(B) To confirm a selection
(C) To ask a question
(D) To disagree with an opinion

169. What was Ms. Walters unable to attend?

(A) A previous party
(B) A planning meeting
(C) A shopping trip
(D) A photo shoot

170. What is Ms. Walters most likely doing between 10:09 A.M. and 10:13 A.M.?

(A) Searching for an address
(B) Canceling a reservation
(C) Watching a slide show
(D) Reading an electronic file

171. At 10:13 A.M., what does Ms. Walters most likely mean when she writes, "Ruth and I went to a conference in Hawaii together"?

(A) She is explaining why she could not complete a task.
(B) She is familiar with Ruth's travel habits.
(C) She may have some images of Ruth.
(D) She is suggesting a theme for an event.

RUSTOWN (July 3)—People have long been fascinated by the creatures that roamed the planet before humans existed. Now, Rustown residents can learn about prehistoric animals by visiting a brand new exhibit at the Rustown Natural History museum.

One visitor who was able to preview the exhibit by special invite was local musician Patricia Radcliffe. Speaking after her tour, Ms. Radcliffe said, "I think this is going to really help attract tourists. We have a fantastic institution here which combines learning with a great deal of interactive fun." — [1] —.

The exhibit is the work of museum curator Dan Swanson, who stated that he was "extremely proud" of it. — [2] —. "I couldn't have done this all by myself," he told us. "I had a lot of help from the students from Rustown University, where I teach a prehistoric zoology class in the evenings."

So what part of the exhibit is Mr. Swanson most proud of? — [3] —. "Probably the Experience Room," he said. "Here, guests are able to view lifelike animal figures through the use of virtual-reality headsets. — [4] —. I'm also extremely pleased with the fun games for younger children. I feel like the exhibit has something for everyone."

172. What is the purpose of the article?

(A) To promote a documentary film
(B) To reveal a scientific discovery
(C) To announce an art competition
(D) To report on a museum exhibit

173. What potential benefit does Ms. Radcliffe mention?

(A) An increase in visitors to the area
(B) The advancement of an academic field
(C) Recognition of a person's talent
(D) A rise in donations to an institution

174. What is indicated about Mr. Swanson?

(A) He has resigned from his position.
(B) He has young children.
(C) He recently earned a degree.
(D) He has a side job as an instructor.

175. In which of the positions marked [1], [2], [3], and [4] does the following sentence best belong?

"These can be rented for a small fee in the lobby."

(A) [1]
(B) [2]
(C) [3]
(D) [4]

GO ON TO THE NEXT PAGE

SportsView

Premium Sports Photography for Media Outlets

We know how important it is to receive the best and most relevant photographs to accompany your sports publications. That's why we offer a range of packages:

◉ *Field Level*   Receive 25 photos from baseball games from around the state on any given night.

◉ *Tough Shots*   Ideal for soccer-based publications. We will provide 50 high-quality pictures from up to three soccer matches per night.

◉ *Swift Mover*   This package comprises 15 photographs from selected track and field athletics meets. Our photographers cover professional-level events only.

◉ *Slam Dunk*   Forty shots from indoor basketball games. Choose between college or professional level games. All shots will be from in-game action unless otherwise requested.

Each set of photographs is taken by an experienced photographer using a DX-40 Proshot camera to produce the crispest images available. Photos will be e-mailed to you two hours after the conclusion of the game or match.

Contact us now to secure the right package for your publication!

To:	\<help@sportsview.com\>
From:	\<bernard.richardson@sportsfest.com\>
Date:	July 20
Subject:	Subscribing

Hello,

After carefully considering what SportsView offers, we would like to go ahead and take out a subscription. Sportsfest's customers expect premium service, and we are confident that you can help us deliver this.

Now, there are sections of our Web site dedicated to news and articles about baseball and basketball. However, we know most of our visitors come for the soccer-related content, and so it is for this particular sport that we would like you to provide your services. Receiving photos just one hour after each event will help set us apart from our competition.

I will have my assistant call you first thing in the morning to finalize the terms of the contract. I am sure we can find a price that suits both of us.

Regards,

Bernard Richardson
Sportsfest

176. In the advertisement, the word "secure" in paragraph 7, line 1, is closest in meaning to

(A) adjust
(B) attach
(C) protect
(D) acquire

177. What kind of company does Mr. Richardson work for?

(A) An Internet news outlet
(B) A magazine publisher
(C) A television station
(D) A regional newspaper

178. Which photography package does Mr. Richardson want to subscribe to?

(A) Field Level
(B) Tough Shots
(C) Swift Mover
(D) Slam Dunk

179. What has Mr. Richardson misunderstood about a subscription?

(A) The way that photographs are delivered
(B) The time required to receive photographs
(C) The number of photographs offered
(D) The equipment to be used in producing photographs

180. What does Mr. Richardson suggest about SportsView's prices?

(A) They are negotiable.
(B) They are reasonable.
(C) They are stated online.
(D) They rose recently.

GO ON TO THE NEXT PAGE

Employee Growth Survey

Name: <u>Kyoko Harada</u>   Department: <u>Legal</u>

Time at Bellord Group: <u>1</u> year(s) <u>8</u> month(s)

On a scale of 1 to 5 (1=strongly disagree; 5 =strongly agree), please rate your agreement with the following statements.

1. I receive sufficient opportunities to take on new tasks.   1 2 3 ④ 5

2. I receive sufficient opportunities to undergo training.   1 2 3 4 ⑤

3. My supervisor supports my professional growth.   1 2 ③ 4 5

4. I have grown professionally in the past year.   1 2 3 ④ 5

Please add any comments related to this topic below.

I gave the statement about my supervisor a "3" because my supervisor is excellent, but he is also extremely busy. I know that he would be more active in supporting my professional growth if he could.

Results of the Annual Employee Growth Survey

Executive Summary

The Employee Growth Survey was sent by e-mail to all of Bellord Group's 1,421 employees on March 10. An acceptable 67.5% (959 employees) submitted a completed survey by the March 21 deadline. The overall results are positive. More than 70% of respondents agree/strongly agree that they are given enough opportunities to handle new tasks and receive training, and more than 80% agree/strongly agree that they have grown professionally since the survey was last administered. However, only 43.6% agree/strongly agree that their supervisor supports their growth. Few respondents provided additional information about this in the comments section, so it is difficult to make general conclusions about the reasons for the low ratings in this category. We recommend assembling a task force to further research this issue and seek solutions to it.

181. What does Ms. Harada do in her comment?

(A) Make a proposal
(B) Ask for clarification
(C) Give a justification
(D) Describe some examples

182. What is suggested about Ms. Harada?

(A) She holds a supervisory position.
(B) She received a message on March 21.
(C) She works in a newly created department.
(D) She was eligible to take a previous survey.

183. Which statement did the fewest respondents agree with?

(A) Statement 1
(B) Statement 2
(C) Statement 3
(D) Statement 4

184. What problem with the survey does the summary mention?

(A) An unreliable distribution method
(B) A confusing set of instructions
(C) A low number of respondents
(D) A lack of detail in responses

185. What does the summary recommend doing?

(A) Reissuing a revised questionnaire
(B) Releasing the report to employees
(C) Conducting a special training workshop
(D) Forming an investigative committee

GO ON TO THE NEXT PAGE

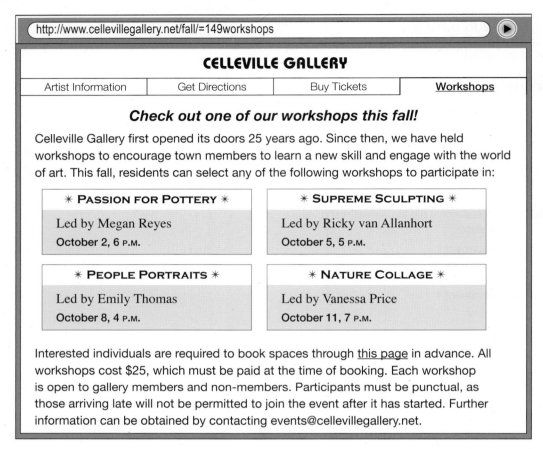

http://www.cellevillegallery.net/fall/=149workshops ▶

CELLEVILLE GALLERY

| Artist Information | Get Directions | Buy Tickets | **Workshops** |

Check out one of our workshops this fall!

Celleville Gallery first opened its doors 25 years ago. Since then, we have held workshops to encourage town members to learn a new skill and engage with the world of art. This fall, residents can select any of the following workshops to participate in:

✳ PASSION FOR POTTERY ✳	✳ SUPREME SCULPTING ✳
Led by Megan Reyes October 2, 6 P.M.	Led by Ricky van Allanhort October 5, 5 P.M.

✳ PEOPLE PORTRAITS ✳	✳ NATURE COLLAGE ✳
Led by Emily Thomas October 8, 4 P.M.	Led by Vanessa Price October 11, 7 P.M.

Interested individuals are required to book spaces through <u>this page</u> in advance. All workshops cost $25, which must be paid at the time of booking. Each workshop is open to gallery members and non-members. Participants must be punctual, as those arriving late will not be permitted to join the event after it has started. Further information can be obtained by contacting events@cellevillegallery.net.

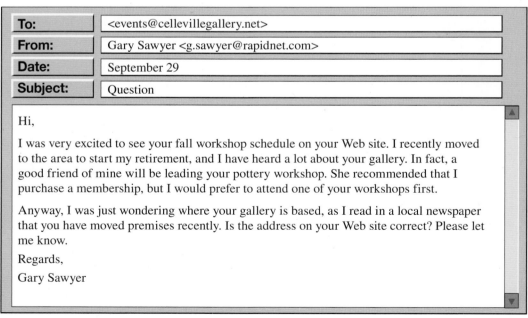

To:	<events@cellevillegallery.net>
From:	Gary Sawyer <g.sawyer@rapidnet.com>
Date:	September 29
Subject:	Question

Hi,

I was very excited to see your fall workshop schedule on your Web site. I recently moved to the area to start my retirement, and I have heard a lot about your gallery. In fact, a good friend of mine will be leading your pottery workshop. She recommended that I purchase a membership, but I would prefer to attend one of your workshops first.

Anyway, I was just wondering where your gallery is based, as I read in a local newspaper that you have moved premises recently. Is the address on your Web site correct? Please let me know.

Regards,

Gary Sawyer

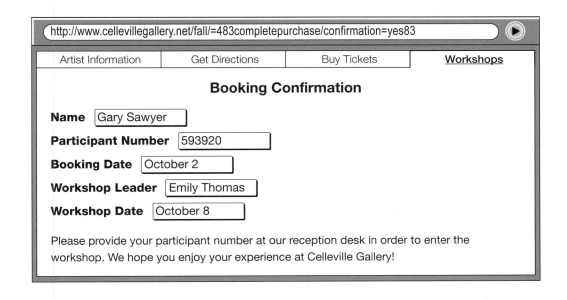

Booking Confirmation

http://www.cellevillegallery.net/fall/=483completepurchase/confirmation=yes83

| Artist Information | Get Directions | Buy Tickets | **Workshops** |

Name Gary Sawyer

Participant Number 593920

Booking Date October 2

Workshop Leader Emily Thomas

Workshop Date October 8

Please provide your participant number at our reception desk in order to enter the workshop. We hope you enjoy your experience at Celleville Gallery!

186. On the first Web page, the word "engage" in paragraph 1, line 2, is closest in meaning to

(A) occupy
(B) interact
(C) confront
(D) activate

187. In the Web page, what is NOT mentioned as something that workshop participants must do?

(A) Present photo identification
(B) Reserve a place
(C) Arrive on time
(D) Pay a fee

188. What is most likely true about Mr. Sawyer?

(A) He knows Ms. Reyes.
(B) He used to live in Celleville.
(C) He works at a newspaper.
(D) He is busy on October 2.

189. What does Mr. Sawyer inquire about?

(A) The location of the gallery
(B) The qualifications of an instructor
(C) The flexibility of a schedule
(D) The price of a membership

190. Which workshop is Mr. Sawyer planning to attend?

(A) Passion for Pottery
(B) Supreme Sculpting
(C) People Portraits
(D) Nature Collage

GO ON TO THE NEXT PAGE

Motivated employees wanted for beverage start-up

The market for Freshco Ltd.'s range of delicious soft drinks has grown rapidly since our founding six months ago. We are looking for staff to join our dynamic and innovative team.

Product developer

Responsibilities: developing new drink products. **Requirements:** degree-level qualification in chemical engineering; ability to get along well with coworkers. We are happy to consider applicants with no previous experience in the field.

Brand manager

Responsibilities: devising and conducting marketing campaigns. **Requirements:** familiarity with ProDraw computer software; excellent public speaking skills. **Preferred qualifications:** 5+ years of experience in a similar role.

Delivery driver

Responsibilities: transporting our products all over the state as part of our logistics department. **Requirements:** truck driver's license; willingness to work nights and weekends.

Interested candidates can apply for any of the above roles by contacting Sue Rawlins in our human resources department at s.rawlins@freshco.com. When applying, please state your available dates for an interview between May 17 and May 21.

To	Sue Rawlins <s.rawlins@freshco.com>
From	Tom Blue <tomblue@speedmail.net>
Date	May 8
Subject	Application
Attachment	📎résumé_tom_blue; cover_letter_tom_blue

Dear Ms. Rawlins,

I would like to apply for the position of brand manager. As you can see from my attached résumé and cover letter, I have all of the required and preferred qualifications for the role. I hope you will give strong consideration to my candidacy.

With regard to interview availability, the best day for me would be May 20. Any of the other dates would also work, except for May 17. However, please note that my current job requires me to request time off at least three business days in advance. I would appreciate it if you could give me that much notice before an interview.

Sincerely,

Tom Blue

To	Tom Blue
From	Sue Rawlins
Date	May 13
Subject	Interview at Freshco Ltd.

Dear Mr. Blue,

Congratulations on making it to the next stage of our application process. You have been scheduled for an interview at our Newton Street office at 9 A.M. on May 20. Please write me back to confirm that this date and time are suitable for you.

You will be interviewing with Moira Parker, the hiring manager for the position. You should ask for her at the front desk when you arrive.

I wish you good luck in the recruitment process.

Sue Rawlins
Human Resources Assistant

191. According to the advertisement, which part of the company does NOT currently have an opening?

(A) Product development
(B) Human resources
(C) Logistics
(D) Marketing

192. What qualification does Mr. Blue most likely have?

(A) A degree in a related field
(B) Familiarity with the company's offerings
(C) Readiness to work outside of usual business hours
(D) Knowledge of a computer program

193. What does Mr. Blue indicate might make it difficult for him to attend an interview?

(A) A lack of transportation
(B) His employment situation
(C) An upcoming vacation
(D) A temporary health problem

194. What information does Ms. Rawlins give about an interview?

(A) The room it will be held in
(B) The length of time it will last
(C) The name of the interviewer
(D) The topics that will be discussed

195. What is implied about Mr. Blue?

(A) He received his preferred interview date.
(B) He lives close to one of the company's offices.
(C) He has already completed a phone interview.
(D) He has not been given enough advance notice.

GO ON TO THE NEXT PAGE

Sparkle Car caters to the maintenance needs of corporate clients who own cars for employee use. Through using our reasonably-priced services, you can be confident your company cars will look clean and professional.

Our hand-cleaning and vacuum services restore fabric interiors to their former appearance, while our mobile power-washing service can be performed regularly and help the outside of your vehicles look as good as new. Are you finding your company vehicles often experience breakdowns? Our expert team can conduct engine checks and oil changes. This will allow you to keep your vehicles on the road for longer and reduce the need for replacement vehicles.

Go to www.sparklecar.com to see glowing client testimonials and videos of our technicians at work. Service visits can be scheduled by calling 555-0146. Call before November 15 and we will bring a set of complimentary seat covers to your visit!

Sparkle Car
Service Receipt

Date: November 18

Client details:
Valerie Tenton
Tenton & Associates
16 Smithfield Street, Manning

Service provided	Number of vehicles	Rate per vehicle	Subtotal
Oil change	10	$29.99	$299.99
Engine check	5	$25.50	$127.50
Exterior power-washing	10	$49.50	$495.00
Interior cleaning	8	$35.00	$280.00

Other: 10 Promotional Seat Covers(no charge)

Total: $1,202.49

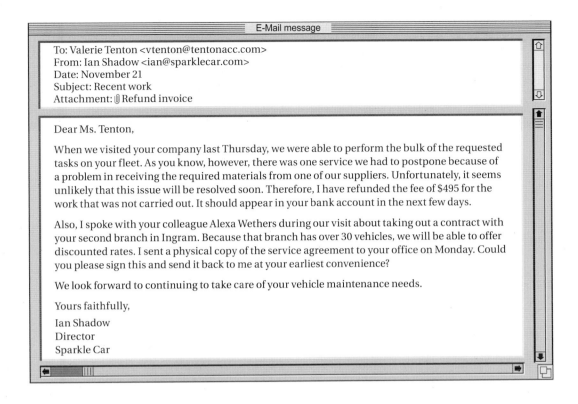

E-Mail message

To: Valerie Tenton <vtenton@tentonacc.com>
From: Ian Shadow <ian@sparklecar.com>
Date: November 21
Subject: Recent work
Attachment: Refund invoice

Dear Ms. Tenton,

When we visited your company last Thursday, we were able to perform the bulk of the requested tasks on your fleet. As you know, however, there was one service we had to postpone because of a problem in receiving the required materials from one of our suppliers. Unfortunately, it seems unlikely that this issue will be resolved soon. Therefore, I have refunded the fee of $495 for the work that was not carried out. It should appear in your bank account in the next few days.

Also, I spoke with your colleague Alexa Wethers during our visit about taking out a contract with your second branch in Ingram. Because that branch has over 30 vehicles, we will be able to offer discounted rates. I sent a physical copy of the service agreement to your office on Monday. Could you please sign this and send it back to me at your earliest convenience?

We look forward to continuing to take care of your vehicle maintenance needs.

Yours faithfully,

Ian Shadow
Director
Sparkle Car

196. In the advertisement, what is NOT mentioned about Sparkle Car's services?

(A) They are only offered to businesses.
(B) They can be seen in online videos.
(C) They have been evaluated positively by clients.
(D) They include rental of substitute vehicles.

197. What is implied about Ms. Tenton's service visit?

(A) It was requested over the Internet.
(B) It was scheduled before November 15.
(C) It involved more than 10 cars.
(D) It took place in the evening.

198. In the e-mail, the word "bulk" in paragraph 1, line 1, is closest in the meaning to

(A) remainder
(B) expansion
(C) majority
(D) weight

199. What service was Sparkle Car unable to carry out?

(A) Oil changes
(B) Engine checks
(C) Exterior power-washing
(D) Interior cleaning

200. What does Mr. Shadow ask Ms. Tenton to do?

(A) Return a signed contract
(B) Speak to her colleague
(C) Visit another branch of Sparkle Car
(D) Check some completed work

Stop! This is the end of the test. If you finish before time is called, you may go back to Parts 5, 6, and 7 and check your work.

1 (C)	2 (B)	3 (A)	4 (B)	5 (D)	6 (A)	7 (B)	8 (C)	9 (B)	10 (C)
11 (A)	12 (B)	13 (A)	14 (C)	15 (A)	16 (B)	17 (C)	18 (A)	19 (A)	20 (C)
21 (B)	22 (C)	23 (B)	24 (A)	25 (A)	26 (C)	27 (B)	28 (C)	29 (B)	30 (C)
31 (A)	32 (D)	33 (A)	34 (A)	35 (C)	36 (C)	37 (A)	38 (A)	39 (A)	40 (D)
41 (B)	42 (C)	43 (C)	44 (B)	45 (D)	46 (B)	47 (B)	48 (D)	49 (D)	50 (D)
51 (C)	52 (A)	53 (A)	54 (D)	55 (C)	56 (D)	57 (A)	58 (A)	59 (C)	60 (A)
61 (B)	62 (D)	63 (C)	64 (C)	65 (A)	66 (B)	67 (A)	68 (B)	69 (C)	70 (D)
71 (D)	72 (B)	73 (B)	74 (D)	75 (A)	76 (B)	77 (A)	78 (D)	79 (A)	80 (D)
81 (B)	82 (C)	83 (A)	84 (B)	85 (B)	86 (B)	87 (B)	88 (C)	89 (B)	90 (C)
91 (A)	92 (D)	93 (C)	94 (C)	95 (C)	96 (C)	97 (B)	98 (C)	99 (A)	100 (D)
101 (B)	102 (C)	103 (A)	104 (D)	105 (D)	106 (B)	107 (B)	108 (A)	109 (A)	110 (B)
111 (D)	112 (D)	113 (B)	114 (C)	115 (C)	116 (C)	117 (A)	118 (D)	119 (B)	120 (A)
121 (B)	122 (A)	123 (C)	124 (C)	125 (D)	126 (B)	127 (A)	128 (D)	129 (D)	130 (C)
131 (B)	132 (A)	133 (D)	134 (D)	135 (D)	136 (C)	137 (D)	138 (B)	139 (C)	140 (A)
141 (B)	142 (A)	143 (A)	144 (B)	145 (C)	146 (C)	147 (B)	148 (D)	149 (D)	150 (A)
151 (A)	152 (C)	153 (B)	154 (C)	155 (A)	156 (C)	157 (C)	158 (C)	159 (B)	160 (A)
161 (A)	162 (D)	163 (B)	164 (A)	165 (B)	166 (D)	167 (B)	168 (A)	169 (B)	170 (D)
171 (C)	172 (D)	173 (A)	174 (D)	175 (D)	176 (D)	177 (A)	178 (B)	179 (B)	180 (A)
181 (C)	182 (D)	183 (C)	184 (D)	185 (D)	186 (B)	187 (A)	188 (A)	189 (A)	190 (C)
191 (B)	192 (D)	193 (B)	194 (C)	195 (A)	196 (D)	197 (B)	198 (C)	199 (C)	200 (A)

ANSWER SHEET

실전 모의고사

수험번호

응시일자 : 20　　　년　　　월　　　일

성 명
한글
한자
영자

LISTENING (Part I ~ IV)

READING (Part V ~ VII)

ANSWER SHEET

실전 모의고사

LISTENING (Part I ~ IV)

1	Ⓐ Ⓑ Ⓒ Ⓓ	21	Ⓐ Ⓑ Ⓒ Ⓓ	41	Ⓐ Ⓑ Ⓒ Ⓓ	61	Ⓐ Ⓑ Ⓒ Ⓓ	81	Ⓐ Ⓑ Ⓒ Ⓓ
2	Ⓐ Ⓑ Ⓒ Ⓓ	22	Ⓐ Ⓑ Ⓒ Ⓓ	42	Ⓐ Ⓑ Ⓒ Ⓓ	62	Ⓐ Ⓑ Ⓒ Ⓓ	82	Ⓐ Ⓑ Ⓒ Ⓓ
3	Ⓐ Ⓑ Ⓒ Ⓓ	23	Ⓐ Ⓑ Ⓒ Ⓓ	43	Ⓐ Ⓑ Ⓒ Ⓓ	63	Ⓐ Ⓑ Ⓒ Ⓓ	83	Ⓐ Ⓑ Ⓒ Ⓓ
4	Ⓐ Ⓑ Ⓒ Ⓓ	24	Ⓐ Ⓑ Ⓒ Ⓓ	44	Ⓐ Ⓑ Ⓒ Ⓓ	64	Ⓐ Ⓑ Ⓒ Ⓓ	84	Ⓐ Ⓑ Ⓒ Ⓓ
5	Ⓐ Ⓑ Ⓒ Ⓓ	25	Ⓐ Ⓑ Ⓒ Ⓓ	45	Ⓐ Ⓑ Ⓒ Ⓓ	65	Ⓐ Ⓑ Ⓒ Ⓓ	85	Ⓐ Ⓑ Ⓒ Ⓓ
6	Ⓐ Ⓑ Ⓒ	26	Ⓐ Ⓑ Ⓒ Ⓓ	46	Ⓐ Ⓑ Ⓒ Ⓓ	66	Ⓐ Ⓑ Ⓒ Ⓓ	86	Ⓐ Ⓑ Ⓒ Ⓓ
7	Ⓐ Ⓑ Ⓒ	27	Ⓐ Ⓑ Ⓒ Ⓓ	47	Ⓐ Ⓑ Ⓒ Ⓓ	67	Ⓐ Ⓑ Ⓒ Ⓓ	87	Ⓐ Ⓑ Ⓒ Ⓓ
8	Ⓐ Ⓑ Ⓒ	28	Ⓐ Ⓑ Ⓒ Ⓓ	48	Ⓐ Ⓑ Ⓒ Ⓓ	68	Ⓐ Ⓑ Ⓒ Ⓓ	88	Ⓐ Ⓑ Ⓒ Ⓓ
9	Ⓐ Ⓑ Ⓒ	29	Ⓐ Ⓑ Ⓒ Ⓓ	49	Ⓐ Ⓑ Ⓒ Ⓓ	69	Ⓐ Ⓑ Ⓒ Ⓓ	89	Ⓐ Ⓑ Ⓒ Ⓓ
10	Ⓐ Ⓑ Ⓒ	30	Ⓐ Ⓑ Ⓒ Ⓓ	50	Ⓐ Ⓑ Ⓒ Ⓓ	70	Ⓐ Ⓑ Ⓒ Ⓓ	90	Ⓐ Ⓑ Ⓒ Ⓓ
11	Ⓐ Ⓑ Ⓒ	31	Ⓐ Ⓑ Ⓒ Ⓓ	51	Ⓐ Ⓑ Ⓒ Ⓓ	71	Ⓐ Ⓑ Ⓒ Ⓓ	91	Ⓐ Ⓑ Ⓒ Ⓓ
12	Ⓐ Ⓑ Ⓒ	32	Ⓐ Ⓑ Ⓒ Ⓓ	52	Ⓐ Ⓑ Ⓒ Ⓓ	72	Ⓐ Ⓑ Ⓒ Ⓓ	92	Ⓐ Ⓑ Ⓒ Ⓓ
13	Ⓐ Ⓑ Ⓒ	33	Ⓐ Ⓑ Ⓒ Ⓓ	53	Ⓐ Ⓑ Ⓒ Ⓓ	73	Ⓐ Ⓑ Ⓒ Ⓓ	93	Ⓐ Ⓑ Ⓒ Ⓓ
14	Ⓐ Ⓑ Ⓒ	34	Ⓐ Ⓑ Ⓒ Ⓓ	54	Ⓐ Ⓑ Ⓒ Ⓓ	74	Ⓐ Ⓑ Ⓒ Ⓓ	94	Ⓐ Ⓑ Ⓒ Ⓓ
15	Ⓐ Ⓑ Ⓒ	35	Ⓐ Ⓑ Ⓒ Ⓓ	55	Ⓐ Ⓑ Ⓒ Ⓓ	75	Ⓐ Ⓑ Ⓒ Ⓓ	95	Ⓐ Ⓑ Ⓒ Ⓓ
16	Ⓐ Ⓑ Ⓒ	36	Ⓐ Ⓑ Ⓒ Ⓓ	56	Ⓐ Ⓑ Ⓒ Ⓓ	76	Ⓐ Ⓑ Ⓒ Ⓓ	96	Ⓐ Ⓑ Ⓒ Ⓓ
17	Ⓐ Ⓑ Ⓒ	37	Ⓐ Ⓑ Ⓒ Ⓓ	57	Ⓐ Ⓑ Ⓒ Ⓓ	77	Ⓐ Ⓑ Ⓒ Ⓓ	97	Ⓐ Ⓑ Ⓒ Ⓓ
18	Ⓐ Ⓑ Ⓒ	38	Ⓐ Ⓑ Ⓒ Ⓓ	58	Ⓐ Ⓑ Ⓒ Ⓓ	78	Ⓐ Ⓑ Ⓒ Ⓓ	98	Ⓐ Ⓑ Ⓒ Ⓓ
19	Ⓐ Ⓑ Ⓒ	39	Ⓐ Ⓑ Ⓒ Ⓓ	59	Ⓐ Ⓑ Ⓒ Ⓓ	79	Ⓐ Ⓑ Ⓒ Ⓓ	99	Ⓐ Ⓑ Ⓒ Ⓓ
20	Ⓐ Ⓑ Ⓒ	40	Ⓐ Ⓑ Ⓒ Ⓓ	60	Ⓐ Ⓑ Ⓒ Ⓓ	80	Ⓐ Ⓑ Ⓒ Ⓓ	100	Ⓐ Ⓑ Ⓒ Ⓓ

READING (Part V ~ VII)

101	Ⓐ Ⓑ Ⓒ Ⓓ	121	Ⓐ Ⓑ Ⓒ Ⓓ	141	Ⓐ Ⓑ Ⓒ Ⓓ	161	Ⓐ Ⓑ Ⓒ Ⓓ	181	Ⓐ Ⓑ Ⓒ Ⓓ
102	Ⓐ Ⓑ Ⓒ Ⓓ	122	Ⓐ Ⓑ Ⓒ Ⓓ	142	Ⓐ Ⓑ Ⓒ Ⓓ	162	Ⓐ Ⓑ Ⓒ Ⓓ	182	Ⓐ Ⓑ Ⓒ Ⓓ
103	Ⓐ Ⓑ Ⓒ Ⓓ	123	Ⓐ Ⓑ Ⓒ Ⓓ	143	Ⓐ Ⓑ Ⓒ Ⓓ	163	Ⓐ Ⓑ Ⓒ Ⓓ	183	Ⓐ Ⓑ Ⓒ Ⓓ
104	Ⓐ Ⓑ Ⓒ Ⓓ	124	Ⓐ Ⓑ Ⓒ Ⓓ	144	Ⓐ Ⓑ Ⓒ Ⓓ	164	Ⓐ Ⓑ Ⓒ Ⓓ	184	Ⓐ Ⓑ Ⓒ Ⓓ
105	Ⓐ Ⓑ Ⓒ Ⓓ	125	Ⓐ Ⓑ Ⓒ Ⓓ	145	Ⓐ Ⓑ Ⓒ Ⓓ	165	Ⓐ Ⓑ Ⓒ Ⓓ	185	Ⓐ Ⓑ Ⓒ Ⓓ
106	Ⓐ Ⓑ Ⓒ Ⓓ	126	Ⓐ Ⓑ Ⓒ Ⓓ	146	Ⓐ Ⓑ Ⓒ Ⓓ	166	Ⓐ Ⓑ Ⓒ Ⓓ	186	Ⓐ Ⓑ Ⓒ Ⓓ
107	Ⓐ Ⓑ Ⓒ Ⓓ	127	Ⓐ Ⓑ Ⓒ Ⓓ	147	Ⓐ Ⓑ Ⓒ Ⓓ	167	Ⓐ Ⓑ Ⓒ Ⓓ	187	Ⓐ Ⓑ Ⓒ Ⓓ
108	Ⓐ Ⓑ Ⓒ Ⓓ	128	Ⓐ Ⓑ Ⓒ Ⓓ	148	Ⓐ Ⓑ Ⓒ Ⓓ	168	Ⓐ Ⓑ Ⓒ Ⓓ	188	Ⓐ Ⓑ Ⓒ Ⓓ
109	Ⓐ Ⓑ Ⓒ Ⓓ	129	Ⓐ Ⓑ Ⓒ Ⓓ	149	Ⓐ Ⓑ Ⓒ Ⓓ	169	Ⓐ Ⓑ Ⓒ Ⓓ	189	Ⓐ Ⓑ Ⓒ Ⓓ
110	Ⓐ Ⓑ Ⓒ Ⓓ	130	Ⓐ Ⓑ Ⓒ Ⓓ	150	Ⓐ Ⓑ Ⓒ Ⓓ	170	Ⓐ Ⓑ Ⓒ Ⓓ	190	Ⓐ Ⓑ Ⓒ Ⓓ
111	Ⓐ Ⓑ Ⓒ Ⓓ	131	Ⓐ Ⓑ Ⓒ Ⓓ	151	Ⓐ Ⓑ Ⓒ Ⓓ	171	Ⓐ Ⓑ Ⓒ Ⓓ	191	Ⓐ Ⓑ Ⓒ Ⓓ
112	Ⓐ Ⓑ Ⓒ Ⓓ	132	Ⓐ Ⓑ Ⓒ Ⓓ	152	Ⓐ Ⓑ Ⓒ Ⓓ	172	Ⓐ Ⓑ Ⓒ Ⓓ	192	Ⓐ Ⓑ Ⓒ Ⓓ
113	Ⓐ Ⓑ Ⓒ Ⓓ	133	Ⓐ Ⓑ Ⓒ Ⓓ	153	Ⓐ Ⓑ Ⓒ Ⓓ	173	Ⓐ Ⓑ Ⓒ Ⓓ	193	Ⓐ Ⓑ Ⓒ Ⓓ
114	Ⓐ Ⓑ Ⓒ Ⓓ	134	Ⓐ Ⓑ Ⓒ Ⓓ	154	Ⓐ Ⓑ Ⓒ Ⓓ	174	Ⓐ Ⓑ Ⓒ Ⓓ	194	Ⓐ Ⓑ Ⓒ Ⓓ
115	Ⓐ Ⓑ Ⓒ Ⓓ	135	Ⓐ Ⓑ Ⓒ Ⓓ	155	Ⓐ Ⓑ Ⓒ Ⓓ	175	Ⓐ Ⓑ Ⓒ Ⓓ	195	Ⓐ Ⓑ Ⓒ Ⓓ
116	Ⓐ Ⓑ Ⓒ Ⓓ	136	Ⓐ Ⓑ Ⓒ Ⓓ	156	Ⓐ Ⓑ Ⓒ Ⓓ	176	Ⓐ Ⓑ Ⓒ Ⓓ	196	Ⓐ Ⓑ Ⓒ Ⓓ
117	Ⓐ Ⓑ Ⓒ Ⓓ	137	Ⓐ Ⓑ Ⓒ Ⓓ	157	Ⓐ Ⓑ Ⓒ Ⓓ	177	Ⓐ Ⓑ Ⓒ Ⓓ	197	Ⓐ Ⓑ Ⓒ Ⓓ
118	Ⓐ Ⓑ Ⓒ Ⓓ	138	Ⓐ Ⓑ Ⓒ Ⓓ	158	Ⓐ Ⓑ Ⓒ Ⓓ	178	Ⓐ Ⓑ Ⓒ Ⓓ	198	Ⓐ Ⓑ Ⓒ Ⓓ
119	Ⓐ Ⓑ Ⓒ Ⓓ	139	Ⓐ Ⓑ Ⓒ Ⓓ	159	Ⓐ Ⓑ Ⓒ Ⓓ	179	Ⓐ Ⓑ Ⓒ Ⓓ	199	Ⓐ Ⓑ Ⓒ Ⓓ
120	Ⓐ Ⓑ Ⓒ Ⓓ	140	Ⓐ Ⓑ Ⓒ Ⓓ	160	Ⓐ Ⓑ Ⓒ Ⓓ	180	Ⓐ Ⓑ Ⓒ Ⓓ	200	Ⓐ Ⓑ Ⓒ Ⓓ

ANSWER SHEET

실전 모의고사

수험번호

응시일자 : 20   년   월   일

성명

성	한글
명	한자
	영자

LISTENING (Part I ~ IV)

1	ⓐ ⓑ ⓒ ⓓ	21	ⓐ ⓑ ⓒ ⓓ	41	ⓐ ⓑ ⓒ ⓓ	61	ⓐ ⓑ ⓒ ⓓ	81	ⓐ ⓑ ⓒ ⓓ
2	ⓐ ⓑ ⓒ ⓓ	22	ⓐ ⓑ ⓒ ⓓ	42	ⓐ ⓑ ⓒ ⓓ	62	ⓐ ⓑ ⓒ ⓓ	82	ⓐ ⓑ ⓒ ⓓ
3	ⓐ ⓑ ⓒ ⓓ	23	ⓐ ⓑ ⓒ ⓓ	43	ⓐ ⓑ ⓒ ⓓ	63	ⓐ ⓑ ⓒ ⓓ	83	ⓐ ⓑ ⓒ ⓓ
4	ⓐ ⓑ ⓒ ⓓ	24	ⓐ ⓑ ⓒ ⓓ	44	ⓐ ⓑ ⓒ ⓓ	64	ⓐ ⓑ ⓒ ⓓ	84	ⓐ ⓑ ⓒ ⓓ
5	ⓐ ⓑ ⓒ ⓓ	25	ⓐ ⓑ ⓒ ⓓ	45	ⓐ ⓑ ⓒ ⓓ	65	ⓐ ⓑ ⓒ ⓓ	85	ⓐ ⓑ ⓒ ⓓ
6	ⓐ ⓑ ⓒ ⓓ	26	ⓐ ⓑ ⓒ ⓓ	46	ⓐ ⓑ ⓒ ⓓ	66	ⓐ ⓑ ⓒ ⓓ	86	ⓐ ⓑ ⓒ ⓓ
7	ⓐ ⓑ ⓒ	27	ⓐ ⓑ ⓒ ⓓ	47	ⓐ ⓑ ⓒ ⓓ	67	ⓐ ⓑ ⓒ ⓓ	87	ⓐ ⓑ ⓒ ⓓ
8	ⓐ ⓑ ⓒ	28	ⓐ ⓑ ⓒ ⓓ	48	ⓐ ⓑ ⓒ ⓓ	68	ⓐ ⓑ ⓒ ⓓ	88	ⓐ ⓑ ⓒ ⓓ
9	ⓐ ⓑ ⓒ	29	ⓐ ⓑ ⓒ ⓓ	49	ⓐ ⓑ ⓒ ⓓ	69	ⓐ ⓑ ⓒ ⓓ	89	ⓐ ⓑ ⓒ ⓓ
10	ⓐ ⓑ ⓒ	30	ⓐ ⓑ ⓒ ⓓ	50	ⓐ ⓑ ⓒ ⓓ	70	ⓐ ⓑ ⓒ ⓓ	90	ⓐ ⓑ ⓒ ⓓ
11	ⓐ ⓑ ⓒ	31	ⓐ ⓑ ⓒ ⓓ	51	ⓐ ⓑ ⓒ ⓓ	71	ⓐ ⓑ ⓒ ⓓ	91	ⓐ ⓑ ⓒ ⓓ
12	ⓐ ⓑ ⓒ	32	ⓐ ⓑ ⓒ ⓓ	52	ⓐ ⓑ ⓒ ⓓ	72	ⓐ ⓑ ⓒ ⓓ	92	ⓐ ⓑ ⓒ ⓓ
13	ⓐ ⓑ ⓒ	33	ⓐ ⓑ ⓒ ⓓ	53	ⓐ ⓑ ⓒ ⓓ	73	ⓐ ⓑ ⓒ ⓓ	93	ⓐ ⓑ ⓒ ⓓ
14	ⓐ ⓑ ⓒ	34	ⓐ ⓑ ⓒ ⓓ	54	ⓐ ⓑ ⓒ ⓓ	74	ⓐ ⓑ ⓒ ⓓ	94	ⓐ ⓑ ⓒ ⓓ
15	ⓐ ⓑ ⓒ	35	ⓐ ⓑ ⓒ ⓓ	55	ⓐ ⓑ ⓒ ⓓ	75	ⓐ ⓑ ⓒ ⓓ	95	ⓐ ⓑ ⓒ ⓓ
16	ⓐ ⓑ ⓒ	36	ⓐ ⓑ ⓒ ⓓ	56	ⓐ ⓑ ⓒ ⓓ	76	ⓐ ⓑ ⓒ ⓓ	96	ⓐ ⓑ ⓒ ⓓ
17	ⓐ ⓑ ⓒ	37	ⓐ ⓑ ⓒ ⓓ	57	ⓐ ⓑ ⓒ ⓓ	77	ⓐ ⓑ ⓒ ⓓ	97	ⓐ ⓑ ⓒ ⓓ
18	ⓐ ⓑ ⓒ	38	ⓐ ⓑ ⓒ ⓓ	58	ⓐ ⓑ ⓒ ⓓ	78	ⓐ ⓑ ⓒ ⓓ	98	ⓐ ⓑ ⓒ ⓓ
19	ⓐ ⓑ ⓒ	39	ⓐ ⓑ ⓒ ⓓ	59	ⓐ ⓑ ⓒ ⓓ	79	ⓐ ⓑ ⓒ ⓓ	99	ⓐ ⓑ ⓒ ⓓ
20	ⓐ ⓑ ⓒ	40	ⓐ ⓑ ⓒ ⓓ	60	ⓐ ⓑ ⓒ ⓓ	80	ⓐ ⓑ ⓒ ⓓ	100	ⓐ ⓑ ⓒ ⓓ

READING (Part V ~ VII)

101	ⓐ ⓑ ⓒ ⓓ	121	ⓐ ⓑ ⓒ ⓓ	141	ⓐ ⓑ ⓒ ⓓ	161	ⓐ ⓑ ⓒ ⓓ	181	ⓐ ⓑ ⓒ ⓓ
102	ⓐ ⓑ ⓒ ⓓ	122	ⓐ ⓑ ⓒ ⓓ	142	ⓐ ⓑ ⓒ ⓓ	162	ⓐ ⓑ ⓒ ⓓ	182	ⓐ ⓑ ⓒ ⓓ
103	ⓐ ⓑ ⓒ ⓓ	123	ⓐ ⓑ ⓒ ⓓ	143	ⓐ ⓑ ⓒ ⓓ	163	ⓐ ⓑ ⓒ ⓓ	183	ⓐ ⓑ ⓒ ⓓ
104	ⓐ ⓑ ⓒ ⓓ	124	ⓐ ⓑ ⓒ ⓓ	144	ⓐ ⓑ ⓒ ⓓ	164	ⓐ ⓑ ⓒ ⓓ	184	ⓐ ⓑ ⓒ ⓓ
105	ⓐ ⓑ ⓒ ⓓ	125	ⓐ ⓑ ⓒ ⓓ	145	ⓐ ⓑ ⓒ ⓓ	165	ⓐ ⓑ ⓒ ⓓ	185	ⓐ ⓑ ⓒ ⓓ
106	ⓐ ⓑ ⓒ ⓓ	126	ⓐ ⓑ ⓒ ⓓ	146	ⓐ ⓑ ⓒ ⓓ	166	ⓐ ⓑ ⓒ ⓓ	186	ⓐ ⓑ ⓒ ⓓ
107	ⓐ ⓑ ⓒ ⓓ	127	ⓐ ⓑ ⓒ ⓓ	147	ⓐ ⓑ ⓒ ⓓ	167	ⓐ ⓑ ⓒ ⓓ	187	ⓐ ⓑ ⓒ ⓓ
108	ⓐ ⓑ ⓒ ⓓ	128	ⓐ ⓑ ⓒ ⓓ	148	ⓐ ⓑ ⓒ ⓓ	168	ⓐ ⓑ ⓒ ⓓ	188	ⓐ ⓑ ⓒ ⓓ
109	ⓐ ⓑ ⓒ ⓓ	129	ⓐ ⓑ ⓒ ⓓ	149	ⓐ ⓑ ⓒ ⓓ	169	ⓐ ⓑ ⓒ ⓓ	189	ⓐ ⓑ ⓒ ⓓ
110	ⓐ ⓑ ⓒ ⓓ	130	ⓐ ⓑ ⓒ ⓓ	150	ⓐ ⓑ ⓒ ⓓ	170	ⓐ ⓑ ⓒ ⓓ	190	ⓐ ⓑ ⓒ ⓓ
111	ⓐ ⓑ ⓒ ⓓ	131	ⓐ ⓑ ⓒ ⓓ	151	ⓐ ⓑ ⓒ ⓓ	171	ⓐ ⓑ ⓒ ⓓ	191	ⓐ ⓑ ⓒ ⓓ
112	ⓐ ⓑ ⓒ ⓓ	132	ⓐ ⓑ ⓒ ⓓ	152	ⓐ ⓑ ⓒ ⓓ	172	ⓐ ⓑ ⓒ ⓓ	192	ⓐ ⓑ ⓒ ⓓ
113	ⓐ ⓑ ⓒ ⓓ	133	ⓐ ⓑ ⓒ ⓓ	153	ⓐ ⓑ ⓒ ⓓ	173	ⓐ ⓑ ⓒ ⓓ	193	ⓐ ⓑ ⓒ ⓓ
114	ⓐ ⓑ ⓒ ⓓ	134	ⓐ ⓑ ⓒ ⓓ	154	ⓐ ⓑ ⓒ ⓓ	174	ⓐ ⓑ ⓒ ⓓ	194	ⓐ ⓑ ⓒ ⓓ
115	ⓐ ⓑ ⓒ ⓓ	135	ⓐ ⓑ ⓒ ⓓ	155	ⓐ ⓑ ⓒ ⓓ	175	ⓐ ⓑ ⓒ ⓓ	195	ⓐ ⓑ ⓒ ⓓ
116	ⓐ ⓑ ⓒ ⓓ	136	ⓐ ⓑ ⓒ ⓓ	156	ⓐ ⓑ ⓒ ⓓ	176	ⓐ ⓑ ⓒ ⓓ	196	ⓐ ⓑ ⓒ ⓓ
117	ⓐ ⓑ ⓒ ⓓ	137	ⓐ ⓑ ⓒ ⓓ	157	ⓐ ⓑ ⓒ ⓓ	177	ⓐ ⓑ ⓒ ⓓ	197	ⓐ ⓑ ⓒ ⓓ
118	ⓐ ⓑ ⓒ ⓓ	138	ⓐ ⓑ ⓒ ⓓ	158	ⓐ ⓑ ⓒ ⓓ	178	ⓐ ⓑ ⓒ ⓓ	198	ⓐ ⓑ ⓒ ⓓ
119	ⓐ ⓑ ⓒ ⓓ	139	ⓐ ⓑ ⓒ ⓓ	159	ⓐ ⓑ ⓒ ⓓ	179	ⓐ ⓑ ⓒ ⓓ	199	ⓐ ⓑ ⓒ ⓓ
120	ⓐ ⓑ ⓒ ⓓ	140	ⓐ ⓑ ⓒ ⓓ	160	ⓐ ⓑ ⓒ ⓓ	180	ⓐ ⓑ ⓒ ⓓ	200	ⓐ ⓑ ⓒ ⓓ

ANSWER SHEET

실전 모의고사

MEMO

MEMO